中华优秀传统文化在现代管理中的创造性转化与创新性发展工程
"中华优秀传统文化与现代管理融合"丛书

儒商文化通论

黎红雷 ◎ 著

企业管理出版社
ENTERPRISE MANAGEMENT PUBLISHING HOUSE

图书在版编目（CIP）数据

儒商文化通论 / 黎红雷著. -- 北京 : 企业管理出版社，2025.3
（"中华优秀传统文化与现代管理融合"丛书）
ISBN 978-7-5164-3008-8

Ⅰ．①儒… Ⅱ．①黎… Ⅲ．①儒学－商业文化－研究－中国 Ⅳ．①F729

中国国家版本馆CIP数据核字(2024)第000634号

书　　名：	儒商文化通论
书　　号：	ISBN 978-7-5164-3008-8
作　　者：	黎红雷
责任编辑：	蒋舒娟
特约设计：	李晶晶
出版发行：	企业管理出版社
经　　销：	新华书店
地　　址：	北京市海淀区紫竹院南路17号　邮　　编：100048
网　　址：	http://www.emph.cn　电子信箱：26814134@qq.com
电　　话：	编辑部（010）68701661　发行部（010）68417763　68414644
印　　刷：	北京联兴盛业印刷股份有限公司
版　　次：	2025年3月第1版
印　　次：	2025年3月第1次印刷
开　　本：	710mm×1000mm　1/16
印　　张：	25.5
字　　数：	384千字
定　　价：	128.00元

版权所有　翻印必究·印装有误　负责调换

编 委 会

主　任： 朱宏任　中国企业联合会、中国企业家协会党委书记、常务副会长兼秘书长
副主任： 刘　鹏　中国企业联合会、中国企业家协会党委委员、副秘书长
　　　　　孙庆生　《企业家》杂志主编
委　员：（按姓氏笔画排序）
　　　　　丁荣贵　山东大学管理学院院长，国际项目管理协会副主席
　　　　　马文军　山东女子学院工商管理学院教授
　　　　　马德卫　山东国程置业有限公司董事长
　　　　　王　伟　华北电力大学马克思主义学院院长、教授
　　　　　王　庆　天津商业大学管理学院院长、教授
　　　　　王文彬　中共团风县委平安办副主任
　　　　　王心娟　山东理工大学管理学院教授
　　　　　王仕斌　企业管理出版社副社长
　　　　　王西胜　广东省蓝态幸福文化公益基金会学术委员会委员，菏泽市第十五届政协委员
　　　　　王茂兴　寿光市政协原主席、关工委主任
　　　　　王学秀　南开大学商学院现代管理研究所副所长
　　　　　王建军　中国企业联合会企业文化工作部主任
　　　　　王建斌　西安建正置业有限公司总经理
　　　　　王俊清　大连理工大学财务部长
　　　　　王新刚　中南财经政法大学工商管理学院教授
　　　　　毛先华　江西大有科技有限公司创始人
　　　　　方　军　安徽财经大学文学院院长、教授
　　　　　邓汉成　万载诚济医院董事长兼院长

冯彦明	中央民族大学经济学院教授
巩见刚	大连理工大学公共管理学院副教授
毕建欣	宁波财经学院金融与信息学院金融工程系主任
吕　力	扬州大学商学院教授，扬州大学新工商文明与中国传统文化研究中心主任
刘文锦	宁夏民生房地产开发有限公司董事长
刘鹏凯	江苏黑松林粘合剂厂有限公司董事长
齐善鸿	南开大学商学院教授
江端预	株洲千金药业股份有限公司原党委书记、董事长
严家明	中国商业文化研究会范蠡文化研究分会执行会长兼秘书长
苏　勇	复旦大学管理学院教授，复旦大学东方管理研究院创始院长
李小虎	佛山市法萨建材有限公司董事长
李文明	江西财经大学工商管理学院教授
李景春	山西天元集团创始人
李曦辉	中央民族大学管理学院教授
吴通福	江西财经大学中国管理思想研究院教授
吴照云	江西财经大学原副校长、教授
吴满辉	广东鑫风风机有限公司董事长
余来明	武汉大学中国传统文化研究中心副主任
辛　杰	山东大学管理学院教授
张　华	广东省蓝态幸福文化公益基金会理事长
张卫东	太原学院管理系主任、教授
张正明	广州市伟正金属构件有限公司董事长
张守刚	江西财经大学工商管理学院市场营销系副主任
陈　中	扬州大学商学院副教授
陈　静	企业管理出版社社长兼总编辑
陈晓霞	孟子研究院党委书记、院长、研究员
范立方	广东省蓝态幸福文化公益基金会秘书长

范希春	中国商业文化研究会中华优秀传统文化传承发展分会专家委员会专家
林　嵩	中央财经大学商学院院长、教授
罗　敏	英德华粤艺术学校校长
周卫中	中央财经大学中国企业研究中心主任、商学院教授
周文生	范蠡文化研究（中国）联会秘书长，苏州干部学院特聘教授
郑俊飞	广州穗华口腔医院总裁
郑济洲	福建省委党校科学社会主义与政治学教研部副主任
赵德存	山东鲁泰建材科技集团有限公司党委书记、董事长
胡国栋	东北财经大学工商管理学院教授，中国管理思想研究院院长
胡海波	江西财经大学工商管理学院院长、教授
战　伟	广州叁谷文化传媒有限公司CEO
钟　尉	江西财经大学工商管理学院讲师、系支部书记
宫玉振	北京大学国家发展研究院发树讲席教授、BiMBA商学院副院长兼EMBA学术主任
姚咏梅	《企业家》杂志社企业文化研究中心主任
莫林虎	中央财经大学文化与传媒学院学术委员会副主任、教授
贾旭东	兰州大学管理学院教授，"中国管理50人"成员
贾利军	华东师范大学经济与管理学院教授
晁　罡	华南理工大学工商管理学院教授、CSR研究中心主任
倪　春	江苏先锋党建研究院院长
徐立国	西安交通大学管理学院副教授
殷　雄	中国广核集团专职董事
凌　琳	广州德生智能信息技术有限公司总经理
郭　毅	华东理工大学商学院教授
郭国庆	中国人民大学商学院教授，中国人民大学中国市场营销研究中心主任

唐少清	北京联合大学管理学院教授，中国商业文化研究会企业创新文化分会会长
唐旭诚	嘉兴市新儒商企业创新与发展研究院理事长、执行院长
黄金枝	哈尔滨工程大学经济管理学院副教授
黄海啸	山东大学经济学院副教授，山东大学教育强国研究中心主任
曹振杰	温州商学院副教授
雪　漠	甘肃省作家协会副主席
阎继红	山西省老字号协会会长，太原六味斋实业有限公司董事长
梁　刚	北京邮电大学数字媒体与设计艺术学院副教授
程少川	西安交通大学管理学院副教授
谢佩洪	上海对外经贸大学学位评定委员会副主席，南泰品牌发展研究院首任执行院长、教授
谢泽辉	广东铁杆中医健康管理有限公司总裁
谢振芳	太原城市职业技术学院教授
蔡长运	福建林业技术学院教师，高级工程师
黎红雷	中山大学教授，全国新儒商团体联席会议秘书长
颜世富	上海交通大学东方管理研究中心主任

总编辑： 陈　静

副总编： 王仕斌

编　辑：（按姓氏笔画排序）

于湘怡　尤　颖　田　天　耳海燕　刘玉双　李雪松　杨慧芳
宋可力　张　丽　张　羿　张宝珠　陈　戈　赵喜勤　侯春霞
徐金凤　黄　爽　蒋舒娟　韩天放　解智龙

序 一

以中华优秀传统文化为源　启中国式现代管理新篇

中华优秀传统文化形成于中华民族漫长的历史发展过程中，不断被创造和丰富，不断推陈出新、与时俱进，成为滋养中国式现代化的不竭营养。它包含的丰富哲学思想、价值观念、艺术情趣和科学智慧，是中华民族的宝贵精神矿藏。党的十八大以来，以习近平同志为核心的党中央高度重视中华优秀传统文化的创造性转化和创新性发展。习近平总书记指出"中华优秀传统文化是中华民族的精神命脉，是涵养社会主义核心价值观的重要源泉，也是我们在世界文化激荡中站稳脚跟的坚实根基"。

管理既是人类的一项基本实践活动，也是一个理论研究领域。随着社会的发展，管理在各个领域变得越来越重要。从个体管理到组织管理，从经济管理到政务管理，从作坊管理到企业管理，管理不断被赋予新的意义和充实新的内容。而在历史进程中，一个国家的文化将不可避免地对管理产生巨大的影响，可以说，每一个重要时期的管理方式无不带有深深的文化印记。随着中国步入新时代，在管理领域实施中华优秀传统文化的创造性转化和创新性发展，已经成为一项应用面广、需求量大、题材丰富、潜力巨大的工作，在一些重要领域可能产生重大的理论突破和丰硕的实践成果。

第一，中华优秀传统文化中蕴含着丰富的管理思想。中华优秀传统文化源远流长、博大精深，在管理方面有着极为丰富的内涵等待提炼和转化。比如，儒家倡导"仁政"思想，强调执政者要以仁爱之心实施管理，尤其要注重道德感化与人文关怀。借助这种理念改善企业管理，将会推进构建和谐的组织人际关系，提升员工的忠诚度，增强其归属感。又如，道家的"无为而治"理念延伸到今天的企业管理之中，就是倡导顺应客观规律，避免过度干预，使组织在一种相对宽松自由的环境中实现自我调节与发展，管理者与员工可各安其位、各司其职，充分发挥个体的创造力。再如，法家的"法治"观念启示企业管理要建立健全规章制度，以严谨的体制机制确保组织运行的有序性与规范性，做到赏罚分明，激励员工积极进取。可以明确，中华优秀传统文化为现代管理提供了多元的探索视角与深厚的理论基石。

第二，现代管理越来越重视文化的功能和作用。现代管理是在人类社会工业化进程中产生并发展的科学工具，对人类经济社会发展起到了至关重要的推进作用。自近代西方工业革命前后，现代管理理念与方法不断创造革新，在推动企业从传统的小作坊模式向大规模、高效率的现代化企业，进而向数字化企业转型的过程中，文化的作用被空前强调，由此衍生的企业使命、愿景、价值观成为企业发展最为强劲的内生动力。以文化引导的科学管理，要求不仅要有合理的组织架构设计、生产流程优化等手段，而且要有周密的人力资源规划、奖惩激励机制等方法，这都极大地增强了员工在企业中的归属感并促进员工发挥能动作用，在创造更多的经济价值的同时体现重要的社会价值。以人为本的现代管理之所以在推动产业升级、促进经济增长、提升国际竞争力等方面须臾不可缺少，是因为其体现出企业的使命不仅是获取利润，更要注重社会责任与可持续发展，在环境保护、社会公平等方面发挥积极影响力，推动人类社会向着更加文明、和谐、包容、可持续的方向迈进。今天，管理又面临数字技术的挑战，更加需要更多元的思想基础和文化资源的支持。

第三，中华优秀传统文化与现代管理结合研究具有极强的必要性。 随着全球经济一体化进程的加速，文化多元化背景下的管理面临着前所未有的挑战与机遇。一方面，现代管理理论多源于西方，在应用于本土企业与组织时，往往会出现"水土不服"的现象，难以充分契合中国员工与生俱来的文化背景与社会心理。中华优秀传统文化所蕴含的价值观、思维方式与行为准则能够为现代管理面对中国员工时提供本土化的解决方案，使其更具适应性与生命力。另一方面，中华优秀传统文化因其指导性、亲和性、教化性而能够在现代企业中找到新的传承与发展路径，其与现代管理的结合能够为经济与社会注入新的活力，从而实现优秀传统文化在企业管理实践中的创造性转化和创新性发展。这种结合不仅有助于提升中国企业与组织的管理水平，增强文化自信，还能够为世界管理理论贡献独特的中国智慧与中国方案，促进不同文化的交流互鉴与共同发展。

近年来，中国企业在钢铁、建材、石化、高铁、电子、航空航天、新能源汽车等领域通过锻长板、补短板、强弱项，大步迈向全球产业链和价值链的中高端，成果显著。中国企业取得的每一个成就、每一项进步，离不开中国特色现代管理思想、理论、知识、方法的应用与创新。中国特色的现代管理既有"洋为中用"的丰富内容，也与中华优秀传统文化的"古为今用"密不可分。

"中华优秀传统文化与现代管理融合"丛书（以下简称"丛书"）正是在这一时代背景下应运而生的，旨在为中华优秀传统文化与现代管理的深度融合探寻路径、总结经验、提供借鉴，为推动中国特色现代管理事业贡献智慧与力量。

"丛书"汇聚了中国传统文化学者和实践专家双方的力量，尝试从现代管理领域常见、常用的知识、概念角度细分开来，在每个现代管理细分领域，回望追溯中华优秀传统文化中的对应领域，重在通过有强大生命力的思想和智慧精华，以"古今融会贯通"的方式，进行深入研究、探索，以期推出对我国现代管理有更强滋养力和更高使用价值的系列成果。

文化学者的治学之道，往往是深入研究经典文献，挖掘其中蕴含的智慧，并对其进行系统性的整理与理论升华。据此形成的中华优秀传统文化为现代管理提供了深厚的文化底蕴与理论支撑。研究者从浩瀚典籍中梳理出优秀传统文化在不同历史时期的管理实践案例，分析其成功经验与失败教训，为现代管理提供了宝贵的历史借鉴。

实践专家则将传统文化理念应用于实际管理工作中，通过在企业或组织内部开展文化建设、管理模式创新等实践活动，检验传统文化在现代管理中的可行性与有效性，并根据实践反馈不断调整与完善应用方法。他们从企业或组织运营的微观层面出发，为传统文化与现代管理的结合提供了丰富的实践经验与现实案例，使传统文化在现代管理中的应用更具操作性与针对性。

"丛书"涵盖了从传统文化与现代管理理论研究到不同行业、不同

序　一

领域应用实践案例分析等多方面内容，形成了一套较为完整的知识体系。"丛书"不仅是研究成果的结晶，更可看作传播中华优秀传统文化与现代管理理念的重要尝试。还可以将"丛书"看作一座丰富的知识宝库，它全方位、多层次地为广大读者提供了中华优秀传统文化在现代管理中应用与发展的工具包。

可以毫不夸张地说，每一本图书都凝聚着作者的智慧与心血，或是对某一传统管理思想在现代管理语境下的创新性解读，或是对某一行业或领域运用优秀传统文化提升管理效能的深度探索，或是对传统文化与现代管理融合实践中成功案例与经验教训的详细总结。"丛书"通过文字的力量，将传统文化的魅力与现代管理的智慧传递给广大读者。

在未来的发展征程中，我们将持续深入推进中华优秀传统文化在现代管理中的创造性转化和创新性发展工作。我们坚信，在全社会的共同努力下，中华优秀传统文化必将在现代管理的广阔舞台上绽放出更加绚丽多彩的光芒。在中华优秀传统文化与现代管理融合发展的道路上砥砺前行，为实现中华民族伟大复兴的中国梦做出更大的贡献！

是为序。

朱宏任

中国企业联合会、中国企业家协会
党委书记、常务副会长兼秘书长

序　二

文化传承　任重道远

财政部国资预算项目"中华优秀传统文化在现代管理中的创造性转化与创新性发展工程"系列成果——"中华优秀传统文化与现代管理融合"丛书和读者见面了。

一

这是一组可贵的成果，也是一组不够完美的成果。

说她可贵，因为这是大力弘扬中华优秀传统文化（以下简称优秀文化）、提升文化自信、"振民育德"的工作成果。

说她可贵，因为这套丛书汇集了国内该领域一批优秀专家学者的优秀研究成果和一批真心践行优秀文化的企业和社会机构的卓有成效的经验。

说她可贵，因为这套成果是近年来传统文化与现代管理有效融合的规模最大的成果之一。

说她可贵，还因为这个项目得到了财政部、国务院国资委、中国企业联合会等部门的宝贵指导和支持，得到了许多专家学者、企业家等朋友的无私帮助。

说她不够完美，因为学习践行传承发展优秀文化永无止境、永远在进步完善的路上，正如王阳明所讲"善无尽""未有止"。

说她不够完美，因为优秀文化在现代管理的创造性转化与创新性发展中，还需要更多的研究专家、社会力量投入其中。

说她不够完美，还因为在践行优秀文化过程中，很多单位尚处于摸索阶段，且需要更多真心践行优秀文化的个人和组织。

当然，项目结项时间紧、任务重，也是一个逆向推动的因素。

二

2022年，在征求多位管理专家和管理者意见的基础上，我们根据有关文件精神和要求，成立专门领导小组，认真准备，申报国资预算项目"中华优秀传统文化在现代管理中的创造性转化与创新性发展工程"。经过严格的评审筛选，我们荣幸地获准承担该项目的总运作任务。之后，我们就紧锣密鼓地开始了调研工作，走访研究机构和专家，考察践行优秀文化的企业和社会机构，寻找适合承担子项目的专家学者和实践单位。

最初我们的计划是，该项目分成"管理自己""管理他人""管理事务""实践案例"几部分，共由60多个子项目组成；且主要由专家学者的研究成果专著组成，再加上几个实践案例。但是，在调研的初期，我们发现一些新情况，于是基于客观现实，适时做出了调整。

第一，我们知道做好该项目的工作难度，因为我们预想，在优秀文

序　二

化和现代管理两个领域都有较深造诣并能融会贯通的专家学者不够多。在调研过程中，我们很快发现，实际上这样的专家学者比我们预想的更少。与此同时，我们在广东等地考察调研过程中，发现有一批真心践行优秀文化的企业和社会机构。经过慎重研究，我们决定适当提高践行案例比重，研究专著占比适当降低，但绝对数不一定减少，必要时可加大自有资金投入，支持更多优秀项目。

第二，对于子项目的具体设置，我们不执着于最初的设想，固定甚至限制在一些话题里，而是根据实际"供给方"和"需求方"情况，实事求是地做必要的调整，旨在吸引更多优秀专家、践行者参与项目，支持更多优秀文化与现代管理融合的优秀成果研发和实践案例创作的出版宣传，以利于文化传承发展。

第三，开始阶段，我们主要以推荐的方式选择承担子项目的专家、企业和社会机构。运作一段时间后，考虑到这个项目的重要性和影响力，我们觉得应该面向全社会吸纳优秀专家和机构参与这个项目。在请示有关方面同意后，我们于2023年9月开始公开征集研究人员、研究成果和实践案例，并得到了广泛响应，许多人主动申请参与承担子项目。

三

这个项目从开始就注重社会效益，我们按照有关文件精神，对子项目研发创作提出了不同于一般研究课题的建议，形成了这个项目自身的特点。

（一）重视情怀与担当

我们很重视参与项目的专家和机构在弘扬优秀文化方面的情怀和担当，比如，要求子项目承担人"发心要正，导人向善""充分体现优秀文化'优秀'二字内涵，对传统文化去粗取精、去伪存真"等。这一点与通常的课题项目有明显不同。

（二）子项目内容覆盖面广

一是众多专家学者从不同角度将优秀文化与现代管理有机融合。二是在确保质量的前提下，充分考虑到子项目的代表性和示范效果，聚合了企业、学校、社区、医院、培训机构及有地方政府背景的机构；其他还有民间传统智慧等内容。

（三）研究范式和叙述方式的创新

我们提倡"选择现代管理的一个领域，把与此密切相关的优秀文化高度融合、打成一片，再以现代人喜闻乐见的形式，与选择的现代管理领域实现融会贯通"，在传统文化方面不局限于某人、某家某派、某经典，以避免顾此失彼、支离散乱。尽管在研究范式创新方面的实际效果还不够理想，有的专家甚至不习惯突破既有的研究范式和纯学术叙述方式，但还是有很多子项目在一定程度上实现了研究范式和叙述方式的创新。另外，在创作形式上，我们尽量发挥创作者的才华智慧，不做形式上的硬性要求，不因形式伤害内容。

（四）强调本体意识

"本体观"是中华优秀传统文化的重要标志，相当于王阳明强调的"宗旨"和"头脑"。两千多年来，特别是近现代以来，很多学者在认知优秀文化方面往往失其本体，多在细枝末节上下功夫；于是，著述虽多，有的却如王阳明讲的"不明其本，而徒事其末"。这次很多子项目内容在优秀文化端本清源和体用一源方面有了宝贵的探索。

（五）实践丰富，案例创新

案例部分加强了践行优秀文化带来的生动事例和感人故事，给人以触动和启示。比如，有的地方践行优秀文化后，离婚率、刑事案件大幅度下降；有家房地产开发商，在企业最困难的时候，仍将大部分现金支付给建筑商，说"他们更难"；有的企业上新项目时，首先问的是"这个项目有没有公害？""符不符合国家发展大势？""能不能切实帮到一批人？"；有家民营职业学校，以前不少学生素质不高，后来他们以优秀文化教化学生，收到良好效果，学生素质明显提高，有的家长流着眼泪跟校长道谢："感谢学校救了我们全家！"；等等。

四

调研考察过程也是我们学习总结反省的过程。通过调研，我们学到了许多书本中学不到的东西，收获了满满的启发和感动。同时，我们发现，在学习阐释践行优秀文化上，有些基本问题还需要进一步厘清和重视。试举几点：

（一）"小学"与"大学"

这里的"小学"指的是传统意义上的文字学、音韵学、训诂学等，而"大学"是指"大学之道在明明德"的大学。现在，不少学者特别是文史哲背景的学者，在"小学"范畴苦苦用功，做出了很多学术成果，还需要在"大学"修身悟本上下功夫。陆九渊说："读书固不可不晓文义，然只以晓文义为是，只是儿童之学，须看意旨所在。"又说"血脉不明，沉溺章句何益？"

（二）王道与霸道

霸道更契合现代竞争理念，所以更为今人所看重。商学领域的很多人都偏爱霸道，认为王道是慢功夫、不现实，霸道更功利、见效快。孟子说："仲尼之徒无道桓、文之事者。"（桓、文指的是齐桓公和晋文公，春秋著名两霸）王阳明更说这是"孔门家法"。对于王道和霸道，王阳明在其"拔本塞源论"中有专门论述："三代之衰，王道熄而霸术焻……霸者之徒，窃取先王之近似者，假之于外，以内济其私己之欲，天下靡然而宗之，圣人之道遂以芜塞。相仿相效，日求所以富强之说，倾诈之谋，攻伐之计……既其久也，斗争劫夺，不胜其祸……而霸术亦有所不能行矣。"

其实，霸道思想在工业化以来的西方思想家和学者论著中体现得很多。虽然工业化确实给人类带来了福祉，但是也带来了许多不良后果。联合国《未来契约》（2024年）中指出："我们面临日益严峻、关乎存亡的灾难性风险"。

（三）小人儒与君子儒

在"小人儒与君子儒"方面，其实还是一个是否明白优秀文化的本体问题。陆九渊说："古之所谓小人儒者，亦不过依据末节细行以自律"，而君子儒简单来说是"修身上达"。现在很多真心践行优秀文化的个人和单位做得很好，但也有些人和机构，日常所做不少都还停留在小人儒层面。这些当然非常重要，因为我们在这方面严重缺课，需要好好补课，但是不能局限于或满足于小人儒，要时刻也不能忘了行"君子儒"。不可把小人儒当作优秀文化的究竟内涵，这样会误己误人。

（四）以财发身与以身发财

《大学》讲："仁者以财发身，不仁者以身发财"。以财发身的目的是修身做人，以身发财的目的是逐利。我们看到有的身家亿万的人活得很辛苦、焦虑不安，这在一定意义上讲就是以身发财。我们在调查过程中也发现有的企业家通过学习践行优秀文化，从办企业"焦虑多""压力大"到办企业"有欢喜心"。王阳明说："常快活便是功夫。""有欢喜心"的企业往往员工满足感、幸福感更强，事业也更顺利，因为他们不再贪婪自私甚至损人利己，而是充满善念和爱心，更符合天理，所谓"得道者多助"。

（五）喻义与喻利

子曰："君子喻于义，小人喻于利"。义利关系在传统文化中是一个很重要的话题，也是优秀文化与现代管理融合绕不开的话题。前面讲到的那家开发商，在企业困难的时候，仍坚持把大部分现金支付给建筑商，他们收获的是"做好事，好事来"。相反，在文化传承中，有的机构打着"文化搭台经济唱戏"的幌子，利用人们学习优秀文化的热情，搞媚俗的文化活动赚钱，歪曲了优秀文化的内涵和价值，影响很坏。我们发现，在义利观方面，一是很多情况下把义和利当作对立的两个方面；二是对义利观的认知似乎每况愈下，特别是在西方近代资本主义精神和人性恶假设背景下，对人性恶的利用和鼓励（所谓"私恶即公利"），出现了太多的重利轻义、危害社会的行为，以致产生了联合国《未来契约》中"可持续发展目标的实现岌岌可危"的情况。人类只有树立正确的义利观，才能共同构建人类命运共同体。

（六）笃行与空谈

党的十八大以来，党中央坚持把文化建设摆在治国理政突出位置，全国上下掀起了弘扬中华优秀传统文化的热潮，文化建设在正本清源、守正创新中取得了历史性成就。在大好形势下，有一些个人和机构在真心学习践行优秀文化方面存在不足，他们往往只停留在口头说教、走过场、做表面文章，缺乏真心真实笃行。他们这么做，是对群众学习传承优秀文化的误导，影响不好。

五

文化关乎国本、国运，是一个国家、一个民族发展中最基本、最深沉、最持久的力量。

中华文明源远流长，中华文化博大精深。弘扬中华优秀传统文化任重道远。

"中华优秀传统文化与现代管理融合"丛书的出版，不仅凝聚了子项目承担者的优秀研究成果和实践经验，同事们也付出了很大努力。我们在项目组织运作和编辑出版工作中，仍会存在这样那样的缺点和不足。成绩是我们进一步做好工作的动力，不足是我们今后努力的潜力。真诚期待广大专家学者、企业家、管理者、读者，对我们的工作提出批评指正，帮助我们改进、成长。

企业管理出版社国资预算项目领导小组

题　　记

为儒家思想在企业实现创造性转化，
为企业理论在中国推进创新性发展，
为中华民族现代文明谱写工商文明篇章，
为当代世界新商业文明提供中国的方案。

目 录

序论　儒商文化释义 1
第一节　儒商之"儒" 3
第二节　儒商之"商" 7
第三节　儒商之"文化" 13
第四节　儒商文化之"通论" 19

源流篇 35

第一章　儒商文化的思想资源 37
第一节　"四书"的儒商文化视角 37
第二节　"五经"的儒商文化视角 43
第三节　儒家诸子的儒商文化视角 51
第四节　百家学说的儒商文化视角 58

第二章　古代儒商文化 67
第一节　先秦商人的儒商精神 67
第二节　明清商帮的儒商精神 76
第三节　明清商书的儒商精神 86
第四节　清末商人的儒商精神 96

1

第三章　近代儒商文化　105
第一节　张謇的儒商气质　105
第二节　荣德生的儒商气质　117
第三节　卢作孚的儒商气质　125
第四节　陈嘉庚的儒商气质　132

第四章　当代新儒商文化　142
第一节　当代新儒商文化的兴起　142
第二节　当代新儒商文化的特征　156
第三节　当代新儒商文化的使命　172

观念篇　187

第五章　导德齐礼的治理观　189
第一节　儒家的治理观　189
第二节　导之以德的治理根基　193
第三节　齐之以礼的治理规范　197
第四节　以道御术的治理模式　202

第六章　以义致利的经营观　207
第一节　儒家的经营观　207
第二节　义缘道生的经营基础　211
第三节　利由道取的经营方法　215
第四节　利人利己的经营原则　219

第七章　亲如一家的组织观　225
第一节　儒家的组织观　225
第二节　拟家庭化的组织形态　229

第三节　上下相亲的组织氛围　233
第四节　人文教化的组织功能　237

第八章　身正令行的领导观　243
第一节　儒家的领导观　243
第二节　正己正人的领导行为　247
第三节　无为而治的领导方式　251
第四节　通权达变的领导艺术　255

第九章　举贤使能的用人观　261
第一节　儒家的用人观　261
第二节　德才兼备的用人标准　265
第三节　奋斗者为本的用人原则　269
第四节　责任结果导向的考核机制　273

第十章　内诚外信的品牌观　278
第一节　儒家的品牌观　278
第二节　内诚于心的人品塑造　282
第三节　外信于人的企品锻造　287
第四节　精益求精的产品打造　291

第十一章　时变和合的战略观　296
第一节　儒家的战略观　296
第二节　与时偕行的战略思维　300
第三节　唯变所适的战略实施　304
第四节　和合共赢的战略目标　309

第十二章　兼善天下的责任观　315
第一节　儒家的责任观　315

第二节　导人向善的企业责任　319

第三节　博施于民的社会责任　324

第四节　万物一体的自然责任　329

第十三章　创业垂统的传承观　334

第一节　儒家的传承观　334

第二节　继往开来的创业传承　337

第三节　承前启后的文化传承　342

第四节　生生不息的生态传承　346

第十四章　敬天法祖爱人的信仰观　352

第一节　儒家的信仰观　352

第二节　敬畏天道的终极关怀　357

第三节　孝亲法祖的文化关怀　362

第四节　爱人利他的现实关怀　366

主要参考资料　373

序论　儒商文化释义

儒商文化是儒学与商道相结合的产物，具有丰富的思想内涵。下面，围绕本书的四个关键词——"儒""商""文化""通论"，而展开论述。

第一节 儒商之"儒"

"儒"起源于殷代，本来是一种职业，其职责是"教书相礼"。孔子则在此基础上，创立了被后世称为"儒家"的思想学派。儒学在两千多年的发展过程中，逐步吸收了中国本土的诸子百家思想，以及外来的佛教学说，成为中华传统文化的主干，在国家治理、社会组织、民众生活等方面发挥着重要的作用，并成为儒商的文化基因。

一、精神之儒

儒商之"儒"，不是职业之"儒"，而是精神之"儒"。如上所述，早期的"儒"，确实是一种教书和相礼的职业，是某些人谋生的手段。但从孔子开始，"儒"已经被赋予了全新的文化内涵。正如冯友兰先生所言："后来在儒之中，有不止于教书相礼为事，而且欲以昔日之礼乐制度平治天下，又有予昔之礼乐制度以理论的根据者，此等人即后来之儒家。孔子不是儒之创始者，但乃是儒家之创立者。"[1]就此而言，英文将"儒家"翻译为"Confucianism"（孔夫子学说）是有道理的。

孔子曾经告诫弟子"女为君子儒，勿为小人儒"（《论语·雍也》），表明孔子对于儒家的内在本质和精神价值已经有了自觉的体认。如果说

---

[1] 冯友兰，《原儒墨》，《中国哲学史》下册附录，华东师范大学出版社2011年版，第279页。

"小人儒"是一种谋生的职业——作为教书匠的"儒","君子儒"则是一种精神的坚守——作为一种理想主义者的"儒家"。儒商之"儒"是"君子儒"而不是"小人儒",是精神之"儒"而不是职业之"儒",是思想的坚守,而不是谋生的手段。

因此,在"儒商"这一复合词中,"商"确实是一种职业,但"儒"却不特指某种职业。"儒商"不是"儒"与"商"的简单相加,而是"儒"作为一种思想文化对于"商"这一职业的限定。从字面上看,所谓"儒商",不是"读书人"加"生意人",而是"儒"加"商",即信奉并践行儒家精神的工商业者。

二、百家精华

儒商之"儒",不是先秦儒家的一家之言,而是融合中华文化的百家精华。我们知道,孔子所创立的儒家,本来只是春秋战国时期诸子百家中的一家。在这一时期,恰值中国古代社会形态经历着重大的转变。旧的生产关系已经衰落,新的生产关系正在形成;旧的国家治理秩序已经崩溃,新的国家治理秩序亟待建立。躬逢其时,由于官学衰微、私人讲学兴起而形成的诸子百家学派,面对现实的需要,无一不提出自己治理天下的一套路线、方针、战略和策略,并为此进行了详尽的哲学论证和激烈的学术争鸣。[1] 即如汉代历史学家司马谈所言:"'天下一致而百虑,同归而殊途。'夫阴阳、儒、墨、名、法、道德,此务为治者也,直所从言之异路,有省不省耳。"(《史记·太史公自序》)

那么,到底是哪一家更"省"——讲得更清楚、治国更有效呢?秦始皇看中的是"法家",汉初"文景之治"采用的是"黄老道家",司马谈本人中意的也是"道德家",而汉武帝接受了董仲舒"罢黜百家,独尊儒术"的建议,儒家正式成为大一统国家治理的指导思想。但值得注意的是,董仲舒所说的"儒术",已经不是纯粹意义上的"儒家",而是以儒家为主,掺进了诸如阴阳家、墨家、名家、法家,乃至道家的思想元素。

从东汉开始,佛教传入中国,并与中国本土文化相结合,从而诞生了

---

[1] 黎红雷,《儒家管理哲学》,广东高等教育出版社2010年第3版,第15页。

"禅宗"（按：《不列颠百科全书》把"禅宗"翻译为 Chinese Buddhism——"中国佛教"）；与此同时，本土宗教"道教"也逐步发展起来。经过几百年的斗争与磨合，到宋明时期，在"儒释道三教合流"的基础上，诞生了儒学的新形态——宋明理学，包括程朱理学和陆王心学（《不列颠百科全书》把"宋明理学"翻译为 Neo-Confucianism——"新儒学"）。而"朱子近道，陆子近禅"，则表明朱熹的理学吸收了道家和道教的思想精华，陆九渊的心学吸收了佛家和禅宗的思想精华，至于王阳明的"心学"更是儒释道三教合流的典范。

因此，我们当代人所面对的"儒学"，实际上已经不局限于先秦时期的"儒家"，而是两千多年来不断融合发展的中华优秀传统文化的精华。明白于此，我们在理解"儒商"之"儒"这一概念的时候，就应该自觉地意识到我们弘扬的不是狭义的经典儒学，而是以儒家思想为代表（核心、主干、标志）的整个中华优秀传统文化。至于有些人倡导"道商""法商""兵商"，乃至"佛商"等，也许可以满足某些小众化的需求，却很难形成广泛性的社会影响。

三、中庸之道

儒商之"儒"，不是偏执极端的"陋儒"，而是中庸平和的"明儒"。我们知道，儒家之所以在百家争鸣中胜出，成为中国古代国家治理的指导思想、中华优秀传统文化的主干，不仅在于其和而不同、包容百家的宽厚胸怀，而且在于其清醒务实、不走极端的"中庸之道"。其中与"儒商"的命运相关者，起码有以下三点。

1. "重农不轻商"

中国古代是农业社会，重农是包括诸子百家在内的整个社会的共识，儒家当然也不可能例外。但是，儒家的可贵之处，就是在重视农业的同时，不主张抑制工商业的正常发展。孟子所设计的"仁政"蓝图，就对当时的"士农工商"四民都做出了详尽而又合理的安排，其中涉及商人的政策措施是：在市场上提供储存货物的地方却不额外征税，把滞销的货物依法收购不使其积压，那么，天下的商人都乐于在这样的市场做生意了。[1] 尽管当时的统治者未必全盘采用儒家的经济思想，但儒家"重农不轻商"的主张，却实实在在地为中国古代商业的生存和发展提供了必要的空间。从历代统治者时紧时松的抑商政策的实施及其实际效果来看，我们也可以感受到儒家"重农不轻商"主张的张力。

2. "重义不轻利"

儒家的义利观，总的原则是"义利合一"。孔子提出"义以生利，利以平民，政之大节也"（《左传·成公二年》），把创造利益并与民众分享利益作为治国理政的大事。流行的看法是儒家主张"重义轻利"，但细究起来，儒家确实"重义"，但并不"轻利"。孟子见梁惠王，以"何必曰利"始，又以"何必曰利"终，但其真实意图并不是非利，而是强调统治者要带头讲义，从而获得更大的利。孔子"罕言利"（《论语·子罕》），却主张"富与贵，是人之所欲也"（《论语·里仁》），承认人们求利愿望的合理性，并要求统治者"因民之所利而利之"（《论语·尧曰》）。荀子虽然在其文学作品《成相》篇中提到辞官隐居的许由和善卷"重义轻利"，但荀子本人的义利观是主张"先义而后利"（《荀子·荣辱》），强调"虽尧、舜不能去民之欲利"（《荀子·大略》）。因此，从总体上看，儒家的基本价值立场应该是"重义不轻利"，尤其是不轻视民众的欲利，这就为儒商的经营活动提供了价值观的支撑。

3. "重德不轻法"

儒家主张"德治"，孔子指出："道之以政，齐之以刑，民免而无耻；道之以德，齐之以礼，有耻且格。"（《论语·为政》）在政策与刑罚、德治与礼治两组治理手段中，儒家更重视的是德治与礼治。但值得指出的是，儒家所谓的"礼"，实际上就包含了现代社会所说的"法"。传说周公所作的"周礼"实际上就是周代统治阶级制定和认可的政治制度和行为规范的总和，可以称得上是一部庞杂的法典大全。在这个意义上，儒家所谓的"礼治"，即相当于现代意义上的"法治"。至于中国古代狭义上的

---

[1]《孟子·公孙丑上》："市，廛而不征，法而不廛，则天下之商皆悦，而愿藏于其市矣。"

"法",即"刑",儒家也并不一概反对。孔子就明白无误地说过:"君子怀刑,小人怀惠。"(《论语·里仁》)这里所谓"怀刑"就是主张统治者要关心刑法。总的来看,儒家主张德治与礼治(法治)相结合,"重德不轻法",这就为儒商的治理活动提供了必要的手段。

第二节 儒商之"商"

中国历史上第一位有名有姓的商人,是夏朝末年商族部落的第七代君主,子姓,王氏,名亥。中国历史上同时也是世界历史上的第一部商人传记,是汉代历史学家司马迁所著《史记》中的《货殖列传》,记载了从先秦到西汉初年52位商人的故事。他们的事迹,为儒商文化提供了源远流长的源头活水。

一、开拓进取

儒商之"商",是开拓进取之商。我们今天所使用的"商人"之所以称之为"商",本身就是开拓进取的结果。《竹书纪年》记载,夏朝的时候,在今天的山东省西南部和河南省东部一带,居住着一个名叫"商"的部落。他们积极发展农业和畜牧业,生产的东西有了剩余,于是国君王亥就发明了牛车,并亲自带领本部落的人用牛车拉着货物到外部落去搞交易,由于他们来自"商"部落,外部落的人就称他们为"商人"(就像后世人们把汉朝人称为"汉人"、唐朝人称为"唐人"、宋朝人称为"宋人"一样)。从此"商人"便成为从事贸易的生意人的代名词,他们从事的事业(职业)被称为"商业",买卖的货物被称为"商品",王亥本人则被尊为"中国商人的始祖"。

王亥开创"商业"之路所体现的开拓进取精神,被历代儒商继承并发扬光大。春秋末年,孔子的大弟子子贡(姓端木,名赐),不甘心接受命运的摆布,敢于冲破当时官营商业的限制,开创私人经商的先河,受到孔子的赞许"赐不受命,而货殖焉,亿则屡中"(《论语·先进》),被后人尊为"儒商鼻祖"。明清之际,人口不断增长,读书人也不断增多,但科举名额却没有相应增加。为谋生计，大批儒生勇敢地从"举业"走向"商业"，"用儒意以通积著之理"[1]，形成一个以"儒贾""儒商"为名的社会新阶层。清末民初，面对中华民族积贫积弱、西方列强经济入侵的局面，以张謇为代表的一批时代先行者，毅然从传统士大夫向现代企业家转型，扛起"实业救国""教育救国"的大旗，创办企业，服务社会，回报国家，成为爱国企业家的典范、民族企业家的楷模、民营企业家的先贤，张謇本人成为中国历史上独一无二的"状元实业家"。

二、智慧经营

儒商之"商"，是智慧经营之商。司马迁在《史记·太史公自序》中谈到自己撰写《货殖列传》的原则："布衣匹夫之人，不害于政，不妨百姓，取与以时而息财富，智者有采焉。"正是抱着这种智慧可以借鉴的心态，司马迁在《货殖列传》中详细记录了当时工商业者的成功经验，为后世留下了宝贵的经营智慧。

1."富无经业，贵在诚壹"

《史记·货殖列传》指出："夫纤啬筋力，治生之正道也，而富者必用奇胜。"勤劳节俭，固然是发家致富的正道，但是富有的人一定会用出奇制胜的方式获取财富。例如，种田务农本是最笨拙的经营方法，但是秦扬能够用这样的方法富甲一州；沿街叫卖是男子从事的最低贱的职业，但雍地的乐成却能够通过这种方法富裕起来；卖浆水，只是一门小生意，但张氏却凭借它赚钱千万……这都是满腔赤诚、精神专一带来的成果。这种赤诚专一的商人，荀子称为"良贾"，并与"良农""士君子"相提并论，指出："良农不为水旱不耕，良贾不为折阅不市，士君子不为贫穷怠乎道。"（《荀子·修身》）好的农民不会因为水旱灾害而放弃耕耘，好的商人也不会因为一时亏损而放弃经商，而有志操和学问的人也不会因为贫穷而懈怠于道义追求，说的都是贵在诚壹、专心致志的意思。

---

[1]《陆文定公集》卷七，转引自陈寿灿、涂言豪，《解析新时代"儒商精神"价值内涵：以人为本、圣者尽伦、以义生利》，《家族企业》杂志2023年7月刊。

2."人弃我取，人取我与"

《史记·货殖列传》记载，白圭"乐观时变，故人弃我取，人取我与"。具体来说，五谷丰登的时候，就买进粮食，出售蚕丝、生漆；蚕茧出产的时候，就买进丝帛、棉絮，出售粮食。想要货物价格上涨，就收购下等的粮食；想要每斗每石粮食的重量增加，就收购上等的粮种……为此，经营者的智慧就必须足以随机应变，勇气就必须足以果敢决断，仁德就必须足以正确取舍，强壮就必须足以坚守到底。这种有智慧的商人被时人称为"廉贾"。《史记·货殖列传》："廉贾归富。"《汉书·货殖传》："贪贾三之，廉贾五之。"颜师古注引孟康曰："贪贾，未当卖而卖，未当买而买，故得利少，而十得其三。廉贾，贵乃卖，贱乃买，故十得五也。"贪小便宜吃大亏，吃小亏赚大便宜，这便是经商的大智慧。

3."审时度势，与时俯仰"

《史记·货殖列传》记载，计然主张："知斗则修备，时用则知物，二者形则万货之情可得而观已。"知道要打仗，就要做好战备；了解货物什么时候为人们所使用，才算懂得商品货物；善于将时与用二者相对照，那么各种货物的供需行情就能看得很清楚了。具体来说，能够分析研究出哪种货物供过于求，哪种货物供不应求，就能掌握物价上涨与下跌的趋势。物价上涨到了极致就会归于低，物价下跌到了极点也一定会归于高。物价非常高的时候，应该将手中的货物如同丢弃粪土一样立即抛出；物价低的时候，应该将低价买进的货物视为珍珠翡翠一样囤积。这样，财富就会像流水那样流通自如，灵活周转。这种与时逐利的经营者被时人称为"良商"。《战国策·赵策三》中说："夫良商不与人争买卖之贾，而谨司时。"好的商人不跟别人争论买卖的价钱，而是谨慎地等待时机，说的也是"审时度势，与时俯仰"的意思。

三、利家利国利民

儒商之"商"，是利家利国利民之商。中国人选择以工商为业，其驱动力来自两个方面。一个方面是经济驱动力：赚大钱，发大财，实现个人的财务自由、家人的富足幸福（这方面中外商人莫不如此）。另一个方面是道德驱动力：光宗耀祖、昌盛家族、繁荣乡里、报效国家（这方面与西方基督教商人"成为上帝优秀选民"的宗教驱动力有异曲同工之处)。

1."利家"

中国人是世界上最重视"家"的族群。这里的"家",既是"家庭",也是"家族",更是"国家"。"家是最小国,国是最大家",中国人的家国情怀实际上是家国一体、家国相连的。在这种文化氛围下,商人的经商事业自然就与"家"发生了密不可分的关联。《史记·货殖列传》记载,范蠡在助越灭吴获得成功以后,感慨地说:"计然之策七,越用其五而得意。既已施于国,吾欲用之家。"于是,范蠡来到当时天下的商业中心陶邑（今山东省菏泽市定陶区),治理产业,十九年之中,曾经三次赚到千金钱财,先后两次将自己赚到的钱财分给那些贫贱的朋友以及远房的本家兄弟。后来范蠡年老力衰,就将他的产业交给子孙经营,家族不断发展,最终成为闻名遐迩的"陶朱公"财富家族。

"家"是所有社会组织的基础、所有社会关系的前提、所有文明制度的起点。借助"家"的组织、关系、制度,经商事业便可以获得便利而稳定的发展。明清时代出现的家族集体经商的"族贾"现象,近代乃至当代的民营企业基本采用"家族企业"的组织形态,都说明了这一点。但是,家族企业既有家族成员乐于奉献、向心力强、目标有长期性、政策有一贯性等优点,也存在企业整体利益与家族利益相冲突、家族成员关系复杂易起纠纷、过于依赖亲戚、容易产生独断专行的现象等缺点。为此,当代新儒商企业创造性地提出"拟家庭化"的组织形态:老板把企业当作"家",把员工当作"家人",员工则是兄弟姐妹,一起建设"幸福企业大家庭"。这样的"家",其成员并没有血缘关系,却获得了血缘家庭所具有的亲密感。这样的企业组织,充分吸收了中国传统家文化的优点,而又逐步稀释乃至摒弃了传统家族企业的缺点,从"家族企业"转型为"企业家族",形成企业全体成员休戚与共的命运共同体。

2."利国"

商人与国家有密切的关系,商业没有国界,商人却有祖国。这个"祖国",就是包括商人在内的全体人民（从古代的"士农工商"到现代的"工农商学兵")生活和成长的共同家园。因此,建设和保卫祖国,是每位商人义不容辞的责任。《左传·昭公十六年》记载,韩国的国君韩宣子企图强行向郑国的商人购买玉环,并要求当时郑国的执政大夫子产批准。子产义正词严地说:从前我们先君桓公和商人们都是从周朝迁居出来的,共同合作开辟这块土地,砍去野草杂木,一起居住在这里。世世代代都有盟誓,互相信赖。誓词说"尔无我叛,我无强贾"——你不要背叛我,我不要强买你的东西,不要乞求,不要掠夺。你有赚钱的买卖和宝贵的货物,我也不加过问。仗着这个有信用的盟誓,所以能互相支持直到今天。现在你却告诉我们要去强夺商人的东西,这是教导敝邑背叛盟誓,未免不可以吧!韩宣子听后只好把玉环退了回去。

如果说上面的故事体现了国家对商人的保护,那下面的故事则体现了商人对国家的忠诚。《左传·僖公三十三年》记载,郑国商人弦高去周王室辖地经商,途中遇到秦国军队,当他得知秦军要去袭击他的祖国郑国时,一面派人急速回国报告敌情,一面装成郑国国君的特使,以 12 头牛作为礼物,犒劳秦军。秦军以为郑国已经知道偷袭之事,只好班师返回。郑国避免了一次灭亡的命运。当郑国君主要奖赏弦高时,他婉言谢绝:"作为商人,忠于国家是理所当然的,如果受奖,岂不是把我当作外人了吗?"

建设祖国、保卫祖国,这种爱国主义精神代代相传,成为儒家商人的文化底蕴。近代民族企业家张謇、范旭东、荣宗敬、荣德生等人的"实业救国";抗日战争时期,卢作孚指挥"宜昌大撤退",保存国家的政治、经济、教育、文化命脉;华侨企业家陈嘉庚"毁家纾难",筹款捐物并组织"南洋机工团"回国参加抗战……这些都是儒商爱国精神的体现。在当代中国,新儒商更是积极投身中国式现代化建设,全力推进中华民族伟大复兴。

3."利民"

工商业事关国计民生,为人民生活所必需。因此,治理产业与治理国家一样,宗旨都是"为人民服务";其实务则在于满足人民群众衣食住行的需求。正如《史记·货殖列传》引《周书》的话说:农民不生产粮食,粮食就会出现短缺;工匠不生产器物,器物就会短缺;商人不进行贸易往来,粮食、器物、财富等生活三宝就会彼此隔绝,无法流通;虞人如果不生产,山货水产就会匮乏缺少,山林水泽也就没有办法做进一步的开发了。"此四者，民所衣食之原也。"

在《史记·货殖列传》列举的52位工商业经营者中，姜太公为首位。姜太公本是商贩出身，具有高超的经营智慧，他帮助周朝建国后，被封赏到营丘（今山东淄博），国号齐。当时那里是一片盐碱地，地广人稀，于是太公鼓励营丘的妇女从事女红，女红手艺达到极高的境界，同时还在当地开通了渔产品和海盐的贸易，百姓和财物因此涌向齐国。后来齐国中道衰落，管仲重新修订太公制定的政策，设置掌管财物的九个部门，齐桓公才得以称霸诸侯，多次联合诸侯，将天下纳入正道，齐国的富裕强盛一直延续到威王、宣王的时代。直到今天，齐国故地所在的山东半岛依然是我国沿海经济富饶的地区。

无独有偶，两千多年后，被誉为"状元实业家"的近代儒商张謇，也是在我国东部沿海的盐碱地上书写了利民强国的传奇故事。张謇高举"实业救国"的大旗，毅然离开仕途，回到自己的家乡江苏南通创办棉纺织厂，并在海边开设垦荒公司，围海造田，改造后大面积种植棉花，为棉纺厂提供原料，同时还种植高粱、玉米等作物，解决人畜口粮供应。张謇将自己创办的企业命名为"大生"。他说："我们儒家，有一句扼要而不可动摇的名言'天地之大德曰生'。这句话的解释就是一切政治及学问最低的期望要使得大多数的老百姓，都能得到最低水平线上的生活。"[1]以此为宗旨，张謇一生创办了20多家企业，其目的都是解决人民群众生产生活的需求，促进地方经济发展。例如：盐业改良，使百姓不再吃粗盐；油厂，科学加工食用油；制皂厂，让中国人用上自己生产的肥皂；火柴厂，使中国人摆脱了使用"洋火"的历史；至于规模更大的纺织厂、发电厂、市政建设等，也是与百姓生活息息相关的民生工程……这些无一不体现了儒商张謇心系苍生、为民服务的情怀。

---

[1]刘厚生，《张謇传记》，龙门联合书局1958年版，第251页。

第三节 儒商之"文化"

文化是人类生活方式的总和,其内涵包括器物文化、行为文化、制度文化、观念文化等。其外延,从地域来看,有中华文化、欧洲文化、美国文化等;从社会领域来看,有农业文化、工业文化、商业文化等;从思想领域来看,有儒家文化、佛家文化、基督教文化等;从时间来看,有古代文化、近代文化、当代文化等。儒商文化是一种横跨社会领域(工商业)与思想领域(儒家)的文化,就文化传统而言,其属于中华文化、儒家文化的一部分;就内涵而言,其包含了行为文化与观念文化。

一、儒商的文化传统

也许是历史的巧合,中国的"商人"起源于第一个从事贸易活动的"商"部落,商部落建立的商朝因为迁都殷墟又被称为"殷朝";而殷朝的"传教士"被称为"儒",殷朝的后人孔子则创立了"儒家"。从孔子的大弟子子贡开始,儒家思想与商业实践相结合,进而形成儒商的文化传统。

儒家思想与商业实践的结合,在中国古代儒学作为官方统治思想的大背景下,是自然而然的过程,是顺理成章的结果。在中国近代,兴办企业的先行者基本上早年也接受过儒学的熏陶,因此将儒家思想与商业实践结合并无违和之处,如近代"状元实业家"张謇就公开主张"言商还向儒"[1]。问题在于,进入近现代社会,1905年晚清政府废除科举考试制度;1912年民国政府教育部明令取消读经;1919年"新文化运动"爆发及其深度影响下,当代中国的企业家又是从哪里获得儒家的思想资源,从而将儒家思想与商业实践结合的呢?

其实,以儒家思想为核心的中华文化,本身就包含着两种传统。一种是"大传统",即通过官学、私学的教育,并通过科举考试的形式,而获得社会的认可和制度化。另一种是"小传统",即通过家风、家教、家训

---

[1] 张謇,《柳西草堂日记》,载《张謇全集》,上海辞书出版社2012年版,第8卷,第820页。

等形式的家庭教育,由前辈(包括父母、祖父母和家族中的其他长辈)言传身教而代代延续。在当代学者李泽厚看来,由孔子所创立的儒家思想文化,"已无孔不入地渗透在人们的观念、行为、习俗、信仰、思维方式、情感状态……之中,自觉或不自觉地成为人们处理各种事务、关系和生活的指导原则和基本方针,亦即构成了这个民族的某种共同的心理状态和性格特征"[1]。换句话说,儒家思想在中国绵延两千多年,已经成为中国人生生不息、代代相传的内在文化基因,融化在中国人的文化血液之中,成为所有中国人观事明理、待人接物的思维方式和行为方式。一个多世纪以来,尽管其中的"大传统"中断了,但其"小传统"却以口口相传、代代相续的形式顽强地存在,持续地发挥着影响。

在民间,这种"小传统"被通俗地称为"老人言"。据笔者观察,当代中国的企业家,特别是改革开放初期的民营企业家,正是自觉不自觉地将这些司空见惯的"老人言"、这些潜藏于社会底层之中的"小传统",转化为自己开拓事业的"文化资本",从而能够把企业办起来,并且取得成功。例如,老人言"在家靠兄弟,出门靠朋友",可以运用于企业的"拟家庭化"组织;老人言"严父慈母",可以运用于企业宽严并济的管理模式;老人言"和气生财",可以运用于企业的经营方式;老人言"上梁不正下梁歪",可以运用于企业的领导风格;老人言"人无远虑,必有近忧",可以运用于企业的战略思维,如此等等。

进一步分析,这些"老人言"背后蕴含的是"圣人言"的智慧,这些民间"小传统"之中体现的是儒家"大传统"的精神。比如:"兄弟抱团",我们会想到《论语·颜渊》上的"四海之内,皆兄弟也";"宽严并济",我们会想到《孟子·离娄上》中的"徒善不足以为政,徒法不能以自行"。至于"和气生财",应该是《论语·学而》中"礼之用,和为贵"思想在经商求利实践中的运用;"以身作则",则是《论语·子路》中的"其身正,不令而行"思想的说明。还有,"人无远虑,必有近忧"直接就是孔子在《论语·卫灵公》中的原话……也就是说,这些"老人言"的内涵基本上是来自儒家的经典。质言之,当代中国企业家的"文

---

[1] 李泽厚,《中国古代思想史论》,人民出版社1985年版,第34页。

化资本",实际上是通过"小传统"所体现的"大传统",他们其实是在创办企业的过程中,自觉不自觉地实践着儒家的思想,延续着儒商的文化传统。[1]

二、儒商的行为文化

人们的行为,是其文化内涵的外在体现。一个人的行为举止,必然受到其文化观念和精神气质的影响。商人之所以被称为"商人",必定有着与其他人群所不同的行为表现;儒商之所以被称为"儒商",必定有着与其他商人群体所不同的行为表现。据笔者的总结,儒商的行为文化起码表现在以下六个方面。[2]

1. 尊敬儒家先师孔子

孔子是万世师表,是中华民族的精神导师,也是儒商的精神导师,儒商鼻祖子贡就是他老人家耳提面命培养出来的。历代儒商,无不以孔子作为自己顶礼膜拜的圣贤,敬仰他的精神,接受他的教导,笃行他的学说。当代不少企业,在企业内部竖立孔子像,建立孔子学堂,组织员工学习孔子的学说,自觉地以儒学作为企业的指导思想,体现了对孔子及其儒学的尊重与继承。

2. 承担儒家历史使命

北宋儒者张载有一段话:"为天地立心,为生民立命;为往圣继绝学,为万世开太平。"为社会确立精神信仰,为民众确立生命意义,为前圣继承已绝之学统,为万世开拓太平之基业——这是一代代儒者包括儒商在内自觉承担的历史使命。中国作为一个文明型国家,虽然自古以来就没有全国统一的宗教,但是存在着全民共同的信仰,即儒家所倡导的"天地君亲师"(辛亥革命后,改为"天地国亲师")。现在有的企业,在公司内部设立"祖宗堂"并竖立"天地国亲师"牌位,供员工集体祭拜,既体现了企业对员工精神需求的关心,更反映出企业家对传统精神信仰的自觉继承和当代转化。

---

[1] 黎红雷,《儒家商道智慧》,人民出版社2017年版,第3—5页。
[2] 黎红雷,《儒家商道智慧》,第8—11页。

3. 践行儒家治理理念

儒家思想的重要来源是夏商周三代的文物典章制度,这就表明,儒家思想从一开始就与治理结下不解之缘。"治国"与"治生",其共同点都在于"治",即对人类群体活动的治理。古人说"半部《论语》治天下"[1],现在不少企业,把《论语》作为企业管理的教科书,把儒学称为"世界上最牛的管理思想",把传统儒家的治国之道转化成现代企业的治理智慧。这对于提升当代企业家的治理水平,创立既有民族性又有时代性的中国企业治理模式,具有十分重要的意义。

4. 秉承儒家经营哲学

儒家经营观最经典的表述,就是孔子所说的"礼以行义,义以生利,利以平民,政之大节也"(《左传·成公二年》)。在孔子看来,治国者的职责就在于循礼而行义,只有行义,才能创造出物质利益,从而满足人民的需要,这就是为政的真谛。现在有的企业以"利他主义"为基础,形成自己的企业文化。在他们看来,考量一家企业成功的重要准则,不是企业自己有没有成功,而是企业的客户有没有因为企业而成功。放弃自己的利益,让别人先成功,自己才能成功,这正是"义以生利"思想的商业化表述。

5. 弘扬儒家伦理精神

孔子当年办学的目的是培养"君子"。在孔子之前,"君子"本来指有位的管理者;从孔子开始,赋予"君子"有德的内涵。道德修养是中国式领导者的重要标志。汉儒董仲舒提出"五常",即"仁义礼智信",作为儒家道德伦理思想的精华,实际上构成了中国古代社会的"核心价值观"。现在有的企业,把儒家的"仁义礼智信"等道德伦理信条细化为员工可以践行的日常行为规范,编制"员工价值观行为手册",以涵养员工高品行的人品,形成高品位的企品,生产出高品质的产品,从而激发儒家道德伦理思想在当代企业中的活力。

---

[1] (宋)罗大经撰,孙雪霄校点,《鹤林玉露·乙编·卷一·论语》,上海古籍出版社2012年版,第81页。

6. 履行儒家社会责任

儒家的责任观，集中体现在孟子的这句话上："穷则独善其身，达则兼善天下。"(《孟子·尽心上》)孟子这里说的，原本是"士人"即读书人的品质，但也可以理解为对一切仁人志士的要求；从"独善其身"到"兼善天下"，则包括了对自己、对他人、对社会、对自然等四个方面的责任。现在有的企业，提出"共创财富，公益社会"的企业使命，从诚实经营、绿色环保、关爱员工到公益慈善，全面履行企业的社会责任，正是对儒家责任观的自觉践行。

三、儒商的观念文化

在文化内涵的四个层次中，观念文化处于最核心的地位。制度是观念文化的"固化"，器物是观念文化的"物化"，行为则是观念文化的"人化"。一个社会群体与另一个社会群体的本质区别，在于他们不同的思想观念。儒商将儒家的伦理观念与商业的经营实践相结合，从而形成"儒商的观念"。举其要者，起码吸收了"忠、义、仁、和、智、勇、诚、信、勤、俭"等十个方面的儒家伦理观念。

1. 忠以爱国

儒家所理解的"忠"，是相互对待的，即孔子所谓"君使臣以礼，臣事君以忠"(《论语·八佾》)。从春秋时期的郑国开始，国家便与商人制定了相互忠诚的盟约——"尔无我叛，我无强贾"(《左传·昭公十六年》)，强调国家要保护商人，商人要忠于国家。由此，郑国才出现了"弦高犒师"的商人爱国佳话，并开启了历代儒商的爱国主义传统。

2. 义以致利

儒家重义而不轻利，强调的是见利思义、取之有义、先义后利、义利合一。孔子指出："富与贵，是人之所欲也；不以其道得之，不处也。"(《论语·里仁》)君子爱财，取之有道。儒商就是商界的君子，其职责就是在遵循儒家道义的基础上，为社会创造更多的财富，并与社会大众分享利益。

3. 仁以爱众

"仁"是儒家思想的核心。孔子主张"泛爱众"(《论语·学而》),即广泛地关爱天下的民众。商业的起源,本来就是满足民众商品交换的需求,如孟子所言"子不通功易事,以羡补不足,则农有余粟,女有余布;子如通之,则梓匠轮舆皆得食于子"(《孟子·滕文公下》)——这当然是"仁爱";商人经营成功以后,"富好行其德"(《史记·货殖列传》),扶贫济弱,回报社会——这更是"仁爱"。

4. 和以生财

儒家主张"和为贵"(《论语·学而》)。儒商从自己的经营实践中切身体会到,只有"和气",才能"生财"。内部和谐,老板与员工之间、员工与员工之间,就能同心同德,形成企业发展的合力;外部和谐,企业与顾客、合作伙伴、社区乃至社会大众之间,就能建立信任,形成企业发展的助力;甚至企业与竞争对手之间的和谐,就能形成既竞争又合作的"竞合"(Co-opetition)关系,相互促进,合作共赢。

5. 智以开新

"智"是儒家"三达德"(智、仁、勇)之首(《礼记·中庸》),孔子说"知者不惑"(《论语·子罕》),意思是有智慧的人不会迷失前进的方向。孔子的大弟子子贡开创私人经商的先河,在生意上准确猜测市场行情而获得成功,就是儒商之"智"的典范。时代永远在前进,市场不断在变化,企业只有与时俱进,开拓创新,才能踏上时代的节拍而获得持续的成功。

6. 勇以创业

"勇"是儒家"三达德"之一。孔子说"勇者不惧"(《论语·子罕》),意思是勇敢的人不会产生害怕的心理。《说文》中说"勇,气也",所谓"勇"就是在信念的驱动下,所体现出来的无所畏惧、一往无前的奋斗气概。儒商是商场上的勇士,他们或者白手起家,或者百折不挠,敢于与命运抗争,勇于在奋斗中成长。

7. 诚以待人

"诚"是儒家道德修养的方法和境界。《礼记·中庸》中说:"诚者天之道也，诚之者人之道也。"大意是，"诚"是天的属性，努力求诚以达到合乎诚的境界则是做人的要求。商家待人以诚，不是"术"而是"道"。企业只有内诚于心，养成高品行的人品，才有可能形成高品位的企品，生产出高品质的产品。

8. 信以立世

"信"是儒家五常德（仁义礼智信）之一。孔子说："人而无信，不知其可也。"（《论语·为政》）信用是人的基本属性，一个人如果不讲信用，真不知道他还可以做什么，如何立足于人世间？对商家来说，信用就意味着企业的声誉和品牌。品牌的含义，就是定位品牌在消费者心目中的感觉；品牌的口碑，就是消费者对品牌的信赖与赞誉；品牌的追求，就在于消费者百分百的安心。

9. 勤以敬业

儒家主敬笃勤，倡导忠于职守，勤于执事。《孔子家语·相鲁》记载，孔子相鲁，勤于政事，治理成果斐然，路无拾遗，设法不用。中国人是世界上最勤劳的族群之一，儒商是中国人中最勤劳的群体之一，从古代徽商的"徽骆驼精神"，到当代新浙商的"四千精神"（走遍千山万水，想尽千方百计，说尽千言万语，吃尽千辛万苦），无不体现了这一点。

10. 俭以传家

"俭"是儒家君子之德的题中应有之义。诸葛亮《诫子书》上说："夫君子之行，静以修身，俭以养德。"唐代诗人李商隐《咏史》诗曰："历览前贤国与家，成由勤俭破由奢。"中国人的财富，是一分一厘节俭出来的；商人的家业，是一点一滴积累而成的。儒商因美德勤俭而致富，又以美德勤俭而传家，"富不过三代，德可传千秋"。

第四节 儒商文化之"通论"

自20世纪末以来，有关儒商的研究成果不断涌现。本书冠名"儒商文化通论"，目的在于融通本人研究，会通时贤成果，贯通古今智慧，自成一家之言。

一、融通笔者研究

笔者1986年中山大学硕士毕业留校任教，1987年以哲学系讲师的身份在职攻读中山大学首个中国哲学博士学位。在这一年的年底，系里组织教师到企业参观学习，使笔者接触了当时新兴的"企业文化"思潮。笔者了解到，当时所谓的"企业文化"，来自美国的 Corporate Cultures，实际上是对日本企业（株式会社）"社风"的学习和借鉴；而日本"社风"的思想根源则来自中国的儒家文化。一个古老的儒家思想传统竟然可以转化成最新潮的企业管理理论，笔者对此产生了莫大的兴趣。在1978年2月上大学（七七级）之前，笔者曾经在广西一家造纸厂工作了近八年，对企业还是比较熟悉的，因此就产生了将儒家思想系统转化成现代企业管理智慧的研究思路。在导师李锦全先生的支持下，笔者向1979年就提出"中国管理哲学"概念的美国夏威夷大学成中英先生，以及1981年就出版《中国管理哲学》专著的台湾交通大学曾仕强先生分别写信求教，并在中山大学管理学院资料室泡了一年，将当时能够找到的百年西方管理理论的代表作基本通读了一遍。其间，还将美国迪尔和肯尼迪的 Corporate Cultures 一书编译为《美国企业文化》，并撰写了《走向管理的新大陆——企业文化概论》一书，均于1989年8月出版。[1]

获得现代企业管理理论的基本概念之后，笔者再回过头去爬梳中国古代儒家特别是"经典儒家"孔子、孟子、荀子的著作，挖掘其中的管理思想，最终形成"儒家管理哲学"的理论框架。其中"管理的哲学论"包括"唯人则天"的管理本体论、"知治一致"的管理认识论、"执经达权"的管理方法论、"义以生利"的管理价值论；"哲学的管理观"包括"劳心治人"的管理本质观、"人性可塑"的管理人性观、"能群善分"的管理组织观、"无为而治"的管理行为观、"道之以德"的管理控制观、"修己安人"的管理目标观等。1991年6月15日，笔者的博士论文《儒家管理哲学》答辩通过，被专家誉为"深入儒家哲学和管理哲学堂奥的填补空白之作"，1993年该论文由广东高等教育出版社出版，其后多次再版，被多家高校

---

[1] 黎红雷、王正编译，《美国企业文化》，广东高等教育出版社1989年版；黎红雷著，《走向管理的新大陆——企业文化概论》，广东高等教育出版社1989年版。

选作教材,并获国家教委"优秀教材奖"。

获得中山大学首个哲学博士学位以后,笔者继续在中山大学哲学系任教,1994 年起招收"中国管理哲学"硕士研究生,1998 年起招收"中国管理哲学"博士研究生,并主持教育部研究课题"中国传统治道研究"。由于毕业的学生和课题组成员大多在高校任教,笔者便产生了编写一部统编教材的想法。2004 年春节后,笔者召集了分别在全国各地 15 所高校工作的弟子们,开始《中国管理智慧》的教材编写工作。作为主编,笔者首先提出编写宗旨、篇章架构和写作要求,再由课题组成员分头撰写初稿,最后笔者在初稿基础上统一体例,重新撰写,最终定稿。

笔者在该书的序言中指出:东西方管理智慧相互补充、融会贯通,是当代世界管理理论和实践的发展趋势。该书运用点面结合、古今交汇、中外互映的方法,从思想与方法两个角度,介绍中国传统管理智慧,从而为当代世界管理理论的发展提供"中国的概念",为现代中国管理注入"本土化的因素",为建立当代管理学界的"中国学派"奠定坚实的思想根基。

该书分为上下两篇,上篇为"思想篇",主要选取中国古代诸子百家相关的治国之道,从一般管理学的原理入手分析、梳理,让现代读者体悟其中包含的管理智慧,其中包括《周易》、儒家、道家、墨家、法家、兵家、纵横家、阴阳家、禅宗等。下篇为"方法篇",主要从现代管理理论所论述的管理职能入手,系统整理中国传统管理智慧的相关资源,其中包括决策、组织、领导、控制、协调、沟通、用人、激励、经营等。该书的一大特色,就是全书 18 章 54 节 162 点,每一点之后都配有"现代回响"栏目,其内容大部分是现代中国管理者少部分是海外华人和东亚管理者的经验案例,充分体现了中国传统管理智慧在现代的活力。2006 年 12 月,《中国管理智慧教程》由人民出版社出版,被多所高校选作教材,并获得广东省优秀教学成果一等奖。

自 20 世纪 80 年代以来,笔者一边在大学读书、教书,一边把自己的研究成果向社会特别是向企业推广。2013 年 5 月中下旬,笔者应邀前往哈佛大学讲学,介绍中国企业家的国学教育,顺访波士顿几所高校。其间,麻省理工斯隆管理学院企业家精神研究中心主任罗伯茨(Edward B.

Roberts）教授问了笔者一个问题。据他观察，中国的企业家，特别是改革开放早期的民营企业家，他们在创业的时候，基本上没受过什么现代管理科学的教育，没读过什么 MBA 或 EMBA。那么，他们靠什么办企业？这个问题笔者想了一下，回答了四个字"文化资本"，指的就是几千年来影响中国人思维方式和行为方式的、以儒家思想为代表的中国传统文化。回国后笔者对此进行更深一步的研究，总结改革开放以来中国企业家学习和践行中国传统管理文化特别是儒家管理智慧的实践，撰写《儒家商道智慧》一书。

在该书中笔者指出：服膺儒学的当代中国企业和企业家，尊敬儒家先师孔子，承担儒家历史使命，践行儒家管理理念，秉承儒家经营哲学，弘扬儒家伦理精神，履行儒家社会责任，在企业的组织、教化、管理、经营、品牌塑造、领导方式、战略变革、社会责任等方面，对儒家商道智慧进行了积极的探索，不仅解决了他们自己如何经商办企业的问题，同时也为当代世界管理理论的发展提供了全新的视野，更为儒学在当代的发展开拓了一个新的领域。

《儒家商道智慧》一书，于 2017 年 6 月由人民出版社出版，引起学术界和企业界的热烈反响。2017 年 7 月 28 日，《儒家商道智慧》新书发布暨专家研讨会在全国人大会议中心举行，来自北京大学、清华大学、中国人民大学、中央党校、国防大学、北京外国语大学、长江商学院等的三十多位专家学者和央级媒体的十多位记者出席。大家一致认为，当代中国的企业家不仅推动了中国经济的发展，也为中国文化在当代的发展贡献了力量。《儒家商道智慧》的出版就是将中华优秀传统文化实现"创造性转化"的一个典范。[1]

笔者三十多年（1987—2025）来的研究，一直集中在"企业儒学"的领域，代表性成果可以总结为"三部曲"：第一部《儒家管理哲学》，在理论上论证了古老的儒家治国之道可以转化为现代的企业治理智慧；第二部《儒家商道智慧》，从实践上阐发了儒商智慧在现代企业的创造性转化和创新性发展；第三部即本书《儒商文化通论》，则贯通古今，全面阐发

---

[1]《儒家商道智慧助力传统文化教育》，《人民日报·海外版》，2017年8月2日，第10版。

儒商文化的历史渊源、思想观念和当代价值，标志着笔者"企业儒学"理论体系建构的完成。

二、会通时贤成果

自20世纪90年代以来，学术界关于儒商文化的研究成果迭出。其中影响比较大的有五个研究视角。

1."儒商学"研究视角

由于得改革开放风气之先以及同海外华人的密切联系，当代儒商研究最早是从广东开始的。暨南大学潘亚暾最早提出"儒商学"的概念（1994），同在广东的湛江师范学院的宋长琨（2010）跟进。代表性成果如下所述。

潘亚暾、汪义生等著，《儒商学》，暨南大学出版社1996年出版。该书与《儒商大趋势》《儒商列传》等组成"儒商文丛"。丛书有于光远先生的"总序"，将"经济上善于经营，而且本人就是知识分子"的企业家称为"儒商"，而把"不但热心支持社会文化事业，而且本人也在业余从事文化学术工作"的企业家称为"商儒"。《儒商学》给出的"儒商"定义则是："有文化教养、有道德品行、有爱国利民精神的商人。"该书除绪论外，列有十四章，分别为："中国当代儒商现象探析""儒商史话""徽商简介""儒商与经济""官商与奸商""儒家思想与商业文化""儒学对海外华人企业文化的影响""儒商作家初探""《孙子兵法》与现代商战策略""《三国演义》与经商谋略""中西小说的商文化传统""中国传统文化与当代环境保护""儒家教育思想与海外儒商""儒商精神：21世纪的企业家精神"等。"儒商文丛"的其他两本：《儒商大趋势》收集了1994年7月在海口举行的"首届儒商文学国际研讨会"的28篇论文；《儒商列传》则遴选了当代49位儒商人物（以亦文亦商的海内外华人作家为主），为其立传。

宋长琨著，《儒商文化概论》，高等教育出版社2010年出版。该书定位为"儒商学"的教材。全书分为六章，分别介绍了儒家文化的由来、儒商的文化基因、儒商的历史兴替，以及儒商商帮的盛衰、儒商商道的传承等内容，界定并解释有关儒商文化的相关概念，梳理儒商群体与儒商商帮的发展脉络，阐发儒商文化的现代意义。该书挖掘了儒商的文化基因，即智、信、仁、勇、义等；介绍了中国历史上的商帮文化，即晋商、徽商、陕商、浙商、粤商、鲁商、闽商、豫商等；论述了儒商的商道：家族、商帮与行会——组织之道，以人为本、和气生财——管理之道，诚信不欺、以义制利——经营之道，勤以创业、俭以治生——发展之道，审时度势、把握先机——决策之道，士商互动、官商一体——公关之道，崇拜偶像、塑造商神——凝聚之道等。

"儒商学"是当代学术界最早的儒商文化研究视角，具有开创性意义。其中，"儒商"的定义从"文化型商人"到"儒家型商人"，研究对象从"海外华人儒商"到"古今儒商"，研究内容从"儒商事迹"到"儒商观念"，体现出儒商文化研究从草创到逐步成熟的过程。

2. "儒商读本"研究视角

"儒商读本"丛书由国际儒学联合会组织编写，主编为宫达非、胡伟希，顾问为张岱年、汤恩佳。丛书"总序"指出："儒商既是有较高文化素养的企业家，又是有较强烈的人文关怀的企业家。并非只要是从事商业活动的文化人就一定是儒商，也并非只要是从事文化活动的商人就一定是儒商。这样来看待儒商现象，似乎有更多的积极意义。"丛书由云南人民出版社1999年出版，分为"内圣卷""外王卷""人物卷"。

《儒商读本·内圣卷》，主编胡伟希、柴毅龙，副主编陈盈盈、吴倬。该书"卷首语"指出："新儒商指既具备科学理性又具备人文理性的新时代的儒商。现代儒商精神应该将儒家人文精神进行创造性转化，使之成为现代儒商精神中的合理有效成分，并进而推进现代化的进程，从而避免单纯追求科技理性所导致的自然生态、社会生态和精神生态的失衡与危机。"由此，该书从中国传统思想文化尤其是儒家思想文化的经典文本中精选了一些在历史上对我们民族精神的形成和发展产生过重要影响，而在今天，对塑造现代儒商精神仍有某种借鉴和启发作用的名句和名段，提供给有志成为现代新儒商的企业家们学习和思考。全书分为五篇。德行篇：修身养性、重德立道、仁爱礼仪、义利公私、勤俭节操；博文篇：好学勤思、格物博览、明经通史、下学上达、儒行雅度；智慧篇：生命精气、生知学知、智略仁善、求智恭行、生死恒常；处世篇：诚信守正、中庸谦恭、待人处事、交友知人、言语慎言；境界篇：天道人力、笃志尚功、健行重为、尊贤崇圣、博爱兼善。

《儒商读本·外王卷》，主编李瑞华，副主编李辉耀。该书"卷首语"指出："新儒商是秉承中国传统人文美德，融汇世界上一切优秀文化成果，具有现代化管理意识的商人。"根据古今中外儒商成功之道，其经营理念可概括为六条："君子爱财，取之有道"的金钱观；"善抓机遇、科学决策"的经营观；"突破现状、推陈出新"的发展观；"求贤若渴、知人善用"的人才观；"以人为本、协调人际"的管理观；"顾客第一、服务至上"的营销观等。全书共分五编：用人之道、管理之道、营销之道、生存发展之道、成人之道等。

《儒商读本·人物卷》，主编单纯，撰稿人蔡方鹿、李宏林、庞海红。该书"卷首语"指出："儒商实际上是一种具有中国文化特色的经济现象。无论是中国历史上的儒商，还是海外华人中涌现出来的儒商，都有这种文化特色。"该书收录了63位古今中外儒商人物的事迹，其中中国历史上的儒商，包括先秦时期5位、徽商12位、晋商4位、近代6位；海外华人儒商，包括中国香港21位、中国澳门1位、中国台湾1位、美国2位、新加坡4位、泰国1位、菲律宾4位、荷兰1位。

"儒商读本"的编写，集中了当时儒学界的多位专家学者参与，体现出面对21世纪学术界对儒商现象的重视，对于推进儒商文化研究的广度，具有重要的意义。其"新儒商"概念的提出和界定，中国传统思想文化尤其是儒家思想文化经典对于新儒商精神的滋养，古今中外儒商人物对新儒商精神的启发，对后来的研究者都有重要的示范作用。

3. "儒商精神"研究视角

随着中国改革开放的开展，一大批企业家走上历史舞台，也引起了学术界对于中国特色社会主义市场经济背景下如何弘扬传统儒商精神的思考。代表性的著作如下所述。

唐凯麟、罗能生著，《契合与升华：传统儒商精神和现代中国市场理性的建构》，湖南人民出版社1998年出版。该书作者认为，儒商是指受以儒家为代表的中国传统文化的影响，具有良好的文化道德素养和优秀的经营才能，其经营理念和行为方式体现出儒家文化特色的东方商人。该书指出，传统儒商精神与现代中国的商品经济、商人精神有一种隔不断的亲缘关系，有一种内在的亲和力。它同现代市场理性之间形成的一种互补整合的文化形态，正是中国现代市场经济和社会主义现代化建设的希望所在。该书分12章，包括：儒家文化与商品经济，儒商的演变与发展，儒商的商业价值观，儒商工作伦理精神，儒商职业道德规范，儒商的经营之道，儒商的管理思想，儒商的处事风格，儒商与西方商人、犹太商人，传统儒商精神的现代重构等。

戢（jí）斗勇著，《儒商精神》，经济日报出版社2001年出版。该书厘清了"儒商"的定义："所谓'儒商'，广义上说，就是具有以儒家思想为核心的中国传统文化精神的商人、企业家；狭义上说，就是以孔子倡导的儒家思想、理念来指导和规范自己的经济行为的商人、企业家。简言之，'儒商'就是'以儒经商'的商人、企业家。"该书共有10章，分别为：儒商，21世纪的时代骄子；儒商的形成和发展；儒商经济伦理精神；儒商经济管理原则；儒商生产行为规范；儒商流通行为规范；儒商分配行为规范；儒商消费行为规范；儒商精神的评价；培养和造就一代新型儒商等。该书作者在山东教育出版社2011年出版的《以义取利的生意经——儒商文化》中，以大众读本的形式阐述儒商的文化精神，包括：儒商的道德意识，即仁爱善良、以义生利、欲而不贪、谦虚随和、自强不息；儒商的社会责任，即强国富民、见义勇为、节约环保、扶贫兴教；儒商的经营策略，即公正合法、等价交换、诚实守信、果断灵活、聚货畅流；儒商的管理智慧，即敬谨执事、恩威并重、平等竞争、重智创新、忠孝亲情；儒商的生活情趣，即勤俭朴素、洁身自爱、崇文尚艺等。

"儒商精神"的研究，反映了学术界对时代发展和社会需求的积极回应，对于推进儒商文化研究的深度，具有积极的作用。其揭示传统儒商精神与现代市场经济的亲和力、强调儒商与儒家思想的内在关联、关注儒商定义的多个方面、将儒商精神精细化和通俗化等，标志着儒商文化研究的逐步深入。

4."儒商教材"研究视角

"儒商教材"又名"企业家儒商精神读本系列"，由上海财经大学国际儒商高等研究院组织编写，主编张雄、牛廷涛，副主编朱璐、丁兴才。该系列"总序"指出："这套教材以当代中国企业家精神原理、儒学原典、儒商案例以及对古代儒商精神形成的历史发展脉络等方面的研究为底色，描绘中国传统儒商精神的特征、实质以及现代转化的历史图像，并通过对中西方文化的比较研究，建构了具有中国特色的中国当代企业家精神。"该套教材由上海财经大学出版社出版，2023年以来已推出三本。

《当代中国企业家精神的儒商基因》，朱璐、张雄、徐德忠、孙洪钧著。该书认为，在中国经济发展史中，儒商是一个特殊的群体，他们的精神风范对中国社会、文化以及商业伦理的发展产生了深刻的影响，形成了独有的儒商精神。何为儒商精神？儒家思想与儒商精神的关系？以儒学价值观为深度影响的传统儒商精神如何实现现代转化？如何以传统儒商精神为基础建构中国特色的现代企业家精神？从追问"中国生产"到"中国制造"再到"中国创造"的文化灵魂是什么？厘清这些问题，对中国企业家在经济全球化过程中提升文化自信，培育现代企业家精神，具有十分重要的现实意义。全书除导论外，分为八章，包括：历史灵性的当代发现、儒学与儒商、历史上的儒商精神、传统儒商精神的现代转化、现代市场发生的认识论原理、市场精神与企业家精神、当代中国企业家精神发展的历史与逻辑、企业家的境界等。

《儒商优秀文化案例》，徐国利、刘旻娇编著。该书将儒商文化精神的论述与儒商文化案例相结合，以案例的史事呈现和义理言说为主。全书共八章。第一章作为引论，简要地考察了儒商和儒商文化的形成发展历程，分析了儒商文化的内涵与当代儒商文化的建构问题。第二章至第八章，按照儒家思想与儒商文化的内在逻辑结构，将儒商文化七个方面的基本精神和内容做了历史的叙述和理论的诠释，包括：仁道的商业价值观、义利兼济的商道、诚信为本的经营原则、自强不息的创新精神、克己敬业的管理理念、公益慈善与家国情怀、"儒商并重"的企业文化和企业家精神等。同时，每章精选能够反映和展现该方面儒商文化精神的10个经典案例，案例内容大体占每章篇幅的三分之二，充分体现出该书作为案例教材的特色。

《儒商精神经典导读》，郭美华、吴晓番编著。该书为儒商教材的配套读本，主要选取《四书》《近思录》《传习录》中有关儒家精神的文本，在难以理解处略加注释，再辅以白话译文和文本评析，以便读者理解。该书在编写过程中贯彻着对于儒商理念的理解："但凡儒商，必然在经济生活和其他社会生活中能自觉而自愿地贯彻儒家信念。"儒家精神，是中华传统精神的主流，它倡导修齐治平由内而外的成己以成物之道。据此，该书的结构安排便从内向外，从修身开始，向外扩充，分为三编：第一编以修身为中心，涉及立志、怀德、格致、存养、克治、警戒六个主题；第二编以事功为中心，分为义利、群己、出处、治法、政事、天下六个主题；第三编以成人之境界为中心，分为君子、圣人两个主题。在此框架下，该书选编儒家思想关于经济行为价值观的原典、经典论述，并做了相应解释，以儒学经典及对儒商精神形成的历史发展脉络等研究作为底色，描绘出中国儒商精神的特征和实质。

"儒商教材"的编写，是在新时代中国特色社会主义背景下，学术界深化儒商文化研究的重要成果。其深入探究中国企业家精神的儒商基因，倡导儒商文化论述与儒商文化案例相结合、儒家理念与儒商精神相契合，展现了新时代儒商文化研究的新动向。

5."企业儒学"研究视角

"企业儒学"是当代新儒商治理智慧的结晶。笔者自20世纪80年代以来，一直在这个领域深耕。在2017年6月人民出版社出版的《儒家商道智慧》一书中，笔者首次明确提出"企业儒学"的概念；同年8月4日，《光明日报》"国学版"发表了笔者的专文《企业儒学的探索》；9月20日，笔者在第八届世界儒学大会上发表演讲《企业儒学：当代儒学的一个新形态》；11月24日，笔者在第21届世界管理论坛上发表演讲《企业儒学对现代管理理论的发展》。从此，"企业儒学"被学术界广泛接受。自2017年起，笔者主编《企业儒学年鉴》，其汇集了包括学术界和企业界、儒学界与管理学界、国内与国外同行在内的一大批专家学者和企业家的研究成果。

《企业儒学·2017》，黎红雷主编，人民出版社2017年出版。该书"代序"指出："博大精深源远流长的儒家思想，在当代社会依然具有深刻睿智的解释力和生生不息的创造力。企业是当代社会活跃的组织，也是当代儒学有活力的生长点。企业儒学,是儒家思想在现代企业中的应用与发展,它将儒家的治国理念转化为现代企业的治理哲学,以儒学之道驾驭现代管理科学之术,不但解决了企业自身的经营管理问题,而且为儒学在当代的复兴开拓了新的途径。"该书涵盖了企业儒学的学术渊源、思想资源、现实研究、案例分析、企业家言、专题研讨等六个方面,共收录学者和企业家的56篇文章。

《企业儒学·2018》,黎红雷主编,人民出版社2019年出版。该书"代序"指出:"儒家思想作为治国之道,在中国古代社会延续两千多年,留下了极其丰富的精神遗产。在改革开放中成长起来的当代新儒商,将古代儒家的治国理念转化为现代企业的管理智慧,从而实现了儒家思想在当代企业中的创造性转化。"该书涵盖了企业儒学渊源、中外儒商研究、社会企业研究、企业文化研究、企业案例研究等五个方面,共收录学者和企业家的33篇文章,并收录了博鳌儒商论坛2017年年会的主题演讲和对话讨论10篇。

《企业儒学的开创与传承》,黎红雷主编,晁罡、胡国栋副主编,中山大学出版社2022年出版。该书"前言"指出:"企业儒学是儒学的文化基因与当代文化相适应、与现代社会相协调的产物。就学科定位而言,企业儒学是当代儒学发展的一个新领域,也是当代企业理论的一个中国化表述;就理论形态而言,企业儒学是对千年儒学传统的创造性转化,也是对百年企业理论的创新性发展;就实践基础而言,企业儒学是儒学精华融入现代企业生产生活实践的概括与总结,是新儒商企业治理智慧的结晶。"该书共收录学者和企业家的50篇文章,分为"开拓篇""共创篇""源流篇""践行篇"等四个部分。

企业儒学的研究,是贯彻落实中央《关于实施中华优秀传统文化传承发展工程的意见》,用中华优秀传统文化的精髓涵养企业精神,培育现代企业文化,推动儒家思想和儒商文化在当代创造性转化和创新性发展的标志性成果。该领域汇集了一大批学界翘楚和业界精英,打破了学术界与企业界、儒学界与管理学界、理论与实践、国内与国外同行之间的藩篱,形成了相互借鉴、相互支持、相得益彰的良好态势,成为当代儒商文化研究最活跃的领域。

三、贯通古今智慧

儒商文化自古有之，历久弥新，代出不穷，于今为盛。如何在先贤和时人研究成果的基础上，完成一部贯通古今、融合众智的"儒商文化通论"呢？笔者提出"以古贯今"和"以今通古"两个思路。

1. 以古贯今，延续传统

《论语》记载，儒学的奠基者、儒商的"导师"孔夫子两次对弟子们提到"一以贯之"。一次是对曾参说的。子曰："参乎！吾道一以贯之。"曾子曰："唯。"子出，门人问曰："何谓也？"曾子曰："夫子之道，忠恕而已矣。"（《论语·里仁》）大意是，孔子说："曾参呀！我的学说可以用一个根本的原则来贯彻始终。"曾参答道："是的。"孔子走出去以后，其他弟子问道："这是什么意思？"曾参说："夫子的学说只不过是忠和恕罢了。"另一次是对子贡（端木赐）说的。子曰："赐也，女以予为多学而识之者与？"对曰："然，非与？"曰："非也，予一以贯之。"（《论语·卫灵公》）大意是，孔子说："赐呀，你以为我是学习了很多又能记得住的吗？"端木赐回答说："是啊，难道不是这样吗？"孔子说："不是，我是用一个根本的原则来贯彻始终。"

这就启示我们，尽管孔子的学说博大精深，但贯穿其中的根本原则是始终一致的。孔子所创立的儒家思想如此，在儒家思想哺育下形成的儒商文化也同样如此。

综合先贤时人的研究，笔者将儒商"一以贯之"的原则确定如下。儒商是将儒学与商道相结合的工商业经营者；其行为表现——尊敬儒家先师孔子，承担儒家历史使命，践行儒家管理理念，秉承儒家经营哲学，弘扬儒家伦理精神，履行儒家社会责任；其价值观念——忠以爱国、义以致利、仁以爱众、和以生财、智以开新、勇以创业、诚以待人、信以立世、勤以敬业、俭以传家。

这一原则是对"儒商"的一般定义，也是"儒商文化"自古至今的一贯传统。"儒商"的定义在任何时代都是普遍适用的；而"儒商文化"在不同时代的体现，则形成了特定时代的儒商精神特质。由此，本书的"源流篇"各章的内容，即按此展开。[1]

第一章，儒商文化的思想资源。包括儒家经典的儒商文化视角（四书五经），儒家诸子的儒商文化视角（荀子、董仲舒、朱熹、王阳明等），百家学说的儒商文化视角（道家、墨家、法家、兵家、禅宗）等。

第二章，古代儒商文化。包括先秦商人的儒商精神、明清商帮的儒商精神、明清商书的儒商精神、清末商人的儒商精神等。

第三章，近代儒商文化。包括张謇的儒商气质、荣德生的儒商气质、卢作孚的儒商气质、陈嘉庚的儒商气质等。

第四章，当代新儒商文化。包括当代新儒商文化的兴起、当代新儒商文化的特征、当代新儒商文化的使命等。

2. 以今通古，损益观念

《论语》记载，子张问："十世可知也？"子曰："殷因于夏礼，所损益，可知也；周因于殷礼，所损益，可知也。其或继周者，虽百世，可知也。"（《论语·为政》）这段记载的大意是，子张问："今后十代的礼制现在可以预先知道吗？"孔子回答说："殷代承袭夏代的礼制，其中减少和增加的内容是可以知道的；周代继承殷代的礼制，其中减少和增加的内容，也是可以知道的。那么以后如果有继承周朝的朝代，就是在一百代以后，也是可以预先知道的。"这段话表明了孔子对古礼的基本态度：有减少有增加，既坚持又改革。

例如，古礼重视"鬼神祭祀"，但孔子认为应该"敬鬼神而远之"（《论语·雍也》），并明确告诫向他问事鬼神的子路"未能事人，焉能事鬼？"（《论语·先进》），所以弟子们才说"子不语怪、力、乱、神"（《论语·述而》）——这就是"损"（减少）。又如，古礼规定"学在官府"，只有贵族子弟才有接受教育的权利；而孔子开创性地打破了这种格局，第一个创办了私学，实行"有教无类"（《论语·卫灵公》），为教育的普及、文化的传播做出了巨大的贡献——这就是"益"（增加）。再如，古礼规定了宗法亲亲制度，统治阶层实行等级世袭制。孔子创造性地扩展了"君子"

---

[1] 说明：限于研究的需要，本书主要关注中国历史上不同时代儒商文化的内容，至于海外不同地域的儒商文化，待另行研究。

的理念，为一般平民通过教育而跻身社会管理阶层打开了方便之门——这也是"益"（增加）。

孔子之后，2500多年儒学的发展，正是不断"损益"的过程。汉代董仲舒以儒学为主干，汲取诸子百家的思想精华而对儒学有所"损益"所形成的"儒术"，满足了当时大一统国家统治的需要；宋明时代程颢、程颐、朱熹、陆九渊、王阳明等人以儒学为主干，汲取道家道教和佛教禅宗的思想精华而对儒学有所"损益"所形成的"新儒学"，满足了当时重建社会伦理保证社会稳定的需要。

这就启示我们，孔子所创立的儒家思想之所以源远流长，历经2500多年而不衰，就是不断损益、与时俱进的结果。孔子所创立的儒家思想如此，在儒家思想哺育下形成的儒商文化同样如此。

当代新儒商是自觉地将以儒家思想为主干的中华优秀传统文化融入现代企业治理实践的企业家。其行为表现与古今中外的儒商相一致。其价值观念则是将传统儒商精神与现代企业理论紧密结合，既是对传统儒家思想和儒商精神的创造性转化，也是对现代企业理论的创新性发展。

据此，本书"观念篇"采用"以今通古"的方式，从当代新儒商的视角，汲取儒家思想和传统儒商的智慧，适应现代企业经营管理和企业家精神构建的需要，而形成新儒商的文化观念体系。各章展开如下。

第五章，导德齐礼的治理观。包括儒家的治理观、导之以德的治理根基、齐之以礼的治理规范、以道御术的治理模式等。

第六章，以义致利的经营观。包括儒家的经营观、义缘道生的经营基础、利由道取的经营方法、利人利己的经营原则等。

第七章，亲如一家的组织观。包括儒家的组织观、拟家庭化的组织形态、上下相亲的组织氛围、人文教化的组织功能等。

第八章，身正令行的领导观。包括儒家的领导观、正己正人的领导行为、无为而治的领导方式、通权达变的领导艺术等。

第九章，举贤使能的用人观。包括儒家的用人观、德才兼备的用人标准、奋斗者为本的用人原则、责任结果导向的考核机制等。

第十章，内诚外信的品牌观。包括儒家的品牌观、内诚于心的人品塑造、外信于人的企品锻造、精益求精的产品打造等。

第十一章，时变和合的战略观。包括儒家的战略观、与时偕行的战略思维、唯变所适的战略实施、和合共赢的战略目标等。

第十二章，兼善天下的责任观。包括儒家的责任观、导人向善的企业责任、博施于民的社会责任、万物一体的自然责任等。

第十三章，创业垂统的传承观。包括儒家的传承观、继往开来的创业传承、承前启后的文化传承、生生不息的生态传承等。

第十四章，敬天法祖爱人的信仰观。包括儒家的信仰观、敬畏天道的终极关怀、孝亲法祖的文化关怀、爱人利他的现实关怀等。

儒商文化是中华优秀传统文化的组成部分。本书作为笔者"企业儒学三部曲"（《儒家管理哲学》《儒家商道智慧》《儒商文化通论》）的结篇之作，既是以往成果的总结，又是今后研究的起点。在此，谨与读者诸君共勉：为儒家思想在企业实现创造性转化，为企业理论在中国推进创新性发展，为中华民族现代文明谱写工商文明篇章，为世界新商业文明提供中国的方案，而不懈努力！

源流篇

第一章

儒商文化的思想资源

儒商文化，是以儒家思想为主干，融合诸子百家精华的中华优秀传统文化的组成部分。其思想资源，既包含了以"四书五经"为代表的儒家学说，也融合了儒家诸子、百家学说的丰富智慧。

―

第一节 "四书"的儒商文化视角

"四书"即《论语》《孟子》《大学》《中庸》。南宋朱熹取《礼记》之《大学》《中庸》篇，分章注释，与《论语》《孟子》合为"四书"。自元代开始，"四书"成为历代科举考试的标准、各级学校的教科书，对治国理政、社会规范、人际交往、社会文化等都产生了极其深刻的影响，对儒商的行为举止和文化观念的形成同样发挥了极其重要的作用。

一、《论语》的儒商文化视角

《论语》是记载儒家思想创立者孔子及其弟子言行的文集，朱熹将其收入"四书"，"以立其根本"，即奠定儒家思想的根基。《论语》本质上是一部"君子之书"，是指导"有德有位"的君子治国理政的著作。古人说"半部《论语》治天下"[1]，其智慧同样可以用来治理企业，指引儒商以德

---

[1] （宋）罗大经撰，孙雪霄校点，《鹤林玉露·乙编·卷一·论语》，第81页。

配位，做一名合格的治理者。

1."君子之德"的启示

《论语·颜渊》指出："君子之德风，小人之德草。草上之风，必偃。"受此启发，儒商提出"三为一德"的理念。第一是"为人之君"，就是要有君子般的风度和君王般的责任；第二是"为人之亲"，就是要像对待亲人那样对待自己的下属；第三是"为人之师"，就是为人师表，率先垂范。"为人之君""为人之亲""为人之师"，这三者构成了"德"，成为儒商的基本素质和风范。

2."君子之仁"的启示

"仁"是《论语》的核心概念，也是"君子三达德（智仁勇）"的核心。《论语·颜渊》记载："樊迟问仁。子曰：'爱人。'"孟子进一步阐述："亲亲而仁民，仁民而爱物。"（《孟子·尽心上》）受此启发，儒商以"亲亲"即像对待亲人一样亲爱企业的员工，从而构建企业命运共同体；以"仁民"即像对待同胞一样仁爱社会大众，从而构建社会命运共同体；以"爱物"即像对待亲密伙伴一样关爱自然万物，从而构建自然命运共同体。

3."君子之义"的启示

《论语·里仁》提出："君子喻于义，小人喻于利。"这里的"君子"指有德有位的国家治理者，"小人"则指小民老百姓。相对而言，国家治理者更通晓治国理政之义，小民老百姓更通晓治生经营之利。根据《论语·尧曰》的要求，国家治理者应该"因民之所利而利之"，就是要千方百计地为民众的治生经营之利创造条件，提供便利。从国家层面来看，商人是"四民"（士农工商）之一，属于"小民老百姓"，是国家提供便利服务的对象；而儒商作为有德有位的"商界君子"，其职责则是充分依托国家提供的便利条件创造更多的利益，并与社会大众分享利益，从而实现"义利合一"。

4."君子之礼"的启示

"礼"是《论语》的核心概念之一。"礼之用，和为贵"（《论语·学而》）、"君子和而不同"（《论语·子路》）。《论语》以"和无寡"（《论语·季氏》）来强调国家治理者与一般老百姓的关系，以"和而不同"来规范国家治理者与各级官吏的关系，在总体上是追求"和为贵"的国家治理的最佳境界。受此启发，儒商努力营造"以和为贵"的组织氛围、"和而不同"的上下级关系、"和必中节"的管理规范，从而形成企业文化与企业制度相结合的现代"企业礼学"。

二、《孟子》的儒商文化视角

《孟子》是儒家"亚圣"孟子及其弟子撰写的著作。朱熹将其收入"四书"，以"观其发越"，即《孟子》对《论语》思想的发展和超越。《孟子》将《论语》的"君子之仁"发展为"施仁政"，并以"性善论"作为其人性基础，"重民本"作为其社会基础，"义利观"作为其道德基础，对于儒商文化具有重要的启示。

1. "道性善"的启示

"孟子道性善，言必称尧舜。"（《孟子·滕文公上》）在孟子看来，从人的天生素质看，人可以趋向善良，这就是所谓的"人性善"。"善"是"人之所以异于禽兽者几希"（《孟子·离娄下》）的道德本性，是人人都具有的；君子能够自觉地扩充它，庶民却不自觉地抛弃它。但无论是君子还是庶民，他那异于（高于）禽兽的道德本性，通过适当的引导，都可以发挥出来。儒商作为"商界君子"，一方面要自觉地弘扬内在的善性，做一个"善人"；另一方面要积极引导员工向善向上，在企业中推行"善治"。

2. "重民本"的启示

孟子指出"民为贵，社稷次之，君为轻"（《孟子·尽心下》），主张国家要保障人民的利益，君主应以爱护人民为先决条件。因此，天命在于民心而不在于君主。若君主无道，人民便可以推翻他；但若君主有道，人民便可以各尽其职，安居乐业。这就是所谓的"得道者多助，失道者寡助"（《孟子·公孙丑下》），"寡助"到了极点，连内外亲属也会背叛他；"多助"到了极点，天下所有人都会归顺他。对儒商来说，员工是企业最宝贵的资源，必须真心呵护；客户是企业的"衣食父母"，必须诚心服务。只有赢得员工和客户的人心，才能赢得企业的"天下"。

3."辩义利"的启示

据《孟子·梁惠王上》的记载,孟子见梁惠王,以"王何必曰利"始,又以"王何必曰利"终,因此从表面上看,似乎孟子不屑于讲利,其实这是孟子好辩、先抑后扬的说话技巧。细读原文,孟子的基本思路是反对"后义而先利",主张"先义而后利"。如果每个人都先从"何以利吾"的角度出发,人人都争夺利益,最后的结果是人人都得不到利益;如果大家都从"何以利他"的角度出发,最终结果是让他人得利自己也得利。儒商高举"利他主义"的旗帜,为员工着想,为客户着想,为社会大众着想,最终得到的是个人利益、企业利益和社会利益的平衡。

4."施仁政"的启示

在"道性善""重民本""辩义利"的基础上,孟子对国家治理者提出了"施仁政"的要求。他将孔子所说的"仁者爱人"形象化为不忍心他人受到伤害的"恻隐之心",也即"不忍人之心",并提出"以不忍人之心,行不忍人之政,治天下可运之掌上"(《孟子·公孙丑下》)。治理者如果以自己的仁心善性推行仁政善治,那么治理天下就很容易了。"施仁政"的内容,一方面是"养民"——满足民众丰衣足食的基本生活需求;另一方面是"教民"——对民众进行人伦道德教化。受此启发,儒商一方面进行人文关怀,充分满足员工的工资福利、劳动保护、社会保险、孝亲爱幼乃至股份共享的要求;另一方面进行人文教育,积极组织员工学习中华优秀传统文化,学会如何做人,找到奋斗目标,实现人生价值。

三、《大学》的儒商文化视角

《大学》原是儒家经典《礼记》中的一篇文章。朱熹将其收入"四书","以定其规模",就是确定儒家思想的基本范围。《大学》以"三纲"(明明德、亲民、止于至善)"八目"(格物、致知、诚意、正心、修身、齐家、治国、平天下)为主线,对儒学做了高度概括,使之成为一个条理分明的"内圣外王"的思想体系,对儒家学说的定位具有深刻的意义,对儒商文化的形成也有重要的启示。

1."修齐治平"的启示

《大学》以"修身"为中心,强调个人道德修养与治国平天下的一致性，主张由近及远，由己及人，把"格物""致知""诚意""正心"作为"修身"的基础，把"齐家""治国""平天下"作为"修身"的结果，步步推行、层层递进，形成伦理与管理、治身与治国相结合的治理哲学体系。受此启发，儒商首先从"修身"即自我管理开始，提升自己的道德素养和治理能力；进而"治企"，打造一个人人向善向上、充满活力的企业组织；最后"利天下"，为社会大众、国家民族直至人类社会，做出应有的贡献。

2. "财散人聚"的启示

《大学》指出："财聚则民散，财散则民聚。"在儒家看来，财富取之于民就应该用之于民。财富聚集在当政者手里，民众就会离心离德、流散而去；财富疏散给广大民众，民众就会同心同德、聚在一起。受此启发，两百多年前的晋商创造了"身股制"，他们将商号的股份分为银股和身股，银股是财东（相当于股东）投资商号的合约资本；身股是财东允许掌柜等重要伙计以人力充顶股份，参与分红。当代新儒商借鉴晋商的做法，在企业中推行人力入股，按人头分配企业的利润。拥有身股而参与利润分配的人员，不仅包括高层管理人员，也包括普通员工，极大增强了企业的凝聚力。

3. "亲民教民"的启示

古本《大学》首句："大学之道，在明明德，在亲民，在止于至善。"朱熹认为这里的"亲民"应该是"新民"，强调其教化民众、使民向善的意义；王阳明则主张尊重原文，并认为"亲民"兼有"爱民"和"教民"之义。儒商的企业治理实践则表明："亲民"与"教民"二者并不矛盾，而是相辅相成的。在企业中，"亲民"可以理解为人文关怀，"教民"可以理解为人文教育。如果没有人文关怀，人文教育就变成纯粹的"洗脑"，员工不可能接受；如果没有人文教育，人文关怀就让企业和老板变成纯粹的"提款机"，企业也不可能持续发展。

4. "止于至善"的启示

"止于至善"，是《大学》"三纲"中的最后一纲，指的是达到最完美的境界。知道应达到完美境界，才能够意志坚定；意志坚定，才能够镇静自如；镇静自如，才能够心安理得；心安理得，才能够思虑周详；思虑周详,才能够有所收获。儒商所理解的"止于至善",就是"以正确的方式做事"而追求治理的效率,"做正确的事"而追求治理的效能。为此,就要全面推行"精益管理",经营上精打细算、生产上精耕细作、管理上精益求精、技术上精雕细刻,注重全员、全过程、全方位持续改进,勇创一流,追求卓越。

四、《中庸》的儒商文化视角

《中庸》原是儒家经典《礼记》中的一篇文章。朱熹将其收入"四书","以求古人之微妙处",就是探求儒家最高深最精妙的哲学智慧。《中庸》一方面详细转述了孔子有关"中庸之道"的论述,另一方面提出了"天下至诚"的思想,并阐发了"为政在人""成己成物"等理念,对于提升儒家治理思想的哲学高度,具有重要的意义,对于拓展儒商文化的思想深度,也有重要的启示。

1."中庸之道"的启示

无论是《论语》还是《中庸》,都记载了孔子的话"中庸其至矣乎",将"中庸"作为最高的哲学范畴。在这里,"中"的本义是"中间",进而可以推出三义——中正、中和、时中;"庸"的本义是"用",进而可以推出三义——用中、平常、不变;结合起来,"中庸"的本义是"合适",进而则推出三义——恰到好处、不偏不倚、动态平衡。三三得九,这"中庸九义"就是中庸之道的真谛。受此启发,儒商提出企业治理的"灰度哲学":要发展,但要均衡发展;要创新,但不盲目创新;要变革,但要有平常心;要竞争,也要合作共赢;要英雄,但不要个人英雄主义;要"雷锋",但不要让"雷锋"吃亏;员工持股,但却不能流通;科学管理,但要有文化引领,如此等等。

2."天下至诚"的启示

《中庸》指出:"唯天下至诚。"只有天下至诚的人,才能充分发挥他的本性;能充分发挥他的本性,就能充分发挥众人的本性;能充分发挥众人的本性,就能充分发挥万物的本性;能充分发挥万物的本性,就可以帮助天地培育生命;能帮助天地培育生命,就可以与天地并列了。儒商所理解的"至诚",就是去除不善的念头,企业经营动机至善至诚。为此,一是要杜绝腐败，清净交易，不行贿受贿，让一切在阳光下进行；二是要足额纳税，不漏国税，不做国贼，不占国家便宜；三是至诚通天，放下身段去聆听天地万物的需求，修身齐家，成为世人的榜样。

3."为政在人"的启示

据《中庸》的记载，鲁哀公问孔子如何治理好政事。孔子回答说：文王、武王治理国家的政令，都写在木板竹简上。像他们那样有贤臣，政令就会得到贯彻施行，没有贤臣，政令就会消失。因此，"为政在人，取人以身，修身以道，修道以仁"。依据"为政在人"的思路，企业治理就要强调企业领导层的关键作用，凡是第一流的优秀公司都与其大有作为的领导层有关。为此，儒商一方面加强个人的道德修养和能力提升，成为企业的"明君"；另一方面积极培养并大胆使用德才兼备的"贤臣"，从而避免出现"人亡政息"的局面，保证企业的长期稳定发展。

4."成己成物"的启示

《中庸》指出："诚者非自成己而已也，所以成物也。"成全自己是仁义，成全万物是智慧。这是发自本性的德行，是结合了内外的道，因此，适合在任何时候实行。由此，儒商把"成己"的内在本务与"成物"的外在商务融为一体，塑造企业诚实信用的价值立场，从而提供有利于人类生活的产品和服务；使员工视企业为成就自己的道场，从而塑造员工成就导向型的行为动机；赋予企业的生产活动以参与天地万物化育的意义，从而塑造员工勤劳和敬业的态度；理解上天造化万物的精妙道理，从而造就职业"高手"的能力。

第二节 "五经"的儒商文化视角

"五经"源于孔子用以教育弟子的教材"六经"，即《诗经》、《书经》（即《尚书》）、《礼经》、《乐经》、《易经》（即《周易》）、《春秋》。后来《乐经》失传，《礼经》在汉代特指《仪礼》，唐以后多指《礼记》，由此而成"五经",即《诗经》《尚书》《礼记》《周易》《春秋》等。孔子曰:"六艺于治一也。礼以节人,乐以发和,书以道事,诗以达意,易以神化,春秋以义。"(《史记·滑稽列传》)"五经"是儒家治国之道的教科书,也是儒商文化重要的思想渊源。

一、《诗经》的儒商文化视角

《诗经》是中国古代最早的一部诗歌总集,收集了西周初年至春秋中叶(公元前11世纪至前6世纪)大约500年间的诗歌305篇。分为《风》《雅》《颂》三个部分,孔子编订后,成为向弟子传授治国之道的形象化教材,被称为"诗教"。"腹有诗书气自华",诗教对于提升儒商的个人气质和治理智慧同样具有重要的作用。

1."家国情怀"的启示

《诗经·秦风·无衣》是一首保家卫国的战歌:"岂曰无衣?与子同袍。王于兴师,修我戈矛。与子同仇!"面对敌国和外族的侵略,奋起抗敌、奔赴沙场、慷慨激昂、同仇敌忾,洋溢着浓厚的家国情怀。商业没有国界,商人却有祖国。自古以来,儒商就不乏爱国主义精神,从春秋时期的弦高犒师救国,到近代儒商的实业兴国,抗战时期民族企业家的毁家报国,乃至当代新儒商的振兴中华,都是爱国情怀的生动体现。

2."君子之风"的启示

《诗经·卫风·淇奥》是一首文雅君子的赞歌:"瞻彼淇奥,绿竹猗猗。有匪君子,如切如磋,如琢如磨。"君子的形象就像绿竹一样,挺拔青翠;君子的品德就像玉器需要通过切磋琢磨一样,要通过个人的努力与长期的坚持方能养成。《论语·学而》记载,儒商鼻祖子贡在向老师孔子求教时,就引用了这首诗,并得到孔子的称赞。[1] 儒商作为"商界君子",要通过不断的磨炼,提升自己的品德和能力,成为有魅力的企业领导者。

---

[1] 子贡曰:"诗云:'如切如磋,如琢如磨',其斯之谓与?"子曰:"赐也,始可与言诗已矣,告诸往而知来者。"

3. "崇礼尚仪"的启示

《诗经·小雅·鹿鸣》是一首祥和融洽的欢歌："呦呦鹿鸣，食野之苹。我有嘉宾，鼓瑟吹笙。"在琴瑟笙簧的乐曲声中，君臣彬彬有礼，行礼如仪，互相赞赏，沟通感情，消除隔阂，其乐融融，达到一种和谐融合的状态。儒商通过包括企业礼仪和行为规范在内的企业文化建设，营造组织和睦有序、和谐共处、亲善美好的人际关系，从而上下齐心协力，共同实现组织的目标。

4. "敬明其德"的启示

《诗经·鲁颂·泮水》是一首立德治国的颂歌："穆穆鲁侯，敬明其德。敬慎威仪，维民之则。"治国者庄敬恭谨展示出高尚的品德，庄敬谨慎保持着威严的形象，就能成为天下百姓效法的榜样，从而成就文治武功的伟大事业。在儒商看来，中国文化的内涵就是"德"。"德"是做人应有的规矩，是做人最基本的属性，丢掉了这个根本，人在处理事情，处理人与社会、与自然的关系的时候，无论做官、经商，还是做学问，就会出现大麻烦。以德为根本，每个人都会严格要求自己。领导者以德平天下人心，大家就会无怨无悔地跟着他走。

二、《尚书》的儒商文化视角

《尚书》是一部记载上古时期治国理政事迹的作品，涵盖尧舜禹和夏商周时代，分为《虞书》《夏书》《商书》《周书》四个部分，其"民为邦本""协和万邦""明德慎罚""知人则哲"等理念，成为中国古代治国之道的"母题"，对中华民族古代文明的特质，发挥了重要的形塑作用，对于儒商文化的思想内涵，也有重要的影响。

1. "民为邦本"的启示

民本是《尚书》的核心理念。《尚书·夏书·五子之歌》提出："民惟邦本，本固邦宁。"人民是国家的根本，治国者应当重视民生，了解民意，顺应民心，肯定人民的根本性地位。这是中国古代民本思想的第一块基石，对后世的治国理论和实践发挥了根本性的影响。在儒商看来，"民"在企业中就是员工，"以民为本"在企业中就是以人为本。企业要尊重员工的本体地位，满足员工的物质、情感和精神需求，激发员工的内在潜能和员工的工作热情,调动员工的积极性,引导员工全面成长,从而实现企业的基业长青。

2."协和万邦"的启示

"和谐"是中国文化的核心价值之一。《尚书·虞书·尧典》提出:"克明俊德,以亲九族。九族既睦,平章百姓。百姓昭明,协和万邦。"主张先由家族和谐,扩展到社会和谐,乃至不同邦族之间的和谐。对儒商而言,"协和万邦"可以理解为"协和万方",即协调利益相关方,包括员工、客户、投资者、供应商、合作商、政府、社区,乃至社会大众等,协调各方的关系,兼顾各方的利益,满足各方的需求,从而获得企业生存与发展的助力与合力。

3."明德慎罚"的启示

"德治"是中国古代治国之道的根本标志。《尚书·周书·康诰》提出"明德慎罚"的理念。所谓"明德",就是德政为本,教化为先,提高百姓的道德水准和道德自觉;所谓"慎罚",就是在百姓犯了过错不得不惩罚的时候,也要格外慎重,不能随意加重惩罚。受此启发,儒商一方面组织员工学习中华优秀传统文化,明白"做人何为正确""做事何为羞耻",学会做人的道理和做事的方法;另一方面对员工类似迟到早退一类的轻微错误,不使用"罚款"的方式,而是通过主管谈话激发其羞耻心的方法解决。重度错误要惩罚,但主要也不是罚款,也要导入儒家思想,以价值原则为标准。

4."知人则哲"的启示

"知人用人"是国家治理的关键。《尚书·虞书·皋陶谟》指出"知人则哲,能官人",统治者能够辨识贤明的人才并授予其合适的官职,就能顺利实现治国安邦的理想。例如,舜帝慧眼识人,用人所长,任用大禹等能人干吏,开创了一代治世。受此启发,儒商既通过静观其质的观察方法、动观其态的考察方法、辨别真伪的明察方法来识别人才;又坚持德才兼备的任贤原则、用人如器的适用原则、用人不疑的信任原则来使用人才,推动了事业的开展。

三、《礼记》的儒商文化视角

《礼记》又称《小戴礼记》，是先秦礼仪制度及其思想解读文章的汇编，共四十九篇，编者为西汉学者戴圣（另有西汉学者戴德汇编的《大戴礼记》，原有八十五篇，今存三十九篇，未列入经书）。自唐代起，《礼记》成为儒家的"五经"之一，集中体现了儒家的"礼治"思想，包括"大同小康"的治理目标，"以礼治国""以教化民""兼利万物"的治理措施等，对儒商文化有重要的启发。

1."大同小康"的启示

《礼记·礼运》阐述了儒家的国家治理目标，一是"天下为公"的大同社会；一是"礼义为纪"的小康社会。儒家的政治思想，向往"大同"而立足"小康"，既有崇高的社会政治理想，又有现实的社会政治目标。儒商鼻祖子贡对此心领神会，既有"博施于民而能济众"的博大胸怀，而又行"能近取譬"的立己立人之道。受此影响，历代儒商无不将理想与现实相结合，把经商办企业既作为个人和家庭谋生的手段，又作为"天下之公器"，利己利家利国利天下。

2."以礼治国"的启示

《礼记·乐记》指出："礼以道其志，乐以和其声，政以一其行，刑以防其奸。礼、乐、刑、政，其极一也，所以同民心而出治道也。"《礼记》的宗旨，就是以礼作为治国理政的核心，并整合文化、政治、法律等手段，从而有效地治理民众，维护社会秩序和国家政治的稳定。对儒商来说，礼也是他们安身立命的基础，孔子谆谆教导子贡要"富而好礼"（《论语·学而》）。当代新儒商则将儒家"礼治"转化为现代企业的文化建设，并与建立现代企业制度相结合，以实现企业的基业长青。

3."以教化民"的启示

《礼记·学记》指出："建国君民，教学为先。"在儒家看来，道德教化与治国理政的功能是相通的，教化就是政治，政治就是教化；而就实施的先后顺序来说，教化先于政治，教化重于政治。受此启发，儒商在企业内部创办"企业书院"，积极推行道德教化。在他们看来，企业不只是给员工一个工作岗位和工资，最重要的是给员工营造一个学习成长的环境。

对企业来说,能为社会培养一批又一批承担中华民族复兴的栋梁之材,是企业光荣的使命和最高的追求。

4."兼利万物"的启示

《礼记·经解》提出"德配天地,兼利万物"。《礼记》之"礼",不仅规范人与人的社会关系,而且规范人与万物的自然关系,为此提出"尊天重时""亲地爱物""取物有度"等一系列理念和措施,对于当代环境保护和可持续发展事业依然具有重要的启示意义。为此,儒商把绿色、低碳、和谐作为企业应履行的社会责任和使命,持续推动低碳、高效、节能等新产品的市场开发及产品升级,形成了以绿色设计、绿色采购、绿色制造和绿色销售为一体的"4G 理念",带动更多企业走可持续发展之路。

四、《周易》的儒商文化视角

《周易》包括《易经》与《易传》两部分。《易经》成书于西周时期,传说是周文王所作;由于《易经》深奥难懂,因此先秦时期便出现了对其详加解释的《易传》,相传《易经》为孔子及其弟子所撰。《周易》被誉为"大道之源""群经之首",对中国几千年来的政治、经济、文化、社会等领域都产生了极其深刻的影响,其"阴阳共存""唯变所适""刚柔相推""革故鼎新"等理念,对儒商文化有重要的启发。

1."阴阳共存"的启示

"阴阳"是《周易》的基础。《周易·系辞上》指出"一阴一阳之谓道"。《周易》认为,任何事物的变化都是阴阳两种力量对立、统一的结果,观察事物的性质时必须从对立的两方面入手,才能认识事物的真实性质。儒商将阴阳观念用于认识企业所处的环境及其各部分之间的关系。企业有属阳的部门如生产部与属阴的部门如财务部,前者负责企业的主要职能,后者则为前者提供支持。要想获得整个系统的高效率,企业就必须在阴阳两类部门之间取得适度的平衡。

2."唯变所适"的启示

"变化"是《周易》的核心,《周易》的英文译名就是 *The Book of Changes*("变化之书")。《周易·系辞下》指出:"《易》之为书也,不可远,为道也屡迁,变动不居,周流六虚,上下无常,刚柔相易,不可为典要，唯变所适。"《周易》认为，宇宙中唯一不变的东西就是"变化"，人们只有适应变化才能生存和发展。受此启发，儒商致力于建设"时代的企业"，即企业随着时代变化而不断变化。在他们看来，如果一家企业成功了，那么，它的成功，不过是踏上了时代的节拍。企业不变的追求，就是不断变化，成为"时代的企业"。

3."刚柔相推"的启示

"刚柔"是《周易》变化哲学的根据。《周易·系辞下》指出："刚柔相推，变在其中矣。"这里的"刚"指刚健、严格、进取，"柔"指柔和、宽厚、稳定。《周易》认为，任何一个组织都应该具备刚柔相济的素质，而不只偏向刚或柔的一极，以便达到刚柔互动、变化无穷的状态。儒商将刚柔相济的理念运用到企业治理的实践。在他们看来，"管理"，一个是"管"，是刚性的制度规范；一个是"理"，是柔性的人文关怀。企业管理应该是"管"与"理"并重、"刚"与"柔"相济，人文管理要通过制度管理体现出来，制度管理要体现人文管理的光辉，这样人文管理才能落到实处，制度管理也才能够成功。

4."革故鼎新"的启示

《周易·杂卦》指出："《革》，去故也；《鼎》，取新也。""革"与"鼎"分别是《周易》中的卦名。"革"本义指去掉毛发的兽皮，取其"去除旧貌"的意思；"鼎"本义指煮东西的器皿，取其"稳定图新"的意思。受此启发，儒商坚持守正创新，将中华优秀传统文化融入企业治理实践，"中学明道，西学优术，中西合璧，以道御术"，以塑造新时代的工商业文明，创造以中华优秀传统文化为底蕴的崭新企业治理模式，使中国特色的社会主义核心价值观和世界级企业的管理制度融为一体。

五、《春秋》的儒商文化视角

《春秋》，是孔子修订的编年体史书，后来的学者为其作传，包括《左传》《公羊传》《谷梁传》等，以揭示《春秋》的"大义名分""惩恶劝善"等微言大义，并提出"执经达权""义以生利"等理念，对古代政治产生了深刻的影响，也为儒商经商办企业的实践带来重要的启示。

1. "大义名分"的启示

《庄子·天下》说"春秋以道名分",南宋儒学大师朱熹以为此话"可煞说得好"(《朱子语类·卷六十三·中庸二·第十二章》)。《春秋》的"大义名分"有两重含义:一是要明确君主与臣民的本分与职责,二是要确立行为的正当理由及其根据。这一理念于明朝末年流传到日本,成为日本政治的圭臬,并被日本儒商运用到企业的经营实践中,提出"追求全体员工物质和精神两方面的幸福,为人类社会的进步发展做出贡献"的企业使命,以明确事业的目的和意义。在当代新儒商看来,具备全体员工能够共有的、可以提升员工士气、调动员工积极性的、光明正大的企业目的,这是企业治理中最重要的事情。

2. "惩恶劝善"的启示

晋代学者杜预,将"惩恶而劝善"作为《春秋》体例之一。[1]《左传·昭公三十一年》指出:"《春秋》之称微而显,婉而辨。上之人能使昭明,善人劝焉,淫人惧焉,是以君子贵之。"在他看来,《春秋》的记载,隐微而意义显著,委婉而区别明晰。在上位的人能使《春秋》大义得到发扬,就使善人得到鼓励,恶人产生畏惧。受此启发,儒商治理企业时,一方面强调"德"以劝善,另一方面主张"严"以惩恶。不是为了惩罚而惩罚,而是教育,教育本人、教育大家,把做人的规则作为第一道防线,而以制度为最后一道防线。

3. "执经达权"的启示

《春秋公羊传·桓公十一年》指出:"权者反于经,然后有善者也。"这里的"经"指治理国家的基本原则,"权"则指随机应变的治理技巧。在该书作者看来,权变是与常规相对的、有很大益处的行为;但施行权变本身必须是符合道义的,可以贬损自己,但绝不能贻害他人,这就是"行权有道"。受此启发,儒商在企业治理中不墨守成规,而是在合乎道义的前提下依据实际情况而权衡变化。在他们看来,管理就是要"管得合理",既遵循管理的基本原则和规律,又依据具体时势的变化而变化,做到适其时、取其中、得其宜、合其道。

---

[1](晋)杜预,《春秋左氏经传集解》序,凤凰出版社2020年版,第2页。

4."义以生利"的启示

根据《左传·成公二年》的记载,孔子曾说过:"礼以行义,义以生利,利以平民,政之大节也。"在孔子看来,只有行义,才能创造出物质利益,从而满足人民的需要,这就是为政的真谛。这一记载难能可贵,有助于破除所谓儒家"重义轻利"的误解,而全面理解儒家义利观的深刻内涵。受此启发,儒商把经商办企业作为精神价值之"义"创造物质价值之"利"的过程,因而理直气壮地经营谋利行大义,即"经商不损陶朱义,货殖何妨子贡贤"。

第三节 儒家诸子的儒商文化视角

两千多年的儒学史,是一个不断发展、逐渐丰富的过程。自孔孟之后,从战国末年的荀子、西汉初年的董仲舒、南宋时期的朱熹,到明代中叶的王阳明等儒家诸子,因不同时期的社会需要和思想态势,对儒家思想进行了持续不断的补充、完善和提升,对儒学的发展做出了重大贡献,也为儒商文化提供了丰富的思想资源。

一、荀子的儒商文化视角

荀子,名况,字卿,战国末年赵国人,先秦时期百家争鸣的集大成者。与孟子将孔子的"仁学"发展为"仁政"相对应,荀子将孔子的另一个基本概念"礼学"发展为"礼治",并为此提出"化性起伪"的人性观、"隆礼至法"的治道观、"明分使群"的组织观、"尚贤使能"的用人观等,极大地扩展了儒家治国之道的思想张力,对儒商文化有重要的启示。

1."化性起伪"的启示

荀子指出:"故圣人化性而起伪,伪起而生礼义,礼义生而制法度。"(《荀子·性恶》)与孟子注重阐发社会人性中"善"的一面不同,荀子关注到自然人性中"恶"的一面,因而主张治国者要改变人们先天的本性,而兴起后天的人为,从而树立礼义、建立法度,形成一个良好的育人环境和一套有效的约束机制,以矫正人性恶的一面,展现善的行为。受此启发，儒商在企业治理中，既注重道德教化又强调行为规范，以企业文化作为企业制度的灵魂，以企业制度作为企业文化的保障，以打造化恶为善、去恶向善的企业机制。

2."隆礼至法"的启示

荀子指出："隆礼至法则国有常。"(《荀子·君道》)在荀子看来，礼是立国的根本、社会的最高准则；在治国理政的实践中，为了确保社会秩序的正常运转，礼的遵循不免要诉诸一种强制性，与法的功能紧密结合。因此，既尊崇礼义，又完善法度，才是国家的常态。受此启发，儒商在企业治理中，一方面"施之以礼"，积极建设企业文化，坚持正面引导，提升员工的基本素质；另一方面"规之以法"，严格执行企业制度，开展反面警示活动，包括对不利于企业发展的人和事进行劝阻、抵制和惩处等，在企业内营造一个弘扬正气、抵制歪风的积极向上的健康氛围。

3."明分使群"的启示

荀子提出"明分使群"的概念。(《荀子·富国》)这里的"群"指社会组织，"分"指社会组织内部的分工和社会产品的分配。在荀子看来，只有分工明确，组织才能够正常运转，取得最大效益；而只有分配合理，兼顾每个人职位的高低、能力的大小、贡献的多少，组织成员才能够同心同德、齐心协力。受此启发，儒商在企业中提倡"奋斗者为本"，人力资源机制和评价体系要识别奋斗者，价值分配要激励奋斗者，导向员工的持续奋斗，"决不让'雷锋'吃亏，奉献者定当得到合理的回报"。

4."尚贤使能"的启示

荀子多次强调"尚贤使能"[1]的理念，并在《荀子·君道》中展开详细的论述，包括"既知且仁"的识贤观、"能者取之"的选贤观、"量能授官"的用贤观、"校之以功"的考核观等。受此启发，儒商十分重视发挥人才在企业中的作用：在人才的识别上，坚持德才兼备的原则，重视品德高尚能力突出的人才；在人才的选拔上，坚持"赛马不相马"的原则，在实践中发现人才；在人才的使用上，坚持用人所长的原则，把合适的人才

---

[1]见《荀子·王制》《荀子·君道》《荀子·君子》，楼宇烈主撰，《荀子新注》，中华书局2018年版，第152、233、496页。

放到合适的岗位上去；在人才的考核上，坚持绩效导向的原则，让真正干事创业的优秀人才脱颖而出。

二、董仲舒的儒商文化视角

董仲舒是西汉初年著名的儒学大家。他立足大一统的时代要求，整合先秦儒家智慧和诸子百家学说，构建了一个以儒学为核心的新的思想体系，成为此后中国两千多年治国理政的指导思想，同时也启发了儒商的治理智慧。

1."化民成善"的启示

董仲舒整合孟子"人性善"和荀子"化性起伪"的论述，提出"化民成善"的理念。在他看来，上天赋予人的本性，具有潜在的"善质"，但还不能成为现实的"善人"，于是树立王道来教化人们为善，这是"天意"；治国者秉承上天的意思，以成就百姓善的本性为己任，这是"天职"。"明教化民，以成性也。"（《汉书·董仲舒传·举贤良对策三》）治理就是教化，治理者就是教化者，治理的过程就是教化的过程。受此启发，儒商在企业设立并亲自兼任"首席教育官"，以身作则，以文化人，引导员工学习中华优秀传统文化，学会做人的道理，成为企业和国家发展的栋梁。

2."五常之道"的启示

董仲舒在孔子"仁、义、礼"和孟子"仁、义、礼、智"论述的基础上，将"仁、义、礼、智、信"作为"五常之道"（《汉书·董仲舒传·举贤良对策三》），组成人伦道德的基本要求和行为规范，成为中国古代社会的核心价值观。受此启发，儒商将"仁、义、礼、智、信"纳入企业文化体系，具体表述为"五看"："仁"，看善待员工，孝悌文化，人文关怀，仁爱感恩；"义"，看员工收入，社会保险，慈善公益，见利思义；"礼"，看尊重员工，宽容平等，培训学习，民主管理；"智"，看带出团队，成长员工，创造价值，科学发展；"信"，看儒商道德，诚实守信，品牌价值，社会贡献。

3."德主刑辅"的启示

董仲舒在《尚书》"明德慎罚"和《论语》"道之以德，齐之以礼"思想的基础上,整合先秦儒家和法家的思想,进一步提出"刑者德之辅"(《春秋繁露·天辨在人》)的主张,将其系统化、理论化并应用于治国理政实践。在董仲舒看来,教化是治国的主导,刑罚是治国的辅助,教化可以扬善,刑罚可以惩恶,二者殊途同归。受此启发,儒商将教育贯穿企业治理的全过程,包括道德教化、礼乐教化、文化教育、健康教育、因果教育、生命教育、环境教育、"五个一"自我教育(立一个志、读一本经、改一个过、行一次孝、日行一善)等。对于员工的轻微错误,以口头教育激发其羞耻心而自我改正;至于重大错误,则严格按照企业的规章制度处理,不袒护,不扩大,惩前毖后、治病救人。

4. "泛爱群生"的启示

董仲舒吸收先秦儒家"天人合一"和道家"道法自然"的思想,提出"泛爱群生"(《春秋繁露·离合根》)的理念。在他看来,爱护世间的一切生物,顺应自然,不以自己的喜怒进行赏罚,这才是仁爱的体现;保护世间万物生灵的生存与成长,是人作为万物之灵的责任。受此启发,儒商积极践行"协调发展"与"绿色发展"的新发展理念。在他们看来:乡村是城市的命根子,农业是工业的命根子,有机农业是农业的命根子。为此,采取参与乡村建设、践行有机农业等措施,让大地恢复健康。大地是地球上一切众生的母亲,只有大地母亲健康了,众生才有可能健康。给众生活路,人类才会有活路。

三、朱熹的儒商文化视角

朱熹是南宋时期的儒学大家。他融合儒家、道家、佛家的智慧,建立起庞大的理学体系,为儒家的治国之道提供哲学依据。特别是他集毕生精力撰著的《四书章句集注》,"发挥圣贤蕴奥,有补治道"[1],成为中国古代社会后期治国理政的教科书,对儒商治理智慧带来了深刻的影响。

1. "正己化民"的启示

朱熹在解读《论语》"为政以德"章时,从"理一分殊"的角度,在孔子注重治国者品德修养的基础上,进一步强调治国者之"正己"对于

---

[1] (元)脱脱等撰,《宋史·理宗本纪》,国家图书馆出版社2014年版,第421页。

"化民"的示范效应和带动作用,偏重于导民向善的动态过程。"政之为言正也,所以正人之不正也。"(《四书章句集注·论语集注》)以治国者一人之善,引导整个社会人人臻于尽善,从而达到"月印万川"的境界。受此启发,儒商意识到,领导者的执行力是下属执行力的上限。公司风气正不正,最关键的还是一把手自己为人正不正。假如领导者有一个办大企业的目标,那么就得要求自己把事做正。领导者既是组织中发号施令的人,也是组织中的排头兵——所有的成员都向领导者看齐。

2."德礼政刑"的启示

朱熹在解读《论语》"政刑德礼"章时,从"天地之性"与"气质之性"的角度,论证"天理"与"治理"的内在关系。在他看来,道德是天理的内涵,礼制是天理的外显;法令是治理的补充,刑罚是治理的辅助。德礼是治理之根本,政刑是治理之工具。"人之气质有浅深厚薄之不同,故感者不能齐一,必有礼以齐之……齐之不从,则刑不可废。"(《朱子语类·卷二十三·论语五》)道德的作用在于感化,无法感化者用礼制来规范,无法规范者用法令来引导,无法引导者用刑罚来阻止。受此启发,儒商在企业治理中,将企业文化与企业制度相结合,思想教育与行为规范相结合,表彰先进与激励后进相结合,正面引导与反面警示相结合,从而形成适应现代企业需要的治理体系。

3."以刑为仁"的启示

如上所述,朱熹将"德礼政刑"看作儒家治国之道的完整内容,"有德礼,则政刑在其中"(《朱子语类·卷二十三·论语五》)。在此基础上,朱熹进一步论述了仁爱与刑罚之间的辩证关系。他指出:"教之不从,刑以督之,惩一人而天下人知所劝戒,所谓'辟以止辟';虽曰杀人,而仁爱之实已行乎中。今非法以求其生,则人无所恐惧,陷于法者愈众;虽曰仁之,适以害之。"(《朱子语类·卷七十八·尚书一·大禹谟》)惩罚一人而劝诫天下人不犯罪,这恰恰是仁爱的表现;否则,纵容犯罪会使越来越多的人无所畏惧而违反法律,似乎是爱人,实际上是害人。受此启发,儒商在企业治理中,坚持劝善与惩恶相结合,惩罚少数人而教育大多数人,这是严厉,也是仁爱,即所谓"以霹雳之手段行菩萨之心肠"。

4."以民为本"的启示

朱熹在解读《孟子》"民为贵"章时,明确提出"国以民为本"(《四书章句集注·孟子集注》)的观念,在他看来,国家以民为本,社稷为民而设,而君主的地位,取决于国家社稷的存亡,这就是民贵君轻的理由。在此基础上,朱熹提出"以得民心为本""使民有常产""平易近民""爱民如子""取信于民""与民同乐""养民富民"等一系列重民主张,并在他的施政实践中推行了诸如"兴水利""薄赋税""建社仓"等富有成效的举措。受此启发,儒商以员工作为企业最重要的资本,实行"身股制"让员工共享企业发展的红利,建立"企业义仓"以解除员工的后顾之忧,关爱员工"四代",即学习传统文化富脑袋、努力工作富口袋、力行孝道关爱上一代、传承家风关怀下一代,为员工创造物质和精神两方面的幸福。

四、王阳明的儒商文化视角

王阳明,名守仁,是明代中期的儒学大家。他在"心性"与"事功"相结合的基础上,构建了一个以"心即理""致良知""知行合一""万物一体"为主要内容的"心学"理论体系,对此后"东亚儒家文化圈"的政治、经济、社会、文化产生了深刻的影响,也为儒商文化的发展提供了积极的动力。

1."心即理"的启示

王阳明指出:"夫万事万物之理不外于吾心。"(《传习录中·答顾东桥书》)在他看来,人是天地万物的中心,而人心又是万物之灵的主宰,它蕴藏着一切的可能、一切的发端源头,世间万事万物的道理都可以直接到人的内心去寻求。这种解放自我、挺立自我的人生哲学,铸就了王阳明本人强大的人格精神,也给后来的仁人志士带来莫大的激励作用。中国的近代儒商乃至当代新儒商,正是在这一精神的感召下,发展实业,创办企业,让古老东方的儒家思想迅速适应来自现代西方的市场经济场景,造就举世瞩目的"东亚奇迹",并形成比肩西方同行的"儒商企业家精神",包括自强不息的奋斗精神、厚德载物的合作精神、与时偕行的创新精神、博济天下的社会责任精神等。

2."致良知"的启示

王阳明说:"吾平生讲学,只是'致良知'三字。"(《寄正宪男手墨二卷》)"良知"一词源自孟子:"所不虑而知者,其良知也。"(《孟子·尽心上》)人天生的道德理性就是"良知",将其扩充出去,实现于天下,就是"致良知"。王阳明进一步将"良知"确认为"心之本体";所谓"致"是精察体认、坚信奉行;所谓"致良知",就是用为善去恶的工夫,致吾心之良知于事事物物,使事事物物皆合于理。受此启发,儒商以"心本经营"作为企业的价值观。企业经营者"发明本心",志存高远,以创办"伟大企业"为目标;企业员工"涵养善心",培育高品行的人品;企业"发扬爱心",真心帮助顾客解决问题,诚心站在顾客角度思考,贴心为顾客提供服务,全心关怀顾客幸福。

3."知行合一"的启示

王阳明指出:"知者行之始,行者知之成。"(《传习录上》)这里的"知"是对道德的自觉认知,"行"则是对道德的切实笃行。认知是笃行的开始,笃行是认知的结果,二者不可分离。王阳明主张"知行合一",一方面强调道德意识的自觉性,要求人在内在精神上下功夫;另一方面重视道德规范的实践性,指出人要在事上磨炼,言行一致,表里一致。受此启发,儒商在企业文化建设中,特别注意采取有效措施使之真正落地。这些措施包括强化制度建设、形成员工规范,积极营造氛围、塑造有形文化,搭建活动载体、增强文化感召,建立评估体系、确保文化落地等,使企业文化外化于行,内化于心,固化于制,最终转化为员工的战斗力和执行力,并落实到企业治理的各个方面,实现企业健康良性的发展。

4."万物一体"的启示

王阳明指出:"大人者,以天地万物为一体者也。"(《大学问》)在他看来,无论是自己的同类还是飞禽走兽,是花草树木还是砖瓦石板,都是人类仁爱之心关注顾惜的对象;而这种仁爱之心,无论是具有道德自觉的"大人"还是蒙昧无知的"小人",都具有,只不过"大人"自觉"以天地万物为一体","小人"则"间形骸而分尔我"罢了。受此启发,儒商将"仁者爱人,万物一体"的精神融入现代企业的生产与生活、经营与管理实践，视员工为"家人"，视顾客为"亲人"，视社会大众为"朋友"，视天下民众为"同胞"，视天下万物为"伙伴"，展现出浓厚深邃而又富有企业和时代特色的家国天下情怀。

第四节　百家学说的儒商文化视角

儒商之"儒"，是两千多年来不断融合发展的中华优秀传统文化的精华。产生于春秋战国时期的道家、法家、墨家、兵家，以及东汉时期佛教传入后与中国本土文化相结合而产生的禅宗学说，都是中华文化的组成部分，也是儒商文化的思想资源。

一、道家的儒商文化视角

道家的代表人物是春秋战国时期的老子和庄子。战国中后期，有的思想家把传说中的黄帝和老子的思想融合起来，称为黄老道家，并被汉代初年的治国者所接受，开创了历史上被称为"文景之治"的太平时代。道家主张的"道法自然""无为而治""不争之争""相反相成"等理念，展现了中国古代治国之道的辩证智慧，被儒商文化积极吸收。

1."道法自然"的启示

老子指出："人法地，地法天，天法道，道法自然。"（《道德经·二十五章》）在他看来，天地万物包括人类社会，都是"道"产生的，但是，"道"又是以自然为归宿的，"道"的本性就是自然。治国者以道治国，就是遵循天地自然的规律，自然而然地实现治国理政的目标。受此启发，儒商意识到，企业治理的路径虽然不一样，但原则只有一条，就是一定要适合企业与行业的特点，制定与之相匹配的管理模式。企业治理是愿景、价值、战略、制度、文化五个概念的组合，它的内容是固定的，但其表现的形式是不固定的，无定式、无边界，但有方法、有步骤可以达到。

2."无为而治"的启示

老子指出："圣人处无为之事，行不言之教。"（《道德经·二章》）高明的治国者以"无为"来治理国家的事务，用"不言"来引导百姓的行为；依照事物的内在规律，有所为有所不为；充分发挥下属的积极性，无为而无不为。受此启示，儒商在治理企业中，将自己从繁忙的事务性工作中解脱出来，主要抓决策，关注与企业发展方向相关的战略性问题，并通过正确授权、设计合理的工作结构和分配制度以激发组织成员的工作热情，协调好各部门之间的目标战略，形成优势互补，实现整体利益最大化。同时抓用人，选择合适的人来做合适的事，并给员工提供一个宽松的工作环境，充分发挥员工的聪明才智、主动性和创造性。

3."不争之争"的启示

老子指出："以其不争，故天下莫能与之争。"（《道德经·六十六章》）在老子看来：不自我表现的人，反而显现于众；不自以为是的人，反而彰明于世；不自我夸耀的人，反而功成名就；不自我矜持的人，反而长长久久。正因为他不跟别人争，所以天下没有人能够和他争。受此启示，儒商领悟到在激烈的市场竞争中的取胜之道。在他们看来，"不争"最终是为了更好地去争，不是和对手争，而是和自己争，和用户争。和自己争就是要战胜自我，和用户争就是争得他们的潜在需求。企业自身迅速发展壮大了，消费者的潜在需求被开发出来了，竞争对手自然会落在后面，市场也就握在了自己的手中了。

4."相反相成"的启示

老子说："反者，道之动。"（《道德经·四十章》）在他看来，事物都是相反相成的，例如，"祸兮福之所倚，福兮祸之所伏"（《道德经·五十八章》）。福与祸相互依存，相互转化。福固然令人高兴，但如果因此得意忘形，狂妄自大，反而滋生灾祸；祸固然令人不快，但如果因此忍辱负重，坚持奋斗，则可能迎来转机。受此启示，儒商在市场的起落沉浮中保持冷静的头脑和辩证的思维，在企业景气时要有危机感，在企业不景气时则保持乐观和信心，采取有效措施使祸福都朝着有利于自己的方向发展。不至于春风得意时忘乎所以，也不会在竞争受挫时心灰意冷，从而自己永远处于清醒的状态，直面商海中的潮起潮落，正视生命中的云卷云舒。

二、法家的儒商文化视角

在先秦时期百家争鸣的思想格局中,法家是与国家治理实践结合得最为紧密的一个学派,其代表人物有商鞅、申不害、慎到,以及集法家理论之大成的韩非等,主要理念有"以法为重""以势为尊""以术为用""君道无为"等。秦始皇运用法家学说统一中国,自汉代起中国古代治国之道基本上采用"儒法兼综""霸王道杂之"的方式,给儒商文化的治理智慧带来了重要的影响。

1."以法为重"的启示

韩非指出:"国无常强,无常弱。奉法者强,则国强;奉法者弱,则国弱。"(《韩非子·有度》)法家所说的"法"有立法、变法与任法三重含义,立法即制度建设,在他们看来,制度就是规矩,没有规矩就谈不上治理;变法即制度变革,法家认为不存在一成不变的制度,治理制度的好坏取决于其与现实的适应情况;所谓任法,则强调在治理过程中排除情感的因素,不论亲疏贵贱,一切以法律规定为准绳。受此启发,儒商意识到,制定一个好的规则比不断批评员工的行为更有效,它能让大多数的员工努力地分担工作、压力和责任。为此,他们制定企业的"基本法",并不断完善各种具体的规章制度,以约束包括领导者在内的所有企业成员,使企业规范、平稳、高效地运行。

2."以势为尊"的启示

韩非指出:"抱法处势则治,背法去势则乱。"(《韩非子·难势》)法家把势分为"自然之势"与"人为之势"。"自然之势"是客观的既定条件下的治理情势;"人为之势"则指治理者通过创造条件强化自己的权势。受此启发,儒商一方面强调"顺势""先谋势后谋利",准确把握社会经济发展的趋势,制定适合顺势发展的计划,充分利用顺势带来的机遇,站在时代的"风口",让企业不断"腾飞";另一方面注意"造势",把打造强势品牌作为企业真正持久的竞争优势,突出其独创性、独特性、独立性,将信誉好、知名度高、质量稳定可靠的强势品牌打造成企业参与市场竞争的撒手锏。

3."以术为用"的启示

韩非指出:"术者,因任而授官,循名而责实。"(《韩非子·定法》)根据各人的才能授予相应的职位,按照各人的职位和言论责求他们的实际功绩。如果所取得的绩效和他的职务相当,完成工作的情况和他所提出的主张相符合,就给予奖赏;反之,就予以惩处。受此启发,儒商在企业人力资源管理中充分发挥"择优选能""奖勤罚懒"的功能。一方面,儒商按照德才兼备的原则,把合适的人放到合适的岗位上去;另一方面,按照绩效考核的原则,评估员工的工作行为及取得的工作业绩,了解员工的能力和工作适应性等方面的情况,并将其作为奖惩、培训、辞退、职务任用与升降等措施的基础与依据。

4."君道无为"的启示

韩非指出:"明君无为于上,群臣悚惧乎下。"(《韩非子·主道》)在韩非看来,掌握了"抱法、处势、用术"精髓的君主,在具体的治国理政事务中就可以放手让群臣去执行和发挥。鼓励明智的人使用他们的智慧去思考问题,君主则借助他们的智慧去决断政事;鼓励有才能的人贡献他们的聪明才干,君主则借助他们的才能去治理国家。君主在上面无为而治,群臣在下面尽职尽责;群臣承担辛劳,君主享受成功,这就是贤明君主的守常之道。受此启发,儒商在企业治理中把主要精力放在制定规矩、决策战略、使用人才上,充分发挥组织成员的聪明才干,共同创造并分享企业成长的荣光。

三、墨家的儒商文化视角

先秦时期的诸子百家中,墨家是影响很大的一个学派,被称为"显学"。其创始人墨子,名翟,战国初年鲁国人。他提出的"兼爱相利""尚同一义""尚贤尊德""兴利天下"等理念,丰富了中国古代的治国之道,也启发了儒商的治理智慧。

1."兼爱相利"的启示

墨子主张"兼相爱、交相利"。(《墨子·兼爱中》)在墨子看来,凡是爱护别人的人,别人也会爱护他;帮助别人的人,别人也会帮助他;憎恶别人的人,别人也会憎恶他;损害别人的人,别人也会损害他。如果真正从爱己、利己的动机来考虑问题和待人处事,恰恰就应该关爱别人、充分考虑别人的利益,从而达成共享其利的结果,实现既利他又利己的目的。受此启发,儒商将企业与消费者、经销商之间的利益共享看作"善的循环":如果我们散播善的种子,予人以善,那么,善还会循环归给我们;善在我们之间不停地循环运转,使大家都得到善的实惠。"不为别人的利益着想,就不会有自己的繁荣。"

2. "尚同一义"的启示

墨子主张:"一同天下之义。"(《墨子·尚同中》)在他看来,一人一义、各行其义,就会引发矛盾纷争,进而导致全社会分崩离析、人们无法和谐相处。为了避免这种恶果的发生,就需要统一社会的义,避免矛盾纷争,形成稳定的社会秩序,保障人们的和谐生活和人类的整体利益。受此启发,儒商意识到,企业发展的灵魂是企业文化,而企业文化的核心是全体成员共有的价值观。为此,他们自觉担当企业的"首席文化官"和"布道师",坚持不懈地传播企业文化,以形成组织成员对于组织的认同感,增强组织系统的凝聚力和稳定性,发挥组织的潜能,实现组织的目标。

3. "尚贤尊德"的启示

墨子指出:"夫尚贤者,政之本也。"(《墨子·尚贤上》)在墨子看来,贤者有三条标准:德行醇厚,言谈精辩,道术宏博,其中以"德行"为首位。他认为,道德品行是君子为人处世的根本,也是君子成为贤能之士的首要条件。因此,治国用人必须坚持以德行为本,根据德行任官,根据官职授权,根据功劳定赏。受此启发,儒商用人坚持以正确的价值观为导向。他们把人分成四种:认同企业价值观且能力很强的人;认同企业价值观但能力欠缺的人;不认同企业价值观但能力很强的人;不认同企业价值观且能力欠缺的人。第一种人放手使用,第二种人培养使用,第三种人谨慎使用,第四种人坚决不用。

4. "兴利天下"的启示

墨子指出:"仁人之事者,必务求兴天下之利,除天下之害。"(《墨子·兼爱下》)在墨子看来,为天下人谋利除害,就是最大的"义"。墨子将其作为人生的奋斗目标,并为此而身体力行,他的一生,就是为自己心目中的"义"——天下公利——奋斗的一生。受此激励，儒商积极投入社会慈善公益事业，无论是平时的扶老爱幼、扶弱解困、扶贫攻坚、慈善捐助，还是特殊时期的抗洪、抗震、抗灾、抗疫，他们都是义不容辞、率先垂范，慷慨解囊，无私奉献。同时，他们还建立国学公益教育机构，推动中华优秀传统文化进社区、进机关、进企业、进校园，甚至进"高墙"（监狱和戒毒所），提升了共建共治共享的社会治理效率。

四、兵家的儒商文化视角

中国古代兵家思想源远流长，博大精深，代表人物有孙子（名武）、吴子（名起）等。"商场如战场"，兵家智慧与商业经营有内在的契合性，战国时期的商人白圭就将"孙吴用兵"作为自己经营产业的借鉴。兵家提出的"知彼知己""因变制胜""将者五德""令文齐武"等理念，对儒商文化有重要的启示。

1."知彼知己"的启示

孙子指出："知彼知己者，百战不殆。"（《孙子兵法·谋攻篇》）在孙子看来，知彼知己，掌握充分的信息，是正确进行战略决策的必要前提。了解对方也了解自己的，百战不败；不了解对方而了解自己的，胜负各半；既不了解对方又不了解自己的，每战必败。对儒商来说，"知彼"，就是利用一切可以利用的合法手段、资源和策略去了解有关竞争对手的详细信息；"知己"，就是充分认识到自己在本行业中所处的位置，自己的相对竞争优势和劣势。此外，还要"知市场"，就是了解企业所处的商业环境、市场规模、市场增长速度、细分市场的行业力量，特别是了解客户的需求及其变化，从而赢得客户，赢得市场，赢得竞争。

2."因变制胜"的启示

孙子指出："兵无常势，水无常形。能因敌变化而取胜者，谓之神。"（《孙子兵法·虚实篇》）在他看来，用兵的规律如同流水一样，没有固定的方式；用兵如神的将帅，能够因变制宜，采用不同的战略战术去获取胜利。受此启发，儒商在激烈的市场竞争中，随着内外部环境的变化，采用不同的经营策略，因时制宜、因地制宜、因事制宜。在他们看来，只有疲软的产品，没有疲软的市场，市场疲软是产品疲软所致，进而开发新产品,满足用户潜在需求;只有淡季思想,没有淡季市场,只要开发出淡季可以销售的产品,就可以创造出没有淡季的市场。

3."将者五德"的启示

孙子指出:"将者,智、信、仁、勇、严也。"(《孙子兵法·计篇》)智能发谋,信能赏罚,仁能附众,勇能果断,严能立威,这是对军队将领的基本要求。受此启发,儒商将其作为提高领导素质、增强领导魅力、提升领导水平的努力方向。企业家有智,就能制定出正确的企业经营方针和发展战略;企业家有信,就能赢得企业员工的信任和良好的企业信誉;企业家有仁,就能形成组织的向心力和凝聚力;企业家有勇,就敢于及时作出决策,敢于承担风险和责任;企业家有严,则会制定各项严明的规章制度,并且坚决地贯彻执行。因此,只有"五德兼备"的企业家,才能使员工心悦诚服地接受他的领导和治理,从而使企业不断发展壮大。

4."令文齐武"的启示

孙子指出:"令之以文,齐之以武。"(《孙子兵法·行军篇》)用道义统一思想,用纪律整齐步伐,体现了孙子文武兼施、德威并重的治军思想。受此启发,儒商在企业治理中既讲法度、申纪律,凭借制度约束、纪律监督,直至惩处、强制等手段进行刚性管理;又讲道理、明情理,运用感召、启发、引导和激励、奖励等方法进行柔性管理。前者的关键在于精确性和规范性,强调战略、体制、结构等硬件;后者的精髓在于感化性和引导性,强调组织的共同价值观和文化氛围等软件。两者紧密结合,企业才能基业长青,无往不胜。

五、禅宗的儒商文化视角

佛教在公元前后自天竺(今印度)传入中国后,逐步与中华本土文化结合,到隋唐时期产生了中国化的佛教——禅宗,其代表人物是惠能,其"直指人心""修行六度""六和敬""方便道场"等理念,在中国、韩国、日本等东亚国家的思想界和企业界都有相当的影响。

1."直指人心"的启示

按照禅宗"佛祖拈花,迦叶微笑"的创宗论,禅宗的基本特色是"不立文字,直指人心"。受此启发,儒商把"心"作为企业治理的关键要素,认为只有唤醒人的心灵，才能给企业治理目标注入不竭的动力。为此，他们"发明本心"，正确把握企业的发展目标，勾画出组织成员接受并心甘情愿地为之奋斗的共同愿景；"将心比心"，要求组织成员之间相互补充、相互肯定和相互激励，激发每位成员的潜能；"以心传心"，使组织成员特别是上下级之间有效地达成共识，增进感情，加深理解，建立和谐的人际关系，从而维持组织的正常运作，促进组织事业的顺利发展。

2."修行六度"的启示

这里"度"的梵语是"波罗蜜多（Pāramitā）"，意思是从烦恼的此岸过渡到觉悟的彼岸。"六度"就是禅宗修行的六个法门，包括布施度悭贪、持戒度毁犯、忍辱度嗔恚（huì）、精进度懈怠、禅定度散乱、智慧度愚痴等。受此启发，儒商将其作为自己修炼心性、提升领导魅力的六条途径："布施"就是关心下属，及时给予员工帮助；"持戒"就是遵守国家法规、社会公德和企业规章制度；"忍辱"就是在遇到困难挫折时有担当和毅力；"精进"就是百尺竿头，更进一步，不断创新进取；"禅定"就是做事专注，具有恒心；"智慧"就是看问题不以偏概全，勤于思考，自觉觉他。

3."六和敬"的启示

禅宗在僧团内部管理中，实行"六和敬"的原则，包括见和同解、戒和同修、身和同住、口和无诤、意和同悦、利和同均等。儒商将其精神运用于企业的组织文化建设："见和同解"就是在组织成员之间形成一种价值认同、相互尊重的和谐氛围；"戒和同修"就是企业中所有成员在制度规矩上人人平等，共同遵守；"身和同住"就是企业成员上下一致，同甘共苦；"口和无诤"就是语言友善和美，说话严谨，消除隔阂；"意和同悦"就是用价值观与成就感来激发员工的兴趣，使员工的爱好与企业目标相得益彰；"利和同均"就是公平分配，利益共享。

4."方便道场"的启示

禅宗主张："方便是道场，教化众生故。"(《维摩诘所说经·菩萨品》)在其看来，事事是道场，时时在道场，"劈柴担水，无非妙道；行住坐卧，皆在道场"，人们日常生活中的事事物物，都是修行佛法的机会。因此，要将修行落实在当下，尽心尽力地把我们当前要做的每一件事情专心致志地做好。受此启发，儒商提出"企业就是道场"的口号。在他们看来，企业不仅是生产组织，也是社会组织，同时还是文化组织。不仅要提供产品和服务，还要承担社会责任，促进社会稳定和繁荣，最终还应当为员工提供信仰的净土，使之获得精神上的满足。为此，就要把平时的劳作看作人性的自然流露和提升精神境界的需要，借助劳作来印证自身的价值。

第二章

古代儒商文化

商人，是中国古代社会"四民"（士农工商）之一，是国家基石的组成部分[1]，是儒家"仁政"的关注对象[2]。从先秦时期到宋元明清，从"四民异业"到"四民同道"（《节庵方公墓表》），从"良商""廉贾"到"士商""儒贾"，积淀了极其丰富的儒商文化内涵。

——

第一节　先秦商人的儒商精神

春秋战国时期，随着商周"工商食官"制度的解体，私人经商风气大开。而在当时的诸子百家中，儒家是最重视商业、最亲和商人的思想学派，并成为"显学"[3]。儒家学说与经商之道的结合，形成了一个被时人称为"良贾""良商""廉贾"的儒商群体。子贡、范蠡、白圭，就是其中的杰出代表。

---

[1]《管子·小匡》："士农工商四民者，国之石民也。"李山、轩新丽译注，《管子》，中华书局2019年版，第372–373页。

[2]《孟子·公孙丑上》："市，廛而不征，法而不廛，则天下之商皆悦，而愿藏于其市矣。"杨伯峻，《孟子译注》，中华书局2019年版，第80页。

[3]《韩非子·显学》："世之显学，儒、墨也。"高华平、王齐洲、张三夕译注，《韩非子》，中华书局2015年第2版，第724页。

一、子贡的儒商精神

子贡，姓端木，名赐，春秋时卫国（今河南省鹤壁市浚县）人，孔子的学生。子贡出生于商业世家，耳濡目染，对经营商业有先天的优势；后又师从孔子，孔子对其耳提面命，使其对儒家思想有深刻的感悟。这就使子贡得以在儒生明义和商人求利这两种不同的价值观之间，进行卓有成效的整合和学以致用的实践，成为儒商的开山鼻祖。

1."赐不受命"的开拓精神

在《论语》中，孔子曾经评论子贡的经商行为："赐不受命而货殖焉，亿则屡中。"（《论语·先进》）这里的"命"，指的是"官命"；这里的"货殖"指的是聚积财物使其生殖蕃息，也就是我们现代人所说的"经商"。在孔子和子贡生活的年代，商业活动本来是由官府专营的。《国语·晋语四》："工商食官。"韦昭注："工，百工。商，官贾也。《周礼》府藏皆有贾人，以知物价。食官，官廪之。"所谓"工商食官"，就是政府将商人和手工业者集中起来，设官统一管理，为他们提供衣食，让他们为政府服务。自商周以来，一直实行这种政府占有工商业者并进行垄断性经营的制度，商人皆受命于官，统一接受官府的管理，一切生产经营活动都必须按照官府的规定和要求进行，不存在独立经营的工商业者。这里孔子说子贡"不受命"，就是说子贡没有遵守当时私人不能经商的制度规定，自行经营商业。

以往的《论语》注解者，大多把"赐不受命"中的"命"，解释为"天命"或"师命"，认为此句指子贡违背老天或老师的意志去经商，所以受到孔子的讥讽，实际上这种解释是站不住脚的。关于"师命"，其实孔子本人对经商并不反感，甚至还与子贡讨论过如何销售美玉的问题。子贡曰："有美玉于斯，韫椟而藏诸？求善贾而沽诸？"子曰："沽之哉！沽之哉！我待贾者也。"（《论语·子罕》）至于"天命"，诚然孔子"知天命"（《论语·为政》），但又"知其不可而为之"（《论语·宪问》），孔子的追随者荀子更将其发展为"制天命而用之"（《荀子·天论》）。即使存在天命，你没有去尝试又如何知道天命之所归呢？孔子在礼崩乐坏的时代力挽狂澜是如此，子贡打破官府对经商的垄断也是如此，他们都是知天命而敢于与命运抗争的勇士。正是在孔子的共情、默许乃至鼓励下，子贡才开创了私人经商的先河，为后来的开拓者树立了榜样。

2."億则屡中"的经营谋略

在上述孔子对子贡经商活动的评论中，如果说"赐不受命而货殖焉"是对子贡经商行为的默许和鼓励，那么"億则屡中"则是对子贡经商谋略的赞赏。这里的"億"，假借为"臆"，臆测、猜测、推测的意思。孔子在这里是称赞子贡每次猜测市场行情都被他猜中了，这确实需要高超的智慧和谋略。子贡是孔门"十哲"之一，列在言语科。孔子则以一个字"达"概括子贡的特点，即"赐也达"（《论语·雍也》）。所谓"达"，就是通达事理，思维敏捷，能言善辩。正因为如此，在鲁国面临外敌入侵的危难之际，孔子才委派子贡"出山"，出使齐、吴、越、晋四国开展外交活动，并获得圆满成功，即"故子贡一出，存鲁，乱齐，破吴，强晋而霸越。子贡一使，使势相破，十年之中，五国各有变"（《史记·仲尼弟子列传》）。

子贡之通达，体现在经商活动中，便是随时把握市场行情，经营有道。他擅长预测市场，坚持"人弃我取、贱买贵卖、低入高出"的经营策略，善于掌握各地的货物差价，及时随着市场供需情况转手买卖而获取利润。有一年冬天，当子贡获知吴国军队将远征北方作战时，便准备往吴国贩运丝绵。他知道，此时的北方冰天雪地，御寒丝绵是必备的军需品，他料定吴王肯定强征丝绵保证将士顺利远行，如此一来，吴国丝绵必然紧缺，价格自然走高。于是，子贡便迅速组织人马到鲁国各地采购丝绵，然后安排快车运往吴国。果然不出所料，丝绵在吴国很快销售一空，子贡大赚了一笔。及时掌握行情，善于把握商机，这就是子贡"億则屡中"的经营秘诀。

3."博施于民"的济世情怀

根据《论语·雍也》的记载，有一次，子贡请教老师：如果有人能做到"博施于民而能济众"，这可以说是仁了吗？孔子回答说：这哪里仅仅是仁呢？这一定是圣了！就连尧、舜都还为难以完全做到而感到遗憾呢！所谓仁，就是"己欲立而立人，己欲达而达人"，从自己身边做起，就是践行仁道的方法了。在这里，师徒两人讨论的"圣"与"仁"的区别，按《礼记·礼运》中孔子的论述，就是"大道之行也，天下为公"的大同社会与"刑仁讲让，示民有常"的小康社会的不同。孔子作为儒家学说的创立者，既是向往大同社会的理想主义者，又是面对小康社会的现实主义者；而子贡作为孔子的学生，以一个商人的身份，虽然生活在"货力为己"的小康社会，却具有"不必为己"的大同社会的行为特征，实属难能可贵。

据《吕氏春秋·察微》的记载，鲁国有一条法律，鲁国人在国外沦为奴隶，有人能把他们赎出来的，可以到国库中报销赎金。而子贡在国外赎了鲁国人，回国后却拒绝收下国家的赔偿金。又据《史记·货殖列传》的记载，在孔门七十多位高徒之中，子贡最为富有。孔子得以名扬天下的原因之一，是由于有子贡人前人后地辅助他。子贡用经商所得支持老师周游列国的文化教育事业；挺身而出，为老师排忧解难；现身说法，弘扬老师的思想学说；破除误解，捍卫老师的学术地位；在老师逝世后，出资资助同门整理老师的言行教诲，并在为老师守丧三年同门离去后独自留下来再守丧三年……在在体现了子贡所感悟的"博施于民而能济众"的圣人境界，不是停留在口头上，而是落实在行动中，表里如一，始终如一，不愧是儒商的开山鼻祖，儒商精神的奠基者。

二、范蠡的儒商精神

范蠡，春秋时期楚国宛邑（今河南省南阳市淅川县）人。他在运用其老师、商家鼻祖的"计然之策"兴越灭吴之后，转而经营商业获得成功，被后人尊称为"陶朱公"。范蠡生于公元前536年，晚孔子（生于前551年）十五年，其经商活动与子贡同期，均在春秋末年"工商食官"制度解体私人商业兴起之际、儒家思想在各诸侯国传播之时。其"与时逐利""诚信经营""富好行德"等行为和观念，体现出春秋末年儒家道德理性与商家经济理性结合的特点。

1."与时逐利"的经营策略

根据《史记·货殖列传》的记载，范蠡所应用的"计然之策"有以下七条。

第一条，"知斗则修备，时用则知物"。知道要战争，就要事先做好战备；只有了解货物的生产时节和用途，才算是真正了解货物。

第二条，"旱则资舟，水则资车"。干旱的时候就要储备舟船，洪水的时候就要储备车辆，这是事物发展变化的规律。

第三条，"农末俱利，治国之道"。如果商人利益受损，那么钱财就不能顺畅流通；如果农民利益受损，就不再开垦土地。为保护他们的利益，官府以平价出售粮食，控制物价，使关卡的税收和市场的供应能够源源不断，这就是治理国家的正道。

第四条，"积著之理，务完物，无息币"。积贮货物的常理，一定是要积贮那些完好无损适合久存的货物，以免资金周转不开。

第五条，"以物相贸，无敢居贵"。用货物和货物进行贸易，容易腐败和腐蚀的货物不要保留太长时间，不要囤积这样的货物以谋求高价。

第六条，"贵极反贱，贱极反贵"。物价上涨到了极致就会归于低，物价下跌到了极点一定归于高。

第七条，"贵出如粪土，贱取如珠玉"。物价高的时候，应该将手中的货物如同丢弃粪土一样立即抛出；物价低的时候，应该将低价买进的货物视为珍珠翡翠一样囤积。这样，钱财就会像流水那样流通自如，周转灵活。

范蠡在经商活动中，紧紧抓住计然之策的精髓——"与时逐利"，买进卖出都等待时机，以获得十分之一的利润，过了不久，家资就积累到万万之巨。这里的"时"，包含了时机和时间两重含义，正确认识并能恰当运用"时"，无论是从政还是经商，都是成功的必由之路。范蠡在吴越争霸中"适时而动"，最终兴越灭吴；而在经营活动中"候时转物"，买进卖出，虽是"什一之利"，但是长期积累同样可以造就丰厚的财富。

2. "诚信立世"的经营原则

孔子说"人而无信，不知其可也"（《论语·为政》）；子思说"不诚无物"（《礼记·中庸》）。诚信，是做人的根本，更是商人经营的基本法则。据记载，当年范蠡离开越国后，带领自己的家人来到齐国，在沿海地区买了一些土地，垦地种田，经营盐田、渔业捕捞等。范蠡为了保证农民和商人都能获利，与他们签订保价协议，到约定收货时间，如果市场价格高于协议的价格，就以市场价格收购货物；如果约定收货时间的市场价格低于协议的价格，就以协议价格收购货物。这样，范蠡宅心仁厚、善良诚信的好口碑迅速传播开来，附近的商人都愿意同他做生意，农民都愿意租种他家的地，工匠都愿意上他家来打工。表面看来，这样做吃了亏，但从长远看，范蠡拥有了大量优质稳定的合作伙伴。

有一次，范蠡资金周转不灵，和一个商户借了 10 万钱，打了借条。结果这个商户不小心把借条掉进了海里。一年后，商户来到范蠡家把情况说明，范蠡二话不说把 10 万钱连本带利还给了商户。商户十分感激，见人都说范蠡真乃宽厚诚信之人，使范蠡的美名广泛传播开来。之后，范蠡每次扩大生意需要资金周转，很多富户主动上门借款，帮助范蠡渡过难关。

后人托名的《陶朱公致富奇书》专列"自诚"一篇。计然曰："好歹莫瞒牙侩，交易要自酌量。"范蠡按语："货之精粗好歹，实告经纪，使好裁专夺卖。若昧之不言，希为侥幸出脱，恐自误也。"其大意是，货物的精细和粗糙之处、优点和缺点，必须据实告诉经纪人，使他们可以依据实际情况来定价出售。如果将这些情况隐瞒，不告诉他人，希望凭侥幸把货物出售，恐怕到头来吃亏的只能是自己。这段话，从一个侧面反映了后人对范蠡诚信经商精神的肯定和传承。

3."富好行德"的仁义情怀

据《史记·货殖列传》的记载，范蠡弃官从商后，"十九年之中三致千金，再分散与贫交疏昆弟。此所谓富好行其德者也"。这里的"富好行其德"可以从"为富而仁"和"为富而义"两个方面来理解。

第一个方面是为富而仁，扶贫济困。经商致富后的范蠡并没有炫耀自己的财富，而是时常救济穷人。齐国发生大旱，范蠡把自己的千万家财全部拿出来救济灾民，和他们一起渡过难关。齐王听说了这件事，非常钦佩他，拜他为相。范蠡任齐相三年后，再度弃官从商，在齐国"尽散其财，以分与知友乡党"。此后范蠡定居在当时居于天下水陆中心的陶邑（今山东省菏泽市定陶区），十九年之中，曾经三次赚到千金钱财，并将自己赚到的钱财分给那些贫穷的朋友及远房兄弟。

第二个方面是为富而义，先富带后富。率先致富的范蠡毫无保留地向他人传授自己的生财之道，不管是王公贵族，还是平民百姓，他都一视同仁。北魏农学家贾思勰《齐民要术》所录后人托名的《陶朱公养鱼经》记载，齐威王曾问范蠡："公任足千万，家累亿金，何术乎？"范蠡答："夫治生之法有五，水畜第一。水畜，所谓'鱼池'也。"他详细讲授了养鱼技法和经验。齐威王依样画葫芦，在宫院内挖池养鱼，一年得钱三十余万。范蠡到陶邑定居后，为了帮助百姓发家致富，利用陶邑低洼多水的地势，亲自教导百姓凿池养鱼，大力倡导和发展养鱼业。又据《册府元龟》的记载：鲁国有个穷书生名叫猗顿，听说陶朱公很富，就去讨教致富的方法。范蠡不仅教他饲养技术，还赠送他启动资金。猗顿于是靠畜牧养殖发家，"十年之间，其息不可计，赀拟王公，驰名天下"（《册府元龟·总录部（六十二）·富》）。

范蠡曾经提出"不贪天下之财，而天下共富之"（《越绝书·卷十三·越绝外传枕中第十六》），这一思想与子贡的"博施于民而能济众"异曲同工，交相辉映，体现了他们共有的宽广情怀。《盐铁论·贫富》说："子贡以著积显于诸侯，陶朱公以货殖尊于当世。富者交焉，贫者瞻焉。故上自人君，下及布衣之士，莫不载其德，称其仁。"由此，后人常常把范蠡（陶朱公）与子贡（端木赐）相提并论，有所谓"陶朱事业，端木生涯""经商不损陶朱义，货殖何妨子贡贤"等赞词，体现了人们对"儒商双璧"的崇高敬意。

三、白圭的儒商精神

白圭，战国时期周（今河南洛阳）人，司马迁在《货殖列传》中称其为"天下言治生祖"。白圭将自己的经商之道称为"仁术"，并指出："是故其智不足与权变，勇不足以决断，仁不能以取予，强不能有所守，虽欲学吾术，终不告之矣。"（《史记·货殖列传》）我们知道，儒家创始人孔子曾指出"知者不惑，仁者不忧，勇者不惧"（《论语·子罕》）；儒家经典《中庸》指出"知、仁、勇三者，天下之达德也"；《中庸》还记载了孔子关于"不变之强"的教导。由此看来，白圭的"智仁勇强"之说，体现了春秋末年子贡和范蠡的探索之后，战国时期儒家思想与经商之道的进一步融合。正如后人所说："夫智、仁、勇、强，此儒者之事，而货殖用之。"[1]

---

[1]（清）吴伟业，《吴梅村全集》，上海古籍出版社1990年版，第1026页。

1."智以权变"的经营策略

孔子主张："知者不惑。"智慧的人之所以不会困惑，就因为他始终站在时代的前列，适应时代的变化，把握前进的方向，正如儒家经典《周易·艮·彖》所言："时止则止，时行则行，动静不失其时，其道光明。"白圭则以"智以权变"作为经营的策略。这里的"智"，就是机敏灵活，通权达变，权衡时机，出奇制胜，善于分析形势，随时应对各种变化，突出的是商人的应变能力。

为此，白圭主张"乐观时变"，即乐于观察时机的变化并采取相应的经营对策。他根据古代岁星纪年和五行思想，认为农业收成和气候有关，天时有循环，丰歉也有循环，每十二年形成一个周期，从短期看是三年有一个较小的变动，他遵循这个规律进行交易，丰年贮粮歉年出售。在十多年里，通常每年都增加一倍左右的收益。

《战国策·赵策三》记载，有位叫希写的人，在劝说建信君时称："夫良商不与人争买卖之贾，而谨司时。时贱而买，虽贵而贱矣；时贵而卖，虽贱已贵矣。"白圭善于掌握时机，丰年收谷不抑价，收购价格即使比当时的市场价格高一点，相对于歉年价格也属于比较便宜的，这就是"时贱而买，虽贵而贱"；歉年售粮不抬价，销售价格即使比当时市场价格低一点，相对于丰年价格也是贵的了，这就是"时贵而卖，虽贱已贵"。以希写的观点衡量，白圭就是符合这样标准的"良商"。

2."勇以决断"的经营战略

孔子说："勇者不惧。"勇敢的人之所以不会害怕，是因为他具有敢于决断的能力和魄力。儒家不仅是儒雅的谦谦君子，也是坚强的刚毅勇士。荀子借用孔子与子贡"观水"来比喻：流水奔赴万丈深谷也毫不害怕绝不迟疑，这就是勇[1]。白圭则以"勇以决断"来推行经营的战略。这里的"勇"，就是判断果决、当机立断、绝不坐失良机，行动果敢、勇毅前行、绝不畏首畏尾，突出的是商人的决断能力。

为此，白圭提出"人弃我取，人取我与"的经营战略，别人放弃的东

---

[1]《荀子·宥坐》："其赴百仞之谷不惧，似勇。"楼宇烈主撰，《荀子新注》，中华书局2018年版，第581页。

西就买进，别人买进的东西就售出。具体表现在两个方面。一是与民众交易：在丰年粮食大量上市时，农民要把多余的粮食脱手，粮价下跌，就适时收购进来——这就是"人弃我取"；到了歉年或青黄不接时，民众急需粮食维持生活，粮价上涨，又适时销售出去——这就是"人取我与"。二是与同行竞争：当某种商品供过于求、无人问津，同行不看好时，就趁机买进——这就是"人弃我取"；而当某种商品供不应求、价格大涨，同行纷纷抢购时，就适时卖出——这就是"人取我与"。无论是与民众交易还是与同行竞争，无论是"人弃我取"还是"人取我与"，都要注意把握时机，敢于决断，迅速拍板，"趋时若猛兽挚鸟之发"，抓住机遇大胆经营，就如同凶猛的野兽和大鸟猎取食物那样迅速而敏捷。

3."仁以取与"的经营方略

孔子说："仁者不忧。"有仁爱之心的人之所以不会忧愁，是因为"爱人者人必爱之"，因而"得道多助"。《论语·颜渊》记载，孔子的弟子司马牛担忧自己没有兄弟，同学子夏劝慰他：君子做事认真、对人恭敬、合乎礼仪，那么"四海之内，皆兄弟也"。白圭则以"仁以取与"作为自己的经营方略。这里的"仁"，就是要有仁爱之心，懂得舍得和施与，和下属同甘共苦，和民众同忧共乐，突出的是商人的取舍能力。

白圭将自己的经营之道称为"仁术"，以仁者爱人之心、先予后取之术对待自己的下属和社会大众。一方面，白圭"能薄饮食，忍嗜欲，节衣服，与用事僮仆同苦乐"，就是控制自己的嗜欲，粗茶淡饭、粗衣布衫，和负责具体事务的奴仆同甘共苦。这样就能够与下属打成一片，进行情感交流，及时消除隔阂，激发其主动性与责任心，从而形成同心同德的"团队意识"。另一方面，白圭在丰年谷价下跌时，予以购存而不抑价，可以减缓谷价过分下跌的趋势；而在荒年谷价上涨时，能予抛售而不居奇，也可减缓谷价过分上涨的趋势，这对包括生产者和消费者在内的社会大众，都是有利的。

《史记·货殖列传》指出："廉贾归富。"《汉书·货殖传》上说："贪贾三之，廉贾五之。"颜师古注引孟康曰："贪贾，未当卖而卖，未当买而买，故得利少，而十得其三。廉贾，贵乃卖，贱乃买，故十得五也。"白圭以仁爱之心、取予之术而致富，正是"廉贾"的榜样。

4."强有所守"的经营意志

儒家经典《中庸》,记载了孔子与其弟子子路关于什么是"强"的讨论,孔子说:"国有道,不变塞焉,强哉矫!国无道,至死不变,强哉矫!"国家政治清明时不改变当初困顿时的志向,国家政治黑暗时坚持操守而至死不变,这才是真正的"强"。在孔子看来,"强"就是有所坚守,保持耐心,善于等待,坚韧不拔。白圭则提出"强有所守"的经营原则。在他看来,"强"就是意志坚定,能有所守,时机不成熟时绝不轻举妄动,具有坚强的毅力和长久的韧性,突出的是商人的意志力。

白圭提出"欲长钱,取下谷;长石斗,取上种"的经营方法。意思是,想多挣钱,就买下等的谷子,想多打粮食,就买上等的种子。在他看来,"取下谷"虽然单位利润较低,但成交量大,倘若采取以多取胜的策略,同样可以获取很大的利润;"取上种"即选择优良品种,作为种子供应,就可以大大增加谷物的收获量。无论是"取下谷"还是"取上种",都需要耐心,不斤斤计较眼前的蝇头小利,而着眼于既长且久的大利。这就需要经商者内心的坚守、坚强的意志、韧性的经营。

先秦儒家的集大成者荀子指出:"良农不为水旱不耕,良贾不为折阅不市,士君子不为贫穷怠乎道。"(《荀子·修身》)好的农民不会因为水旱灾害而放弃耕耘,好的商人不会因为一时亏损而放弃经商,士君子不会因为贫穷而懈怠道义的追求——三者秉持的都是坚韧不拔的意志、坚定不变的信念、坚守不移的精神。白圭主张强有所守,不计较一时的得失而追求长久的利益,正是这样的"良贾"。

第二节 明清商帮的儒商精神

明清时期,商品经济发达,商业活动活跃,商人们游走全国各地乃至周边诸国经商贸易。基于中国人浓厚的乡土情怀和天然的乡里关系,形成了建立在地缘基础上的商人组织,这就是"商帮"。商帮的作用在于商人们相互支持、和衷共济,以规避内部恶性竞争,增强外部竞争力,为此,

"仁爱和平"的儒家思想以及"智仁勇强"的儒商精神发挥了积极的作用。晋商、徽商、潮商,便是其中的杰出代表。

一、晋商的儒商精神

山西简称"晋",具有悠久的务商传统。早在先秦时期,晋文公就"轻关易道,通商宽农"(《国语·晋语四》),支持商业活动。到了明代,因政府实行"开中法",以盐、茶为中介,招募商人输纳军粮、马匹等物资,晋商在为边镇运输粮资,换取盐引并售盐各地中开始兴盛。至清代,晋商处于鼎盛时期,不仅垄断西北市场,而且将贸易触角伸向亚欧地区,成为国内实力最雄厚的商帮之一。晋商"虽亦以营利为目的,凡事则以道德仁义为根据,大有儒学正宗之一派"[1]。其儒商精神主要体现为:"同心共济"的群体精神、"利以义制"的经营精神、"顶身股制"的共享精神。

1."同心共济"的群体精神

先秦儒学大师荀子指出,人类之所以优于其他生物,在于"人能群,彼不能群"(《荀子·王制》)。在他看来,人们在道义的基础上结成群体,和睦协调,便能够团结统一;团结统一,就能够发挥出强大的力量;力量强大,就能够变得强盛;强盛之后,就可以战胜外物。商帮的形成,正是这种群体精神的体现。晋商蔚丰厚票号北京分号经理李宏龄著书《同舟忠告》说:"区区商号如一叶扁舟,浮沉于惊涛骇浪之中,稍一不慎倾覆随之……只求同心以共济。"[2]

晋商商帮群体精神对内号召晋商互相帮助,共渡难关。客居异乡的同乡商人凝聚在一起,在生活和商业经营上就能够守望相助,施以援手。例如,当年山西祁县乔家广盛公在包头从事"买树梢"[3]生意时失手,债台

---

[1] 颉尊三,《山西票号之构造》,转引自张正明著《晋商与经营文化》,上海世界图书出版公司1998年版,第21页。

[2] (清)李燧、李宏龄著,黄鉴晖校注,《晋游日记 同舟忠告 山西票商成败记》,山西人民出版社1989年版,第89页。

[3] "买树梢",指的是在地里的庄稼刚刚长成苗时,商户就和农民签订收购协议,等到秋收后,无论行情如何,双方都需按协议成交,类似后世的"期货交易"。这是一种机遇和挑战并存的生意,有较高的风险,但也有丰厚的回报。

高筑，濒临破产，当时包头城晋商同乡没有落井下石，而是出手相助，相约不催收乔家的欠款。乔家终于渡过难关，生意越做越大，不仅及时偿还了外债，还成为晋商中举足轻重的人物。

晋商商帮群体精神对外是号召晋商团结一致，抗衡外商。例如，山西票号自创立起经营制度就是"认票不认人"，便于汇票转手流通和转让。当时很多商人遗失的汇票被道德低下的人捡到，他们请洋人恫吓威胁票号，迫使票号兑换银两。为了扭转这种局面，各家票号商量后宣布，凡遗失的汇票要及时到就近票号挂失，同时必须登报声明作废；但洋人依旧我行我素，拐骗票号银两。各家票号再次商量，决定实行"认票又认人"的新票号制度，并委派代表将此决定禀呈英美租界会审委员会，并以停止整个上海的汇兑业务相威胁。迫于压力，英美租界会审委员会最终同意了晋商的请求，晋商保护了自己的利益。

2."利以义制"的经营原则

儒家"重义"，同时又主张"义以生利，利以平民"；儒商"谋利"，同时又强调"君子爱财，取之有道"。晋商把这两种精神融为一体，提出"利以义制"的经营原则。明代山西蒲州商人王文显曾说："夫商与士，异术而同心，故善商者处财货之场而修高明之行，是故虽利而不污。善士者引先王之经而绝货利之径，是故必名而有成。故利以义制，名以清修，各守其业，天之鉴也。如此则子孙必昌，自安而家肥矣。"[1]王文显在经商的40年中，用心经营，识别轻重，能把握行情高低而与时逐利，所以致富；他与人交往，讲求信义，不斤斤计较而让利于人，所以人们都愿意跟他做生意；再加上他善于审时度势而知所进退，所以获得成功。

晋商的重义观，还有一个独特的文化渊源，就是"关公信仰"。三国名将关羽原籍山西运城，据说年轻时他还经过商，其"忠、信、仁、义"的良好形象和人格特性，正是晋商所普遍推崇和信奉的经商之道的最好代表。关公的忠，使晋商拥有了"受人之托，忠人之事"，对主顾忠心不贰，对国家慷慨奉献的思想；关公的信，使晋商树立了"诚招天下客，誉从信

---

[1]（明）李梦阳，《空同集》卷四十六《明故王文显墓志铭》，上海古籍出版社1991年版，第420页。

中来"的信条，以及群体间"有难同当、同舟共济"的理念；关公的仁，使晋商拥有了"为富怀仁，乐善好施"的优良品德；关公的义，让晋商确立了"君子爱财，取之有道""以义制利"的准则。由于晋商的推崇和推广，"关公信仰"遍布全国乃至全球各地。祭祀关老爷的武庙与孔圣人的文庙齐名，一起承载着中华民族文能治国、武能安邦的精神信念，也成为历代儒商的精神象征。

3."顶身股制"的共享精神

儒家经典《大学》指出："财聚则民散，财散则民聚。"在儒家看来，财富取之于民就应该用之于民。财富聚集在当政者手里，民众就会离心离德、流散而去；财富疏散给广大民众，民众就会同心同德、凝聚在一起。儒家的上述财富共享思想虽然是对国家组织及其当政者说的，但其原则同样适用于商业组织及其领导者。晋商的"顶身股制"就是体现儒家财富共享精神的制度设计。

"顶身股制"是相对于财东的股份而言的，财东出的资金作为"银股"，被聘用者出的力充顶股份作为"身股"，两者合伙经营商号。"顶身股制"的共享精神，其作用在于促进劳资关系的融洽，形成商号的利益共同体。所谓"薪金百两是外人，身股一厘自己人"，被商号聘用的掌柜和伙计不再感觉总为别人干，而是把商号的兴衰与自己的前程和命运紧密联系起来。如果商号兴盛，自己也会跟着发财；如果商号亏损或者面临倒闭，自己也要蒙受重大损失。这样，被聘用者也就成为商号的部分所有者，有了参与经营和管理的权利。大家精诚团结，任劳任怨，共同奋斗。

"顶身股制"的共享精神，其作用还在于促进商号长期稳定持续的发展。为防止掌柜的短期行为，商号规定掌柜退休后仍可享受若干年的红利，但如果掌柜举荐的接班人不称职，则掌柜的身股红利要相应减少。此外，总号每年决算后，依据纯利润的多少分给各分号经理一定金额的损失赔偿准备金，称为"花红"，此项花红要积存在商号中，并支付一定的利息，等到分号经理出号时才给付。这样不仅可增强其风险意识，而且一旦出现事故，分号经理也有一定的资金可用以填补损失或者充作赔偿。在上述特效的身股激励机制下，商号自掌柜至伙计莫不殚精竭虑，视票号兴衰为己任。

二、徽商的儒商精神

徽商指明清时期徽州府的商人群体，因徽州古时曾置"新安郡"，域中有新安江流过，故徽商又称"新安商人"。徽州历史上是中原文化与山越文化的交融之地，文化底蕴深厚，再加上独特的地理环境、便捷的水路交通，以及中国经济重心南移的时代背景，在明清时期商品经济大潮之下，徽商强势崛起，经营活动遍及海内，甚至远达日本、东南亚各国以及葡萄牙等地。徽商的儒商精神主要体现为"徽骆驼"的进取精神、"贾而好儒"的文化情怀、"利缘义取"的经营原则等。

1."徽骆驼"的进取精神

儒家经典《周易·乾·象》说："天行健，君子以自强不息。"徽州籍的近现代中国文化名人胡适用"徽骆驼"形容徽州人，可以看作是徽州商人自强不息、奋斗进取精神的象征。徽商进取精神的具体体现有三。

一是自强不息。徽州素有"七山半水半分田，两分道路和庄园"之称，有限的耕地难以承载众多的人口，徽州人的生存面临极大的挑战。然而，徽商和骆驼一样没有怨天尤人，而是冲破狭隘的山区本土限制，走出乡里，到徽州以外的地方去经营创业。"一贾不利再贾，再贾不利三贾，三贾不利犹未厌焉。"[1]

二是吃苦耐劳。徽州民谚"前世不修，生在徽州，十三四岁，往外一丢"，反映出徽州的风俗习惯，十三四岁的男孩子要远离家乡，到外面去闯荡。他们大多出身贫寒，带着家中为数不多的积蓄甚至借款，"衣敝食疏""能寒暑，恶衣食"，就像一匹匹在荒芜沙漠中不断前行的骆驼一样，埋头苦干、任劳任怨，最终获得成功。

三是开拓创新。在市场创新方面，徽商走出深山，冲破地域限制，开辟了全国大市场，在商路开辟、商品经营、商镇建设以及大商业资本积累等领域中都有突出表现，以至时人有"无徽不成镇，无徽不成商"之说；在经营模式方面，徽商推出多种经营方式，开创了新的商业模式，包括独资经营、合资经营、贷资经营、承揽经营、委托经营等类型，甚至还触及

---

[1] 光绪《祁门倪氏族谱》卷下《诰封淑人胡太淑人行状》，载张海鹏等，《明清徽商资料选编》，黄山书社1985年版，第148条。

"所有权与经营权分离"的经营机制;在思想观念方面,徽商的实践突破了当时社会重农抑商的观念,形成"良贾何负闳儒""商何负于农""商贾民之正业"等新理念。[1]

2."贾而好儒"的文化情怀

徽州是宋代理学奠基人程颢、程颐和集大成者朱熹的祖籍地,被誉为"程朱阙里"。儒风所及,使徽州商人深信"非儒术无以亢吾宗"[2]"非诗书不能显亲"[3],从而形成"贾而好儒"的风气。具体体现在以下三个方面。

一是亦商亦儒。徽州商人不少本来是信奉"学而优则仕"的儒生,只是在仕途无望之后,才被迫投身商海,因而对儒业有着特殊的情结。他们或者"虽业商,然于诗书皆能明大义"[4];或者"躬虽服贾,精洽经史,有儒者风"[5];或者"虽寄迹于商,尤潜心于学问无虚日,琴棋书画不离左右"[6];或者"雅好儒术,博览多通"[7];甚至"与客纵谈古今得失,即宿儒自以为不及"[8]。

二是儒道经营。徽商中许多人从小就接受良好的儒学教育,再加上乡风的熏陶,儒家的伦理道德,自然就成为他们立身行事、从商业贾奉守不渝的指南。他们自觉地运用儒家道德规范指导自己的商业行为,在经商过程中,大都按照儒家的道德规范来行事,以诚待人、以信处事、以义取利、以善为本、以和为贵、以德为基。"虽托游于货利之场,然非义弗取。

---

[1] 栾成显,《试论徽商的开拓创新精神》,载《中国区域文化研究》,2019年第1期,第113-127页。

[2]《太函集》卷67《明赠承德郎南京兵部车驾司署员外郎事主事汪公暨安人郑氏合葬墓碑》,载张海鹏等,《明清徽商资料选编》,第1434条。

[3]《丰南志》第5册《从父敬仲公状》,载张海鹏等,《明清徽商资料选编》,第854条。

[4] 同治《黟县三志》卷15《艺文·人物》《胡君春帆传》,载张海鹏等,《明清徽商资料选编》,第1407条。

[5] 康熙《休宁县志》卷6《人物·笃行》,载张海鹏等,《明清徽商资料选编》,第1383条。

[6]《汪氏统宗谱》卷42《行状》,载张海鹏等,《明清徽商资料选编》,第1386条。

[7] 歙县《竦塘黄氏宗谱》卷5《黄公文茂传》,载张海鹏等,《明清徽商资料选编》,第261条。

[8]《丰南志》第5册《明处士彦先吴公行状》,载张海鹏等,《明清徽商资料选编》,第366条。

其遇物也咸率其直而济之以文雅，此其商而儒者欤！"[1]

三是弘扬儒业。徽商经商致富后，利用巨资大力扶持徽州及其侨居地的儒学事业，以便让更多宗族子弟"就儒业"，登仕籍，光耀门楣。他们不仅不惜重金延揽名师，购买书籍教育子弟，而且花费大量资金兴办书院、义学等，好为子弟服儒提供便利，他们对儒学的发展起到了积极的作用，促进了徽州文化教育的兴盛。诸如"新安画派""新安医学""徽剧徽班""徽派建筑"的发展便深受其益。[2]

3. "利缘义取"的经营原则

徽商"贾而好儒"在经商实践中的体现，便是"以义取利"。他们笃信"财自道生，利缘义取"[3]，认为商人"职虽为利，非义不可取也"[4]。正如徽州籍的清代大儒戴震所言："虽为贾者，咸近士风。"[5]具体表现在以下三个方面。

一是因义立世。徽商"以贾为生意"[6]，经商的最终目的是谋生立世，而谋生立世的根基在于道义。因此，徽商在经商的过程中十分重视道义、信义、忠义。例如，朱文炽贩茶入粤，因茶叶过了期限，便在交易茶叶的文约上特意注明"陈茶"二字，宁愿亏折数万两本银，也不用伪劣商品欺骗顾客。[7]又如，吴鹏翔在汉口买了八百斛胡椒，后来验明这批胡椒有毒，原主唯恐事情败露，央求吴鹏翔退货，他还钱。吴鹏翔为防止原主将有毒胡椒转卖给别人，竟将这批胡椒全数买下销毁。他宁愿蒙受巨大损失，也不使消费者受害。[8]

---

[1]《汪氏统宗谱》卷168，载张海鹏等，《明清徽商资料选编》，第1356条。

[2]陈阿兴、徐德云主编，《中国商帮》，上海财经大学出版社2015年版，第35—36页。

[3]婺源《三田李氏统宗谱·环田明处士李公行状》，载张海鹏等，《明清徽商资料选编》，第867条。

[4]《汪氏统宗谱》卷3《行状》，载张海鹏等，《明清徽商资料选编》，第933条。

[5]《戴震集》（上编）《文集》卷12《戴节妇家传》，载张海鹏等，《明清徽商资料选编》，第1340条。

[6]万历《歙志·货殖》，载张海鹏等，《明清徽商资料选编》，第133条。

[7]光绪《婺源县志》卷33《人物·义行》，载张海鹏等，《明清徽商资料选编》，第508条。

[8]嘉庆《休宁县志》卷15《人物·乡善》，载张海鹏等，《明清徽商资料选编》，第921条。

二是因义生财。徽商认识到："生财有大道，以义为利，不以利为利。"[1]他们"好行其义，不持利权，数年赀益起"[2]；"诚笃不欺人……而利反三倍"[3]。例如，吴南坡抱定一个道德准则："人宁贸诈，吾宁贸信。"[4]，他在交易中坚持货真价实、童叟无欺的原则，久而久之取得顾客的信任，在市场上人们看到他的货便争相购买，不必担心上当受骗。为时不久，吴南坡终成大贾，这便是他"贸信"的结果。

三是因义用财。在徽商看来，"因义生财"与"因义用财"是互为表里、互为因果的。例如，许尚质自幼家贫，服贾养亲，远赴四川云南各地经商，历尽千难万险终成巨富。他仗义疏财不惜巨资，而自奉俭朴。诫其子曰："夫人所为欲富厚者，谓礼义由之，生且有所用之也，即不能用，则雇反为财用耳。"[5]就是说，人要善于支配财富，而不被财富所支配。将财富用于礼义即善于用财，故因义而用财不当吝啬。徽商获取利润之后，往往不惜投入巨资于义举，包括赈灾济贫、兴修水利、修筑道路、捐资助饷、兴建书院祠堂、设置祠田义田等。[6]

三、潮商的儒商精神

潮商，指潮州地区（今分属广东省潮州、揭阳、汕头、汕尾四市）的商人，1860年汕头港开埠，故潮商又称为"潮汕商人"。潮商形成于唐朝后期，兴盛于宋元明清，在清朝，潮商与晋商、徽商并列为中国三大商帮；而在世界商业史上，潮商的全球性声誉更加响亮，20世纪初便被泰

---

[1]《黟县三志》卷15《舒君遵刚传》，载张海鹏等，《明清徽商资料选编》，第877条。

[2]《太函集》卷61《明处士吴邦珍墓表》，载张海鹏等，《明清徽商资料选编》，第1433条。

[3]《岩镇志草·里祀乡贤纪事》，载张海鹏等，《明清徽商资料选编》，第884条。

[4]《古歙岩镇镇东嗥头吴氏族谱·吴南坡公行状》，载张海鹏等，《明清徽商资料选编》，第886条。

[5]歙县《许氏世谱·朴翁传》，载张海鹏等，《明清徽商资料选编》，第265条。

[6]王廷元：《论徽州商人的义利观》，《安徽师大学报》（哲学社会科学版）第26卷1998年第4期，第456—459页。

国国王誉为"东方犹太人"。潮州号称"海滨邹鲁"[1]，具有深厚的儒学文化积淀，潮商又是一支具有海洋性格、海洋文化的华人商帮，由此形成了独特的儒商精神。

1."红头船"的开拓精神

雍正元年（1723年），清政府规定各省出海船只以船头油漆颜色作为标记，广东船用红色。潮州商船严格执行这项命令，并以此作为自身的形象标志，乘着"红头船"扬帆远征，漂洋过海，用血泪和汗水谱写了一部冒险进取、向外拓展的奋斗史。

潮商向来以冒险精神著称，他们离乡背井打拼天下，积极向海外拓展商业版图。《清稗类钞》记载："潮人善经商，窭空之子（引者注：贫穷人家的孩子）只身出洋，皮枕毡衾以外无长物，受雇数年，稍稍谋独立之业，再越数年，几无一不作海外巨商矣。尤不可及者，为商业冒险进行之精神。其赢而入者，一遇眼光所达之点，辄悉投其资于中。万一失败，尤足自立，一旦胜利，倍蓰其赢，而商业上之挥斥乃益雄。"[2]

"三牲敢食，钉球敢绊"，这句潮汕俗语很好地诠释了潮商的冒险精神。它来源于民间的祭神活动，其原意是：祭神的神汉们要想获得三牲祭品，就得敢于光着上身挥舞着钉球，或者躺到钉床上，以显示自己的神力，也表示对神明的尊重。"不入虎穴，焉得虎子。"潮汕近海，潮商天然具有勇于冒险的海洋精神，从来就不忌惮危险，为了生存，为了发展，他们勇于与恶劣的环境搏斗，在搏斗之中逐渐学会征服环境的本领。清顺治版《潮州府志》记载："潮民力耕多为上农夫，余逐海洋之利，往来乍浦苏松如履平地……其舳舻船则远达各省，虽盗贼风波不惧也。"

2."家己人"的协作精神

外地人一谈到潮汕人，嘴里通常便会冒出"家己人"（自己人）这三个字，用以赞叹潮州人的团结。潮汕人的历史是一部移民的历史，是一部

---

[1]"海滨邹鲁"一语，出自北宋诗人陈尧佐的作品《送王生及第归潮阳》："休嗟城邑住天荒，已得仙枝耀故乡。从此方舆载人物，海滨邹鲁是潮阳。"

[2] 徐珂编撰，《清稗类钞·农商类·潮人经商》，中华书局2010年版，第2333页。

艰难开拓的历史。"家己人"三个字蕴含着许多的乡情,"在家千日好,出外一日难","家己人"见到"家己人"总是分外亲切。所以,"家己人"总是分外地团结,当"家己人"有困难的时候,其他的"家己人"便会义无反顾地去相助。潮商是以团结、互助、互相解危济难精神著称于世的,他们通过亲缘、乡缘、宗缘等关系,促进了整个家族、宗族、族群的发展,面对困难时,共同进退,"众人头毛打成索",以渡过难关。

斯特林·西格雷夫在《龙行天下》一书中说:"潮州人在文化上十分独特。他们操纵着地球上最有钱、最强大的地下网络,是世界上最早的跨国公司之一。组织严密且向心力强。"[1] 潮汕人认为"天地补忠厚",诚信是传统的潮汕商人最大的特点。建于清初的苏州潮州会馆碑记中这样写道:"公平处事,则大小咸宜;忠信相孚,则物我各德。"人无信不立,每一个成功的潮商,都是以诚信为立足之本,依靠团结协作、诚实守信,善于互通有无来获得利润。在历史上,潮商以海上贸易为主,海上贸易多具高风险特性,这促使潮商较早地形成了风险共担、利益均沾的商业伙伴关系,这就需要高度的协作精神和良好的商业信用。团结守信,促使潮商成为一个利益共同体,在商业贸易中往往能利润最大化,又最大程度地规避了风险。

3. 精打细算的经营智慧

经商离不开精明的头脑,潮商的精明是闻名于世的。许多潮商的商业道路都是从店铺的学工开始的,他们因为家贫或者其他原因辍了学,父母便让他们到亲戚或者同乡开的商铺里做帮工,"学做生意"。经过在商铺的耳濡目染,这些年轻的帮工们可能识字并不多,但是他们通常都会打得一手好算盘,算得一手好数,他们精明到"算盘扣到无子(计算得太多,算盘珠子都给打没了)"。正是这样的一分精明,使得潮汕商人凭借着一丁点儿的资本,在激烈的商业竞争中能够逐渐地发展壮大起来,"小小生意能发家"。

财富通常都是一点一滴积累起来的,特别是在缺乏原始积累、资本微

---

[1]（美）斯特林·西格雷夫著,林文集、夏如译,《龙行天下:海外华人的巨大影响力》,海南出版社1999年版,第100页。

弱的创业阶段，若只是想着"人无横财不富"，不愿意"积少成多"，那恐怕只能是"唔积全无"。许许多多的潮商正是靠着勤俭节约点滴积累而白手起家的，随着市场竞争的日益激烈，利润逐渐地趋于微薄，如果不节约成本，有些商人便常常陷入成本过多、入不敷出的境地。在节约成本方面，潮商更是做到了极致，他们"卖缶食缺，卖草席睡草席蒂（卖瓷器的用缺损的碗吃饭，卖席子的睡卖剩下的烂席子）"，每一分每一厘的成本都不会浪费；他们采用"货头货尾——半卖半送"的销售方式，最终把所有的商品都销售了出去，达到了利润的最大化。[1]

第三节　明清商书的儒商精神

明清时期，随着商品经济的活跃，一种用以指导商业活动的书籍应运而生。其内容大致可分为两类：一为水陆程途指南，二为经营规范读本——后者蕴含着丰富的儒商精神。作者主要是投身商海而又略通文墨的商人，他们深受儒家思想熏陶，依据自己的经商实践，著书立说，弘扬商道。其中，以明代徽州商人程春宇的《士商类要》、福建商人李晋德的《商贾醒迷》，以及清代江苏商人王秉元的《贸易须知》为代表。

一、《士商类要》的儒商精神

《士商类要》刊刻于明代天启六年（1626），作者是徽州（新安）商人程春宇。徽州是宋代理学奠基人程颢、程颐和集大成者朱熹的祖籍地，朱熹本人三度返徽省亲并收徒讲学，从而发展出延续宋元明三朝600多年的"新安理学"。受此影响，该书将"立身持己""养心穷理"等理学的观念，与作者本人的经商实践相结合，展现了一名儒家商人的思考与智慧。[2]

---

[1]《老一辈潮汕人经商励志俗语》，作者：支浪条性命，百度2017-11-07 10:51。
[2]（明）程春宇辑，杨正泰点校，《士商类要》，南京传媒集团南京出版社2019年版。

1. "买卖机关"的务商心得

"在商言商。"该书除了用大量的篇幅介绍"物理商道"——当时全国各地的水陆程途商路之外,还阐述了"精神商道"——作者本人在务商实践中的心得和体会。

一是买卖之道。该书在"买卖机关"一章中列举了50多条经商的须知和戒律。例如,"守己不贪终是稳,谋人所有定遭亏"[1]。生意场上,处处有机关,时时有陷阱。如果自己老成周到,唯守己有,不事贪求,就不会掉入奸人的圈套;如果贪心谋人所有,一定会遭受拐骗而造成亏损。又如,"富从勤得,贫系懒招"[2]。那些大富的人,丰衣足食,哪个不是靠勤俭而得来的呢?而那些懒惰之人,游手好闲,不去谋生,既没有天上掉下来的粮食,也没有地下冒出来的衣裳,如果不挨饥受寒,那才是怪事!

二是贸易之道。该书专列"贸易赋"一章,强调贸易"道虽微末,理最幽深,虽曰天命,亦可人为。贵莫贵于顺天,大莫大于得地,重莫重于知人,神莫神于识物,巧莫巧于投机,妙莫妙于遇时"[3]。商亦有道,有眼力的人,识人识物;有口才的人,辨别是非;有心智的人,知道成败——这三种智慧,"为人生之真宗,贸易之至宝"。三种智慧都具备,商人就是游走江湖的神仙;三种智慧都缺乏,商人就是奔命路途的愚人。

三是经营之道。该书专列"经营说"一章,强调经营商业就是经营人心。"人心一点,其中藏百变之机谋。"[4]财富何以损害自身,只是因为贪婪而致害;利益何以养育自己,就是因为公平而获取。读书不易,经商最难,宿风餐雨,朝暮待披星月走,登山涉水,神昏时伴虎狼行。古语云:钱财入手非容易,用处当思来处难。江湖英杰生涯辈,须把斯言仔细看。

2. "立身持己"的商人修养

儒家经典《大学》指出:"自天子以至于庶人,壹是皆以修身为本。"商人是古代"四民"(士农工商)的一部分,当然也不能例外。《士商类

---

[1] 程春宇辑,杨正泰点校,《士商类要》,第98页。
[2] 程春宇辑,杨正泰点校,《士商类要》,第100页。
[3] 程春宇辑,杨正泰点校,《士商类要》,第102页。
[4] 程春宇辑,杨正泰点校,《士商类要》,第104页。

要》专列"立身持己"一章，结合商人的具体情况，提出修身养性的要求。

一是克己无私。该书提出："凡人作事，先须克己无私。"[1]在该书作者看来，富人应以能够施舍于人为德，穷人应以无求于人为德，尊贵者应以礼贤下士为德，贫贱者应以不趋炎附势为德。对乡里邻居都应当敬而爱之，敬老相当于尊敬自己的父亲，敬长相当于尊敬自己的兄长……这些都是对经商致富者的箴言。

二是忠厚善良。该书指出："富贵之家，宜学善良；聪明之人，宜学忠厚。"[2]在该书作者看来，税收是国家的重要事务，早交晚交都要交，不如每年都早办完纳，不要拖延，以免自取其辱。凡是遇到他人有急难之处，都要予以方便，以积累功德。正如宋代大儒司马光所言："积书以遗子孙，子孙未必能读。积金以遗子孙，子孙未必能守。不如积阴德于冥冥之中，以为子孙长久之计。"

三是勤俭为本。该书指出"勤俭为治家之本"[3]。在该书作者看来，为人如果勤快，那么天下就没有什么难事，功名富贵无不来自勤；为人如果节俭，则无须到处求人，吃饭穿衣所需未尝不是从节俭中来。为士者勤则事业成，为农者勤则衣食足，为工者勤则手艺精，为商者勤则财利富。

3."养心穷理"的君子之道

儒家之道就是"君子之道"，宋明理学主张"君子"与"小人"的区别就在于"天理人欲之辩"。儒商如何成为商界的"君子"？该书专列"养心穷理"一章，指出"夫君子存心皆天理""是故君子贵乎养心焉"[4]。具体途径有以下三个方面。

一是量而能恕。有度量就能包容。包容是行仁的关键，度量又是包容的关键。没有能包容而没有有度量的，也没有有度量而不能包容的。包容应当勉励，而度量应当学习。"有杯盂之量，有池沼之量，有江湖之量，

---

[1]程春宇辑，杨正泰点校，《士商类要》，第103页。
[2]程春宇辑，杨正泰点校，《士商类要》，第182页。
[3]程春宇辑，杨正泰点校，《士商类要》，第182页。
[4]程春宇辑，杨正泰点校，《士商类要》，第184页。

有天地之量。天地之量，圣人也，江湖之量，贤人也。池沼之量，中人也，杯盂之量，则小人也。"[1]那么，学习度量的功夫首先要做什么呢？两个字："穷理。"穷究天理则心里明亮，心里明亮则待人宽容，待人宽容则达到恕道，达到恕道就是仁人了。

二是孝悌忠信。"孝顺父母"：事亲之道，儒家经典都有详细记载，应当讲究而力行之，做深爱父母的孝子。"敬兄爱弟"：兄弟之间应该友爱相处，还应该相互提升各自的德行，如孟子所言"中也养不中，才也养不才"（《孟子·离娄下》）。"和睦宗族"：宗族本同根而出，应该关心爱护。宋代范仲淹贵为参知政事（副宰相），却将所得俸禄与族人共享，又设立"义田"以周济族中的贫穷人家，值得效法。

三是勤读书史。教育孩子读书，必须博览经书子史，以"究天地人物之理，识弥缝参赞之宜，考古今治乱之由，求历代兴亡之故"。[2]读书的方法，在于勤奋与思考，勤奋就能够努力得到新的知识，思考则能够不断提升自己的智慧。除此之外，还应当让其旁通用武之书，以造就文武全才；还应当让其学习礼仪规矩，知道礼节；还应当让其下田劳动、应付差役……总之，应当逐步引导，循序渐进，使其成为国家与家庭的栋梁。

二、《商贾醒迷》的儒商精神

《商贾醒迷》，明代福建商人李晋德著，明代崇祯八年（1635）刊刻。福建简称"闽"，南宋理学大师朱熹在此出生、居住和讲学，其创立的学派被称为"闽学"。受此影响，该书作者一方面看到"良心天理人人有，近世人多不用他。说道此为无用物，奸贪巧诈得成家"的社会现象，另一方面又发出"天理屈伸原有数，修身以待在人为"的呼吁，并结合经商的实践，而唱出儒家商人的"警世歌"。[3]

---

[1] 程春宇辑，杨正泰点校，《士商类要》，第184页。
[2] 程春宇辑，杨正泰点校，《士商类要》，第186页。
[3] （明）李晋德著，《商贾醒迷》，载《天下水陆路程 天下路程图引·客商一览醒迷》，杨正泰校注，山西人民出版社1992年版，第330页。

1. "来之有道"的财富观念

该书指出:"钱财物业,来之有道,义所当得者,必安享永远。"[1]君子爱财,取之有道;合乎于道、义所当得,方能取之不竭、传之不尽、安享永远。

一是取财有恒。该书指出:"人生于世,非财无以资身。产治有恒,不商何以弘利。"[2]先秦儒学大师孟子提出"有恒产者有恒心"(《孟子·滕文公上》),并为此提出了扶持"士农工商"四民的仁政措施。该书作者站在商人的角度指出,只有经营谋利,才能保证商人的"恒产"。在他看来,财富是养命之源,人岂可没有财富;但如果不会经营,则蚕食易尽、坐食山空。所以,必须放手经商,不断获得利润,这才是资身养命的根本策略。

二是获财有道。该书指出:"与其利有患则宁穷,莫若安无求则自贵。"[3]如果通过剥削贫穷、蒙昧良善、智术巧取、贪嗜非义,虽然可以获得钱财,却无法守住财富,不是产业破败,就是给家人招来横祸,人命火盗等意外都不可预测。正如宋代儒学大师邵雍所云:"物如善得方为美,事到巧图安有功。"(《安乐窝中自贻》)事物如果是从善处得来的,最后也会有好结果;如果是投机取巧而来的,那怎么会功德圆满呢?

三是传财有则。针对经商世家往往"富不过三代"的现象,该书作者一针见血地指出,问题的根源在于创业一代人的身上,"广置田园付后人,则穿布衣耻经营。膏粱坐嗜无惊恐,气质骄矜不识贫"[4]。为此,他提出,一方面要教育儿孙艰苦奋斗、勤劳致富,即"欲爱儿孙少聚财,使知艰苦使知来"[5];另一方面要鼓励儿孙自立自强、自主创业,即"不肖万金容易散,英豪平地起声名"[6]。更重要的,创业一代不能只给后代留下物

---

[1] 李晋德著,《商贾醒迷》,第306页。
[2] 李晋德著,《商贾醒迷》,第270页。
[3] 李晋德著,《商贾醒迷》,第307页。
[4] 李晋德著,《商贾醒迷》,第302页。
[5] 李晋德著,《商贾醒迷》,第302页。
[6] 李晋德著,《商贾醒迷》,第332页。

质财富,更要留下"精神财富"——"留些仁义留些福,莫使机关莫使谋""光明正大无荣辱,留此心田荫后人"[1]。

2."财以义取"的经营原则

该书指出:"财溺于人共爱,义取者希。利起于众所争,贪嗜者多。"[2]对商人来说,经商发财是天经地义的。财富人人都喜爱,但取之以义的人不多;利益大家都争取,但贪心嗜欲的人不少。儒家商人与一般商人的区别在于:廉取而不贪取、智取而不强取、善取而不恶取。

一是不事妄贪。《史记·货殖列传》曾经提出"廉贾归富",只有不贪心的商人才能赚大钱。《商贾醒迷》则提出"知义安分,不事妄贪"[3]的经营原则。"厚利非为我利,轻财方是吾财。"[4]在该书作者看来,经营贸易,只有二三分利息,才是平常无怨之取;如果祈望有七八分利者,偶尔可以,却难以为恒。如果天天都想着暴利,就会给自己背上怨丛祸债,最终一定会遭天夺而致倾覆,即所谓"贪心网尽人间利,壑欲都兜不漏些。怨积祸从腋肘出,平生蓄聚浪淘沙"[5]。

二是良谋制胜。该书提出:"经营财货在良谋,一着输来即便休。旦夕不忘心上算,莫教错过苦搜求。"[6]这里的"良谋",包括:"谋先",即"涨跌先知,称为惯手,塞通预识,可谓智人";"谋大",即"有志广营天下业,无能衣寝不曾完";"谋远",即"争先忧无忧,患预防者不患"。凡事应当预备未来,那么事到临头就不会感到局促;凡患应当防其未然,那么祸害就不至于深重。这就是俗话说的"未有水来先筑坝"。

三是良善通财。该书提出:"心不真,难乎处友;利而义,便可通财。"[7]在该书作者看来,生意场上的朋友、商号内部的伙计,其意义不仅在于贸易通财,更是自己的身家所系。论道德水准和经营能力,与其高者

---

[1]李晋德著,《商贾醒迷》,第332页。
[2]李晋德著,《商贾醒迷》,第270页。
[3]李晋德著,《商贾醒迷》,第270页。
[4]李晋德著,《商贾醒迷》,第311页。
[5]李晋德著,《商贾醒迷》,第304页。
[6]李晋德著,《商贾醒迷》,第301页。
[7]李晋德著,《商贾醒迷》,第320页。

交往自己的也高，与其低者交往自己的也低，二者如影随形，其高低美丑都受到影响。如果交结的不是良善之人，导我于不善；那么，纵然有万贯家财最终也会败散。因此，一定要与良善之人交往通财，引为知己，肝胆相照。

3."济人利物"的处世情怀

该书指出："济人利物能虚己，何忝峨冠博带人。"[1]这里的"峨冠博带"，是古代士大夫的装束。在该书作者看来，如果商人忠直耿介，不辞患难，帮助他人，利益万物，虚怀若谷，面对儒家士大夫又有什么愧疚呢？这里，体现出儒家商人的处世情怀。

一是做人以善。该书指出："人不获善终者，盖由始为不善。"[2]在该书作者看来，如果将"善有善报，恶有恶报"归之于鬼神，那是不对的。为人处世，安分者，自然无烦；守己者，自然无扰；不妄为，自然无辱；不贪戾，自然无怨；没有杀人者，自然就不会获罪。祸福的报应，就像"种瓜得瓜，种豆得豆"。善报恶报，完全是个人的自作自受。就像宋代大儒邵雍诗中所言："不作风波于世上，自无冰炭到胸中。"

二是待人以和。该书指出"凡人存心处世，务在中和"[3]，切不可因势凌人、因财压人、因能侮人、因仇害人、因倾推人、因宠欺人——这样只能使自己势穷财尽，威福不张，祸害临身，四面树敌。只有处势而更加谦虚，得财而更加宽厚，处能而更加谦逊，处仇而更加报德，处倾而更加扶持他人，处宠而更加方便他人，这样不仅怀人以德，更是保身保家的最好举措。总之，为人处世要有平和的心态，"心性和则气血理，气血和则病不生，骨肉和则无我，处人和则无争，家和则道昌，国和则治强，四海和则万邦宁矣"[4]。

三是留名以德。该书指出："处世高人做一场，要留名节与纲常。"[5]

---

[1]李晋德著，《商贾醒迷》，第333页。
[2]李晋德著，《商贾醒迷》，第305页。
[3]李晋德著，《商贾醒迷》，第318页。
[4]李晋德著，《商贾醒迷》，第304页。
[5]李晋德著，《商贾醒迷》，第333页。

在该书作者看来，声名垂千古，富贵仅一时。西晋时的大富豪石崇，富可敌国，奢豪冠世，由于其行为不检点，最后死于非命。而像宋代儒者邵雍这样的君子，无位而高，无产而足，守节抱义，名垂青史。这难道不是道德之士优于富贵之人吗？至于晋代桓温所云"不能流芳百世，亦当遗臭万年"，结果连老天爷都看不下去了，最后殃及其子孙，诛无遗类。从这些历史故事中，该书作者得出结论："惟贵道德，深鄙贪欲"[1]——作为一个求财谋利的商人，有这样清醒的认识，确属难能可贵。

三、《贸易须知》的儒商精神

《贸易须知》原名《生意世事初阶》，作者为清代江苏商人王秉元，乾隆五十一年（1786）汪淏增订，嘉庆十四年（1809）王秉元增补并序，定名《贸易须知》刊行。序中指出："商亦有道，敦信义，重然诺，习勤劳，尚节俭。此四者，士农工皆然，而商则尤贵，守则勿失。"[2]这里，体现出王秉元自觉的儒家商道意识。

1."学做君子"的育人之道

在宋明理学家看来，"君子小人只是个正、不正"（《朱子语类·卷七十·易六·否》）。受此影响，《贸易须知》将"正人君子"作为从商者道德人品的追求。开篇就提出："学小官，第一要守规矩、受拘束。不以规矩，不能成方圆。"（《贸易须知·第1条》）从商人员从学徒（"学小官"）开始，便要遵守规矩，接受约束，"方成正人君子"（《贸易须知·第28条》）。

一是做人规矩。学做事之前先学做人。该书要求学徒，清晨起来后，应该扫地抹桌，往砚台中添水，浸润毛笔的笔头，打好水捧给掌柜、师傅洗脸，取来杯盏，冲上热茶，这些都是初做学徒者应做之事。经营商业，关键在于灵活变通、处事精明。因此，学徒首先要学做眼前一切杂务，直到熟练，伶俐机灵，用眼观察、用耳倾听，手脚勤快。然后才有可能用心去学习生意上的事情，学习规范、尊敬长者、礼貌待客、眼观六路、耳听

---

[1] 李晋德著，《商贾醒迷》，第306页。
[2]（清）王秉元，《贸易须知》，光绪五年刊本。

八方。"如是种种，方入生意之门。"(《贸易须知·第5条》)

二是做事规矩。该书要求学徒，"要有耳性，有记才，有血色，有和颜"(《贸易须知·第11条》)。有耳性，就是能够听从师傅们的教导和训斥，知晓自己该怎么做；有记性，学过的事就不会忘记；有血性和正气，自己就知道荣辱，顾及廉耻了；和颜悦色，会有轻松活泼、亲切和乐的情趣。具体要求有：学徒每天必须早早起床，养成良好的生活、工作习惯；上柜台做生意，必须挺身站立，礼貌周全，端庄持重，言语响亮清楚，眼观上下四方；平时不论有人无人，都要兢兢业业、谨守店规，如此等等。

三是处世规矩。害人之心不可有，防人之心不可无。该书一方面教导学徒要做"正人君子"，做生意说话要谦逊、恭敬、礼让，不可刻薄无情，诡计多端，奸诈无行；另一方面提醒学徒要谨防上当受骗。例如，不论生人、熟人，货物和钱款都要当面清点过数，才可避免事后上当，后悔不及。"莫信直中直，须防人不仁。山中有直树，世上无直人。"(《贸易须知·第41条》)

2."安人善任"的用人之道

孔子曾经指出"修己以安人"(《论语·宪问》)，他心目中的"君子"是有德有位的领导者，必须修养自己以做到恭敬认真，修养自己以使别人安心，修养自己以使百姓安乐。受此启发，该书指出，用伙计者"必须安他之心，他方可赤心替你做生意"(《贸易须知·第99条》)。为此，该书提出三个方面的举措。

一是用人不疑。如果伙计有能力，又肯干，老板千万不要轻视他。所有大小事情，包括银钱账目都可以重托于他，切不可犯疑。所谓"疑人莫用，用人莫疑"，老板有什么心事都可以与他商议，他有什么心事老板也要帮他揣摩。这样合而为一，宾主相投，自然越交往关系越深厚，就可以形成同心协力的局面。对待人才要信任，不能嫉妒和猜疑；使用人才要放手，不能限制和防范。

二是以情感人。对于伙计工作上的失误，不要当面批评，以免他手足无措，错上加错。可以等到夜晚谈及白天所做的生意，哪一笔生意做错，哪一桩事情做坏，推之以理，诉之以情，婉转相商，从容评较，让伙计听后心服口服。伙计应得的薪酬，一定要及时按量发放，要体察伙计的家道生计，也许丰足的不在乎薪酬发放的迟早，欠缺的则要靠其来养家糊口。如果伙计家有急事需要提前预支一些薪酬，老板不要吝惜。"你能用情于他，自有赤心等你，而且应急于他，岂不是美事哉？"(《贸易须知·第101条》)

三是因才善任。在用人方面，老板不仅要敢于用人，还要善于用人，用其所长避其所短。例如，出外办货的伙计千万不要放在柜台上做生意，因为他在外办货的时候十分艰难，就是毫厘，行家亦不肯退让；而到了他手里售卖，要像买货那样艰难讨价，那生意就做不成。至于在家卖货的伙计，在柜台上做惯生意，无不灵活机动，酌情增减；而他亲自买货时，就容易随意增减，那样岂不是造成亏损？所以生意场上有"买的卖不得，卖的买不得"之说。(《贸易须知·第105条》)

3."公道待人"的经营之道

孔子指出："民无信不立。"(《论语·颜渊》)治理国家如此，经营商业同样如此。该书指出："公道待人，则见你童叟无欺，下次自多投奔。"(《贸易须知·第72条》)做生意公平诚信，童叟无欺，自然会有更多的回头客。

一是推多取少。该书指出："做生意要慷慨大方，切不可格外苛刻。总要推多取少，才有主顾投奔。"(《贸易须知·第69条》)要多考虑顾客的利益，少计较自己的利益，这样才会有更多的顾客前来光顾。特别是做大生意，更要显得慷慨大方一些，风度气派一点，不可过分苛刻和斤斤计较，只有这样才能做出名声；也只有信誉良好、名声远扬，才会有更多的主顾前来。做生意不可把利润看得太重，否则无人光顾；也不可看得太轻，否则亏损本钱；更重要的是，眼光要长远，你这次不赚钱，还有下次机会。

二是价钱公道。该书指出："生意都要自己修为省察，不可自误，但价钱俱要公道。"(《贸易须知·第73条》)店面上销售的各种货物，货色要剔选配搭，以满足顾客的多种需求。货物卖价有一定惯例，倘若有时价格略微上涨，一定要先打听大市的价格状况，然后决定涨跌价及其幅度。跌价必须跌在别人前面，涨价则必须涨在别人后面。这样适当运用价格策略，充分考虑顾客需要，减少顾客成本，既是拉动生意的方法，也是成就生意的要旨。

三是以诚取信。该书指出：对于商品价格的变化，一定要本着以诚取信的原则，尽可能地向顾客说明变化原因。如果货物的售价突然上涨，容易引起顾客的误解，就必须将货物因何而贵，或是不出，或遭干旱，或遇水荒，以致缺货，如此分剖明白，顾客自然信服，添价买去。如果物价下跌，货物的售价也要略微松动，适当下降，以吸引更多的忠实顾客。总的原则是"宁做一去百来之生意，不做一去不来之生意也"（《贸易须知·第72条》）。

第四节　清末商人的儒商精神[1]

中国古代社会后期，经过两千多年的浸润，儒家思想已经内化为中国人的"文化基因"，成为"士农工商"社会各阶层共有的意识形态，再加上明清时期商帮的崛起、商书的传播、儒商精神的弘扬，到了清代末期（1840—1911），涌现了一批堪称"儒商巨子"的人物。其中，以胡雪岩、乔致庸、孟洛川为杰出代表。

一、胡雪岩的儒商精神

胡雪岩（1823—1885），本名光墉，字雪岩，出生于安徽徽州绩溪县，13岁起移居浙江杭州学做生意，最终成为当时首屈一指的巨商。清末民初文化名人刘体智曾言："《清史》而立《货殖传》,则莫胡光墉若。"[2]可见其历史地位之高。胡雪岩从小生活在"贾而好儒"的徽商故里，骨子里流淌着儒商的文化血液，在经营活动中更是体现出浓厚的儒商气质。

---

[1] 说明：中国社会分期存在多种观点，目前普遍认可的是，从1840年鸦片战争到1949年中华人民共和国成立为"近代社会"。按此分期，本节中的"清末商人"，其从商经历处于近代，但其经营方式趋于传统商号的经营模式，故将其列入古代儒商之列。

[2] 刘体智，《异辞录》，中华书局1988年版，第85页。

1."利国利民"的经营动力

中国商人有着悠久的"利国利民"传统，并将其作为经营的动力。胡雪岩身处列强环伺、民族危亡的晚清时期，其经商活动不可避免地与国运民生相关联。"天下兴亡，匹夫有责"，在时代需要的时候，胡雪岩做出了卓越的贡献。

一是为国效力。清光绪二年（1876），为粉碎英、俄瓜分清朝西北地区的图谋，清廷命陕甘总督左宗棠西征，收复被阿古柏匪帮窃据达十年之久的新疆。当时国库空虚，军情危急，胡雪岩在上海凭其商业信誉向外国银行借军款，并千方百计购运西方最先进的武器装备西征军，同时收集、提供情报，又把胡庆余堂研制的大批药材捐运西北，从而保证了新疆的顺利收复，为恢复国家领土的完整做出贡献。左宗棠在表彰胡雪岩的功绩时，向朝廷报告说："此次新疆底定，核其功绩，实与前敌将领无殊。"[1]为此，朝廷赐胡雪岩红色顶戴加黄马褂，是为"红顶商人"，即以商人身份成为保卫国家的"民族英雄"。

二是为民争利。鸦片战争后，洋人从中国大量进口蚕丝，以满足西方纺织工业快速发展的原料需求。当时洋商控制着中国的生丝行业，压低生丝价格，因此获利颇丰。蚕农由于不懂行情以及洋商对生丝的垄断，不得不以非常低廉的价格将生丝卖给洋商。看到这种情形，胡雪岩出于对国家民族的特殊情怀和对经济利益的敏感性，奋起与洋商竞争。于是，他成立丝行，依托自己的财力从蚕农那里大量收购生丝，并采用预付定金、高价收购、垄断丝业，掌握议价权再出售给外商的办法，为广大蚕农谋得利益，也为自己赚得大笔收入。刘体智在《异辞录》中记载："江浙丝茧向为出口大宗，夷商把持，无能与竞，光墉以一人之力，垄断居奇，市值涨落，国外不能操纵，农民咸利赖之。"[2]

2."诚信戒欺"的经营初心

儒家讲"诚信"，孔子说"人而无信，不知其可也"（《论语·为

---

[1] 左宗棠，《胡光墉请予恩施片》，载徐一士著，李吉奎整理，《一士类稿》，中华书局2023年版，第256页。
[2] 刘体智，《异辞录》，第86页。

政》）；子思说"诚者物之终始"（《礼记·中庸》）。胡雪岩则以"戒欺"二字表达了自己对儒家诚信思想的理解与践行。

1874年，胡雪岩在杭州创办"胡庆余堂国药号"，于1878年亲笔书写"戒欺"匾作为店训，并做以下说明："凡百贸易均着不得欺字，药业关系性命，尤为万不可欺。余存心济世，誓不以劣品弋取厚利，惟愿诸君心余之心，采办务真，修制务精，不至欺予以欺世人，是则造福冥冥，谓诸君之善为余谋也可，谓诸君之善自为谋也亦可。光绪四年四月雪记主人跋。"[1]这体现了胡雪岩创办胡庆余堂的初心。

一是"存心济世"。在胡庆余堂大堂内挂有一副对联："修合虽无人见，诚心自有天知。""修"是对生药材作加工炮制，去其中毒素，保持药效；"合"是对药材的取舍和搭配组合。胡雪岩要求店员凭自我诚心来约束修合，用产品质量和疗效作为检验心诚的标准，这既是他对顾客的诚实表白，也是对药工的谆谆训诫。

二是"采办务真"。胡庆余堂采购药材必派内行的职员去产地直接收购，做到原料采购地道。例如，胡庆余堂独家生产的"胡氏辟瘟丹"，其中一味药必须是出没于杭州灵隐、天竺一带的"铜石龙子"。为了确保药味质量，胡庆余堂坚持每年夏天组织本店药工自己上山捕捉。

三是"修制务精"。这里的"精"是精益求精，制作精细。例如，"紫雪丹"是一味镇惊通窍的急救药，按古方制作要求，最后一道工序不宜用铜铁锅熬药，为了确保药效，胡雪岩不惜工本请来能工巧匠，铸成一套金铲银锅，专门用于紫雪丹的制作。

"不忘初心，方得始终。"经历150年风雨的胡庆余堂依然屹立，先后被定为全国重点文物保护单位、中国驰名商标、国家级非物质文化遗产、中华老字号。其"金铲银锅"被列为国家一级文物，并被誉为"中华药业第一国宝"，成为胡雪岩儒商精神的生动教材。[2]

3."博施济众"的淑世情怀

儒家主张"仁者爱人"，儒商鼻祖子贡对于"仁"的理解则是"博施

---

[1] 胡雪岩"戒欺"匾，杭州胡庆余堂国药号博物馆现存实物。
[2] 杭州胡庆余堂国药号有限公司官网。

于民而能济众"(《论语·雍也》)。胡雪岩也是这样理解和践行儒家之仁道的。在胡庆余堂创立之初,胡雪岩便在门楼上立下"是乃仁术"四个大字。我们知道,胡雪岩的商业主要依靠钱庄,创建药堂更多的是他兴办慈善事业的一个举措,"炮制精而取值贱,以济贫困者"[1]。

胡雪岩极其热心于慈善事业,乐善好施,"富而好义,人尤称之"[2]。他多次向直隶(今河北)、陕西、河南、山西等旱涝地区捐款捐物捐药赈灾。仅至清光绪四年(1878),除捐赠药材外,胡雪岩向各地捐赠的赈灾款已达二十万两白银。此外,他还两赴日本,高价购回流失在外的中国古代铜钟,并无偿赠送给杭州的寺庙存放。

对于与自己朝夕相处的杭州百姓,胡雪岩更是无微不至,做了许多义举。当左宗棠从太平军手中攻占杭州后,胡雪岩被委任经理赈抚局事务,主持善后事宜,设立粥厂、难民局、善堂、医局等,并收敛城乡暴骸数十万具,设立"义冢"分葬。他还恢复名胜寺院,设立"义塾"供贫困人家子弟读书,并捐资白银十万两,设"钱塘江义渡"和接送牛车,方便来往旅客,使杭州城乡百姓普遍受益达百年之久。因此,民间称其为"胡大善人",左宗棠则称他是"商贾中奇男子也"[3]。

二、乔致庸的儒商精神

乔致庸(1818—1907),山西祁县人。其墓碑记载,乔致庸本来是一介儒生,"思以儒术昌门阀",后因兄长病故而接手家族生意,"以忠实无妄者自持,隐契《论语》之好礼"[4]。乔致庸将"儒术"与"商术"相结合,其经商行为与《论语》的儒家精神相契合,体现出鲜明的儒商特色。

1. "义信利"的经营原则

《论语·里仁》上说:"富与贵,是人之所欲也;不以其道得之,不处也。"君子爱财,取之有道。在儒家看来,这里的"道"就是仁义之道、

---

[1] 沙汭,《一叶轩漫笔》,载《一士类稿》,第274页。
[2] 陈云笙,《慎节斋文存卷上·胡雪岩》,载《一士类稿》,第272页。
[3] 左宗棠,《壬申答杨石泉》,载《一士类稿》,第257页。
[4]《乔致庸墓碑》,转引自张良瑞,《乔致庸墓碑研究》,《文物世界》,2013-11。

诚信之道。受此启发，乔致庸秉承"义信利"的家族商训，仁义立世，诚信取利。

一是仁义立世。《论语·雍也》上说："夫仁者，己欲立而立人，己欲达而达人。"自己想立足也帮助别人立足，自己想发达也帮助他人发达，这既是"仁"也是"义"。乔致庸的大哥在包头与对头邱家争抢生意时中了对方的圈套，给乔家造成巨额亏损，本人病故，这让乔致庸不得不走上经商的道路。他用从岳父那里借来的钱渡过难关，并巧设妙计扳回了局面，让对手陷入生死存亡的境地。就在所有的人都以为乔致庸会将对手置于死地的时候，他却主动上门向邱家赔罪道歉。最后，乔邱两家化干戈为玉帛，在生意上相互帮助，成为合作伙伴。乔致庸用自己的仁义赢得了众商家的支持，改变了整个包头市场过去那种互相倾轧的状态，从而形成良性竞争的风气。

二是诚信取利。《论语·为政》上说："人而无信，不知其可也。"诚信，是做人的立身之本，更是经商的处世之基。乔家的复字号商号之所以长盛百年，就在于其靠信誉赢得了长期客户。有一年，乔家复盛油坊名下的通顺店从包头运送大批胡麻油往山西销售。经手店员贪图厚利，竟在油中掺假，此事被掌柜发觉后告诉乔致庸。乔致庸宁可忍一时利益之痛，也要大力挽回商誉，保证长期的持久利润和品牌信誉。于是，他命人连夜写出告示，贴遍全城，说明通顺店掺假事宜，同时告诉大家，凡是近期到通顺店买过胡麻油的顾客，都可以去店里，店里全额退回银子；而尚未卖出的胡麻油，立刻另行换装，以纯净好油售出；并以此事教育店员——商家是要追求利润，但绝不干损人利己的事。这次胡麻油事件，虽然商号蒙受不少损失，但其诚实不欺，信誉昭著，使复字号的油成为信得过的商品。

2. "通天下"的战略眼光

《论语·卫灵公》上说："人无远虑，必有近忧。"如果做事不作长远的考虑，马上就会有眼前的忧患，因此，人要有远大的眼光、周密的考虑。乔致庸在漫长的经商历程中，逐步形成了"通天下"的战略眼光和大格局视野。

一是"货通天下"。清朝咸丰初年，北方捻军和南方太平军起义，南北茶路断绝，乔致庸接手家族生意后，要做的第一件事，就是疏通南方的茶路。他想到，唐朝的茶马古道是由云南沟通四川和西藏，那么宋代尤其是南宋，西南已经隔绝，茶叶的产地和运向北方的通路又是在哪里呢？于是他找来史书和地图仔细研究，终于定格在一个当时没人留心到的地名——"羊楼洞"。这个处于湘鄂交界处的小镇在宋代就是著名的茶叶产地，也是南宋"茶马古道"的起始点。于是乔致庸投入巨资在羊楼洞购置山地，请当地乡民种植茶叶，再设立作坊制作砖茶。羊楼洞的交通位置便捷，而且距离汉口这个中南地区的经济中心非常之近，方便资金、人才、物流的调动，所以没几年羊楼洞就成为中南地区最大的茶叶生产和集散中心，人称"小汉口"。在乔致庸的努力下，茶叶成了继粮油销售之后乔家商号新的经济增长点。

二是"汇通天下"。乔致庸在与俄国商人的买卖过程中发现，付款的俄国商人支付的总是山西那些赫赫有名的票号开出的银票，这引起了他的深思：自己也有遍布国内的销售网络，贩卖货物是赚取差价，而开设票号，不仅能够赚取"汇水（即汇兑费用）"，还能够借别人汇款的时间差来放贷谋利。于是，乔致庸着手做票号的生意，并提出"汇通天下"的宏伟愿景。他首先将商号"大德兴"以茶叶为主兼营汇兑，改过来成为汇兑为主茶叶为辅；后来把"大德兴"改名为"大德通"，还增办"大德丰""大德恒"等新票号，专营汇兑，并且把每年的利润部分继续作为资本投入，使其票号不断壮大，成为全国知名的票号。

3. "举贤才"的用人之道

《论语·子路》记载，孔子教育弟子仲弓要"举贤才"。那么，如何知道这人是"贤才"而选拔出来呢？孔子说："举用你所知道的，至于你不知道的，别人难道还会遗弃他们吗？"乔致庸的经商事业得以超常规发展，除了本人的独到眼光之外，最重要的在于他能够放手选拔使用人才。

一是破格选拔。"复盛公"商号的小伙计马公甫，由于本人能干，大掌柜派他回祁县乔家汇报经营情况。马公甫不辱使命，不仅把包头经营情况汇报得有条有理、点滴不漏，而且还在汇报中显出了他本人的许多真知灼见。雄才大略的乔致庸识出他是个人才，在上任大掌柜告老还乡后，便直接让马公甫当上了"复盛公"商号的大掌柜。这给包头商界留下"马公甫做大掌柜——一步登天"的佳话。

二是量材使用。马荀本是"复盛西"商号下属粮店里的小掌柜,此人不识字,自己常将"荀"字写成"苟"字,人称其"马苟"。马荀经营有方,粮店盈利不小,而总号"复盛西"经营不善,连年亏损。马荀回到祁县乔家鸣不平,乔致庸认为马荀说得有理,于是让他的粮店独立出来,自主经营,不识字的"马苟"一下子就由小掌柜变成大掌柜,给乔家赚回不少的银子。

三是尊重人才。阎维藩本是平遥蔚字号福州分号的经理,因与总号有矛盾,遂辞职还乡。乔致庸慧眼识人,派儿子"八抬大轿"从半路将其接到乔家,待以上宾之礼,聘任阎维藩为大德恒票号大掌柜。阎维藩为报知遇之恩,殚精竭虑,使大德恒票号后来居上,成为最有竞争力和生命力的票号之一。

三、孟洛川的儒商精神

孟洛川(1851—1939),儒家"亚圣"孟子第六十九代孙,山东章丘人。孟洛川少年丧父,其母聘请名儒为师,在家中私塾教其研读四书五经。从此,儒家思想在年轻的孟洛川心里扎下了根,他长大以后的思想、行为无一不带有儒家的烙印。[1]他将先祖孟子的教诲践行于经营活动,展现出独特的儒商精神。美国沃尔玛公司创始人山姆·沃尔顿曾说:"我创立沃尔玛的最初灵感来自中国的一家古老的商号,它的名字来源于传说中的一种可以带来金钱的昆虫。它可能是世界上最早的连锁店,它干得很好。"[2]这个古老的商号就是孟洛川所创建的"瑞蚨祥"。

1."先义后利"的经营伦理

提到孟子的义利观,人们就会想到他与梁惠王的对话:"王亦曰仁义而已矣,何必曰利?"(《孟子·梁惠王上》)在这里,孟子实际上是劝诫管理者不要计较当前的小利,而要谋求长远的大利,以仁义去获得更根本的利益,从而取得先义后利的实际效果。[3]孟洛川秉承先祖的理念,以仁

---

[1]孙维屏,《论鲁商孟洛川的儒商人格结构和经营伦理》,载《山东工商学院学报》2012年6月第26卷第3期。

[2]《一代儒商孟洛川》,章丘融媒http://www.zqxcw.gov.cn/,2017-03-09。

[3]黎红雷,《儒家管理哲学》,第133页。

义对待顾客、员工和合作伙伴，获得经营上的成功。

一是以仁义对待顾客。瑞蚨祥将顾客视为"衣食父母"，无论贫富贵贱，都一视同仁。除此之外，瑞蚨祥还特别规定，凡远道而来买大宗商品的顾客，必须管一顿饭。"顾客是衣食父母，哪有让衣食父母饿着肚子赶远道的理。"庚子年的一场大火使北京城大栅栏的几千家商铺化为一片瓦砾，瑞蚨祥所有账册悉数化为灰烬。孟洛川收拾残局，张贴告示：凡瑞蚨祥欠顾客的账一律偿还，凡顾客欠瑞蚨祥的账一律作废。这一举动赢得业界喝彩，在行内传为佳话。

二是以仁义对待员工。孟洛川通过采取多种形式，关心爱护员工。对管理人员实行"人力股"，掌柜们（包括"全局总理""地区总理""各号经理""头目"等），通过"份子""顶本""顺带"等形式，参与瑞蚨祥的利润分配。对于普通伙计，则通过高于同业的工资、每年一度的馈送、超过货币工资的实际福利等优厚待遇，大大增强了员工的凝聚力和积极性。

三是以仁义对待合作伙伴。瑞蚨祥在与染坊的合作中，处处以义为先，从不以大欺小，所付染价大大高于当地行情，每月结清供货款，从不打折扣，有时还预付染款。逢年过节，还给染坊送肉送面，因此染坊为瑞蚨祥染色总是尽心尽力，染出一流的货品。对于偶尔失误的合作方，孟洛川即使亏本也要收其产品。这样虽然暂时亏本，换来的却是长期牢固的合作关系。

2."至诚无欺"的经营理念

在先秦儒家中，孔子讲"信"，子思讲"诚"，孟子则第一次明确将"诚"与"信"联系起来，形成"诚信"这一儒家道德范畴："故诚信而喜之，奚伪焉？"（《孟子·万章上》）孟洛川秉承先祖的教导，诚信经商，绝不作伪。瑞蚨祥大堂的对联"至诚至上，货真价实；言不二价，童叟无欺"[1]，就是诚信思想在其经营活动中的体现。

一是"货真"。瑞蚨祥自办的"鸿记染坊"对染工的要求十分严格，规定须用上等布料、坯布，不准偷工减料；要认真操作，并派专人检查，

---

[1]【章丘档案】《一代儒商孟洛川》，章丘融媒www.zqxcw.gov.cn/zqgbdst/ 2017-03-09。

发现瑕疵立即返工。因此，染出的色布久洗不褪色，美观耐用，为别家所不及，享誉城乡，远近抢购。绣货绸缎是瑞蚨祥鼎盛时期的主营货物，孟洛川派专人到产地设庄订购，与当地厂家订机订织，只要质量好，成本高低不论。订货到期，专人下厂验收。由于所售货物质量无可挑剔，所以社会各界名流购买绣货绸缎时，"瑞蚨祥"往往是不二选择。

二是"价实"。瑞蚨祥打出了"明码实价、言不二价"的响亮口号，一是指要价明确，不讲价；二是指总价是多少，就得付多少，不抹零。顾客买几十元的货物，零头不够，也要叫学徒跟去拿，即使花的车钱比取的零头多，也在所不惜。遇有特殊情况，必须经过经理点头同意，才能去零头儿。

三是"无欺"，就是不在价格、数量、质量方面欺骗任何人。例如：儿童买货，对于所买布匹的花色、品种、尺寸要特别问明，如果回答得不清楚，或让其回去再问，或派人到家中问明，回来再行裁剪；耳聋眼花的老年人买货时，也要问明再剪，并要凑近客人耳朵问话。

3. "兼善天下"的济世情怀

儒家的济世情怀，体现在孟子的"穷则独善其身，达则兼善天下"（《孟子·尽心上》）这句话上。孟子主张，士人要崇尚道德，喜爱礼义，修养品德立身于世。失意时，能独自修养自己的身心；得志时，便使天下的人都得到好处。孟子这里说的，原本是"士人"即读书人的品质，但也可以理解为是对包括儒商在内的一切仁人志士的要求。孟洛川践行先祖遗训，以"达则兼善天下"为己任，一生倾心于慈善公益事业。

从 1883 年至 1899 年，山东境内黄河三次决口，泛滥成灾，章丘深受其害。孟洛川兄弟出巨款堵口修堰、治理黄河，自此章丘免受河患，孟氏兄弟受到乡亲的铭感。因为黄河决口及天灾人祸，章丘每多饥民，孟氏兄弟便举办平粜和赈济活动，在章丘城立社仓，囤谷备荒，救济灾民，舍放谷米。

此外，孟家每到腊冬做 200 套棉衣，用大锅熬稀粥施赈；盛夏做 200 套单衣，烧好茶汤，放于大街，任由讨吃要喝、少衣无裳的穷人领取。他们还设立社仓，积谷备荒，修文庙，建尊经阁，设义学，经理书院，捐衣施粥，赈灾平粜，捐资修《山东通志》等，被盛誉为"一孟皆善"。

第三章

近代儒商文化

　　1911年，历史上最后一个皇朝结束，中国进入波澜壮阔的新的历史阶段。在"实业救国"的时代潮流中，从传统商号到近代企业，从传统商业到农工商产业，从国内到海外，儒商文化得到充分的开展。张謇、荣德生、卢作孚、陈嘉庚等人是其中的杰出代表。

第一节　张謇的儒商气质

　　张謇（1853—1926），江苏海门（今南通市海门区）人，著名的"状元实业家"。他以儒而谋商，"言商还向儒"[1]，将儒家思想贯穿兴办实业的全过程，是中国近代儒商的领军人物。毛泽东主席曾说：讲到中国的民族工业，轻工业不能忘记张謇。[2] 习近平总书记指出："张謇在兴办实业的同时，积极兴办教育和社会公益事业，造福乡梓，帮助群众，影响深远，是中国民营企业家的先贤和楷模。"[3]

一、"吾儒任事"的担当精神

　　张謇是一名坚定而清醒的儒者，他推崇孔子，批评宋儒抛弃儒理的本

---

[1] 张謇，《柳西草堂日记》，《张謇全集》第8卷，第820页。
[2] 转引自赵明远，《毛泽东主席关于张謇等民族工业代表人物的谈话》，南通史志网https://www.ntszw.gov.cn/，发布时间：2020-11-28。
[3] 《习近平赞扬张謇：民营企业家的先贤和楷模》，新华网，2020-11-13。

真和实用，推重明末清初诸儒的理念，"认定读书人的责任，绝不是读几句书，做几篇文章就算了事，要抱定'天下事皆吾儒分内事，吾儒不任事，谁任事耶'的一种气概"[1]。抱着这种气概，张謇针对当时列强侵夺、国家危亡的局面，提出"实业救国""教育兴邦""为民生计"等切合时宜的主张并付诸实践，体现了一名儒者对于时代的敏锐回应和责任担当。

1."实业救国"的倡导者

1895年甲午战争结束后，中国被迫与日本签订耻辱的《马关条约》，除割地赔款外，还允许外国商人在中国内地设厂办企业，这引起张謇的深深忧虑。为了避免中国的资源被掠夺、利源向外流，保护国家的元气和国民的利益，张謇大力倡导"实业救国"的主张。

一是观念的转变。在《代鄂督条陈立国自强疏》中，张謇分析了洋务派"以兵强国""以商求富"失败的原因，指出："人皆知外洋之强由于兵，而不知外洋之强由于学"[2]；"世人皆言外洋以商务立国，此皮毛之论也，不知外洋富民强国之本实在于工"[3]。在张謇看来，救亡之策，莫急于教育；但是，发展教育需要实业的支撑与资助。所以，以工业为主导，大力发展农工商一体化的"实业"，才是国家富强的根本。

二是传统的转化。在《记论舜为实业政治家》一文中，张謇论证，历史上的舜其实就是伟大的"实业政治家"。在张謇看来，舜在历山耕过田，在雷泽打过鱼，在黄河岸边做过陶器，在寿丘做过各种家用器物，在负夏跑过买卖，实际上把农工商三种职业都做了。由此，舜才有可能趁着有利的时机为民众谋取利益，成为众望所归的"政治家"。我们知道，舜是儒家心目中的"圣人"，"农工商"是中国古代的职业分工；张謇论证舜是农工商兼赅的"实业政治家"，是对传统观念的创造性转化，为其所倡导的"实业救国"理论，提供了具有权威性的儒家文化依据。

三是角色的转换。张謇指出："中国须振兴实业，其责任须在士大

---

[1] 张孝若，《张謇传》，岳麓书社2021年版，第191页。

[2] 张謇，《代鄂督条陈立国自强疏》，《张謇全集》第1卷，第21页。

[3] 张謇，《代鄂督条陈立国自强疏》，《张謇全集》第1卷，第22页。

夫。"[1]我们知道,在中国传统社会"士农工商"的职业分工体系中,士大夫的角色主要是治学与治国;而在张謇"实业救国"的体系中,士大夫的角色则转换为农工商的引导者、振兴实业的先行者。张謇是这么说的,也是这么做的,他以"状元"的身份"下行",投身实业,创办企业,成为民族工商业的"开路先锋";民国成立后,又以"实业家"的身份"上行",担任"实业部长"和"农商部长",制定了一系列有利于中国工商业发展的法律法规,为国家的富强奠定了一定的基础。

2."教育兴邦"的推动者

在"实业救国"的思考与实践中,张謇深刻认识到:"苟欲兴工,必先兴学。"[2]实业可振兴经济,教育可启发民智。实业是民富国强的根本,而教育是根本的根本。"夫立国由于人才,人才出于立学,此古今中外,不易之理。"[3]为此,张謇提出,推动教育要有世界的眼光,培养"有旧道德而又有新学识"[4]的人才,从根本上促进实业的发展、国家的富强。

一是世界的眼光。1911年,张謇被推选为中央教育会会长,他在致辞中指出:"今日我国处列强竞争之时代,无论何种政策,皆须有观察世界之眼光,旗鼓相当之手段,然后得与于竞争之会,而教育尤为各种政策之根本。"[5]张謇清醒地看到,以科举为中心的古代教育,已经无法适应当今中国救亡图强的需要,国家必须有世界的眼光,向西方学习,兴办新式学校,进行根本性的教育改革。

二是知识的追求。张謇认为,当时国家之所以积贫积弱,根子在于人民缺乏现代知识。他指出:"非人民有知识,必不足以自强。知识之本,基于教育。"[6]由此,在普及、推广、传播现代知识的前提下,张謇大量创办各类学校。据统计,从1902年创办南通师范学校起到1926年他去世,

---

[1]张謇,《柳西草堂日记》,《张謇全集》第8卷,第536页。
[2]张謇,《复商部大臣函》,《张謇全集》第2卷,第160页。
[3]张謇,《代鄂督条陈立国自强疏》,《张謇全集》第1卷,第21页。
[4]张謇,《请设高等土木工科学校先开河海工科专班拟具办法呈》,《张謇全集》第1卷,第353页。
[5]张謇,《中央教育会开会词》,《张謇全集》第4卷,第188页。
[6]张謇,《垦牧公司第一次股东会演说公司成立之历史》,《张謇全集》第4卷,第180页。

张謇先后亲自创建和参与创建的学校超 370 所，纵贯学前教育、初等教育、中等教育、高等教育，横贯普通教育、职业教育、特殊教育、社会教育等。其所办学校数量之多，种类之广，时间之长，成效之卓著，影响之深远，在中国乃至世界的教育史上都是罕见的。1920 年，美国教育家杜威访问南通后发表演讲："南通者教育之源泉，吾尤望其成为世界教育之中心也。"[1]

三是道德的培养。张謇办教育所要培养的人才，不仅要有"学识"，更要有"道德"——"首重道德，次则学术""学术不可不精，而道德尤不可不讲"[2]。张謇长期接受中华传统文化的熏陶，深知伦理道德对一个人成长的关键作用，因而主张"教育非明道德亦不可以当教育"[3]。为了加强学生的道德教育，他在所办的学校里安排了伦理课，并要求学生学习"四书"等儒家经典，以中华民族优秀的道德传统来教育和陶冶青年学生。据统计，张謇为其创办的学校拟定的校训有 32 则，其中大多是源自儒家伦理道德的信条，如"忠信笃敬""勤苦俭朴"等。

3. "为民生计"的引领者

张謇曾经对他的老朋友刘厚生谈到自己创办实业的初衷："我们儒家，有一句扼要而不可动摇的名言：'天地之大德曰生'。这句话的解释，就是说一切政治及学问最低的期望要使得大多数的老百姓，都能得到最低水平线上的生活。"[4] 由此，张謇把自己所创办的第一家企业，命名为"大生纱厂"，并逐步发展出"大生"系列企业。张謇指出："窃维环球大通，皆以经营国民生计为强国之根本。"[5] 为此，张謇创办实业的出发点和落脚点都在"国民生计"上。

一是养民之急务。张謇指出："今之国计民生，以人人能自谋其衣食

---

[1]《著名哲学家、教育家杜威缘何提出"望南通成为世界教育之中心"？》，南通市档案馆，网页daj.nantong.gov.cn，发布时间2018-12-20。

[2] 张謇，《银行专修科演说》，《张謇全集》第4卷，第277页。

[3] 张謇，《致袁希涛函》，《张謇全集》第2卷，第419页。

[4] 刘厚生，《张謇传记》，第251页。

[5] 张謇，《江苏教育总会咨呈江督苏抚宁苏提学司请开办实业教员讲习所文》，《张謇全集》第1卷，第209页。

为先务之急。衣食之谋，在于实业。"[1]从国家大计出发，张謇提出"棉铁主义"，主张发展钢铁业和棉纺织业；从他所生活的南通的实际条件出发，张謇的实业生涯则从棉纺织业起步。其目的正在于为南通百姓"自谋其衣食"的当务之急，使得人人有饭吃、有衣穿、有好的生活。正如大生纱厂的大门对联所言："枢机之发动乎天地，衣被所及遍我东南。"

二是恤民之疾苦。张謇十分重视社会公益慈善事业，指出："国家之强，本于自治，自治之本，在实业教育，而弥缝其不及者，惟赖慈善。"[2]他在实业取得效益并大办教育的同时，在南通建设了大量的公益慈善和民生设施，包括为市民建设公园和医院，为工人建造宿舍，为孤苦贫民子弟建贫民工场、平民学校，为走入歧路的妇女建济良所以自食其力，为弃婴建育婴堂，为鳏寡老人建养老院，为盲哑儿童建盲哑学校，为流浪乞丐建栖流所，为残疾人建残疾院。如此种种，体现了儒家"仁者爱人"的情怀。

三是建民之乐园。张謇曾经向同人袒露自己的心志："借各股东资本之力，以成鄙人建设一新世界雏形之志，以雪中国地方不能自治之耻。"[3]他希望通过大力兴办实业、教育、文化事业，将南通从封闭的农业社会带入开放的近代社会，并由南通一地推向江苏全省和整个中国，体现了儒者恢宏的魄力和远大的抱负。张謇的成功实践激励了当时不少有理想的实业家，包括江苏无锡的荣德生和重庆北碚的卢作孚，他们先后来南通拜会张謇，回到自己的家乡发展实业，造福民众。卢作孚还把自己创办的企业命名为"民生公司"，可谓"心有灵犀一点通"。

二、"道德植基"的经营伦理

张謇以儒者的身份经商，十分重视经营伦理，称其为"商业之始基"，"植基之道云何？在道德与信用。"[4]在张謇看来，道德与信用是实业的基

---

[1]张謇，《答顾昂千书》，《张謇全集》第3卷，第845页。
[2]张謇，《呈筹备自治基金拟领荒荡地分期缴价缮具单册请批示施行文》，《张謇全集》第1卷，第430页。
[3]张謇，《垦牧公司第一次股东会演说公司成立之历史》，《张謇全集》第4卷，第183页。
[4]张謇，《通海甲种商业学校落成演说词》，《张謇全集》第4卷，第361页。

础，而儒家伦理则是经营的灵魂。"商业无道德，则社会不能信用，虽有知识、技能，无所用之。故知识、技能与道德相辅，必技能、知识、道德三者全，而后商人之资格具。"[1]为此，他将儒家伦理道德融入经营实践，为其经营事业培植了牢固的根基。

1."正义谋利"的义利观

张謇指出："据正义言之，其可以皇皇然谋财利者，惟有实业而已。"[2]在这里，张謇将儒家的"重义"与商人的"谋利"结合起来，主张在当时"实业救国"的时代潮流之中，光明正大、堂而皇之地求财谋利。这是对清儒颜元"正其义便谋其利，明其道便计其功"的继承，对汉儒董仲舒"正其谊不谋其利，明其道不计其功"的超越，更是对孔子"义以生利，利以平民"思想的回归。由此，张謇提出为公生财、利及人人、裁利于义等具体措施。

一是为公生财。张謇为大生纱厂撰写了一副对联："生财有道，大利不言。"在他看来，为公生财就是大利，毋庸讳言，无须回避。有一次，在北京有人问张謇，说他放弃官场而经营实业，一定是实业获利大于官场所得；又问他既然已经获利，为什么还要不断集股呢。张謇理直气壮地回答："余若专图个人之私利，则固有所不可？若谋公众之利，奚不可者？"[3]在张謇看来，儒家士大夫投身实业，是时局使然。如果是为了个人私利，确实有悖儒者立场；但如果是为了救国利民，那就是完全合乎正义的事业。

二是利及人人。张謇指出："人之道德，端赖养成。寻常商业，虽卖贵买贱，皆有计心，而利己损人，必为众弃。"[4]在张謇看来，经营伦理必须在日常的经营事务中逐渐养成。比如做生意，价格贵了就卖出，贱了就买进，这种计算是必然的也是必要的；但是如果专门算计别人，损人利己，最终必然被大众所抛弃。在商业运营中，张謇追求的是"互利共赢"。

---

[1] 张謇，《商业初等学校演说辞》，《张謇全集》第4卷，第195页。
[2] 张謇，《北京商业学校演说》，《张謇全集》第4卷，第186页。
[3] 张謇，《北京商业学校演说》，《张謇全集》第4卷，第186页。
[4] 张謇，《改革全国盐法意见书》，《张謇全集》第4卷，第202页。

他指出:"盖利于己而不利于人决非真利,真利者必利及人人者也。"[1]在张謇看来,如果一件事情,只对自己有利而对他人不利,那就绝对不是真正的利;真正有利的事情,应该是参与者人人都可以得到利益。

三是裁利于义。张謇提出:"托业于商,裁利于义。"[2]在他看来,"义"是衡量一切事情包括商业利益的标准,凡事都必须用"义"的标准来衡量,符合"义"的就坚持,违背"义"的就放弃。例如,张謇设立了南通联合交易所,其初衷是"流通货物、平准市价、增进同业利益"[3];但是开设不久,就产生了大量的投机活动。张謇对此非常痛心,"为爱护南通实业、教育计,为爱护南通社会一般人之性命、身家计"[4],断然关闭了交易所。

2."将信为本"的诚信观

张謇在为上海织布交易所的题词中指出:"将信为本,循之以行。"在张謇看来,商业贸易的本质是互通有无,各得其所,因而要以诚信为本,共同遵循商德准则。

一是对投资者示之以信。张謇"本一穷人"[5],通过募股集资的方式创办实业。总结自己的成功经验,张謇深有体会地指出:"示人以信用,使人乐从,即绝无资本之人,总可吸取人之资本。"[6]在张謇看来,信用是最大的社会资本,只有信用才能吸引投资者的金融资本。为此,在办厂的初期,即使经营再困难,官利、红利金额再大,张謇也会坚持履行自己募股集资时的承诺,每年分红首先保证投资人的稳定回报。在企业进入盈利期后,尽管官利、红利的比例相当高,张謇也绝不截留,保证给予投资人承诺过的回报,从而使企业的信用度得到大大提升。

二是对消费者致之以效。张謇指出:"吾人提倡科学,当注重实效……

---

[1] 张謇,《七场水利大会之演说》,《张謇全集》第4卷,第348页。
[2] 张謇,《致曾君函》,《张謇全集》第3卷,第802页。
[3] 张謇,《南通联合交易所开幕词》,《张謇全集》第4卷,第486页。
[4] 张謇,《为交易所停拍本所股票宣言》,《张謇全集》第4卷,第500页。
[5] 张謇,《本县农校欢迎暨南学校参观团演说》,《张謇全集》第4卷,第371页。
[6] 张謇,《本县农校欢迎暨南学校参观团演说》,《张謇全集》第4卷,第371页。

追成效既著，人自求之不遑。"[1]在张謇看来，产品无效，就不能致人之信用；如果有效，人们自然纷纷前来。因为张謇在科举中曾经以"状元"而夺魁，所以大生纱厂生产的棉纱以"魁星"作为品牌商标。但是张謇清醒地看到，消费者愿意购买你的产品，不是因为你个人的名气，而是因为你产品的质量。因此，张謇把产品质量上升到企业诚信的高度。为了杜绝假冒伪劣产品，以取信于和惠及消费者，即使在奸商搅乱市场、棉质奇劣、几无干货的情况下，大生纱厂还是严格按照标准使用通棉纺纱，坚持以高价选好棉，确保原料质量，以确保产品的质量，维护"魁星"商标品牌的信用。

三是对员工待之以诚。张謇在给其事业的得力支持者沈敬夫的信中，谈到企业的用人问题时说："立卿处当问则问，若明知不问而漫试之，是共事而不以诚相待也。"[2]在张謇看来，同事相处应该开诚布公地进行沟通，不能明知问题在哪里而不管不顾，反复试探对方，这样就是不以诚相待，用人多疑。此外，张謇主张并尊重"以劳取利"，认为"人世取与之道最明白正当者，无过以劳力为金钱之交易"[3]，因此大生集团无论是处于顺境，还是面临困难，都能依照合同和承诺定期足额发放员工的工资及兑现福利待遇。正是为这种以诚相待的精神所感动，一大批优秀人才心甘情愿地拥戴和追随张謇。

3."勤俭为基"的奋斗观

张謇对《周易》深有研究，著有一生唯一的儒学研究专著《周易音训句读》[4]。他一生得力于《周易》，除了众所周知的"天地之大德曰生"的大生精神之外，还领悟了"天行健君子以自强不息"的奋斗精神。他指出："夫勤者乾德也：乾之德在健，健则自强不息。俭者坤道也：坤之德在啬，啬则俭之本。"[5]在这里，张謇用"勤俭"二字来解读《周易》的乾

---

[1]张謇，《科学社年会送别演说》（附1922年8月24日《申报》报道），《张謇全集》第4卷，第513页。

[2]张謇，《致沈敬夫函》，《张謇全集》第3卷，第1597页。

[3]张謇，《驳正沈素生等海门中心河议案之宣言》，《张謇全集》第4卷，第362页。

[4]张謇，《周易音训句读》，《张謇全集》第6卷，第115-202页。

[5]张謇，《农校开学演说》，《张謇全集》第4卷，第186页。

坤二道，在他看来，"天下之美德，以勤俭为基"[1]。在事业上勤奋力行、在生活上节俭简朴，是天下美德的基础，也是经商及各项事业获得成功的途径。

一是勤奋力行。张謇指出："凡作一事，须专须勤，须有计画，须耐劳苦，须自强力。"[2]在给北京商业学校的学生演讲中，张謇以山东武训乞讨集资办学的故事为例，提出："人患无志，患不能以强毅之力行其志耳！"强调一要立志，志存高远；二要力行，艰苦奋斗；三要坚毅，百折不挠。同时他进一步以自身艰苦创业的经历勉励大家："一介寒儒，无所凭藉如余者，所志既坚，尚勉强有所成就，天下士亦大可兴矣！"一个人如果能够以坚强的毅力推行其志向，则无论成就大小，断不可能毫无所成。"勤勉节俭任劳耐苦诸美德，为成功之不二法门。"[3]

二是节俭简朴。张謇指出："唯俭也，故嗜欲简而啬其精神。"[4]在张謇看来，节俭简朴的美德与人的奋斗精神息息相关。"俭可以凝贞苦之心，可以养高尚之节，可以立实业之本，可以广教育之施。"[5]他目睹了当时一些实业家因不注意节俭，生活奢侈而"倏而即败，所业亏倒"的现实，感到非常的痛心。"俭何以是美德？俭之反对曰奢，奢则用不节，用不节则必多求于人，多求于人则人必不愿，至于人不愿，则信用失而己亦病。是奢之病，妨人而亦妨己。"为此，张謇引以为戒，不但自己带头生活节俭，而且明确将节俭作为发展实业的必要条件，将其列入企业的规章之中。为了能在生产经营中杜绝或减少浪费，在订立大生纱厂的厂约时，张謇以"节俭办厂"为原则，对有关开支做出明确规定，实现节俭的制度化。

三、"高洁人格"的精神境界

日本人驹井德三多次来南通实地考察并与张謇会面，他在《南通张氏事业调查报告》中这样评价张謇——"张公之所长：一为头脑明晰，学识

---

[1]张謇，《家书 致孝若》，《张謇全集》第3卷，第1524页。
[2]张謇，《垦牧乡高等小学开校演说》，《张謇全集》第4卷，第501页。
[3]张謇，《北京商业学校演说》，《张謇全集》第4卷，第186页。
[4]张謇，《周翁像赞》，《张謇全集》第6卷，第529页。
[5]张謇，《师范学校开学演说》，《张謇全集》第4卷，第123页。

丰富，眼光宏远，且尊重科学，有研究应用之才。二为意志坚固，有心有所绝非达其目的不止之气。三为其勇决在中国人中，实所罕见，有虽千万人我往之气概。四为其人格高洁，奉己甚薄，粗衣粗食，而持己甚严。五为有高雅之风，对于学问书画，以及演戏各种文艺，极有趣味而时刻为之，虽掷巨万之私财，亦所不惜，有时忙中取闲，隐居山庄，或读书，或作诗，或应人之请，挥其大笔是也。"[1]这一评价，展现了张謇的高洁人格和精神境界。

1."舍身喂虎"的牺牲精神

张謇从一名儒家士大夫转变为兴办实业的商人，进行了极其痛苦的思想斗争。在《大生纱厂股东会宣言书》中，张謇袒露了自己的心路历程："反复推究，当自兴实业始，然兴实业则必与富人为缘，而适违素守。又反复推究，乃决定捐弃所恃，舍身喂虎，认定吾为中国大计而贬，不为个人私利而贬，庶愿可达而守不丧。自计既决，遂无反顾。"[2]

一是捐弃所恃，放低自己的身份。自古以来，"士"与"商"泾渭分明。但是面对当时的现实，中国必须振兴实业，其责任则在士大夫；而士大夫兴办实业，就要与商人为伍，似乎贬低自己的身份，违背士人的操守。但是张謇认为，这种"贬低"，是为了国家的大计而不是个人的私利，因此心愿可以实现而操守却不会丧失，从而义无反顾地"下行"经商，体现了佛家所说的"我不下地狱谁下地狱"的牺牲精神。

二是负谤含垢，不惧世人的误解。当时张謇以新科状元的身份在南通募股集资办厂时，当地官员不但不支持，还挑唆众多秀才、举人闹事，甚至要揪住张謇去孔庙明伦堂"论理"。张謇不仅钱没有筹到，还落得一身骂名。面对乡党友朋的讪笑毁阻和各方敷衍作梗，他"闻谤不敢辩，受辱不敢怒"，忍辱负重，砥砺前行，体现了儒家亚圣孟子所说的"虽千万人吾往矣"的大无畏精神。

三是强力图成，不达目的不罢休。士大夫"下行"经商，对于工商实业知识就是一张白纸，没有先例，没有经验。但张謇本着富强国家、抵御

---

[1]张孝若，《张謇传》，第237页。
[2]张謇，《大生纱厂股东会宣言书》，《张謇全集》第4卷，第549页。

外侮的一寸丹心，尽心尽力，强力图成。他说："既生今世，既有是生人之知识与志气，则千磨百折，亦惟有坚苦忍受，以成事为职志，他非所恤。"[1] 为了沟通商学两界，以建立中国真实自强的基础，张謇不畏艰苦，历经磨难，以做成实事为志向，体现了宋儒张载所说的"为生民立命"的担当精神。

2."俭德自臧"的克己精神

张謇出生农家，从小养成节俭的习惯，50岁以后更是自号"啬庵"，常常以"啬翁"自称。他在给哥哥的诗里写道："俭德以自臧，令闻保终始。"[2] 将节俭作为保全自己名声的美德，以节俭为铭，以节俭为善，以节俭为荣。

一是以俭律己。张謇提出："应该用的，为人用的，一千一万都得不眨眼顺手就用；自用的，消耗的，连一个钱都得想想，都得节省。"[3] 张謇一生十分节俭：他穿的长衫，有几件差不多穿了三四十年之久，平常穿的大概都有十年八年；如果袜子、袄子破了，总是加补丁，要补到无可再补，方才换一件新的；每天饭菜，不过一荤一素一汤，没有特客，向来不杀鸡鸭；写信用的信封，都是拿人家来信翻了过来再用；平常走路，看见一个钉、一块板都捡起来，聚在一起，等到相当的时候去应用，如此等等。

二是以俭持家。张謇将"后世贤师吾俭，臣父清恐人知"作为传世的家训，谆谆告诫后人："天道惟敛故舒，人非俭不能保其清，后世子孙或出或处，永矢此言，庶不羞先人矣。"[4] 张謇将家庭的节俭具体落实到饮食、服饰、家庭支出等方方面面，他在家书中叮嘱夫人：在家加意管理，加意节省，每日一腥一素已不为薄；衣服不必多做，裁缝即可省；须一切谨慎勤俭，做到能少奢一分好一分。

三是以俭教人。张謇崇尚节俭且身体力行，以身作则，以身为教。他

---

[1] 张謇，《复江知源函》，《张謇全集》第2卷，第354页。
[2] 张謇，《柳西草堂日记》，《张謇全集》第8卷，第312页。
[3] 张孝若，《张謇传》，第203页。
[4] 张謇，《柳西草堂日记》，《张謇全集》第8卷，第188页。

教育子女非常严格，平时饭食不准剩下、浪费。张謇在给儿子的信中一再嘱咐他注意节约，"除书籍外勿浪用"，还让他在由海门返回南通的路上自带干粮，到茶馆买开水就食。张謇无论在工厂还是在学校，都是跟普通员工、师生一起用餐。他在为学校题写的校训中，多次提到节俭；在给学生的讲话中，也多次强调节俭。例如，他在《师范学校开学演讲》中说："苟能俭，则无多求于世界，并无求于国家。即使适然做官，亦可我行我意，无所贪恋，而高尚之风成矣。至于实业，不俭则耗费多而折本，理最易明。教育为实业之母，师范为教育之母。以诸生既投身于教育，苟不自俭，何能教人？"[1]

3."踊跃从公"的奉献精神

张謇指出："天之生人也，与草木无异。若遗留一二有用事业，与草木同生，即不与草木同腐。故踊跃从公者，做一分便是一分，做一寸便是一寸。"[2]正是本着这种"踊跃从公"的奉献精神，张謇全心全意地投入实业、教育、慈善、公益事业。

一是人生的感悟。张謇晚年总结自己的一生，道出了深刻的人生感悟："既生为人，当尽人责，本吾所学与吾所志，尺寸行之。"[3]在张謇看来，自己作为一名儒者的"所学"与"所志"，就是从事"天地之大德曰生"的事业。"换句话说，没有饭吃的人，要他有饭吃；生活困苦的，使他能够逐渐提高。这就是号称儒者应尽的本分。"[4]为此，他听从时代的召唤，义无反顾地投身实业兴办教育；又听从内心的召唤，自觉主动地投入社会公益慈善事业，正如他所说"上而对于政府官厅无一金之求助，下而对于社会人民无一事之强同"[5]，既不依赖政府，也不依赖社会，全凭自己的良心去做。

二是钱财的布散。张謇平生不爱钱财，不但非分的钱财不收，还把他

---

[1]张謇,《师范学校开学演说》,《张謇全集》第4卷，第122页。

[2]张謇,《第三养老院开幕演说》,《张謇全集》第4卷，第508页。

[3]张謇,《谢教育慈善募捐启》,《张謇全集》第5卷，第196–197页。

[4]刘厚生,《张謇传记》,第251页。

[5]张謇,《为南通地方自治二十五年报告会呈政府文》,《张謇全集》第1卷，第524页。

所有的钱财都用到事业上。他说："有钱人的势焰，实在难受，所以我非有钱不可。但是那班有了钱的人是一毛不拔做守财虏，我可是抱定有了钱，非全用掉不可。"又说："一个人的钱，要从我的手内拿进来，再用出去，方才算我的钱，不然还是人家的钱，或者是箱柜里的钱。""人单单寻钱来财不算本事，要会用钱散财。""我是穷人来，还是穷人去。"[1] 在张謇看来，有钱是为了用钱，来财是为了散财，钱不是为自己而有、为个人而用，而是要取之于社会用之于社会。

三是精力的付出。张謇为了实业教育和公益慈善事业，可以说是付出了毕生的精力。他把南通当作一个大花园去布置点缀，所有的心血、所有的家产，都用在这个志愿上。在创业初期，他在上海募股集资，手头拮据，只好在街头鬻字解决盘缠。到了晚年，由于企业经营出现危机，各项慈善公益事业的经费筹措更为困难。张謇不顾年事已高，先后十余次登报鬻字，苦苦支撑。其中，1922 年 7 月的《为慈善公益鬻字启》写道："任何人能助吾慈善公益事业，皆可以金钱使用吾之精力。"这次鬻字原定为期一个月，每日写两小时，事实上竟然持续了两年多，72 岁高龄的张謇才最终放下鬻字的墨笔。

"士不可以不弘毅，任重而道远。仁以为己任，不亦重乎？死而后已，不亦远乎？"(《论语·泰伯》)张謇曾对驹井德三说过："予为事业生，当为事业死。"[2] 正是抱着这种"鞠躬尽瘁，死而后已"的信念，张謇以儒家士大夫的高尚人格付诸实业教育和公益慈善事业的实践，为儒商树立起一座高山仰止的精神丰碑。

第二节 荣德生的儒商气质

荣德生（1875—1952），江苏无锡人，中国近代著名的民族企业家。他从小在私塾学习《论语》《孟子》《大学》《中庸》等儒家著作，以后不

---

[1] 张孝若，《张謇传》，第212页。
[2] 张孝若，《张謇传》，第237页。

断自修读书，对儒学哲理非常虔信，并处处运用到企业经营和社会活动中，被时人称为"商而儒者也"[1]。荣德生和兄长荣宗敬一起创业，兄长病故后独自挑起重担，先后创办了30多家企业，有"面粉大王"和"棉纱大王"之称。毛泽东同志说："荣家是我国民族资本家的首户"[2]，邓小平同志说："荣家在发展我国民族工业上是有功的，对中华民族做出了贡献。"[3]

一、"心正意诚"的人生境界

荣德生曾经手书明志联："心正思无邪，意诚言必中。"[4]他以儒家经典《大学》中的"格物、致知、诚意、正心、修身、齐家、治国、平天下"的教导，作为自己的人生追求，体现出高尚的人生境界。

1. 忠心爱国家

荣德生所理解的"忠"是"尽己之心"，其义甚广，包括忠于一身、忠于一家、忠于一族、忠于一乡、忠于一国等。"忠于一国者，力顾大局，誓勿卖国是也。"[5]他是这样说的，也是这样做的。

荣德生早年在上海钱庄做学徒，后到广东厘金局当差。他目睹外国生产的面粉免税倾销国内，于是便下决心做"国粉"，即国产面粉。荣氏兄弟意识到，只有多办工厂，发展实业，才能"杜侵略""抵外货"；而衣食是人生的基本需要，办中国人自己的面粉厂、纺织厂，便将个人的商业发展与国家和民众的需要结合到了一起。

1916年，荣德生撰写并印行《理财刍议》，大声疾呼："处此竞争世界，苟无经济，何以立国？"[6]次年，荣氏兄弟买下日本纱厂"恒昌源"，改为申新二厂。中国自有纱厂以来，华资企业被外资买下屡见不鲜，反过来外资纱厂被中国人买下的案例少之又少，这场收购成为当时华商纺织界的

---

[1] 江霄纬，《人道须知·序二》，载《荣德生文集》，上海古籍出版社2002年版，第338页。

[2] 梁林军，《荣氏兄弟的"心正思无邪，意诚言必中"》，《学习时报》2021年8月23日。

[3] 邓小平，《争取整个中华民族的大团结》，《邓小平文选·第三卷》，人民出版社2001年版。

[4] 荣德生，《明志联》，《荣德生文集》，第312页。

[5] 荣德生，《人道须知》，《荣德生文集》，第354页。

[6] 荣德生，《理财刍议》，《荣德生文集》，第237页。

荣耀。

1937年，全面抗战爆发，上海、南京相继陷落，荣家在大后方开办了6家新厂，积极支援抗战。在沦陷区，荣家企业有的被日军炸毁，有的被日军占据，只有租界内的工厂勉强维持生产。1941年，太平洋战争爆发后，荣家在上海的企业被日军军管，日本人提出"合作"经营的要求，荣德生断然拒绝，他说："我是中国人，决不能把中国的产业卖给外国人。"[1]1943年，日方又要收购无锡的荣家企业，荣德生坚决不答应，并撰联"心正思无邪，意诚言必中"以明志。[2]抗战胜利后，联合国调查战争赔偿损失时，荣德生表示：如果此项赔偿是中国政府出钱，我们一分钱都不要，因为我们可以自力更生，自谋恢复。如果由日本政府来赔偿，不管多少，我们都要，我们要向世界讨个公道！

2. 诚心对社会

荣德生所理解的"信"，是实践之谓，不专在语言。"信于持身者，不欺幽独，可质帝天，是也。信于接人者，心口如一，表里共建，是也。信于应事者，实心实力，始终弗渝，是也。"[3]在他看来，商业是与社会接触最多的机构，平时货品的真实、货价的划一，都应当取信于人。讲信用既然深得人心，商业生涯自然能够发达。

有一年，雨量特别大，荣德生在工厂巡视时发现仓库外墙泛潮，水渍痕迹高达一二尺，他立刻判定仓库中不少麦子可能吃潮，于是决定受潮的麦子都弃而不用，并通知各地收麦人员要严把质量关，不得收购潮麦和烂麦。结果，那年无锡各家面粉厂被烂麦损害了面粉质量，只有茂新厂生产的"兵船牌"面粉品质过硬，出产的面粉品味都比别家好，处处乐用。从此，"兵船牌"的面粉声誉鹊起，售量大增。1926年，"兵船牌"面粉在美国费城的万国博览会上获得奖状，上海面粉交易所就规定以"兵船"为标准粉。

---

[1]荣毅仁，《在无锡市纪念荣德生诞辰一百一十周年大会上的讲话》，《荣德生文集》，第3页。

[2]荣德生，《明志联》，《荣德生文集》，第312页。

[3]荣德生，《人道须知》，《荣德生文集》，第358页。

3. 坦怀度厄运

"君子坦荡荡，小人长戚戚。"(《论语·述而》)荣德生就是这样的坦荡君子。他将儒家君子的"忠信之道"切于实用："其服务社会也，身居乡里，讨论自治，我亦一分子，无可避免。则惟尽其勤恳之心，按期必到，遇事必奋，忠也。捐除一切私见，坦怀相示，共谅无他，信也。"

1946年，荣德生被匪徒绑架，他认为歹徒是"绑财神错找事业家"。他坦然地告诉绑匪："我是一个事业家，不是一个资本家，我所有的钱全在事业上面，经常要养活数十万人，如果事业一日停止，数十万人的生活就要发生影响。所谓资本家，是将金钱放在家里，绝对不想做事业……本人是以事业作为救济，诸位这次把我弄来，实在是找错了人，不信你们去调查。"匪徒们调查的结果，和荣德生所说的确相符合。[1]

荣德生一生历遭挫折、屡遇厄运，但他始终初心不改，问心无愧，虽被重重构陷，仍然坚持经营企业。有人劝他出国，他却坚信自己"生平未尝为非作恶，焉用逃往国外"，并公开登报声明"荣氏工业机构决不迁赴国外"[2]。1949年，他坚决不去台湾，而是留下来参加新中国的建设。后来他的儿子荣毅仁，在工商业社会主义改造时，把企业无偿捐献给国家，被誉为"红色资本家"，先后担任上海市副市长、中华人民共和国副主席。

二、"安心修德"的管理理念

中国人是世界上最重视家庭的族群之一，儒家学派是世界上最重视家庭的思想学派之一。中国人的家庭，不仅是生儿育女的地方，而且是生产消费的组织，更是学习教育的场所。[3]荣德生认为，工厂是员工的"第二家庭""集合数千人于一家，又皆雇佣性质，其规条之遵守，秩序之维持，此则训练非易，大有赖于工人之自治力矣"[4]。为此，荣德生创造性地提出了"劳工自治区"的设想并进行了成功的实践。"夫欲劳其形者，必安其

---

[1] 荣德生，《谈被绑真相》，《荣德生文集》，第483页。
[2] 荣德生，《荣氏工业机构决不迁赴国外》，《荣德生文集》，第502页。
[3] 黎红雷，《儒家商道智慧》，第34页。
[4] 荣德生，《人道须知》，《荣德生文集》，第446页。

心；欲乐其业者，必一其志；欲用其力者，必健其身；欲改其恶者，必修其德。"[1]实业家如果希望取得精良的技术，工作的改进，就必须首先筹划劳工的福利，注意他们的身心安康，使得其工作之时无内顾之忧，业余之暇得精神之慰，自然安居乐业，专心工作。

1. 安其心

在儒家看来，管理的目标是"安人"[2]，就是让民众生活安定，无后顾之忧。劳工自治区内的设施完备。在生活方面，有单身男女工宿舍、职工家属宿舍；在学习方面，有劳工子弟教育的托儿所和小学，劳工补习教育的晨夜校，劳工技能教育的女工养成所、机工养成所、职员养成所；在医疗方面，设有职工医院；在购物方面，设有合作社。此外，还有帮助工人识字的"小导师"，帮助工人代写家信的代笔处，图书馆，阅报室等。总之，"凡工人自出生至老死，均已顾及"，工人的生活和环境大大改善，这就解除了他们的后顾之忧，使其安心投入本职工作，从而提高了劳动生产率。

2. 修其德

在儒家看来，管理的手段是"道之以德，齐之以礼"[3]，通过道德教育和礼制规范的措施，引导民众自我改进以使人心归服。为此，劳工自治区采取了以下举措。

在"道之以德"方面，劳工自治区的宗旨是"改善区民生活，培养良好之工友"；总的训练目标是"做新生活"，具体包括做事勤劳、工作努力、浓厚的兴趣、快乐的态度、合作的精神、健全的身心。这些目标通过一系列实施细则加以落实。例如，各区都聘任指导员，指导区民日常良好生活。区民的日常作息有时间表，膳室、寝室都有行为公约。执行公约情况有奖惩。奖励的事项："操行优良，工作努力，遵守公约，热心运动，勤苦读书，衣被清洁。"惩戒的事项："不服训导，懒于洗涤，侮谩师长，

---

[1]《申新第三纺织公司劳工自治区概况》，载上海大学、江南大学《乐农史料》整理研究小组选编《荣德生与企业经营管理》（下），上海古籍出版社2004年版，第740页。

[2] 黎红雷，《儒家管理哲学》，第270–277页。

[3] 黎红雷，《儒家管理哲学》，第232–242页。

无故停工，不肯上课。"

在"齐之以礼"方面，劳工自治区的许多规章制度，都采取公约的形式，体现了主办方"多用积极的劝导，少用消极的抑止；多用间接的方法，少用直接的方法"的实施原则。劳工自治区还设立劳工裁判所和劳工自治法庭。负责劳工纠纷的调解、裁判、惩罚等事宜。劳工自治法庭的隔壁，设立供奉关羽、岳飞、戚继光等塑像的"尊贤堂"。凡是遇到蛮横不讲理的工人，劳工裁判所经常采取的办法，就是罚他们到"尊贤堂"去宣誓。据说这些方法对改造思想、平息纠纷颇有效果。

3. 乐其业

劳工自治区的设立，减少了劳资纠纷，促进了劳资合作。申新三厂，曾经在1925年发生过影响较大的工潮。起因是1922年该厂建成投产后，一方面依然沿用传统的工头制管理方式，由各级工头把持生产、技术等重要环节；另一方面陆续引进一些具有科学管理头脑的新式经营人才。经过比较，荣德生认识到了新式科学管理的先进作用，以及旧式工头欺压工人、效率低下等弊端。于是废除工头制，改用由工程师、技术人员构成的新职员实行科学管理的方式。工头不甘心丧失既得利益，四处煽风点火，一部分工人也因为管理强度加大、劳动定额增加而不满，结果发生了工人闹事、殴打新职员的事件，工厂被迫停工数日。但是，随着劳工自治区的建立和完善，此类劳资冲突再也没有发生过，企业主与职工之间、职员与劳工之间的和谐关系得以建立。

荣德生"安心修德"的管理理念及其劳工自治区的成功实践，是儒家"仁者爱人""道之以德""齐家之道"等一系列思想与近代企业管理制度相结合的产物。"它关心职工生活和教育培训，协调劳资关系，让工人自我管理，堪称具有中华民族特色的企业管理模式。他的做法，即使在当时世界范围内来看，也是非常先进的伟大创举，所以被国际劳工总局特派员伊士曼誉为'工业界先觉'。"[1]

---

[1] 李晓，《假如德鲁克遇见荣德生》，载黎红雷主编，《企业儒学·2017》，人民出版社2017年版，第163-164页。

三、"赴义疏财"的奉献精神

荣家从荣德生的父亲荣熙泰开始经商。荣熙泰精研儒家经典《易经》,"洞明聚散损益之理,而赴义疏财。善贻布帛菽粟之谋,而本身以示教"[1]。荣德生谨记父亲的耳提面命、言传身教,终身践行了"赴义疏财"的奉献精神。

1. 赴义办企业

荣德生之所以投身实业创办工厂,除了"实业救国"的理想之外,还有一个重要原因,就是解决社会就业问题。荣德生指出:"余以为创办工业,积德胜于善举。慈善机关周恤贫困,尚是消极救济,不如积极办厂兴业。一人进厂,则举家可无冻馁;一地有厂,则各业皆能兴旺。余以后对社会尽义务,决定注重设厂兴业。"[2]在荣德生看来,解决就业是最积极的慈善公益,也是实业家最大的社会义务。荣家兄弟本来在上海是开钱庄的,有一年,他们兄弟俩及几位同乡朋友游览杭州西湖,在"楼外楼"就餐,席散下楼,即有一群乞丐围上来讨钱。大家一时不胜感慨:乞丐们都是壮年失业,只有解决就业问题才有可能从根本上救济他们。于是,"群议回沪设厂,广招劳工,庶于消弭失业有补"[3]。将兴办企业与解决社会失业问题结合起来,体现了荣氏兄弟的仁义情怀。

2. 疏财为民生

荣德生对钱财看得很开,他说:"人生必有死,即两手空空而去。钱财有何意义,传之子孙,亦未闻有可以历世不败者。"[4]荣德生十分敬佩同为江苏实业家的张謇先生,决心像张謇建设南通那样,将自己的财富用来造福乡梓,造福民生。

在教育事业方面,荣德生曾自述:"余髫年习商,读书无多,迨后置身实业,职务繁冗,深感学识缺乏之痛苦,渐悟教育事业之可贵。"[5]于

---

[1] 荣德生,《荣隐君熙泰先生像赞》,《荣德生文集》,第553页。
[2] 荣德生,《乐农自订行年纪事续编》,《荣德生文集》,第167页。
[3] 钱穆,《钱穆记荣德生》,《荣德生文集》,第535—536页。
[4] 钱穆,《钱穆记荣德生》,《荣德生文集》,第536页。
[5] 荣德生:《追述工商中学始末》,《荣德生文集》,第264页。

是，在兴办实业稍有盈余后，荣德生便积极率领家人和族亲兴学办教育。荣家在无锡先后创办"公益小学""公益中学"，以及为女子专设的"竞化女校"、培养企业经营管理人才的"工商学校"等，为社会培养了大量人才，包括科学家钱伟长、经济学家孙冶方等。抗战胜利后，荣德生父子还创办了江南大学，其聘请的专职教授中有现代新儒家的开创者钱穆、牟宗三、唐君毅等人，为中华文化的继往开来做出了贡献。

在公益事业方面，荣家在无锡建立了"大公图书馆"，不仅为公众免费阅读国内外的书籍、增长知识提供了场所，而且保存了大量的珍贵历史文献。荣家关注地方建设，开发太湖风景资源，建设游览风景胜地，修建道路桥梁，并集资创设了公共汽车公司，以方便城乡之间的往来。荣德生1928年发起成立"千桥会"（又称"百桥公司"），置备必要工具及辅助器材，配备人力，专门协助地方修建桥梁；如遇地方贫瘠、无法筹款者，则由"千桥会"承担修建桥梁费用。截至20世纪30年代中期，共建成大小桥梁88座。其中，荣德生在60岁寿辰时斥巨资修建的"宝界桥"，为当时江南的第一大桥。荣德生欣慰地说："他年我无锡乡人，犹知有一荣德生，惟赖此桥。我之所以报乡里者，亦惟有此桥耳。"[1]

3. 著书振人心

荣德生当初办教育的期待，"以为吾乡社会必可改良，民众知识趋于进步"，但没想到经过20年的努力，"与人相较，故我依然"。他探究其中的原因，在于"皆人才教育，而非公民教育"[2]。所谓"人才教育"，就是偏重知识灌输；所谓"公民教育"，就是注重思想道德的培养。明白于此，荣德生便组织编印《人道须知》，将其作为"公民教育"的教材，免费赠送给学校和社会各界。

《人道须知》共分八卷，计有孝悌、忠信、礼义、廉耻、家庭、生活、自治、处世等。内容以"四书五经""诸子百家"等古圣先贤的教诲为体，现代人们的日常生活行为举止为用，论理明白晓畅，语言通俗易懂，内容切实可行。荣德生认为："圣贤之所以成为圣贤，几千年来颠扑

---

[1]钱穆，《钱穆记荣德生》，《荣德生文集》，第536页。
[2]荣德生，《人道须知·序一》，《荣德生文集》，第337页。

不破，终身读之不尽，历来先儒讲解不完，一时有一时之解释，一代有一代之讲法。今欲繁荣经济，改造社会，重振人心，若照《大学》做起，必能成功；既照首章'序言'办去，亦能治国平天下。平天下者，即世界大同之谓也。世界大同，必先从个人做起。如能人人照此做去，今后或可走到。"[1] 这里，体现了荣德生作为"商而儒者"守正创新的文化情结和胸怀天下的淑世情怀。

第三节　卢作孚的儒商气质

卢作孚（1893—1952），四川合川（今重庆市合川区）人，近代中国著名实业家。卢作孚从小入读私塾，接受中华传统文化的熏陶；投身实业后，他根据近代社会的需要，重新诠释了诸如"兼善""能群""勤俭"等传统儒学概念，展现了近代儒商与时俱进、守正创新的智慧。毛泽东主席提到：要说中国的近代工业，不能忘记搞交通运输的卢作孚。[2] 习近平总书记称赞卢作孚是"爱国企业家的典范"。[3]

一、"兼善天下"的经营目标

儒家亚圣孟子提出："穷则独善其身，达则兼善天下。"（《孟子·尽心上》）卢作孚在此基础上进一步提出："吾人做好人，必须使周围都好，只有兼善，没有独善。"[4] 在卢作孚看来，一个真正的"好人"，其根本的标志不在于"独善其身"，而在于"兼善天下"。卢作孚早年参加同盟会，主张"革命救国"，后来从事文化教育，主张"教育救国"，最终创办企业，主张"实业救国"。他将"兼善天下"的精神，具体化为"服务社会，便利人群，开发产业，富强国家"[5] 的经营目标。

---

[1] 荣德生，《乐农自订行年纪事续编》，《荣德生文集》，第221页。
[2] 凌耀伦、熊甫编，《卢作孚文集（增订本）》，北京大学出版社2012年第2版，第7页。
[3] 习近平，《在企业家座谈会上的讲话》，新华社2020-07-21 22:59。
[4] 卢作孚，《精神之改造》，《卢作孚文集（增订本）》，第379页。
[5] 凌耀伦、熊甫编，《卢作孚文集（增订本）》，第17页。

1. 开发产业，交通为先

卢作孚主张"实业救国"，其目的在于"将中国现代化"。实现现代化，则要"一切产业工业化"；产业工业化，则依赖交通运输业；在交通运输中，航运业又是最重要的。因为"航运是一切事业之母"，在航运的基础上发展产业，才是"救国之图"。

由此，卢作孚决定创办民生公司，经营长江航运。当时，长江上游航业十分消沉，尤其是中国籍轮船公司危殆。但是，令卢作孚愤慨的是，当时的长江航线几乎被外国航运公司占领，以致触目可见外国国旗，倒不容易看到本国国旗。卢作孚决心创办一家真正属于中国人自己的航运公司，在竞争中把中国内河的航运权从外国人手中夺回来，把外国轮船从长江赶出去。

民生公司成立后，面对外国轮船公司的挤压，卢作孚意识到："扬子江上游航业的问题，皆认为关系于四川对外交通和未来的开发，非常重要。其垂危局面，不容坐视不救。"[1]于是，卢作孚决定以民生公司为中心，增加资本，合并其他公司，实现了川江航运的统一，促进了民族航运业的生存和发展壮大。在此基础上，民生公司广泛向钢铁、机械、煤炭、纺织、建筑、食品、服装、银行、教育、保险等70多家企业投资，成为一个以航运业为主的大型实业集团。

2. 服务社会，便利人群

卢作孚指出："人的成功不是要当经理、总经理，或变成拥有百万、千万的富翁，成功自己；而是盼望每一个人都有工作的能力，都能成功所做的事业，使事业能切实帮助社会。"[2]在卢作孚看来，投身实业、兴办企业、创立事业，其目的不是自己升官发财，而是切实帮助社会，解决民众需求。为此，一方面要为顾客服好务，另一方面要为社会做贡献。

在服务顾客方面，卢作孚多次强调，站在轮船的角度，一方面要为客

---

[1] 卢作孚，《一桩惨淡经营的事业——民生实业公司》，《卢作孚文集（增订本）》，第412页。

[2] 卢作孚，《超个人成功的事业 超赚钱主义的生意》，《卢作孚文集（增订本）》，第318页。

人服务，使一切客人感受舒适；另一方面为货物服务，使一切货物得到保护。改善服务的运动，不仅体现在物质的设备上，而且体现在人的活动上，不仅普遍于船上，而且联络在岸上。为此，民生公司采取多种方法来提高服务质量，包括热情待客、征询意见、改善服务，服装整齐，态度和蔼，精神振奋，给旅客带来了愉悦的享受。

在贡献社会方面，民生公司每年都拿出大量资金去资助社会文化教育公益事业。其中，知名的例子就是"北碚乡村建设"，其措施一是改善生态环境，包括整治环境卫生，拓宽道路，广植花草树木等；二是兴办各种经济事业，包括铁路公司、煤矿公司、染织厂、农村银行等；三是创办文化教育事业和社会公共事业，包括地方医院、图书馆、公共运动场、平民公园、各类民众学校、科学院等。在卢作孚和民生公司同人的不懈努力下，昔日荒凉偏僻的北碚，"有了一个花园城市的雏形"，成为今日重庆市的主城区之一。

3. 富强国家，毋忘国难

"天下兴亡，匹夫有责。"卢作孚创办实业的目的，是用实业的成功去改变国家落后面貌，实现国家的富强。因而当国家面临危亡时，他必然挺身而出，"梦寐毋忘国家大难"[1]。抗日战争爆发后，卢作孚宣告"国家对外的战争开始了，民生公司的任务也就开始了"[2]，动员全体职工起来参加战争，并及时将公司的一切工作迅速转移到战争轨道上来。

1938年秋，由于战争，大量人员及工厂设备、军需物资聚集湖北宜昌，准备沿着长江航道向大后方转移，而当时距川江每年的枯水期只有40天了。值此危急存亡之际，卢作孚亲自坐镇宜昌，组织指挥公司全体员工投入抢运工作，终于在枯水期到来之前，冒着敌机的狂轰滥炸，抢运了150多万人员和100多万吨物资入川，创造了中国航运史和战争史上的奇迹，被誉为"中国实业上的敦刻尔克"。民生公司为此做出重大贡献，同时也遭受巨大的损失和牺牲，有16艘船舶被炸沉炸毁，69艘船舶被炸

---

[1]《民生实业有限公司七十周年纪念刊》第7页。
[2]《卢作孚——爱国企业家的典范》，中国农工民主党重庆市委员会网页http://www.cqngd.gov.cn/，2020-08-24。

伤，117名员工牺牲、76名员工伤残，谱写了一部民族救亡的悲壮史诗和英雄乐章。

二、"群体秩序"的管理理念

儒家的组织管理理论集中体现在荀子的"群论"当中。[1]荀子对于社会组织的论述，是从人与生物的区分开始的。他说："人能群，彼不能群也。人何以群？曰：分。分何以能行？曰：义。"(《荀子·王制》)在荀子看来，人类之所以优于其他生物，就在于人的社会性即"群"。"群"是人类生来就具有的功能，而要使之成为现实的社会组织，就必须有"分"；"分"是社会组织的构成，而要使社会组织的构成合理，就必须有"义"，即一定的社会行为准则。荀子还指出："君者，何也？曰：能群也"(《荀子·君道》)；"人君者，所以管分之枢要也"(《荀子·富国》)。在荀子看来，管理者的职责就在于按一定的分工原则把人们组织起来，管理者自觉地担负起规定和维持社会秩序的责任，整个社会就能进入有序运转的状态。

卢作孚依据当时社会组织特别是工商组织的性质，对荀子的"群论"做了进一步的发挥。关于社会组织的重要性，卢作孚指出："自有人类以至于现在，无论为何种国家，何种民族，乃至于任何时代，人都不能离开社会生活，更不能离开集团生活。人都受社会生活的支配，更受集团生活强有力的支配。"[2]这里，在人的"社会性"的基础上，更加突出人的"集团性"。关于社会组织的分工，卢作孚指出："工商管理的方法即系建设秩序的方法，建设每一工作人员活动的秩序，建设一群工作人员相互配合活动的秩序。"[3]这里，在社会组织"分工"的基础上，更加强调"秩序"的建设。关于管理者在组织和分工中的作用，卢作孚指出："一事业而有最高才能的领导者，不在其凭个人的天才监督人群，而在能建立人群的秩序监督个人，不但应当发挥每一工作人员的能力，尤其应当发挥整个社会组

---

[1]黎红雷，《儒家管理哲学》，第185-195页。
[2]卢作孚，《社会生活与集团生活》，《卢作孚文集（增订本）》，第249页。
[3]卢作孚，《工商管理》，《卢作孚文集（增订本）》，第437页。

织的能力。"[1]这里,在领导者"个人能力"的基础上,更加突出"建立秩序"的意义。由此,卢作孚提出"群体秩序"的管理理念。

1. 群体灵魂,以和为宝

群体是有灵魂的。《论语·学而》上说:"礼之用,和为贵。"孟子指出:"天时不如地利,地利不如人和。"(《孟子·公孙丑下》)卢作孚非常重视群体中的"人和",将"和气"作为民生公司的法宝和灵魂之一,"从公司各部中看出职工的和气,从股东大会中看出股东的和气"[2]。以和为魂,以和为宝,以和为贵,全体同仁相互同情、相互帮助,共同谋公司的利益、谋社会的利益,并得到社会的同情和帮助。

2. 群体基础,为事择人

群体是由人组成的。孔子说"舜有臣五人而天下治"(《论语·泰伯》),并主张"举贤才"(《论语·子路》)。卢作孚指出:"人事管理之第一问题在用人,用人之第一要义在为事择人。"[3]他反对用人唯亲,主张用人唯贤,坚持德才兼备的标准,并采取"低级人员考"和"高级人员找"的具体措施,招揽了一批又一批能干务实的人才,夯实了公司群体的基础。

3. 群体氛围,以文化人

群体中的人是需要教育的。儒家主张:"建国君民,教学为先。"(《礼记·学记》)卢作孚提出:"中国的根本问题是人的训练。"[4]他十分重视对职工进行"民生精神"的教育,采取了"以团体的工作、团体的讲学、团体的娱乐乃至一切生活包围他们"的方法,不仅体现在各种规章制度中,还在各种训练班灌输,在各种会议上宣讲,组织参加各种社会活动和文体活动,甚至在寝室里张贴,床单上印字,营造了浓厚的群体文化氛围。[5]

---

[1] 卢作孚,《工商管理》,《卢作孚文集(增订本)》,第439页。
[2] 卢作孚,《公司的灵魂》,《卢作孚文集(增订本)》,第190页。
[3] 卢作孚,《工商管理》,《卢作孚文集(增订本)》,第439页。
[4] 卢作孚,《中国的根本问题是人的训练》,《卢作孚文集(增订本)》,第240页。
[5] 凌耀伦、熊甫编,《卢作孚文集(增订本)》,第22页。

三、"勤劳节俭"的奋斗精神

中华民族历来以"艰苦奋斗、勤劳节俭"而著称于世。卢作孚指出:"中国人有两种美德,是可以战胜世界任何民族的,一个是勤,一个是俭。"[1]结合现代社会特别是现代企业的实际,卢作孚提出"大胆生产,小心享用"的口号,"大胆生产之谓勤,小心享用之谓俭"[2],从而丰富了"勤劳节俭"奋斗精神的时代内涵。

1. 勤劳刻苦,大胆生产

"一勤天下无难事。"卢作孚所诠释的现代社会中的"勤",就是发扬中华民族勤劳刻苦的精神,"大胆应用现代的办法生产,现代有什么,我们便要生产什么"[3]。民生公司的崛起,正是这种精神的写照。当时,长江上游的航业十分消沉,外国轮船公司凭借长江中下游的基础,有计划地伸入长江上游。卢作孚挺身而出,决心创办一家真正属于中国人自己的航运公司,与外国公司竞争。民生公司创办初期,租下一个小小的药王庙作为办公地点,工作环境相当简陋,经费更是捉襟见肘,连去上海订船的旅费都是个人自掏腰包。但是在这艰苦创业的过程中,同人都有牺牲个人的决心,没有说事苦的,也没有说钱少的,更"没有一个人离开这桩事业而去"[4]。

经过10年的"惨淡经营",不懈努力,民生公司终于统一了长江上游航运,将曾经不可一世的外国轮船公司逐出了长江上游,"崛起于长江,争雄于列强"。基于这一成功实践,卢作孚自豪地写道:"我们要鼓起勇气,坚定信心!凡白种人做得来的,黄种人都做得来;凡日本人做得来的,中国人都做得来!只要学会了他们的技术和管理,便会做出他们的事业。"[5]

---

[1] 卢作孚,《大胆生产,小心享用》,《卢作孚文集(增订本)》,第353页。
[2] 卢作孚,《大胆生产,小心享用》,《卢作孚文集(增订本)》,第353页。
[3] 卢作孚,《大胆生产,小心享用》,《卢作孚文集(增订本)》,第353页。
[4] 卢作孚,《本公司是怎样筹备起来的》,《卢作孚文集(增订本)》,第284页。
[5] 卢作孚,《一桩事业的几个要求》,《卢作孚文集(增订本)》,第341页。

2. 节俭避奢，小心享受

"历览前贤国与家，成由勤俭败由奢。"卢作孚所诠释的现代社会中的"俭"，就是发扬中华民族节俭避奢的精神，"节省物质上的享用，任何东西我们不能生产，便不要享用，反转来说。我们能够生产什么，才享用什么"[1]。在卢作孚看来，付出与收获相一致，享受与生产相关联，有付出才能有收获，有生产才能有享受。他是这样说的，也是这样做的。

民生公司的工作服，就是用公司自办的北碚三峡染织厂生产的芝麻色粗布作面料，以中山装为款式，而制作的统一的公司制服。为什么要穿公司的制服？卢作孚专门撰文回答：一是要造成节约的风气，二是要表现事业的精神。他指出，当前的社会正在淫靡奢侈中迈进，其中一个现象就是比赛着谁的衣服漂亮，谁的衣服华贵，"我们当要纠正它，另外造起节约的风气，造成功一个朴质而有意义的新社会，即从穿衣服起，去影响一切的一切。"[2]在卢作孚看来，穿什么衣服不是小事，而是关系到公司形象、社会风气的大事。他本人以身作则，除了1944年到美国出席国际通商会议时出于外交礼仪而穿西装外，平时无论是在公司工作还是出席政府会议，始终都是一身公司的粗布制服。

3. 好而不恃，为而不有

卢作孚小学毕业的时候，校长为他题写了八个字——"好而不恃，为而不有"[3]。所谓"好而不恃"，就是做好事不是为了得到他人的赞扬或回报，而是出于内心的本真和善良；所谓"为而不有"，就是不要对物质财富和名利地位有过多的执着和占有欲。卢作孚将此条幅珍藏起来，后又精心装裱，挂于床头，作为自己奋斗一生的座右铭。

卢作孚最初在民生公司并没有股权。朋友们特意凑了一笔钱给他入股，股东大会为感谢他对公司的贡献，额外赠给他一些干股，但他和家人从未领过红利，并且他还在去世前专门留下遗书，要求将"民生公司的股

---

[1] 卢作孚，《大胆生产，小心享用》，《卢作孚文集（增订本）》，第353页。
[2] 卢作孚，《民生公司职工为什么要穿公司的制服》，《卢作孚文集（增订本）》，第291页。
[3] 张守广，《卢作孚年谱》，江苏古籍出版社2002年版，第5页。

票交给国家"。当时许多人慕名请他到事业或企业单位兼职，每个兼职都有可观的车马费、津贴费，有的比他工资还高。而每次单子送来，他总是写上"捐中国西部科学院""捐兼善中学""捐瑞山小学"等，直接转给社会公益事业。

卢作孚生前好友、中国近现代著名教育家、社会活动家黄炎培评价卢作孚说："卢先生奋斗越努力，事业越发展，信誉越增加。他不矜夸、不骄傲，而是不断地刻苦奋斗。他是一个吃苦耐劳、大公无私、谦和周到、明决爽快、虚心求进的人，是富于理想又勇于实践的人。"[1] 这正是卢作孚毕生奋斗精神的生动写照。

第四节 陈嘉庚的儒商气质

陈嘉庚（1874—1961），福建省泉州府同安县集美社（今福建省厦门市集美区）人，著名华侨企业家。他9岁入私塾，学习《三字经》、"四书"等典籍，17岁起下南洋经商后，仍未放弃对中国传统文化的学习[2]。在世界风云变幻和商海激烈竞争中，陈嘉庚坚持"我国固有之文化精神"[3]，展现出鲜明的儒商特色。毛泽东称誉陈嘉庚为"华侨旗帜、民族光辉"。[4] 习近平说："陈嘉庚先生在中国和南洋是很受大家敬仰的，他把所有的钱都投进了教育事业，兴办了厦门大学等学校。嘉庚先生的高明之处，在于他深知做生意与做人一样，要讲德行。在生活上崇尚简朴，在商场上遵守信用，体现了'天行健，君子以自强不息'的儒商气质。"[5]

---

[1] 张志学，《实业报国　使命担当——卢作孚与民生公司》，《企业管理》2019年第10期。

[2] 陈国庆，《我的父亲》，中国人民政治协商会议全国委员会文史资料研究委员会等编，《回忆陈嘉庚》，文史资料出版社1984年版，第56页。

[3] 陈嘉庚，《文化与国家关系》《陈嘉庚言论集》，新加坡怡和轩俱乐部、陈嘉庚基金、中国厦门集美陈嘉庚研究会联合出版，2004年版，第64页。

[4] 朱水涌，《陈嘉庚传》，厦门大学出版社2021年版，第324页。

[5] 中央党校采访实录编辑室，《习近平在福建》（上），中共中央党校出版社2021年版，第46页。

一、"国民天职"的担当精神

清儒顾炎武指出:"保天下者,匹夫之贱与有责焉。"[1]清末民初思想家梁启超将其概括成一个八字成语——"天下兴亡,匹夫有责",从此被人们广泛接受而流行于世。[2]陈嘉庚在其著作、演讲中多次提到"天下兴亡,匹夫有责"的警语,并进一步解读为"欲尽国民一分子之天职"[3],以之作为自己终生奋斗的责任担当。

1. 创业强国

陈嘉庚认为,创办实业是尽国民天职以强盛国家的途径之一。他指出:"夫文明国之所谓商者,既能经营天产之原料,兴厂制成器物,复益以航业之交通,银行之便利,保险之信用,发行机关之完备……其势力与精神,尤能辅助国家,以培育无量数之人才。"[4]在他看来,创办实业,既可以壮大国家的实力,提振人民的精神,又可以培育建设国家的人才。于是,陈嘉庚选择在南洋("南洋"在明清时期泛指东南亚地区)一带创办各种现代企业。因为他看到,南洋实业日益发达,而在各国侨民中,中国人数最多;如果中国要发展实业,南洋是非常重要的地方,"不特可以利益侨众,尤可以为祖国未来工业之引导"[5]。例如,由于现代工业和交通运输业发展的需求,二十世纪进入"橡胶时代",当时像日本这样的国家,就有大小胶厂四百多家,而当时中国本土竟然没有一家像样的胶厂。新加坡属于产胶区域,如果在那里办胶厂,工人都是华侨,利用当地化验仪器和机器设备,训练职员工人,就像师范学校训练学生那样,将来他们回国,就可以发展祖国的胶业。"愚于个人营业之外,尚抱此种目的,故不惜资本,积极勇进。"[6]这表明,陈嘉庚在海外创办实业的初心,就是为了祖国的富强和未来的发展。

---

[1]《日知录·卷十三·正始》,(清)顾炎武著,黄汝成集释,栾保群、吕宗力校点,《日知录集释》(全校本),上海古籍出版社2006年版,第757页。
[2]岳忠豪,《"天下兴亡,匹夫有责"起源考辨》,中国社会科学网2021-01-06。
[3]陈嘉庚,《南侨回忆录》,上海三联书店2014年版,第4页。
[4]陈嘉庚,《陈嘉庚言论集》,第41页。
[5]陈嘉庚,《陈嘉庚言论集》,第399页。
[6]陈嘉庚,《个人企业追记》,《南侨回忆录》,第422页。

2. 办学兴国

在兴业强国的实践中，陈嘉庚深深感到教育的重要性。他看到，中国实业落后，关键是教育落后，"吾人深知此弊，以为补救之法，莫善于兴学"[1]。面对国内"教育不兴实业不振"的局面，陈嘉庚表示："国家兴亡匹夫有责，自当急起直追以尽天职，何忍袖手旁观，一任教育前途之涂炭。且兴学即所以兴国，兴国即所以兴家。"[2] 于是，陈嘉庚用自己兴办实业的所得，"尽数提归办学之需"[3]。

据统计，陈嘉庚在厦门、新加坡等地，先后创办和资助小学、中学、中专、大学等各类学校118所，为国家和社会培养了大量的人才。其中，厦门大学和集美学校更是由陈嘉庚及其家人独力支撑。当企业经营遭遇困难时，有人劝陈嘉庚停止资助学校以维持企业的经营，但是他始终不忍放弃义务，毅然支持教育，甚至为了保证厦门大学的运转经费，将自家位于新加坡的一座别墅卖掉，把款汇给厦大，留下"变卖大厦，支持厦大"的佳话。企业收盘后，陈嘉庚决定舍弃实业保住学校赖以发展的校费。他将马来亚和新加坡的几家基础较好的橡胶厂及食品厂分别租给可靠的亲友，他们提供资金经营，若获利则抽取其中部分或全部利润作为集美学校和厦门大学的经费，并将学校无偿献给国家。

3. 共赴国难

抗日战争爆发后，陈嘉庚誓作祖国抗战后盾，"而尽国民天职"[4]，牵头成立"南洋华侨筹赈祖国难民总会"（南侨总会），他在宣言中说："国家之大患一日不能除，则国民之大责一日不能卸，前方之炮火一日不能止，则后方之刍粟一日不能停。"[5] 在陈嘉庚的精心组织和领导下，南侨总会为抗战募捐巨款，赠送大量衣服、药品到前线，并组织华侨回国服务，有力地支援了祖国抗战。

---

[1] 陈嘉庚，《陈嘉庚言论集》，第41页。
[2] 陈嘉庚，《陈嘉庚言论集》，第42页。
[3] 陈嘉庚，《陈嘉庚言论集》，第11页。
[4] 陈嘉庚，《南侨回忆录》，第55页。
[5] 陈嘉庚，《南侨回忆录》，第59页。

1938年底广州沦陷后，滇缅公路成为抗战前线获得战略物资保障的唯一国际通道。当时滇缅公路刚刚通车，驾驶员和修理技工奇缺，急需大批汽车司机和修理人员。南侨总会发出《征募汽车修机使机人员回国服务》的通告，"数月之间，热诚回国者三千二百人"[1]。陈嘉庚亲自接见回国服务的机工，勉励他们为祖国抗战做贡献，并亲临云南慰问考察。南洋机工们克服种种困难，日夜驰骋，运送军需物资，保证了"抗战生命线"的畅通，谱写了赴汤蹈火、共赴国难的壮丽篇章。

1942年日军占领新加坡后，陈嘉庚到印尼爪哇避难，日寇到处搜捕他，但他临危不惧，"视死生于度外"，身上一直暗藏着一小包氰化钾，随时准备殉难。在此期间，就在敌人眼皮底下，为"纪念华侨参加抗敌"，陈嘉庚撰写了30多万字的《南侨回忆录》，在篇末他以诗明志："何时不幸被俘虏，抵死无颜谄事敌"[2]，表现了"宁为玉碎，不作瓦全"的铮铮铁骨。

二、"自强不息"的奋斗精神

儒家经典《周易·乾·象》曰："天行健，君子以自强不息。"君子处事，应像天一样，刚毅坚卓，发愤图强，永不停息。陈嘉庚认为"世界无难事，唯在毅力与责任耳"[3]。他勇于开拓，困而不挠，勤劳节俭，展现出一往无前的奋斗精神。

1. 开拓进取

陈嘉庚17岁到南洋帮父亲打理生意，父亲的企业破产后自己独立创业。当时他不但没有创业资金，而且还背负着父亲二十多万元的债务，可是他依然选择了勇毅前行，四处筹措资金，因陋就简，赊取原料，设厂生产菠萝罐头。获得一定资金站稳脚跟后，他又从长远发展着想，购地自行种植菠萝，实现了原料供应与产品加工的一体化，为此后事业的发展打下了基础。

---

[1] 陈嘉庚，《南侨回忆录》，第88页。
[2] 陈嘉庚，《南侨回忆录》，第369页。
[3] 陈嘉庚，《陈嘉庚言论集》，第32页。

陈嘉庚具有随时代应变的能力，"他能根据时代的潮流接受新思想"[1]。早在开垦山园种植菠萝时，他就未雨绸缪，在菠萝园内套种橡胶种子，成为东南亚大规模种植橡胶最早之一人，被誉为橡胶王国四大功臣之一。第一次世界大战爆发后，陈嘉庚抓住世界对橡胶需求增加的商机，把经营重点转移到橡胶业上，在东南亚首创了集种植、加工、销售等环节，融农、工、商为一体的大型橡胶产业集团，大力发展制造业，成为新加坡的工业先驱，被誉为"马来亚的福特"。

陈嘉庚是"一个敢挡风险的人，他喜欢冒险去做那种心中无数的事"[2]。第一次世界大战期间，海上运输异常危险，一般商家都退避三舍。但陈嘉庚敢想人所不敢想，敢为人所不敢为，大胆涉足海上航运业。在南洋各船东尚存疑虑之时，陈嘉庚先是租船，后是买船，建立起自己的船队，承接国际海上运输，获得巨大效益。

2. 困而不挠

儒家亚圣孟子指出："天将降大任于是人也，必先苦其心志，劳其筋骨，饿其体肤，空乏其身，行拂乱其所为，所以动心忍性，曾益其所不能。"（《孟子·告子下》）陈嘉庚经常以孟子这段话勉励自己，指出"毅者乃困而不挠之谓也"[3]。在他看来，为人有道德毅力，便是世间第一难得之奇才。

陈嘉庚的实业之路屡遭挫折，但他总是坦然面对，接受各种困难的挑战，坚韧不拔，将危机变为转机。第一次世界大战爆发，国际航运受阻，陈嘉庚公司外销的菠萝罐头和熟米无法运出，存栈万余包，银根困苦不可言喻，而各厂费及工人生活，则不能置之度外，公司艰难维持，度日如年。在如此严峻的形势面前，陈嘉庚没有放弃，他发现尽管菠萝罐头滞销，但制作罐头包装原料的白铁皮由于战需，价格暴涨，于是就将其转售出去，获得厚利，使企业渡过难关。

---

[1] 陈国庆，《回忆我的父亲陈嘉庚》，中央文献出版社2001年版，第126页。

[2] 陈国庆，《回忆我的父亲陈嘉庚》，第121页。

[3] 王增炳等编，《陈嘉庚教育文集》，福建教育出版社1989年版，第2页。

陈嘉庚的办学之路更是坎坷。在创办集美学校和厦门大学的过程中，他筹集资金、迁坟建校、购置设备、遴聘师资、物色校长，克服了许多困难，不断扩大办学规模，提高办学质量。因为承担沉重的校费，陈嘉庚经济状况长期不佳，乃至经常举债办学，但他总是这样勉励自己："公益事业，非艰难辛苦不为功，如孟子所云必先苦其心志也。"[1]因此，陈嘉庚始终以顽强的意志、刚毅的性格、百折不挠的精神，不断克服办学路上一个又一个的困难，以尽其"国民天职"。

3. 勤奋节俭

陈嘉庚指出："勤奋是事业之基""节俭是宝"[2]。在他看来，"勤奋节俭"是奋斗精神的题中应有之义，懒惰和奢侈只能消磨奋斗的意志，勤奋和节俭则能激发自强不息的精神。

陈嘉庚一生勤奋力行。自他17岁到新加坡在父亲店里帮忙开始，就"终日仆仆于事业"[3]，独立创业之后更是如此。他每天早上五时起床，六时吃早餐，七时开始日常工作；每周工作七天，无一日间断，没有休息，也没有节假日。日常陈嘉庚每天早上七时到橡胶制品厂巡视指导，和雇员谈话，同时检查生产的产品；中午主持日常会议，开完会驱车去用午餐，然后去总办事处处理各种事务；晚上则忙于与怡和轩俱乐部的成员交谈、处理社会和教育事务，直到半夜才回家。周末去巡视橡胶种植园，通常总是早晨七时离家启程，返家时太阳已快西下。

陈嘉庚在日常生活中十分注意节俭。他说："该用的钱，千万百万也不要吝惜；不该用的钱，一分钱也不要浪费。"[4]作为名满东南亚的华侨大实业家，陈嘉庚的家庭布置却相当简朴，全部家具与平常人家所用的无异，一点豪华的东西也看不到。当他晚年回到集美定居时，依然保持简朴本色，吃的是素菜简餐，穿的是补丁衣服，用的是陈旧家具，从不奢华讲

---

[1] 王增炳等编，《陈嘉庚教育文集》，第398页。
[2] 《陈嘉庚公司分行章程的眉头警语》，林斯丰主编，《陈嘉庚精神读本》，厦门大学出版社2019年版，第203页。
[3] 陈嘉庚，《南侨回忆录》，第407页。
[4] 黄金陵、王建立主编，《陈嘉庚精神文献选编》，福建人民出版社1996年版，第33页。

排场，即使招待客人，也是简朴节俭，从不浪费。"个人少费一文，即为国家多储一文。"[1]陈嘉庚去世时，将其全部财产都献给了国家。

三、"公忠信义"的经营宗旨

陈嘉庚指出："无论个人、社会、国家、事业的发展，全赖'忠诚信义'四字。"[2]又说："我自己所能者仅为诚、信、公、忠四字。"[3]秉承这一理念，陈嘉庚亲自制定了《陈嘉庚公司分行章程》，并在章程的各页眉头的醒目位置列出82条训词，称之为"眉头警语"，展现了公司的经营宗旨。

1. 公忠爱国

天下兴亡，匹夫有责；实业救国，责无旁贷。《陈嘉庚公司分行章程》指出："本公司以挽回权利、推销出品、发展营业、流通经济、利益民生为目的。"[4]这里的"挽回权利"指用国货抢回被洋货占领的市场，"利益民生"则指为民众提供更多质优价廉的国货。陈嘉庚看到："我国海禁开后，长牙利爪，万方竞进，茫茫赤县，沦为他人商战之场，事可痛心，孰逾于此。然推其致此之由，良以我国教育不兴，实业不振，阶其厉耳。凡我国民，如愿自致国家于强盛之域，则于斯二者，万万不能不加注意也审矣。"[5]为此，陈嘉庚公司的商品以"钟"为商标，"钟"与"中"谐音，意在提醒华侨勿忘祖国，同时有"警钟长鸣"之寓意。

在"眉头警语"中，陈嘉庚连续提出11条相关训词。"第一，战士以干戈卫国，商人以国货救国。第二，店员不推销国货，犹如战士遇敌不奋勇。第三，外国人之富强，多借中国人之金钱。第四，人身之康健在精血，国家之富强在实业。第五，我退一寸，人进一尺，不兴国货，利权丧失。第六，商战之店员，强于兵战之军士。第七，训练兵战在主将，训练

---

[1] 陈嘉庚，《集美学校秋季始业式上的训词》，《集美学校校友会杂志》第1期，福建私立集美学校1920年编印。

[2] 陈碧笙、陈毅明编，《陈嘉庚年谱》，福建人民出版社1986年版，第125页。

[3] 陈碧笙、杨国祯，《陈嘉庚传》，福建人民出版社1983年版，第140页。

[4] 《陈嘉庚公司分行章程》，王增炳等编，《陈嘉庚教育文集》，第149页。

[5] 黄金陵、王建立主编，《陈嘉庚精神文献选编》，第73页。

商战在经理。第八,能自爱方能爱人,能爱家方能爱国。第九,爱国队中无有道德败坏之人,不尊重自己之人格,何能爱自己的国家。第十,藉爱国猎高名,其名不永,藉爱国图私利,其利易崩。第十一,惟有真骨性方能爱国,惟有真事业方能救国。"[1]陈嘉庚希望通过这些警语训词,激发本公司员工的公忠爱国之心,尽国民一分子之天职,以国货救国,以商战卫国。

2. 为义取利

孔子指出"义以生利,利以平民"(《左传·成公二年》),由此儒家诸子提出"见利思义""取之有义""先义后利""义利合一"等主张。[2]陈嘉庚则针对当时国民"惟但知竞争权利,而不知竞争义务"的现象,提出"为义取利"的新思路:为了教育事业这个大义,而兴办企业来谋利,"立志一生所获财利,概办教育"[3]。为此,陈嘉庚在"眉头警语"中明确规定:第一,厦集二校之经费,取给于本公司;本公司之营业,托力于全部店员。第二,直接为本公司之店员,间接为厦集二校之董事。第三,为学校董事有筹措经费之责,为本公司店员,有发展营业之责。[4]

为了给厦门大学和集美学校提供充足的办学经费,陈嘉庚将他的橡胶园命名为"厦集园",在当地政府注册,声明充为两校基金,并在律师处预立遗嘱。又将陈嘉庚公司谦益行之股本分记厦大集校之名下。后来,陈嘉庚企业的处境恶化时,外国垄断集团向他提出可以给他的企业以"照顾",但必须以停办集美学校、厦门大学为条件,陈嘉庚断然拒绝:"我的经济事业可以牺牲,学校不能停办。"[5]

尤其难能可贵的是,陈嘉庚为了办教育而办实业的思路,已经超越时代而达到了"社会企业"的思想高度。他在"眉头警语"中指出:"本公

---

[1]《陈嘉庚公司分行章程的眉头警语》,林斯丰主编,《陈嘉庚精神读本》,第201页。
[2]黎红雷,《儒家管理哲学》,第127-136页。
[3]陈嘉庚,《集美学校建筑及垫费收支预算》(1955年2月10日),集美学校委员会藏油印本,转引自王增炳等,《陈嘉庚兴学记》,福建人民出版社1981年,第18页。
[4]《陈嘉庚公司分行章程的眉头警语》,林斯丰主编,《陈嘉庚精神读本》,第201页。
[5]王增炳等,《陈嘉庚兴学记》,第3页。

司是一社会之缩影,服务于本公司,即服务于社会。"[1]我们知道,"社会企业"是在20世纪末才开始流行的概念。所谓"社会企业",就是旨在解决社会问题、增进公众福利,而非追求自身利润最大化的企业,简单地说,就是"运用商业手段,实现社会目的"[2]。陈嘉庚"为义取利"的理念和实践,正是"社会企业"先知先觉的最佳样板。

3. 诚信待人

孔子说"人而无信,不知其可也"(《论语·为政》),子思说"不诚无物"(《礼记·中庸》),孟子和荀子则将"诚"与"信"结合起来,自此以后,"诚信"成为儒家的核心道德概念和儒商的基本行为准则。陈嘉庚在"眉头警语"中,将诚信理念化为经商待人处世的具体行为措施。

在对待顾客方面,"眉头警语"给出如下建议。一是要热情周到:"待入门顾客,要如自己亲戚""对客勿怠慢,怠慢必招尤""谦恭和气,客必争趋;恶词厉色,人视畏途""隐语讥人,有伤口德;于人无损,于我何益""招待乡人要诚实,招待妇女要温和"[3]。二是要货真价实:"以术愚人,利在一时,及被揭破,害归自己""货真价实,免费口舌,货假价贱,招人不悦"[4]。三是要保障顾客利益:"货品损坏,买后退还,如系原有,换之勿缓""货物不合,听人换取,我无损失,人必欢喜""顾客遗物,还之惟谨,非义勿取,人格可敬"[5]。

在对待同行方面,"眉头警语"指出:"与同业竞争,要用优美之精神与诚恳之态度。"[6]在陈嘉庚看来,做生意不可避免要有竞争,但竞争要用正当的手段,才能促进商业的健康发展和社会的进步,只有通过"优美之精神"与"诚恳之态度",才能获得同行的信任而成就双方的共赢。

---

[1]《陈嘉庚公司分行章程的眉头警语》,林斯丰主编,《陈嘉庚精神读本》,第201页。

[2] 黎红雷,《社会企业:从马克思到孔夫子》,黎红雷主编,《企业儒学·2018》,人民出版社2019年版,第213—222页。

[3]《陈嘉庚公司分行章程的眉头警语》,林斯丰主编,《陈嘉庚精神读本》,第202页。

[4]《陈嘉庚公司分行章程的眉头警语》,林斯丰主编,《陈嘉庚精神读本》,第202页。

[5]《陈嘉庚公司分行章程的眉头警语》,林斯丰主编,《陈嘉庚精神读本》,第202页。

[6]《陈嘉庚公司分行章程的眉头警语》,林斯丰主编,《陈嘉庚精神读本》,第202页。

在对待合作伙伴方面，陈嘉庚的原则是："宁人负我，我不负人"[1]。"眉头警语"指出："待人勿欺诈，欺诈必取败"[2]。当初陈嘉庚的父亲破产时欠下的债务，按法律规定可以不需要陈嘉庚本人来偿还，但陈嘉庚独立创业初步盈利后，就立即主动还清了父亲的债务。到陈嘉庚的企业收盘时，他核查公司账目，发现尚欠货主的款项，"若公司一旦收盘，绝无还清之理。于是通知各货主或原物领回或取制品抵额，一切交还清楚"[3]。

正是这种"公忠信义"的精神，为陈嘉庚赢得了极高的声誉，得到千万南洋华侨的衷心拥戴，陈嘉庚成为当之无愧的华商楷模。

---

[1] 陈嘉庚，《南侨回忆录》，第427页。
[2] 《陈嘉庚公司分行章程的眉头警语》，林斯丰主编，《陈嘉庚精神读本》，第202页。
[3] 陈嘉庚，《南侨回忆录》，第434页。

第四章

当代新儒商文化

1949年中华人民共和国成立。1978年开始改革开放，在改革开放中完善和发展中国特色社会主义制度。党的十九大报告指出，"经过长期努力，中国特色社会主义进入了新时代，这是我国发展新的历史方位。"党的二十大报告指出，"我们对新时代党和国家事业作出科学完整的战略部署，提出实现中华民族伟大复兴的中国梦，以中国式现代化推进中华民族伟大复兴。"由此，儒商文化在当代中国得以复兴，并展现出与传统儒商文化不同的特质，承担起时代的使命。

第一节　当代新儒商文化的兴起

在中国改革开放的时代背景下，从商界的摸索、学界的探索、学界与商界的联手推动，到学者与企业家的相互激发，当代新儒商文化逐步兴起。

一、商界的摸索

在改革开放中先行一步的中国企业家，对于儒家思想在企业经营中的应用，经历了一个不自觉的摸索过程。他们将口口相传、代代延续的儒家"小传统"即"老人言"，转化为自己开拓事业的"文化资本"，从而在没有接受过现代管理学训练的情况下，把企业办起来，并且取得成功。[1]

---

[1] 黎红雷，《儒家商道智慧》，第3-5页。

这些企业家也许没学过什么"企业组织学",但总听过老人言——"在家靠兄弟,出门靠朋友"。当代中国的民营企业刚开始基本上是家族企业,靠的是父子夫妻、兄弟姐妹抱团打天下,然后从家庭化组织到拟家庭化组织。现在大多数民营企业的成员已经不是当初血缘意义上的兄弟姐妹,而是没有血缘关系的伙伴。但是老板把员工当成自己的"家人",把企业当作一种"拟家庭化组织"。这实际上就是找到了一种企业组织的方式。

这些企业家也许没学过什么"企业管理学",但从小就看到自己的父母对家庭成员的教育和管理。一个父亲,一个母亲,传统的家庭管理是"严父慈母",一个严,一个宽,一个唱红脸,一个唱白脸,但都是着眼于对子女的教育,寓教育于管理,寓管理于教育。传统中国的父母很重视对子女的教育,特别是品德教育、做人的教育。老人言:"生子不教如养牛,生女不教如养猪。"父母作为孩子人生的第一位老师,既要养还要教,既要教还要严。"生不养,母之错;养不教,父之过;教不严,师之惰。"企业家们把它运用到企业管理中,就形成了教化与规范员工的宽严并济的管理模式。

这些企业家也许没学过什么"企业经营学",但中国有几千年的经商传统,即使在政治挂帅的年代,"资本主义尾巴"也总是割不掉。中国古代商人如何经商?一句话:"和气生财。"老人言:"人无笑脸休开店,说话和气招财多"——这里说的是经营的态度;"诚招天下客,誉从信中来"——这里说的是经营的品牌;"人弃我取,人取我与"——这里说的是经营的策略。这些前辈商人的"经商秘诀",奠定了当代中国企业家经营哲学的文化底色。

这些企业家也许没学过什么"企业领导学",但总听过老人言——"上梁不正下梁歪""兵熊熊一个,将熊熊一窝"。带兵打仗,当将军的要身先士卒;教育孩子,当家长的要以身作则;教育学生,当教师的要言传身教。一名企业家,实际上集上述三种身份于一身:企业是军队,企业家就是"军长";企业是家庭,企业家就是"家长";企业是学校,企业家就是"校长"。企业家既要有"军长"的威风,也要有"家长"的威信,更要有"校长"的威严。这些领导品质从何而来,全靠企业家的修身养性和以身作则。这也就决定了当代中国企业家的领导风格。

这些企业家也许没学过什么"企业战略学",但总听过老人言——"人无远虑,必有近忧""生于忧患,死于安乐"。有忧患才可能有准备,有忧患才可能有规划,有忧患才可能有奋起,有忧患才可能有未来。"人生不满百,常怀千岁忧",忧虑的是未来,着眼的是现在。"勿临渴而掘井,宜未雨而绸缪。"风雨是无常的,变化是永恒的。只有以变应变,方能永远立足于不败之地。经商办企业,要积极把握机会,主动求变;顺应时势,以变应变;拓展生意,以变求强。这些处世哲理,就形成了当代中国企业家的战略思维。

严格地说,这些企业家的摸索就其存在状态而言,是不自觉、不系统、不全面的;但仔细分析,这些企业家所遵循的"老人言"背后蕴含的是"圣人言"的智慧,这些民间"小传统"之中体现的是儒家"大传统"的精神。改革开放中成长起来的中国企业家,其实是在创办企业的过程中,践行着儒家的思想,延续着儒商的传统,从而为当代儒商文化的兴起提供了实践的依据。

二、学界的探索

就在商界对儒家思想在企业中的运用不自觉地摸索的同时,学界则对儒商文化的传统进行了自觉的探索。二十世纪八九十年代,学界重新提出古老的"儒商"概念并加以现代性的解释,从而为当代新儒商文化的兴起提供了理念的引导。其中,成中英、潘亚暾、杜维明等三位先生做出了重要的贡献。

1. 成中英先生与"儒家商道研究"

成中英先生是当代著名儒学家、美国夏威夷大学资深教授。1985年,成中英先生回国讲学,在北京中央财经大学举办的一次会议上,成中英先生重提"儒商"概念,强调文化、伦理与管理的融合。他指出:中国的企业家要用中华文明的智慧来发挥自身的才能,以诚信为本、以创造为目标,以达到一个使社会文明、国家强盛、世界进步的境地。稍后,成中英先生在中国大陆出版了《文化·伦理与管理》一书,进一步阐发了他的思想。[1]

---

[1] 成中英,《文化·伦理与管理》,贵州人民出版社1991年版。

成中英先生是笔者的导师，1987年起他与中山大学李锦全教授、台湾交通大学曾仕强先生一起，联合指导笔者撰写博士论文"儒家管理哲学"——是为笔者研究企业儒学的开端。1994—1995年，成先生安排笔者到夏威夷大学做博士后研究，继续深入研究儒家思想与现代企业融合的课题。2017年，成先生应笔者恳请，出任"博鳌儒商人物评审委员会荣誉主席"，先后出席2017年和2019年的"博鳌儒商论坛年会"并发表大会演讲。[1]

2022年9月，成中英先生再应笔者恳请，为教育部、文化和旅游部、山东省人民政府主办的第八届世界文明论坛"世界儒商文化论坛"致贺信。在贺信中，成先生对当代儒商事业提出两点期待。第一，走向社会，就是让儒商的精神改变社会的风气。因为在中国传统意识中，大家认为为富即不仁，为仁即不富，这变成了很大的一个问题。我们怎么把仁而能富、富而能仁，注入社会当中去，这对社会有很大的帮助。中国特色社会主义，就是儒家新时代的理想，我们要在一个新的价值观之下来创造我们的价值。在这一点上儒商企业家要有社会的使命，它应该做社会文化的使者，能够对社会发挥一种净化的作用。第二，走向世界。如何让中国人创造与治理的智慧及其成果为世界所接受和共享，更深地与世界建立一种互动的关系，这是很重要的。我们怎么样在海外的世界发挥儒商的精神，来帮助中国文化的传播与发展。我们不能只把中国看成大工厂，而要看到中国是文明的创造、创造的文明。儒商是中华文化的使者，传播中华文化是我们非常重要的使命！[2]

2. 潘亚暾先生与"国际儒商大会"

二十世纪九十年代初，暨南大学潘亚暾教授在上海汪义生先生的协助下，在发现儒商、研究儒商的基础上，高举儒商大旗，东奔西走，到处呼唤呐喊，自己出智、出力、出钱，组建队伍，宣传儒商精神，创办刊物，打造儒商文化，穷尽后半生，为当代儒商事业发展做出不可磨灭的奠基性

---

[1] 成中英，《中国的商道智慧》，载黎红雷主编：《企业儒学·2018》，第443-445页。
[2] 成中英，《儒商文化是中华文化的瑰宝——致世界儒商文化论坛贺信》，百家号（博鳌儒商大会），https://baijiahao.baidu.com/，2022-09-28。

贡献。潘教授作为国际儒商学会创会会长，其突出作用在于：一是初步创建了儒商理念和儒商学，写作出版了若干儒商理论文章和著作，开拓了儒商事业；二是组建了国际性的儒商组织和儒商队伍，有几十个国家和地区的儒商及儒商研究者、工作者加入国际儒商学会；三是开展了一系列国际儒商活动，举办了上百次的大小儒商活动，探讨研究和宣传儒商理念。最具代表性的是举办了六届国际儒商大会，第一次在海口，第二次在马来西亚的吉隆坡，第三和第四次在上海，第五次在济宁，第六次在扬州举行，每届参会者数百人，有国家级领导人、地方党政官员、儒商研究者和志愿工作者、不同国家的儒商企业家参加，影响很大。[1]

尽管国际儒商学会因潘先生去世中断了组织活动，但其在海内外播下的种子依然在生根、开花、结果。在海外，新加坡儒商会和马来西亚儒商会至今依然在活动并与笔者有联系。在国内，2002年成立的扬州儒商会，20多年来一直积极开展活动，连续出版《扬州儒商志》《儒商与儒学论》《儒商与和谐社会论》《当代儒商风采录》《儒商与儒学新论》等著作。扬州儒商会的创会发起人杨杏芝先生已经进入耄耋之年，依然精神矍铄，笔者在主持"博鳌儒商论坛"和"全国新儒商团体联席会议"的工作中，多次向杨先生请教，受益良多。杨先生还专门为笔者主编的《企业儒学·2018》撰写专文《世界大势与儒商担当——对传统儒商与当代儒商的历史回顾》，以一位历史见证者的身份继续为当代新儒商事业鼓与呼，实在令人敬佩。

3. 杜维明先生与"儒商论域"

杜维明先生是当代著名儒学家、美国哈佛大学教授，后接受邀请出任北京大学高等人文研究院院长。自2013年起，杜先生创办"儒商论域"，邀请海内外知名学者深入探讨儒商课题，提升了当代新儒商文化研究的学术高度。

2013年第一届主题为"全球化时代人文精神与商业伦理"。论题有，何为儒商——"个人：人间世的精神修养""家庭：伦理责任与幸福""企

---

[1] 杨杏芝、张锦堂，《世界大势与儒商担当——对传统儒商与当代儒商的历史回顾》，载黎红雷主编，《企业儒学·2018》，第205-206页。

业：文化与核心竞争力"；成为儒商——"社会：公共担当与全球视野""生态：企业成长与环境平衡""宗教：内在超越与终极关怀"等。

2014 年第二届主题为"财富与东亚儒商典范"。论题有"财富与人生""财富的文明范型：基于历史经验与现代生活的对话""多元的财富观：挖掘其价值体系与实践意义""财富、教育与幸福"等。

2015 年第三届主题为"良知，价值重塑与企业家认同"。论题有"当今中国/世界的价值冲突与价值重塑""作为价值重塑基石的良知理性""企业家的'义与利'观""价值重塑过程中的企业家认同"等。

2016 年第四届主题为"现代的儒商与企业家的文化认同"。论题有"企业家精神与儒家文化""儒家文化与当代儒商""儒商精神与世界商业伦理""儒家文化与儒商传统（东亚）"等。

2017 年第五届主题为"学以成人与儒商精神"。论题有"儒商精神与全球化""企业儒学与商业伦理""儒商精神之君子不器与工匠精神""儒商精神之厚德载物与富而好礼"等。

2018 年第六届主题为"精神人文主义——一种全球商业伦理"。论题有"精神人文主义与全球伦理精神""全球商业中的精神人文主义：和而不同的多样性""全球商业中的人文教育""人伦日用中的精神人文主义""全球商业中的全球伦理精神"等。

2019 年第七届主题为"儒家传统的现代转型：精神人文主义与儒商的实践"。论题有"合规与守法""人工智能与伦理""大生意"等。

2020 年第八届（线上）主题为"商业文明视角下的企业家精神"。论题有"新时代、新商业、新文明——商业文明视角下的企业家精神""企业家精神何所向——中华文化自信的底层逻辑""新时代、新商业、新文明——以方太文化为例"等。

2021 第九届主题为"儒商精神与当代世界——精神人文主义的现实关怀"。论题有"以全球视野探索共同富裕""碳中和：一个儒家'存有连续性'的视角""元宇宙：具体的人与抽象的'化身'"等。

2023 年第十届主题为"儒商精神与文化中国——精神人文主义视域下的新商业文明"。论题有"精神人文主义视域下的新商业文明""儒商精神与中国现代化""儒商精神与全球化""张謇诞辰 170 周年专场主题研讨"等。[1]

笔者与杜维明先生结缘，始于1985年笔者参加北京大学汤一介先生主持的"中国文化书院"的学习。1995年笔者在夏威夷大学做博士后时，杜先生恰好来夏威夷出席"东西方哲学家大会"。他专门约笔者深谈，对笔者回国后拟进一步深入开展儒商文化与企业儒学研究的设想，给予了充分的肯定和具体的指导。2000年至2011年笔者担任中山大学哲学系主任期间，杜先生多次应邀前来讲学。2013年杜先生在北京大学开设"儒商论域"，即邀请笔者前往参加。在笔者主持的"博鳌儒商论坛年会"上，杜先生多次发表致辞和演讲，并为笔者主编的《企业儒学·2017》赐稿。杜先生指出：改革开放以来，中国的经济有了很好的积累，企业家也开始关注人生的意义问题，不只是一味追求物质的成功。从文化中国的视野立论，作为领导者，除了经济资本以外，还必须有社会资本；除了科技能力以外，应特别注重文化能力；除了智商以外，应注重情商和伦理智慧；除了物质条件之外，应注重精神价值。于是，如何积累社会资本，培养文化能力，如何发扬伦理智慧，如何开拓精神价值，就被提上了时代的议事日程。这些都是儒商文化的内涵和追求，儒商作为新的论域，值得我们进一步的开拓与发展。[2]

三、学界与商界的联手推动

"身无彩凤双飞翼，心有灵犀一点通。"对儒家思想融入当代企业的共同追求，学界和商界最终携手走到一起，从"博鳌儒商论坛""新儒商论道"到"全国新儒商年会"，当代新儒商文化展现出丰富多彩、生机勃勃的图景。

博鳌儒商论坛由国际儒学联合会、中国孔子基金会、中华孔子学会、中国实学会、中国产学研合作促进会等主办，定点在海南博鳌亚洲论坛会址举行。其宗旨是"弘扬儒家商道精神，创建当代商业文明"；使命是

---

[1] 见王建宝博士提供资料。
[2] 杜维明，《儒商作为新的论域——企业家与精神人文主义》，载黎红雷主编，《企业儒学·2017》，第20页。

"构建学者与企业家相互交流的平台,帮助企业成长,促进儒学振兴,为人类社会的发展做出贡献"。2016年至2019年,博鳌儒商论坛连续举办三届年会,每届年会的具体组织工作由博鳌儒商论坛理事会负责。

第一届年会于2016年12月28—29日举行,主题为"儒家商道智慧与现代企业管理",论题为"如何运用儒家思想管理企业""如何运用传统商道智慧经营企业""如何借鉴传统文化建设企业文化"等。来自全国高校的20多位教授学者和350多位企业家参会。哈佛大学杜维明先生视频致辞,清华大学彭林教授、中国人民大学张践教授、中国政法大学李晓教授、北京纳通医疗集团赵毅武总裁、苏州固锝电子有限公司吴念博董事长等分别发表主题演讲,中国社会科学院李存山教授、清华大学张国刚教授、华东师范大学朱杰人教授、上海财经大学张雄教授、华南理工大学晁罡教授、长江商学院周立助理院长、上海财经大学郝云教授等分别主持会议或对话。笔者在会议总结中指出,本次年会在"儒商"这面旗帜下,汇聚了一大批愿意与企业家交朋友的学者和愿意与学者交朋友的企业家,实现了学界与商界同道的大会师,对于儒家思想与当代工商实践的有机结合,具有开创性意义。

第二届年会于2017年12月16—18日举行,主题为"向世界说:中华文化构建新商业文明",分论坛论题有"新时代儒商的生命哲学""'一带一路'与儒商的新机遇""中国传统文化与现代企业文化""儒商与企业家的精神信仰""儒商与国学公益教育"等。韩国前总理韩德洙、博鳌亚洲论坛原秘书长龙永图、中央社会主义学院原党组书记叶小文、国家安全部原副部长高以忱、联合国前副秘书长沙祖康、商务部原副部长魏建国等政界领导,美国夏威夷大学成中英教授,联想集团创始人柳传志、贵州茅台集团董事长季克良、泰国正大集团副总裁李闻海、宁波方太集团董事长兼总裁茅忠群等与会发表主旨演讲。美国哈佛大学杜维明教授、法国原总理拉法兰等发表视频演讲。中国社会科学院李存山教授、复旦大学苏勇教授、南开大学齐善鸿教授、长江商学院周立助理院长、台湾慈济大学林安梧教授、德国图宾根大学宁洲明教授、新加坡南洋理工大学许福吉教授、日本SBI大学院大学细沼蔼芳教授等,分别主持会议、对话或发表演讲。来自美国、德国、法国、英国、俄罗斯、加拿大、瑞士、澳大利亚、韩国、新加坡、泰国等国家的 50 多位知名学者教授，以及来自海内外的 1800 多位企业家代表出席了年会。笔者在开幕致辞中指出，本次年会有政商学界各方嘉宾莅临、海内外多方参与，体现了当代儒商事业的巨大影响力，我们一定要贯彻落实当年 1 月 25 日中共中央办公厅、国务院办公厅印发的《关于实施中华优秀传统文化传承发展工程的意见》的指示，"用中华优秀传统文化的精髓涵养企业精神，培育现代企业文化"，办好当代儒商企业，讲好中国儒商故事，为中华民族伟大复兴做出应有的贡献！

第三届年会于 2019 年 4 月 1—4 日举行，主题为"儒商与世界：共建·共赢·共享"，来自美国、加拿大、澳大利亚、德国、法国、英国、瑞士、阿联酋、马来西亚、新加坡、泰国、日本、韩国，以及中国各地的政要、学者和企业家近 2000 人出席。外交部原部长李肇星、博鳌亚洲论坛原秘书长龙永图、国家知识产权局原局长田力普、全国工商联原专职副主席庄聪生，庄严智库理事长严介和，美国夏威夷大学资深教授成中英，香港孔教学院院长汤恩佳，世界孔子后裔联谊总会副会长孔众等先后发表了大会主旨演讲。本次年会安排了两场政商学界高端对话：新时代的儒商风范、改革开放与儒商精神。设立了六个分论坛：中国经济调整期与儒商的对策、产学研合作与儒商企业的创新融合发展、"一带一路"与儒商的担当、企业儒学与中外儒商理念、齐鲁文化与儒商风范、儒商文化与大健康产业等。笔者在开幕致辞中指出：当前，我们的国家比以往越来越近地走上世界舞台的中央。与以往任何大国的崛起不同，有着"天下一家"文化理念的中华民族的复兴，与整个人类世界同呼吸共命运。当代儒商就是要用自己的声音告诉世界，我们寻求的是"构建人类命运共同体"，以我们的发展推进人类的共同发展，以我们的行动推进人类的共同行动，以我们的进步推进人类的共同进步。

为了更好地激发当代企业家学儒商、做儒商的积极性，博鳌儒商论坛理事会在广泛征求海内外政商学界的基础上，制定了"博鳌儒商人物评选标准"，并依照标准在各地工商联、商协会、社会组织推荐的上万名候选人中，"博鳌儒商人物评审委员会"严格评选，先后在第二届年会上公开表彰"博鳌儒商人物" 453 名，第三届年会上公开表彰"博鳌儒商人物" 553 名，包括海尔集团创始人张瑞敏、华为公司创始人任正非、福耀玻璃集团创始人曹德旺、联想集团创始人柳传志、阿里巴巴集团创始人马云、娃哈哈创始人宗庆后、新希望集团董事长刘永好、苏州固锝公司董事长吴念博、宁波方太集团董事长兼总裁茅忠群等。

博鳌儒商人物的事迹，收入笔者主编的《致敬儒商——博鳌儒商大典人物志》一书，由香港中华书局出版，海内外发行。笔者在该书序言中指出："儒商是'儒'和'商'的结合体，是具有儒者风范的商界精英。在当代中国，原始资本积累的各种不规范的商业模式，在新时代已经不可持续了，需要转型创新和升级，其中最关键的是企业家的思维模式和综合素质需要大幅度的提升。时代呼唤儒商，时代需要儒商精神，时代需要有千千万万的儒商站出来。让我们一起努力，营造儒商成长的氛围，推动中华文化的复兴和中国经济的健康发展，为人类文明的进步做出应有的贡献！"[1]

四、学界与商界的相互激发

2020年初，一场突如其来的新冠疫情席卷全球，中国首当其冲，其对国家的经济、人民的生活、企业的生产经营活动都带来了极大的影响。2020年2月12日，笔者代表博鳌儒商论坛理事会发表视频讲话，号召全体新儒商家人"在灾难中学习，从灾难中奋起"。博鳌儒商论坛研究院着手组织"新儒商论道公益直播系列"，从2020年3月12日起，由笔者分别与知名新儒商企业家和学者对话，先后播出43场，引起海内外企业界、学术界和社会各界的热烈反响，被誉为"中国文化在现代商业博弈中的思想盛宴""中国企业家文化自信与创新发展的路标""了解当代中国经济和中国文化的窗口"。

由于新冠疫情的影响，博鳌儒商论坛2020、2021连续两年无法召开大规模的年会。经理事会研究，采用"化整为零，遍地开花，统一协调，分头行动"的方法，鼓励各地因地制宜、因时制宜举办"新儒商论坛"。此举极大地调动了各地新儒商团体的积极性，仅在2021年11月13日至2022年1月13日的两个月之内，就先后举办了12场"新儒商论坛"。

---

[1] 黎红雷主编，《致敬儒商——博鳌儒商大典人物志》，香港中华书局2019年版，第10页。

面对新儒商事业在全国各地蓬勃开展的新局面,原有的"博鳌儒商论坛"的组织架构和活动方式已经远远不能适应发展的需要,因此,为全国各地新儒商团体提供一个包容度更广泛的合作平台,就成为当代新儒商事业发展的当务之急。

2022年1月10日,"当代新儒商事业发展战略研讨会"在苏州固锝公司成功召开。经过会前的广泛征求意见和会中的深入讨论,参会代表通过了《全国新儒商团体联席会议规则》,规则指出:全国新儒商团体联席会议是弘扬新儒商精神、交流新儒商工作、促进当代新儒商事业发展的平台,由认同新儒商理念、接受本规则,并在所在地工商管理或民政部门合法注册的企业、社会组织(含社团、基金会、民办非企业单位)、机构(含培训机构、咨询机构、研究机构、媒体机构)等自愿组成。博鳌儒商论坛理事会兼全国新儒商团体联席会议秘书处,指导全国各地新儒商事业的开展。每年举办一次"全国新儒商年会",主办单位由组成团体申请,在全国新儒商团体联席会议上竞选产生。

2022年11月28—30日,由全国新儒商团体联席会议秘书处指导、方太集团主办、方太文化研究院承办的"首届全国新儒商年会暨方太文化论坛"在浙江宁波举行。本届年会的主题是"以商载道,文化兴企"。在开幕式上,笔者发表主题演讲《新儒商企业治理智慧》,阐述对新儒商之"新"和治理智慧之"精"的认识;方太集团董事长兼总裁茅忠群发表主题演讲《中西合璧的方太文化》,阐发以中华优秀传统文化为底蕴,使中国特色社会主义价值观和世界级企业管理制度融为一体的方太文化。在大会演讲中,苏州固锝电子股份有限公司名誉董事长吴念博的《建国君民,教学为先》,阐发以"幸福企业大家庭"为标志的企业组织智慧;山西天元集团名誉董事局主席李景春先生的《成人达己以商载道,文化兴企高质发展》,阐发"助人成功,更助人成长"的企业经营智慧;广西秋潮集团董事长方秋潮的《以儒立企,以商弘道》,阐发儒家"五伦五常"在企业文化中的价值及其运用;广东蓝态幸福文化公益基金会理事长张华的《从生意到公益,正己化人,方能行稳致远》,展现集"能人"与"好人"于一身的当代新儒商的人格化形象。在广州心和儒商书院院长孙键先生的主持下,吴念博、方秋潮,以及浙江中兴精密工业集团公司董事长张忠良、北京大学高等人文研究院副研究员／长江商学院人文与商业伦理研究中心主任王建宝等，聚焦"新儒商的时代价值"进行深入的探讨。在北京乐和社会工作服务中心主任廖晓义的主持下，与会代表分别听取了深圳三鼎修身书院山长曾庆宁先生、衢州儒商文化促进会会长郑晴文女士、三鼎荟文化平台创始人潘冬晖先生、炎黄部落智库创办人汲德存先生等，围绕"新儒商精神与企业治理"的精彩演讲；在嘉兴新儒商与企业创新发展研究院执行院长唐诗武的主持下，廖晓义、汲德存、泰山文化研究院执行院长李美睿、深圳市华旭文化产业集团总裁谭朝阳、云南藏毅文化传播有限公司董事长陈元芬等，围绕"新儒商教育与人才培养"进行了热烈的讨论。

方太集团精心组织的第二分论坛"企业家决策无伤研讨会"、第三分论坛"企业传承主题研讨会"，以及"方太文化体验日"，吸引了众多的参会代表。深圳市大湾区金融研究院院长向松祚教授的主题演讲《民族振兴与中西合璧》，从中国哲学与中国文化的高度解读了方太文化和方太现象；茅忠群先生的报告《方太文化之五个一》，指出了学习方太经验的入门之路。而方太同人"文化即业务分享"、标杆企业家同修实践案例分享，展示了让方太文化落地实践的方法。会议特别安排方太集团名誉董事长茅理翔先生做专题演讲《企业家精神与传承》。茅老先生是我国改革开放时期第一代著名的企业家，他与茅忠群先生父子相传、先后创业的故事已经成为当代中国企业界的佳话。

2023年11月19—22日，由全国新儒商团体联席会议秘书处指导、广西千家洞圣宝胜旅游开发有限公司主办的"第二届全国新儒商年会暨企业高质量发展论坛"在广西桂林举行。本届年会的主题是"儒商聚力，共创未来"，议题有"新儒商如何在中国式现代化新征程中发挥生力军作用""新儒商如何构建中国式现代化企业治理新模式""新儒商如何塑造中国特色的企业家精神""新儒商如何将中华优秀传统文化在企业落地""新儒商企业如何践行新发展理念，实现高质量发展""新儒商企业如何在当前经济形势下生存与发展""新儒商企业如何实现自主创新""新儒商企业如何构建全体员工利益共同体实现共同富裕""新儒商企业如何推动乡村振兴""新儒商企业如何参与和兴办社会公益慈善事业""新儒商企业家如何实现身心灵的全面健康""新儒商'企二代'如何成为'继创者'""如何制定'新儒商企业建设标准'""如何在企业界推广新儒商理念培育更多的新儒商企业""新儒商企业如何沿着'一带一路'走向世界"等。

笔者在开幕式上发表主旨报告《当代新儒商事业的进展及其意义》，总结了首届年会以来，一年间当代新儒商事业的重要进展，包括新儒商智慧线上传习班、新儒商系列访谈、新儒商智慧游学传习班、企业儒学国际学术研讨会，出版"新儒商家风"丛书，成立儒商会、儒商书院、儒商学院、儒商高等研究院、儒商社、儒商大厦、儒商产业园等组织，开展儒商智慧大讲堂、儒商经典读书会、儒商之家、儒商国际成长计划等活动，举办"尼山世界儒商文化论坛"、马来西亚"回儒领导对话峰会"等。第二届全国新儒商年会组委会主席、广西千家洞圣宝胜旅游开发有限公司董事长方秋潮的主旨报告《人生的真理，企业的法则》，从新儒商企业家的角度，高度肯定了以儒家思想为核心的中华优秀传统文化的时代价值及其在企业的作用。

大会上的主题演讲有：方太集团董事长兼总裁茅忠群的《新儒商与中国式现代化企业治理模式》、山西天元集团董事局名誉主席李景春的《新儒商企业的高质量发展之路》、深圳三和国际集团董事长张华的《儒商文化与儒家信仰的实践》、复旦大学东方管理研究院创始院长苏勇教授的《企业家精神与新儒商》等。

在大会上发言的有：云南省民营企业家协会会长花泽飞、第二届全国新儒商年会组委会副主席方展乾、广东省蓝态幸福文化公益基金会理事长张华、北京儒学文化促进会会长柳河东、广东翔蓝企业管理顾问有限公司董事长周南征、中国城市发展联盟儒商传习社社长朱甫知、海南大湖桥科技股份有限公司董事长吴林桥、北京大学高等人文研究院副研究员/长江商学院人文与商业伦理研究中心主任王建宝、上海财经大学国际儒商高等研究院院长助理徐德忠、中央社会主义学院新阶层新群体教研室主任王建均、上海儒学研究会儒商分会会长丁兴才、广东明德幸福文化教育基金会理事长周钊文、云南儒商国际文化传播有限公司董事长陈元芬等。

在大会对话环节，在广州心和儒商书院院长孙键的主持下，黑龙江北极冰蓝莓产业集团董事长刘咏梅、江西和康集团董事长张文举、上海诺享财富资产管理有限公司董事长胡小舟、德儒商（上海）实业有限公司颜子墨、山西儒商大厦董事长林青飞、广州英立思文化传播有限公司董事长孔亚平等六位来自第一线的企业家，围绕"新儒商企业如何在当前经济形势下生存与发展"的主题，展开热烈而扎实的对话。

在平行论坛环节，方太集团方太学校执行校长高旭升、衢州市儒商文化促进会会长郑晴文、云南曲靖锦怡花园酒店董事长沈丽华、河南商都城市文化发展中心主任王一五、深圳三鼎修身书院治学导师朱瑞涛、海南省诚信企业协会执行会长孙秀山、桂林胖阿姨秦皇餐饮管理有限公司董事长蒋金洪等围绕"新儒商，新进展"主题，嘉兴市新儒商企业创新与发展研究院执行院长唐诗武、中国当代儒学网运营总监林子清、天赐健康管理咨询（上海）有限公司董事长刘蔚、方太集团杭湾书院执行院长曾明志、广东铁杆中医健康管理公司董事长谢泽辉、云南省影视产业发展促进会会长彭涌、西安生生院院长刘兆壹等围绕"新儒商，新使命"主题，复旦大学社会发展研究中心研究员孔云中、青岛智诚灵动文化咨询公司首席文化官刘庆、深圳市格本企业咨询管理有限公司创始人刘友刚、深圳市管理咨询行业协会常务副会长岳华新、北京德行天下/北京东方书院山长谭进、苏州市范蠡文化研究会会长周文生、云南财经大学商学院副教授罗兴鹏等围绕"新儒商，新动能"主题，分享了各自的思考，启发了大家的智慧。

出席本届年会的多位专家学者，包括江西财经大学吴照云教授、厦门大学朱菁教授、山东大学李平生教授、对外经济贸易大学叶陈刚教授、尼山世界儒学中心孟子研究院陈晓霞研究员、广西大学阎世平教授、河北地质大学苗泽田教授、嘉兴南湖学院孔冬教授、江西财经大学李文明教授、安徽财经大学方军教授、济宁学院李伟老师等担任各个环节的主持人，并对各位的发言进行了深刻的点评和积极的鼓励。全国新儒商团体联席会议常务副秘书长孔众做会议总结。

会议期间，举行了"全国新儒商团体第二次联席会议"，笔者代表全国新儒商团体联席会议秘书处安排了"新儒商事业2024年度工作计划"，指出：当前，我们正满怀信心地踏上以中国式现代化全面推进中华民族伟大复兴的新征程。当代新儒商事业面临极好的发展机遇。全国新儒商同人要认真贯彻落实中央《关于实施中华优秀传统文化传承发展工程的意见》，用中华优秀传统文化的精髓涵养企业精神，培育现代企业文化，道创财富，德济天下，以儒促商，以商报国，为儒家思想在企业实现创造性转化，为企业理论在中国推进创新性发展，为当代世界新商业文明提供中国的方案，为中华民族现代文明谱写工商文明光辉灿烂的新篇章！

第二节　当代新儒商文化的特征

由国务院国有资产监督管理委员会主管、中国企业联合会主办的中文期刊《企业管理》杂志，2023年第6期刊出笔者组编的专栏"新时代儒商笔谈"。笔者与复旦大学教授苏勇、浙江大学教授张应杭、山东大学教授李平生、上海财经大学教授张雄、中国政法大学教授李晓、上海樽轩实业有限公司董事长丁兴才、广西秋潮集团董事长方秋潮、世界孔子后裔联谊总会副会长孔众、北京大学副研究员王建宝、华南理工大学教授晁罡、东北财经大学教授胡国栋等，从各自专业领域的角度，对当代新儒商与传统儒商之间的联系和区别进行了深入的讨论。[1]综合各位学者和企业家的意见，笔者提出：当代新儒商是自觉地将以儒学为核心的中华优秀传统文化融入企业治理实践的企业家。与传统儒商相比，新儒商在内涵上从个人道德品质（修身）进一步走向企业治理智慧（治企），在外延上从传统商业进一步走向现代工商企业，在思想资源上从中华文化进一步走向中西合璧。总的来看，新儒商扬弃继承、转化发展了传统的儒商文化，赋予了新的时代内涵和现代表达形式，使之与当代企业相适应、与现代社会相协调，从而体现出与传统儒商文化不同的特征。

一、从"自在"到"自觉"

"儒"与"商"的结合，对传统儒商来说，是一个自然而然的行为。在先秦时期，"儒商鼻祖"子贡本身就是儒家创始人孔子的大弟子，是孔门弟子中"智"的代表。他将儒学的智慧运用到经商的实践中去，受到孔子的称赞："赐不受命而货殖焉，亿则屡中"（《论语·先进》）；其"博施

---

[1]　"新时代儒商笔谈"专栏，《企业管理》杂志，2023年第6期。

于民而能济众"的理念,更是被孔子直接称为"必也圣乎"(《论语·雍也》)。"商圣"范蠡出生在孔子之后十五年,其经商活动则与子贡同期,均在春秋末年"工商食官"制度解体私人商业兴起之际,儒家思想在各诸侯国传播之时。其"与时逐利""诚信经营""富好行德"等行为和观念,体现了春秋末年儒家道德理性与商家经济理性的结合。"商祖"白圭的"智仁勇强"之说,体现了战国时期儒家思想与经商之道的进一步融合,正如后人所说:"夫智、仁、勇、强,此儒者之事,而货殖用之。"[1]

明清时期,晋商"虽亦以营利为目的,凡事则以道德仁义为根据,大有儒学正宗之一派"[2]。其"同心共济"的群体精神、"利以义制"的经营精神、"顶身股制"的共享精神,正是儒家的群体观、义利观和财富观在经商活动中的具体运用。徽商中不少本来是信奉"学而优则仕"的儒生,只是在仕途无望之后,才投身商海,因而对儒业有着特殊的情结。他们"虽业商,然于诗书皆能明大义"[3];"躬虽服贾,精洽经史,有儒者风"[4],因而以"贾而好儒"享誉天下。即使主要是在海外闯荡的潮商,由于原籍地"海滨邹鲁"[5]的儒学文化氛围,也自然而然地受到儒家思想的影响。

在现代,张謇是著名的"状元实业家",他以儒而谋商,"言商还向儒"[6],将儒家思想贯穿兴办实业的全过程,成为中国现代儒商的领军人物。荣德生从小在私塾学习《论语》《孟子》《大学》《中庸》等儒家著作,对儒学哲理非常虔信,并处处运用到企业经营和社会活动中,被时人称为"商而儒者也"[7]。卢作孚从小入读私塾,接受中华传统文化的熏陶;投

---

[1] (清)吴伟业,《吴梅村全集》,第1026页。
[2] 颉尊三,《山西票号之构造》,转引自张正明著《晋商与经营文化》,第21页。
[3] 同治《黟县三志》卷15《艺文·人物》《胡君春帆传》,载张海鹏等,《明清徽商资料选编》,第1407条。
[4] 康熙《休宁县志》卷6《人物·笃行》,载张海鹏等,《明清徽商资料选编》,第1383条。
[5] "海滨邹鲁"一语,出自北宋诗人陈尧佐的作品《送王生及第归潮阳》:"休嗟城邑住天荒,已得仙枝耀故乡。从此舆载人物,海滨邹鲁是潮阳。"
[6] 张謇,《柳西草堂日记》,《张謇全集》第8卷,第820页。
[7] 江霄纬,《人道须知·序二》,《荣德生文集》,第338页。

身实业后，他根据现代社会的需要，重新诠释了诸如"兼善""能群""勤俭"等传统儒学理念，展现了近代儒商与时俱进、守正创新的智慧。陈嘉庚从小入私塾，学习《三字经》、"四书"等典籍，下南洋经商后，仍未放弃对中国传统文化的学习，在世界风云变幻和商海激烈竞争中，他坚持"我国固有之文化精神"[1]，展现出鲜明的儒商特色。

当代儒商的成长过程中却没有先辈那样的儒家文化氛围，他们对于儒学与商道的结合，经历了一个从"自在"到"自觉"的过程。我们知道，进入20世纪以后，1905年晚清政府废除科举考试制度，1912年民国政府教育部明令取消读经，就制度层面而言，中国人与儒家"大传统"睽违了一个世纪。改革开放以后成长起来的当代中国企业家，在其创办和管理企业的早期过程中，运用更多的是民间口口相传的"小传统"，而对于儒家经典的"大传统"处在一种"日用而不知"的状态。到了21世纪，特别是中国特色社会主义进入新时代以后，随着中国经济的发展、文化自信的提升，企业家们重新捡起被束之高阁多年的"四书五经""诸子百家"等中华优秀传统文化经典，学习其精华，领悟其精神，把握其精髓，并将其运用到企业经营管理的过程中去。

宁波方太集团的茅理翔、茅忠群父子的经历就是一个生动的例子。茅理翔，1985年创办慈溪无线电厂，是改革开放早期涌现的著名民营企业家，被誉为"世界点火枪大王"。1995年茅理翔和儿子茅忠群联手创办方太厨具公司，提出"产品、厂品、人品三品合一"的方太品牌文化观念。这显然是受到"先做人，后做事，做人当以德为先，做事当以诚为本"等民间传统观念的影响。茅忠群2004年开始学习国学，2008年开始在企业中导入儒家文化。他将"厂品"改为"企品"，将"人品"提到首位并注入了十个字的儒家文化内涵——"仁·义·礼·智·信·廉·耻·勤·勇·严"，将"人品、企品、产品三品合一"确定为方太的核心价值观。茅忠群指出："《论语》里面有一句话叫'修己以安人'，表面看好像和经营没什么关系，但事实上，这是最核心的经营之道。'修己'，有两个主体，一个是企业家自身，一个是全体员工，每一个人都要修己，修身心，尽本分。然后'安

---

[1] 陈嘉庚，《文化与国家关系》，《陈嘉庚言论集》，第64页。

人'，是让人心安定，主要有两个对象群体，一个是员工，一个是顾客。如果把自己修炼好，同时把顾客、员工安顿好，企业还会不成功？还会没有利润吗？"[1]在他看来，儒学强调修己以安人。品牌的含义是定位品牌在消费者心目中的感觉，品牌的口碑，就是消费者对品牌的信赖与赞誉，方太的品牌追求就是在于消费者百分百的安心，这与儒学是相融的。由此，茅忠群将方太文化命名为"方太儒道"，公开打出"儒商"的旗帜，成为一名自觉的当代新儒商。[2]

二、从"伦理"到"治理"

儒商自古有之。"富而好礼"的孔子大弟子子贡与"富而好德"的陶朱公范蠡，被后人尊为"儒商鼻祖"。"经商不损陶朱义，货殖何妨子贡贤"成为后世儒商的座右铭。明清时期，逐渐形成一个被时人明确称为"儒贾""儒商"的社会阶层。浙江大学儒商与东亚文明研究中心原执行主任周生春教授指出："传统儒商是具有以儒家为核心的中华文化底蕴，关爱亲友、孤弱，热心乡里和社会公益之事，能做到儒行与贾业的统一和良性互动，具有厚重文化底蕴的工商业者。"[3]由此看来，传统儒商可以称为"伦理型儒商"。

与传统儒商不同，当代新儒商是自觉地将儒学为核心的中华优秀传统文化融入企业治理实践的现代企业家。其中包含以下三层意思：第一，新儒商是现代的工商业企业家而不仅是传统意义上的"商贾"；第二，新儒商是现代企业的治理者而不仅是热心社会公益之事的"好人"；第三，新儒商是当代新工商文明的创造者而不仅是传统儒家文化的继承者。如果说传统儒商是"伦理型儒商"，那么当代新儒商就是"治理型儒商"。

什么是"治理"？"治"本来是水名，引申为治水、整治之义；"治理"则是整治的效果。"治理"指通过顺着事物天然具备的理路而整治，

---

[1] 黎红雷，《儒家商道智慧》，第171页。
[2] 茅忠群，《方太儒道之匠心深耕》，载黎红雷主编，《企业儒学·2017》，第378–392页。
[3] 周生春、杨缨，《历史上的儒商与儒商精神》，原载《中国经济史研究》2010年第4期，收入黎红雷主编的《治道新诠》，中山大学出版社2011年版，第506页。

从而引导事物顺应先天规律而归于正道。例如，大禹治水，采用疏而不是堵的办法而取得成功，就是治理的范例。从治水到治国，"治理"被广泛运用到自然和社会各个领域。《孔子家语·贤君》记载，孔子与各国国君就曾经多次讨论政府治理的问题，指出"任能黜否，则官府治理"。从汉代历史学家司马谈的"夫阴阳、儒、墨、名、法、道德，此务为治者也"（《史记·太史公自序》），到北宋初年宰相赵普的"半部《论语》治天下"[1]，说的都是儒家的"治理"智慧。

其实"治理"与"伦理"，本来是儒家思想的两个向度，二者密不可分。正如《大学》所言："古之欲明明德于天下者，先治其国。欲治其国者，先齐其家。欲齐其家者，先修其身。欲修其身者，先正其心。欲正其心者，先诚其意。欲诚其意者，先致其知。致知在格物。物格而后知至，知至而后意诚，意诚而后心正，心正而后身修，身修而后家齐，家齐而后国治，国治而后天下平。"在儒家看来，修身养性与治国理政是并行不悖、互为因果的。传统儒商文化突出"伦理"，当代新儒商文化强调"治理"，其差异在于时代背景的不同。

在经济全球化、文化多元化的当代社会，企业家所面临的问题，与传统社会的工商业者相比，其中最大的不同，就是现代企业的组织、管理、经营、领导、战略等问题。解决这些问题，既需要技术上的手段，更需要文化上的智慧。管理技术固然可以向西方学习，管理文化却只能吸收本民族文化的营养。因此，当代新儒商在学习西方企业理论以解决企业运作中的具体问题之"术"的同时，继承并转化儒家的治理智慧以形成企业生存与发展的长治久安之"道"，就成为必然的选择。

《企业管理》杂志2022年第5期，刊登了笔者组织的专栏"新儒商的治理智慧"，共收入五篇文章，包括苏州固锝电子股份有限公司创始人吴念博的《圣贤文化造就固锝幸福企业》、宁波方太集团董事长兼总裁茅忠

---

[1] 参见《鹤林玉露》："赵普再相，人言普山东人，所读者止《论语》，盖亦少陵之说也。太宗尝以此论问普，普略不隐，对曰：'臣平生所知，诚不出此。昔以其半辅太祖定天下，今欲以其半辅陛下致太平。'普之相业，固未能无愧于《论语》，而其言则天下之至言也。"（宋）罗大经撰，孙雪霄校点，《鹤林玉露·乙编·卷一·论语》，上海古籍出版社2012年版，第81页。

群的《以道御术打造方太管理文化》、山西天元集团创始人李景春的《成人达己构建天元经营理念》、东莞泰威电子有限公司创始人李文良的《天地人和树立泰威精神信仰》，以及笔者的《新时代儒商气质》等，从实践和理论的角度多方面展现了当代新儒商的企业治理智慧。

苏州固锝提出建设"幸福企业大家庭"的理念。他们坚持"内求、利他"的"企业家训"，以"真爱"为根本，以"用心将圣贤文化带给全世界，造福全人类"为愿景，启发员工的爱心，以无我的精神为世人、为天地万物用心付出，形成了以"家文化"为核心的中国式企业"至善治理"模式。

宁波方太以中学明道，西学优术，中西合璧，以道御术，把中华优秀传统文化的精髓融入企业的经营管理实践，涵养企业精神，培育现代企业文化。其"伟大企业"的愿景，"人品、企品、产品三品合一"的核心价值观，"促进人类社会真善美"的理想追求等，实现了儒家治理智慧与现代企业经营的深度融合，体现了新时代新儒商的精神风范。

山西天元秉承"帮助人成功"的企业精神，将中华优秀传统文化落实到企业，成功转化员工、顾客、合作厂商、社区群众乃至社会大众的思想，为中国企业经营提供了宝贵的经验：企业既要为员工创造幸福，更要为社会创造价值，成为提升能量造福众生的"公器"；企业既要"助人成功"，更要"助人成长"，实现物质与精神的双丰收；企业既要"化废为宝"，更要"化恶为善"，承担自然与社会的双责任。

东莞泰威依据企业和员工的实际状况，从教育入手，学习国学经典，引导员工持续不断地学习和成长；践行传统文化，引导员工树立"德福一致"的因果报应观；设立"祖宗堂"，为员工提供尊天敬祖的祭拜场所；提出"天地人和股权方案"，为"敬天法祖爱人"的理念提供坚实的制度保障；设立"企业首席信仰官"，最终形成了"天地人和的企业精神信仰体系"，为解决中国企业及其员工的精神信仰问题做出了可贵的探索。

总体上看，当代新儒商的企业治理智慧可以概括为以下六个方面。第一，德以治企。践行儒学"道之以德，齐之以礼"的理念，德启善根，教化员工；礼定规矩，制度严明；法服人心，赏罚得当。第二，义以生利。践行儒学"义以生利，利以平民"的理念，生财有道，依法经营；按章纳税，提供就业；满足需求，导人向善。第三，信以立世。践行儒学"内诚于心，外信于人"的理念，言行一致，表里合一；口碑营销，树立品牌；合作发展，共生共赢。第四，智以创业。践行儒学"智者不惑"的理念，善抓商机，与时俱进；崇尚智慧，学习成长；基业长青，永续经营。第五，仁以爱人。践行儒学"仁者不忧"的理念，关爱员工，共享财富。关爱顾客，服务大众；公益慈善，绿色环保。第六，勇以担当。践行儒学"勇者不惧"的理念，严于律己，以身作则；努力拼搏，自强不息；承担责任，传播文明。

三、从"个体"到"群体"

儒家思想在工商活动中的展现，经历了一个从个体行为到群体活动的过程。从先秦到秦汉时期的商人，其杰出人物的事迹，被汉代历史学家司马迁记录在中国首部商人传记《货殖列传》中，而按照其写作体例，主要是为商人个人立传，并未有组织活动的记载。例如，无论是"儒商鼻祖"子贡、"商圣"范蠡，还是"商祖"白圭，我们了解并感佩的都是其个人的生动事迹；即使是关于管仲与鲍叔牙的合伙经商，我们所能了解的也仅限于他们两个人对于金钱的不同态度及其友谊，即"管鲍之交"。由此看来，当时的商业活动应该是基于个人而不是基于组织的行为。

明清时期，开始出现了以"商号"为名的商业组织。而"区区商号如一叶扁舟，浮沉于惊涛骇浪之中，稍一不慎倾覆随之"，于是产生了"同心以共济"的心理需求。[1]晋商以"顶身股制"形成利益共同体，明清商书重视对商号学徒培养和伙计的训诫，胡雪岩以"戒欺"作为胡庆余堂的店训，乔致庸对于商号经营人才的破格选拔量材使用，孟洛川为瑞蚨祥建立起"全局总理—地区总理—各号经理—头目"的组织架构，这些都可以视为有组织的经商活动的展开。

在现代儒商中，张謇为大生纱厂制定的《厂约》，是中国第一个现代企业制度；荣德生首创的"劳工自治区"，关心职工生活和教育培训，协调劳资关系，让工人自我管理，堪称具有中华民族特色的企业管理模式；

---

[1]李燧、李宏龄著，黄鉴晖校注，《晋游日记 同舟忠告 山西票商成败记》，第89页。

卢作孚十分重视对职工进行"民生精神"的教育，强调团体的工作、团体的讲学、团体的娱乐，是中国企业文化建设卓有成效的范例。陈嘉庚制定《陈嘉庚公司分行章程》，并在章程的各页眉头的醒目位置列出"眉头警语"，以展现公司的经营宗旨。这些，都可以视为儒家思想和儒商文化在现代企业组织活动中的渗透和影响。

在当代中国，企业组织规模动辄成千上万人，甚至有几十万之多。对于这种规模的企业组织，仅靠创始者的发心和经营者的智慧是不可能治理好的。如何使创始者和经营者个人对于儒家思想和儒商文化的领悟，成为企业组织全体成员的共识和行为？当代新儒商企业家在吸收儒家思想和儒商先贤智慧的基础上，结合当代企业发展的实践，采取了人文关怀、人文教育、文化引领、制度保障等措施。

1. 以人文关怀营造群体氛围

孔子主张"仁者爱人"（《论语·颜渊》）；孟子提出"亲亲而仁民"（《孟子·尽心上》）。这里的"亲亲"，其本意是亲爱与自己有血缘关系的亲人。儒家十分重视家庭，在他们看来：家庭组织是所有社会组织的基础，家庭关系是所有社会关系的前提，家庭制度是所有文明制度的起点。受此影响，中国儒商的企业组织都具有某种"拟家庭化"的色彩。例如，近代儒商中荣德生的"劳工自治区"，就将企业作为员工的"第二家庭"。当代新儒商更加自觉地提出"幸福企业大家庭"的理念，他们把员工当作"家人"，自己则当好一位尽职尽责的"大家长"，率领"家人"一起建设"幸福大家庭"。在他们看来，企业是家，董事长是大家长，董事长像父母一样关心公司高管，爱护每一位员工。管理层也会学习效仿，这就是上行下效，兄友弟恭。管理层关怀员工，员工之间也会相互关爱，像兄弟姐妹一样，彼此关心彼此爱护彼此协助，从而形成"真爱"的群体氛围。

2. 以人文教育提升群体素质

《礼记·学记》提出："建国君民，教学为先。"儒家认为，建立国家，治理民众，首要的任务在于发展教育、教化百姓。在他们看来，治理就是教育，治理者就是教育者，治理的过程就是教育的过程。受此影响，儒商的企业组织都具有某种"拟学校化"的色彩。例如，近代儒商卢作孚，就采取"以团体的工作、团体的讲学、团体的娱乐乃至一切生活包围他们"

的方法，对职工进行"民生精神"的教育。当代新儒商切身体会到，人文关怀与人文教育缺一不可：没有人文关怀，人文教育就会被员工视为"洗脑"而拒绝接受；没有人文教育，人文关怀只能让老板成为员工的"提款机"而导致企业垮台。为此，他们在企业内部设立"书院（学堂）"，将中华优秀传统文化特别是儒家的经典列为员工的必修课程，通过每天早读、每年安排一定时间集中学习、学习成绩与工作业绩同样与个人收入挂钩等形式，培根塑魂，使员工实现物质幸福与精神幸福的双丰收，从而大大提升了企业的群体素质。

3. 以企业文化凝聚群体共识

孔子提出："君子之德风，小人之德草。草上之风，必偃。"（《论语·颜渊》）在他看来，执政者的道德品质好比是风，平民百姓的道德品质好比是草，当风吹到草上面的时候，草就会跟着风的方向倾倒。受此影响，中外儒商的企业组织都十分重视道德价值观的引导作用，如日本企业的"社风"（"株式会社"即日本公司的"风气"）。二十世纪八十年代，日本企业这一蕴含儒家韵味的"社风"，被美国学者英译为"Corporate Cultures"，又被中国学者汉译为"企业文化"，掀起一股"企业文化建设"的热潮，影响至今。当代中国新儒商则将这个"出口转内销"的概念与其源头活水儒家之"德风"文化相对接，明确提出"文以化人"的理念，以凝聚企业的群体共识。具体举措包括"四化"：以"关爱感化"激发员工的主人翁精神乃至对生命的觉醒，以"教育熏化"让员工觉知和体悟到人生的使命和意义，以"制度固化"养成员工自主行为形成企业团队秩序，以"才能强化"为员工提供发展通道增强安身立命能力等。

4. 以规章制度确立群体规范

孔子指出："道之以德，齐之以礼，有耻且格。"（《论语·为政》），将道德教化与礼制规范相提并论，都是治国安民不可或缺的控制手段。孟子指出："不以规矩，不能成方圆。"（《孟子·离娄上》）任何组织、任何事情，都要有规矩和制度，制度是群体中的人共同遵守的办事规程和行为准则。受此影响，儒商的企业组织在强调道德教化的同时，也突出礼制规范。近代儒商中的"状元企业家"张謇就制定了现代中国第一部《厂约》，华侨企业家陈嘉庚也制定了公司的章程。当代新儒商将中华优秀传统文化的精髓与世界级的现代企业制度相结合，确立自己的企业群体规范。其中最有代表性的就是《华为基本法》，它以公司创始人任正非吸收儒家中庸之道精髓的"灰度哲学"为指导，形成了均衡管理的思想，涵盖了公司的核心价值观、经营政策、组织政策、控制政策等，成为当代中国企业法规的典范。

四、从"个人行为"到"组织活动"

传统儒商对于儒家思想的理解和运用，基本上是个人的行为。明清时期出现的以地缘关系为基础的商帮，清末和民国时期按地域与行业组织的商会，新中国诞生后成立并于改革开放后恢复的工商业联合会（总商会）、行业协会、异地商会等，都是不同时期工商业者的组织。尽管这些组织及其成员或多或少有儒商的行为，但没有任何组织是以"儒商"命名，也没有任何活动是以"儒商"冠名的。

二十世纪九十年代，"儒商"概念重新提出。暨南大学的潘亚暾先生和香港孔教学院的汤恩佳先生，分别组织了"国际儒商学会"和"世界儒商联合会"并开展活动，由此带动了国内部分地区儒商组织的建立和儒商活动的开展，前者如扬州的儒商研究会，后者如深圳的孔圣堂。2017年1月25日，中共中央办公厅、国务院办公厅联合发布《关于实施中华优秀传统文化传承发展工程的意见》，明确指示"用中华优秀传统文化的精髓涵养企业精神，培育现代企业文化"。从此，当代新儒商事业得到迅猛的发展，各种以"儒商"命名的组织纷纷成立，以"儒商"冠名的论坛、大会、年会、研讨会等活动纷纷开展。其中博鳌儒商论坛、山东儒商大会、全国新儒商年会分别发挥了引领、示范和推动的作用。

1. 博鳌儒商论坛的引领

"博鳌儒商论坛"由国际儒学联合会、中国孔子基金会、中华孔子学会、中国实学会、中国产学研合作促进会等主办，定点在海南博鳌亚洲论坛会址举行，是新时代儒商有组织活动的先行者，具有引领的作用。

第一届年会于2016年12月28—29日举行，来自全国高校的20多位教授学者和350多位企业家参会。第二届年会于2017年12月16—18日举行，来自海内外的50多位知名学者教授及1800多位企业家出席。第三届年会于 2019 年 4 月 1—4 日举行，来自海内外的政要、学者和企业家近 2000 人出席。

在第一届年会期间发表了《博鳌儒商论坛共同声明》，内容如下。

一、我们共同确认，成立"博鳌儒商论坛"。

二、我们共同确认，博鳌儒商论坛为非营利性、定期、定址的组织；其宗旨是"弘扬儒家商道精神，创建当代商业文明"；其使命是"构建学者与企业家相互交流的平台，帮助企业成长，促进儒学振兴，为人类社会的发展做出贡献"。

三、我们共同承诺，尽自己所能为博鳌儒商论坛的活动和成长贡献力量。

在第二届年会期间通过了《博鳌儒商论坛章程》，确定工作任务如下。

一、举办博鳌儒商论坛年会，为政府、企业及专家学者等提供一个共商经济、社会、环境及企业发展相关问题的高端对话平台。

二、组织学习儒商和致敬儒商的活动。

三、组织企业儒学课题的研究工作。

四、编辑出版企业儒学的书刊。

五、举办企业儒学培训班、讲习班。

六、通过论坛与政界、商界及学术界建立的工作网络为会员与会员之间、会员与非会员之间日益扩大的经济合作提供服务。

七、开展中华优秀传统文化教育公益活动，进企业、进社区、进学校。

依据上述"共同声明"和"章程"，博鳌儒商论坛理事会积极指导各地成立儒商会组织，并在全国各省（自治区、直辖市）成立儒商办事处，推动了儒商理念的传播和儒商组织的建立和完善。

2. 山东儒商大会的示范

"山东儒商大会"由山东省委、省政府主办，自 2018 年起每两年举办一次，这是国内首个以一个省的党委和政府的名义召开并冠名"儒商"的大会，对传统商帮组织（在山东即为"鲁商"）和现代商会活动向新时代新儒商的转型，具有示范意义。

首届山东儒商大会 2018 年 9 月 28—30 日在济南举办。大会以"大儒商道、至诚天下"为宗旨，以"新时代、新动能、新儒商、新愿景"为主题。来自国内外工商界的千余名嘉宾参会。

第二届山东儒商大会 2020 年 6 月 30 日举行，大会采用线上线下同步参会模式，主会场设在济南，同时在山东省 16 市和湖北黄冈设分会场，来自 20 个国家和地区的 7000 多名海内外优秀企业家、创新创业者、知名人士等云端相聚、线上交流，共叙儒风乡情，共商发展大计，助力山东高质量发展。

第三届山东儒商大会 2023 年 3 月 28—30 日在济南举行，吸引了海内外 760 多位嘉宾，70 多家世界 500 强企业，70 多家中国 500 强、民企 500 强企业参会。大会发布了《新时代儒商倡议》："一、增强爱国情怀，坚定自信自强，扛复兴大任，办一流企业，做实业报国的表率。二、弘扬创新精神，激发拼搏斗志，聚天下英才，强科教支撑，做高质量发展的表率。三、坚持正道而行，专注企业发展，倡亲清之风，遵契约规则，做诚信守法的表率。四、响应时代呼唤，承担社会责任，思长流远源，报桑梓之恩，做推进共同富裕的表率。五、拓展国际视野，统筹两种资源，秉天下一家，尚和合共赢，做服务和融入新发展格局的表率。天行健，君子自强不息。新时代儒商当在中华优秀传统文化中汲取智慧、在面向未来中勇立潮头，奋进新征程，建功新时代。"[1]

3. 全国新儒商年会的推动

"全国新儒商年会"由全国新儒商团体联席会议秘书处指导，采用"奥运会"的模式，由全国各地新儒商团体轮流申请主办，对新儒商理念的传播、新儒商企业的建设、新儒商事业的开展，都具有积极的推动作用。

首届全国新儒商年会 2022 年 11 月 28—30 日在浙江宁波举行。会议采用线上与线下结合的方式举行，来自全国各地的新儒商团体负责人 300 多人出席，会议直播观看人量 109 万，传播声量（包含文章、短视频等）587 万。年会期间举行了"全国新儒商团体第一次联席会议"，正式通过了《全国新儒商团体联席会议规则》，确定每年在全国各地轮流举办"全

---

[1]《新时代儒商倡议》，《大众日报》，2023-03-30。

国新儒商年会",并同时召开"全国新儒商团体联席会议",为当代新儒商事业的发展和壮大提供稳定的平台。

第二届全国新儒商年会2023年11月20—22日在广西桂林举行,来自全国各地的新儒商团体负责人350多人出席,50多万人通过直播视频观看。年会总结和交流各地新儒商企业和团体一年来在中国式现代化的新征程中,以儒家智慧指引企业高质量发展所取得的成绩和体会,回答当前新儒商事业发展所面临的问题,激发新动能,创造新伟业,走向新未来。年会期间举行了"全国新儒商团体第二次联席会议",通过了《全国新儒商团体联席会议规则(修订稿)》,确定当代新儒商事业的宗旨为"道创财富,德济天下,以儒促商,以商报国";使命是"为儒家思想在企业实现创造性转化,为企业理论在中国推进创新性发展,为中华民族现代文明谱写工商文明篇章,为当代世界新商业文明提供中国的方案"。

第三届全国新儒商年会2024年11月23—24日在广东佛山召开。来自全国各地的近千名企业家济济一堂,共同探讨"新儒商文化与新质生产力"的主题。会议安排了六个平行论坛,围绕企业创新、企业出海、儒商教育、幸福企业、二代传承、百年经营等主题深入探讨,并安排了企业家圆桌论坛,主题为"新儒商文化与新质生产力在中小企业中的践行"。年会期间,举行了"全国新儒商团体第三次联席会议",投票决定,第四届全国新儒商年会,将于2025年10月在山西太原举行。

五、从"士商分立"到"学商结合"

中国古代将民众分为"士农工商"四个阶层。在先秦诸子百家中,儒家是最"亲商"的一个学派,他们对"士农工商"四民一视同仁、平等对待,均视为国家的基石[1]、施行"仁政"的对象。在此背景下,子贡亦士亦商,范蠡先士后商,白圭以"智仁勇强"的士人智慧经商。可以说,先秦儒商就是士商结合的产物。自汉代董仲舒提出"正其谊不谋其利,明其道不计其功"(《汉书·董仲舒传》)之后,士与商分别作为义与利的代表

---

[1]《管子·小匡》:"士农工商四民者,国之石民也。"李山、轩新丽译注,《管子》,中华书局2019年版,第372-373页。

而被人为分离,此后渐行渐远。明清儒商虽然"雅好儒术"[1],但并未得到当时士人的真正接纳。王阳明的《节庵方公墓表》因提供了所谓"弃儒就贾"的典型以及"四民异业而同道"论而被视为"新儒家社会思想史上一篇划时代的文献",然而《节庵方公墓表》实则是一"乌龙"之作,墓表主人公"未尝一日从商"[2],由此可见当时士人与商人之间的隔膜。戴震称赞徽商"虽为贾者,咸近士风"[3],但他本人的儒学研究与儒商并无关联。到了清朝末年,当张謇以新科状元的身份在南通募股集资办厂时,当地的士林中人甚至要揪住张謇去孔庙明伦堂"论理"。总之,在汉以后的中国传统社会中,士与商一直处在分立乃至对立的状态。

当代新儒商文化的发展,则是学界与商界相互结合的结果。从企业家的摸索、学者的探索,到学界的充分肯定、积极参与、通力合作,当代新儒商事业之路越走越宽广、越走越踏实。

1. 学界的充分肯定

笔者自1987年开始,在理论上探讨如何将传统儒家的治国之道转化成现代企业的治理智慧的课题,1991年完成博士论文《儒家管理哲学》[4],是为笔者"企业儒学"研究的开篇。自2013年开始,在实践上总结改革开放以来中国企业家将儒家思想与现代企业治理相结合的经验,出版《儒家商道智慧》[5],是为笔者"企业儒学"的第二部研究成果。

2017年7月28日,《儒家商道智慧》新书发布暨专家研讨会在北京全国人大会议中心举行,会议由中国孔子基金会、中华孔子学会和中国实学研究会指导,中华孔子学会儒商会、中国孔子基金会孔子学堂推进委

---

[1] 歙县《竦塘黄氏宗谱》卷5《黄公文茂传》,载张海鹏等,《明清徽商资料选编》,第261条。

[2] 陈立胜,《王阳明"四民异业而同道"新解——兼论〈节庵方公墓表〉问世的一段因缘》,载《哲学研究》,2021年第3期。

[3] 《戴震集》(上编)《文集》卷12《戴节妇家传》,载张海鹏等,《明清徽商资料选编》,第1340条。

[4] 黎红雷,《儒家管理哲学》,广东高等教育出版社1993年第1版、1997年第2版、2010年第3版,中山大学出版社2020年第1版。

[5] 黎红雷,《儒家商道智慧》,人民出版社2017年版。

会主办，博鳌儒商论坛理事会承办，来自北京大学、清华大学、中国人民大学、中央党校、国防大学、北京外国语大学、长江商学院等单位的30多位专家学者和10多位中央级媒体记者，围绕如何深入"弘扬儒家商道，构建企业儒学"进行研讨。会议由中华孔子学会常务副会长、北京大学干春松教授主持，中国哲学史学会会长、清华大学陈来教授在发言中指出，中国当代的企业家不仅推动了中国经济的发展，也为中国当代文化的发展贡献了力量。中国实学研究会会长、中央党校王杰教授强调，儒家的商道智慧，涉及儒家思想的核心价值观，里面讲了道德的问题、诚信和自律的问题，对一个企业家来说，非常重要。国际儒联教育普及委员会主任、中国人民大学张践教授认为，儒家商道智慧抓住了儒学的基本思想脉络，并将其作为儒学与当代企业的一个结合点进行阐释，非常清晰，也是把中国传统文化与企业文化做了一个很好的融合。[1]

中国儒学研究的权威刊物《孔子研究》2024年第1期，发表华东师范大学陈卫平教授的文章《学术中国化的转向与十年来的儒学研究新向度》，文章指出：当代儒学研究发生的一个显著变化，是一批学者突破囿于书斋的研究，把如何使儒学成为社会主义核心价值观的精神资源作为研究课题。这方面最为凸显的是企业儒学与乡村儒学。企业儒学立足儒商传统，以培育新儒商为使命，现在已有全国性的博鳌儒商论坛，召开了全国新儒商团体联席会议（全国新儒商年会），著名的管理学刊物《企业管理》在2022年和2023年发表了多篇企业儒学和新儒商的论文，体现了当代学者从书斋里的学问转向以滋养民众日用而不觉的价值观为己任。

2. 学界的积极参与

通过企业儒学的媒介，学界对当代新儒商文化的价值和意义进一步加深了认识，研究兴趣越来越浓，成果越来越多，影响越来越大。

2023年4月26—28日，"首届企业儒学国际学术研讨会"在广州隆重召开。会议由中山大学中外管理研究中心主办，山东大学儒学高等研究院、上海财经大学国际儒商高等研究院、尼山世界儒学中心孟子研究院、浙江大学国学智慧与领导力提升研究所、上海交通大学东方管理研究中

---

[1]《新书〈儒家商道智慧〉获诸多国学大咖盛赞》，人民网，2017-08-01。

心、华南理工大学企业社会责任研究中心、东北财经大学中国管理思想研究院、江西财经大学中国管理思想研究院、浙江工商大学浙商研究院等协办，120多人出席了会议。会议的主题为"企业儒学的开创与传承"，议题有"中国式现代化与企业儒学的理论价值""新儒商与企业儒学的实践意义"等。来自中国、德国、日本、新加坡、马来西亚等的学者和企业家提交了50篇论文，并结集《企业儒学的开创与传承》正式出版。会议确定每年在全国各地高校轮流举办。企业儒学的深入研究，为当代新儒商事业的发展提供了坚实的理论支撑。

2024年7月19—21日，"第二届企业儒学学术研讨会"在大连举行，会议由东北财经大学主办，来自海内外的五所高校领导、二十多所高校二级学院领导、三十多位教授、十多位新儒商企业家代表，以及在读博士研究生、EMBA学生等，共一百五十多人出席会议。会议的主题为"企业儒学与中国式管理创新"，议题有"企业儒学与传统儒学""企业儒学与当代新儒商""企业儒学与自我管理""企业儒学与企业治理理论""企业儒学与企业治理实践"等。会议共收到论文38篇，经专家评审，共有24篇论文获奖。会议期间，举行了"第二次全国企业儒学团体联席会议"，通过了《全国企业儒学团体联席会议规则（修订稿）》，并投票决定"第三届企业儒学学术研讨会"的主办单位为江西财经大学，"第三届企业儒学学术研讨会"将于2025年4月在南昌举行。

3. 学界与商界的通力合作

当代新儒商事业，包括博鳌儒商论坛、全国新儒商年会、企业儒学研讨会等，有一个基本的愿景，就是提供学界与商界交流的平台，让愿意与企业家交朋友的学者和愿意与学者交朋友的企业家共聚一堂，相互激发，通力合作，共同推进当代新儒商文化的发展。博鳌儒商论坛和全国新儒商联席会议都设立了由专家学者组成的学术委员会。博鳌儒商论坛与全国新儒商年会的参会者以企业家为主，学者代表担任会议主持人和发言点评人的角色；企业儒学研讨会的参会者则以学者为主，企业家代表担任问题提出者和实践检验者的角色。博鳌儒商论坛理事会和全国新儒商团体联席会秘书处在各地指导的各种儒商论坛，也是遵循这个原则，目的就是使学者和企业家在发挥各自专长的基础上，良性互动、彼此呼应、珠联璧合、相得益彰。在第二届全国新儒商年会期间，我们还举办学者和企业家的联合书展，展出上百种上千册图书，有学者苏勇教授的《改变世界——中国杰出企业管理家思想精粹》，有企业家方秋潮先生的《秋潮商理》《商海拾零》，有企业的《方太儒道》《方太文化》，以及笔者的《儒家管理哲学》《儒家商道智慧》《企业儒学年鉴》等，展现了学界与商界通力合作的成果。

第三节　当代新儒商文化的使命

北宋儒学家张载曾经提出著名的"四为句"："为天地立心，为生民立命，为往圣继绝学，为万世开太平。"[1]，这成为一代又一代儒者的使命。作为千年儒学的新领域、儒商文化的新开展，当代新儒商文化在坚定遵循这一使命的基础上，结合自身的特点及其面对的时代课题，提出"新四为句"作为自己的使命："为儒家思想在企业实现创造性转化，为企业理论在中国推进创新性发展，为中华民族现代文明谱写工商文明篇章，为当代世界新商业文明提供中国的方案！"

一、为儒家思想在企业实现创造性转化

儒家思想作为治国之道，在中国古代社会延续两千多年，留下了极其丰富的精神遗产。为此，当代新儒商文化将古代儒家的治国理念转化为现代企业的治理智慧，以实现儒家思想在企业的创造性转化。

1. 德治思想的转化

"德治"是儒家治国之道的基本原则。孔子指出："道之以政，齐之以刑，民免而无耻；道之以德，齐之以礼，有耻且格。"（《论语·为政》）大

---

[1] 张载（世称"横渠先生"）的原文："为天地立志，为生民立道，为去圣继绝学，为万世开太平。"见《张子语录中》，章锡琛点校，《张载集》，中华书局1978年版，第320页。清人黄百家在为其父黄宗羲《宋元学案·横渠学案》所加的按语中，将其写成"为天地立心，为生民立命，为往圣继绝学，为万世开太平"，遂为世人所接受，并广为传扬。

意是：用政令来引导他们，用刑罚来规范他们，民众只是企求免于犯罪，内心却没有羞耻感；用德教来引导他们，用礼法来规范他们，则民众不但有羞耻感，并且能够自我改正而真心归服。

依据"道之以德，齐之以礼"的理念，当代新儒商文化提出"德以治企，教化为先"的原则，以实现儒家德治思想在企业的创造性转化。企业要致力于塑造新时期的工商业文明，创立独特的经营和管理机制，把社会、他人、自身利益融为一体，创造以中华优秀传统文化为底蕴的崭新治理模式，使中国特色的社会主义价值观和世界级企业的管理制度融为一体，确立中西合璧的普适性企业文化。中国文化的内涵就是"德"。"德"是做人应有的规矩、做人最基本的属性，丢掉了这个根本，人在处理事情，处理人与社会、与自然的关系的时候，无论做官、经商，还是做学问，都会出现大麻烦。以"德"为根本，每个人都会严格要求自己。

孔子指出："君子之德风，小人之德草。草上之风，必偃。"（《论语·颜渊》）《礼记·学记》上说："建国君民，教学为先。"在儒家看来，领导者的职责就是以身作则，教化民众。治理就是教化，治理者就是教化者，治理的过程就是教化的过程。领导者受到教化就能爱护民众，民众受到教化就能发动起来，努力实现组织的目标。为此，当代新儒商文化提出"三为一德"的理念。第一是"为人之君"，就是要有君子般的风度和君王般的责任。第二是"为人之亲"，就是要像对待亲人那样对待自己的下属。第三是"为人之师"，就是为人师表，率先垂范。"为人之君""为人之亲""为人之师"，这三者构成了"德"。"德"是一个领导者的基本素质和风范。以德平天下人心，大家就会无怨无悔地跟着你走。

2. 义利思想的转化

儒家主张"义以生利，利以平民"（《左传·成公二年》），把治国理政当作精神价值创造物质价值、精神价值制约物质价值的过程，包括"见利思义""取之有义""先义后利""义利合一"等丰富内涵。

依据"义以生利，利以平民"的理念，当代新儒商文化提出"义以生利，利他经营"的原则，以实现儒家义利思想在企业的创造性转化。企业要基于儒家的义利观，以"利他主义"为基础，形成自己的经营哲学。考量企业成功的重要准则,不是企业有没有成功,而是企业的客户有没有因为企业而成功?如果企业过早地成功了,客户就不会成功。当然,如果能够做到一起成功是最好,企业成功,客户也成功了,但是只有一条路的时候,企业要放弃什么?那就是放弃自己的利益,让别人先成功。这是21世纪做企业的普遍原则。相信别人要比你重要,相信别人比你聪明,相信别人比你能干,相信只有别人成功你才能成功。

在孔子看来,如果天下无道,你通过发不义之财而获得富贵,这当然是可耻的;但是如果天下有道,你循道而行获得富贵,这当然是光荣的。相反,如果天下有道,你不循道而行去创造财富,却自甘贫贱,这在孔子看来也是可耻的。我们知道,古代有"士农工商",现代有"工农商学兵",无论是古代还是现代,"商人"只是社会的一个分工,本身并无贬义。从创造财富的动机与手段来看,商人起码可以分为三个层次:生意人、企业家、儒商。生意人有"三会":会计算、会经营、会赚钱;企业家在生意人"三会"的基础上增加了"三有":有勇气、有抱负、有情怀;儒商则在生意人"三会"和企业家"三有"的基础上增加了"三讲":讲仁爱、讲诚信、讲担当。儒商与一般商人的区别,不是不追求财富,而是"君子爱财,取之有道"。儒商就是商界的"君子",其职责就是运用儒家商道智慧为社会创造更多的财富。中国的改革开放为企业家提供了创造财富、报效国家的舞台。由此,当代新儒商文化一方面认识到经商必须赚钱,即"为人不可贪,为商不可奸,若要做善事,还是先赚钱";另一方面又认识到并非所有赚钱的生意都做,即"赚钱过三关,法律是底线,道德要约束,良心最值钱";而且更进一步认识到要将赚来的钱回报社会,即"独善非至善,兼济方圆满,善心有善报,天地大循环"。

3. 诚信思想的转化

"诚信"是儒家的道德范畴,也是治国理政的根本原则。《论语·颜渊》记载,子贡向孔子询问什么是治理国家的政事。孔子回答说:"粮食充足,兵马充足,百姓信赖。"子贡问:"如果不得已必须去掉一个,这三者中应先去哪一个?"孔子说:"去掉兵马。"子贡问:"如果不得已还必须去掉一个,这剩下的两个中应先去哪一个?"孔子说:"去掉粮食。因为自古以来,人都免不了一死;一个人如果缺乏信任,他在社会上就站不住脚；老百姓如果不信任，国家就站不住脚。"因此，孔子十分重视"信"德，指出"人而无信，不知其可也"（《论语·为政》）；孔子的孙子子思十分重视"诚"德，指出："诚者物之终始，不诚无物，是故君子诚之为贵。"（《礼记·中庸》）在子思所著的《中庸》一文中，"诚"与"信"开始相提并论；孟子和荀子沿着子思的思路，进一步明确地将"诚"与"信"联系起来。从此，"诚信"作为表达"内诚于心而外信于人"的重要道德范畴，成为人们的立身之本、交往之道、治国之要和事业之基。

依据"内诚于心，外信于人"的理念，当代新儒商文化提出"信以立世，诚以待人"的原则，以实现儒家诚信思想在企业的创造性转化。基于儒家的诚信思想，企业要实现"人品、企品、产品，三品合一"，以员工高品行的人品，形成高品位的企品，生产出高品质的产品。在"内诚于心"方面，通过"五个一"（立一个志、读一本经、改一个过、行一次孝、日行一善）的具体措施，从确定志向、阅读经典、改正过错、孝顺行为到每天做好事，全方位涵养员工的诚实品格。在"外信于人"方面，采取"四心三感"的具体措施：真心帮助顾客解决问题，诚心站在顾客角度思考，贴心为顾客提供服务，全心关怀顾客幸福；以专业知识感化消费者，以至诚服务感动消费者，以儒家文化感染消费者，从而以自己的真诚赢得顾客。

儒家思想是中华优秀传统文化的核心，当代新儒商文化将儒家思想融入现代企业的治理实践，德以治企、教化为先，义以生利、利他经营，信以立世、诚以待人，不仅促进了企业的健康可持续发展，而且为中华优秀传统文化在当代的创造性转化树立了一个活生生的样板。

二、为企业理论在中国推进创新性发展

我们知道，"企业"作为现代市场经济的产物，组织模式来自西方。在中国现代化、工业化、市场化的过程中，西方的企业理论得到广泛学习、借鉴和应用。而企业所根植的社会文化土壤不同，中国的企业家在向西方学习的同时，越来越多地受到数千年中华优秀传统文化特别是儒家文化的影响，这使中国的本土企业出现了与西方经典企业诸多不同的因素，推进了企业理论在中国的创新性发展。

1. 企业组织理论的发展

企业是由人组成的。从对人性假设的角度，迄今为止的西方企业组织理论，可以划分为"经济人""社会人""文化人"三种形态。总的来看，"经济人"假设下的企业组织形态，为现代企业制度的规范化奠定了基础，但其过分强调工作效率而忽视了人的社会的、心理的需要，过分强调制度的正规性而压抑了组织成员的自主性，实际上成为一种"没有人的组织"，从而消减了组织的活力。"社会人"假设下的企业组织形态将现实中的人重新拉回组织关注的视野，但其过分偏重非正式组织而忽视了作为社会基本单位的正式组织，过分偏重人的感情和社会因素而忽视了人性不可或缺的理性和经济因素，成为一种"缺乏效率的组织"。"文化人"假设下的企业组织形态，虽然适应了当代世界经济一体化、文化多元化、信息网络化的需要，但是在不同文化背景下的展开和运用，仍留下许多需要进一步探讨的空间。

中国人是世界上最重视家庭的族群之一，儒家学派是世界上最重视家庭的思想学派之一。在儒家看来，家庭组织是所有社会组织的基础，家庭关系是所有社会关系的前提，家庭制度是所有文明制度的起点。受此启发，当代新儒商文化提出要把企业办成一个"大家庭"，企业家把公司当作"家"，把员工当作"家人"，自己则当一名尽职尽责的"大家长"。如果老板把员工当成工具，没有把他们当成家人，他们就把老板当成提款机。所以需要大家一起改变现状，管理者多给予员工人文关怀和人文教育，员工多融入企业的文化与生产环境中。企业的价值在于员工的幸福和客户的感动。现代社会发展的一个重要推动力量来源于企业，企业已经成为社会的中坚力量，创造一个和谐美好的幸福社会，推行"拟家庭化"的企业组织，建设幸福企业大家庭，就是一个很好的途径。

"拟家庭化"的实质，就是借助中国传统"家庭"这一形式，在实现员工经济需求的同时满足员工的心理需求，从而实现企业情感逻辑与效率逻辑的平衡。就其把员工当作"人"而不是"工具"而言，超越了"经济人"假设的"没有人的组织"；就其激发员工对企业的责任感从而大大提升企业绩效而言，超越了"社会人"假设的"缺乏效率的组织"；就其人文关怀与人文教育相结合而言，以中国式的组织文化，开拓了"文化人"

假设的视野。

2. 企业教育理论的发展

企业是由人组成的，而人是需要教育的。在西方古典管理理论中，对于企业员工的"教育"，仅限于专业技能的培训。到了二十世纪末，美国学者圣吉提出"学习型组织"（Learning Organization）的理念，并率领团队多次到中国，拜国学大师南怀瑾先生为师，学习儒家文化经典，尤其被《大学》中所阐发的"修身"思想所折服。但遗憾的是，圣吉及其团队只是把儒家的"修身"当作一种修炼方法作为其理论的补充；对"修身"的思想内涵"大学之道，在明明德，在亲民，在止于至善"却不甚了了。这也难怪，由于西方自由主义价值观和基督教文化观的影响，组织是无法对个人进行道德说教和人伦教化的，因此，儒家的"修身"理念在欧美企业中其实很难得到真正的落实。

教化是儒家的基本功能。《孟子·滕文公上》描述，在尧的时代，天下还不太平，尧便提拔舜来全面治理；大禹疏通河道，百姓才能耕种收获；后稷教人民种植五谷，人民才能养育。但人们吃饱、穿暖、安居而没有教育，便同禽兽差不多。圣人又忧虑这件事，便任命契担任司徒，把伦理道德教给人民——父子讲亲爱，君臣讲礼义，夫妇讲内外之别，长幼讲尊卑次序，朋友讲真诚守信。这就是"教以人伦"。由此，便形成了源远流长的儒家道德教化传统，这一传统自宋代以后，被众多书院继承，著名的书院有岳麓书院、应天书院、嵩阳书院、白鹿洞书院等。

受此启发，当代新儒商文化提倡企业在内部举办"企业书院"，积极推行人伦教化，为企业和社会培养德才兼备的栋梁人才。中国传统文化以"五福"（长寿、富贵、康宁、好德、善终）作为人生圆满的最高追求。"五福"里面最重要的一点就是"好德"，德行是因，长寿、富贵、康宁、善终都是果，有因才有果。我们只要把好德的因种好了，长寿、富贵、康宁、善终就自然会有结果，才有真正的"五福临门"。企业不仅仅是提供给员工一个工作岗位和工资，最重要的是要给员工营造一个学习成长的环境。员工不能一味地沉浸于追求利益，或者停留在每天获得一点工资上，最重要的是要成长，成长才是大利。而对企业来说，能为社会培养一批又一批承担中华民族复兴的栋梁之材，是光荣的使命和最高的追求。

"拟书院化"的实质，就是借助中国传统"书院"这种形式，将教育引入管理，帮助员工学习成长，为企业培养德才兼备的人才。管理就是教育，管理者就是教育者，管理的过程就是教育的过程。就此而言，超越了西方经典企业仅限于专业技能培训的员工教育。而在教育的内容上，强调道德引导和人伦教化，则突破了圣吉"学习型组织"理论的局限，体现出独特的中国文化色彩。

3. 企业股份理论的发展

企业的股份制是指以入股方式把分散的、属于不同人所有的生产要素集中起来，统一使用，合理经营，自负盈亏，按股分红的一种经济组织形式。经典的西方企业股份制，指的是股东以资本的投入而形成的企业经济形态，解决了所有权和使用权分离的问题；但是，人力能否入股，如何入股，企业的所有权与分配权能否分离，如何分离，依然是一个悬而未决的问题。

而在中国，两百多年前的晋商已经用"身股制"的实践回答了这些问题。他们将商号的股份分为银股和身股，银股是财东（相当于股东）投资商号的合约资本，身股则是财东允许掌柜等重要伙计以人力（而非资本）充顶股份，参与分红。"身股制"的思想渊源来自儒家经典。《大学》明确指出："财聚则民散，财散则民聚。"在儒家看来，财富取之于民就应该用之于民。财富聚集在当政者手里，民众就会离心离德、流散而去；财富疏散给广大民众，民众就会同心同德、凝聚在一起。儒家的上述财富共享思想虽然是对国家组织及其当政者说的，但其原则同样适用于商业组织及其领导者。

受此启发，当代新儒商文化鼓励企业借鉴传统晋商的做法，在企业中推行人力入股，按人头分配企业的利润。但与晋商不同的是，拥有身股而参与利润分配的人员，不仅包括高层核心人员，还包括普通员工，可以说是全员实行（当然也有一定的限制条件，如入职年限等）。但在数量上，则根据个人贡献度拉开差距。这里的标准是仁、义——前者核心在于为员工着想，后者聚焦于公平公正。

"拟身股制"的实质，就是借助中国传统商业组织（"商号"）"身股制"的形式，实现企业股东利益和员工利益的共赢共享。根据媒体的报道，在过去的 20 年，一种合伙人意义上的新型管理公司流行开来。如果股份制企业不改变自己的治理方式，就有可能输在这类合伙人制度的平台企业挑战面前。而这一发展方向，在中国更强调"和谐共生"的文化资源和制度组合中，存在着明显的比较优势。[1] 从传统晋商到当代新儒商文化的实践，充分证明了这一点。

企业理论是企业制度的思想基础，产生于西方工业文明社会的经典企业理论，必然随着时代和空间的变化而变化。当代新儒商文化以"拟家庭化"发展企业组织理论，以"拟书院化"发展企业教育理论，以"拟身股制"发展企业股份理论，既是适应中国本土企业现实的需要，更是对西方经典企业理论的超越。

三、为中华民族现代文明谱写工商文明篇章

2023 年 6 月 2 日，习近平总书记在文化传承发展座谈会的讲话中强调："在新的起点上继续推动文化繁荣、建设文化强国、建设中华民族现代文明，是我们在新时代新的文化使命。要坚定文化自信、担当使命、奋发有为，共同努力创造属于我们这个时代的新文化，建设中华民族现代文明。"[2]

儒商文化是中华优秀传统文化的组成部分，当代新儒商是建设中华民族现代文明的生力军。当代新儒商文化秉承中华优秀传统文化的核心精神，自强不息、厚德载物、与时偕行，为中华民族现代文明谱写工商文明的篇章。

1. 自强不息，努力奋斗

《周易·乾·象》曰："天行健，君子以自强不息。"所谓"自强不息"指的是努力奋斗，永不懈怠的一种积极的人生信念。当前，世界百年未有之大变局正加速演进，新一轮科技革命和产业变革带来的激烈竞争前所未有，气候变化、疫情防控等全球性问题给人类社会带来的影响前所未有，

---

[1] 曹和平，《西方企业管理正变得"更中国"》，载《环球时报》，2019-08-22。
[2] 《习近平在文化传承发展座谈会上强调 担负起新的文化使命 努力建设中华民族现代文明》，新华网，2023-06-02。

单边主义、保护主义抬头,经济全球化遭遇逆流,世界经济在脆弱中艰难复苏,全球治理面临巨大的挑战。世界怎么办?中国怎么办?中国企业怎么办?

当代新儒商文化提出,企业家是中国特色社会主义建设的中坚力量,是中华民族复兴大厦的"顶梁柱"。一定要充分发挥积极性、主动性、能动性和创造性,刚健顽强、积极进取,百折不挠、永不松懈,为实现人生目标和理想而努力奋斗。幸福都是奋斗出来的,奋斗本身就是一种幸福;艰难困苦,玉汝于成,我们要勇于在艰苦奋斗中净化灵魂,磨砺意志,坚定信念,攻坚克难,乘风破浪,到达胜利的彼岸。

为此,当代新儒商文化特别强调奋斗精神。首先,企业要有奋斗意志:"敢于胜利、善于胜利""除了胜利,我们别无选择"。其次,企业领导者要身先士卒"我若怕死,何来让你们艰苦奋斗?"再次,企业干部要带头奋斗:"没有奋斗意志的人,不能带兵。"复次,企业成员要共同奋斗:"胜则举杯相庆,败则拼死相救"。最后,企业要以奋斗者为本,人力资源机制和评价体系要识别奋斗者,价值分配要激励奋斗者,导向员工的持续奋斗。

2. 厚德载物,宽厚包容

《周易·坤·象》曰:"地势坤,君子以厚德载物。"所谓"厚德载物",指的是宽厚包容、共生共存的博大胸怀,这就为企业、社会、自然等不同层面"命运共同体"的构建提供了重要的思想资源。

一是企业命运共同体的构建。当代新儒商文化提出,建设"幸福企业大家庭",企业家要把企业当作"家",要像父母一样关心爱护每一位员工,管理层也会学习效仿,这就是上行下效,兄友弟恭。管理层关怀员工,员工之间也会相互关爱,像兄弟姐妹一样,彼此关心彼此爱护彼此协助。这样的"家",其成员并没有血缘关系,却获得了血缘家庭所具有的亲密感,为企业命运共同体的构建提供了可行的途径。

二是社会命运共同体的构建。当代新儒商文化主张,企业要积极投入社会慈善公益事业,无论是平时的扶老爱幼、扶弱解困、扶贫攻坚、慈善捐助,还是特殊时期的抗洪、抗震、抗灾、抗疫的斗争,企业都要义不容辞、率先垂范、慷慨解囊、无私奉献。当代新儒商还认识到"最究竟的慈善,莫过于拯救人们的心灵",并为此建立国学公益教育机构,让中华优秀传统文化进社区、进机关、进企业、进校园,甚至进"高墙"(监狱和戒毒所)。通过社会大众的共学,使得越来越多的人达成共识,实现文化自觉,增强文化自信,从而更好地提升共建共治共享的社会治理效率,这就为社会命运共同体的构建提供了必要的基础。

三是自然命运共同体的构建。当代新儒商文化积极探索"天地人和"的企业可持续发展之道。没有天地万物,则没有人类,没有人类,则没有企业员工,没有企业员工,何来股东?可以这样比喻:天地万物是企业的"大父母",全体员工是创始股东的"小父母"。由此,当代新儒商文化提出"天地人和的股权改革"。其中,属于"天"的股份收入所建立的公益基金,除了社会公益、员工福利之外,主要用来发展有机农业,让全体员工免费吃上放心的有机粮食和有机蔬菜,保障了员工的身体健康,提高了企业的劳动生产率,既保护了自然环境,又促进了企业的发展,从而为自然命运共同体的构建提交了企业的答卷。

3. 与时偕行,不断创新

《周易·乾·文言》曰:"终日乾乾,与时偕行。"所谓"与时偕行",就是终日刚健不已,不断变通,不断创新,体现了中华民族守正不守旧、尊古不复古的进取精神,决定了中华民族不惧新挑战、勇于接受新事物的无畏品格。

为此,当代新儒商文化主张,企业要致力于成为"时代的企业",随着时代变化而不断变化。只有时代的企业,没有成功的企业。为什么这么说呢?企业都想长盛不衰,但实际上我们很难看到这样的企业。一般来讲,很多企业往往是昙花一现。如果这个企业成功了,那么,它所谓的成功,只不过是踏上了时代的节拍。所以说,企业应该是时代的企业,也就是说,跟上了时代前进步伐的企业就是成功的企业。儒家经典《周易》所包含的"三易",就是变易、不易、简易,非常适合市场的原则。"不易"就是市场有一个原则,是对用户的真诚,这个是永远不变的;"变易"就是市场万变,你应该变到它的前面去;"简易"就是所有的管理都应该是最简化的。我们用最简化的去应付最复杂的东西,这就是最高的智慧。中国最高的智慧是"中庸",应该是找到一种方法,这就是《中庸》当中说的"极高明而道中庸"。

"中庸"是儒家的最高智慧。儒家经典《中庸》把"中庸"与"时变"结合起来，提出"时中"的概念，既揭示了"中庸"原则的时变性，又展现出"时变"思想的适中性。受此启发，当代新儒商文化提出"创造市场"的观念。所谓"创造市场"，就是不局限于在现有市场中争份额，而是以自己的优势另外创造新的市场，即不去争现有蛋糕的大小，而是重新做一块蛋糕去享受。这也符合《周易》中的"三易"原则："变易"，市场每时每刻都在变化，是动态的，不是静止的；"不易"，万变之中有不变的规律，这就是消费者对产品质量的高标准是永远不变的；"简易"，把市场中纷繁的问题化繁为简、化难为易来解决。一个企业永恒的追求，就是要真正变成一个时代的企业。

中华文明是人类历史上唯一没有中断的文明，蕴含着极其丰富的智慧。当代新儒商文化紧紧围绕中华文明的核心精神，以"自强不息"激励企业家要努力奋斗，以"厚德载物"提醒企业家要宽厚包容，以"与时偕行"教导企业家要不断创新，必将在赓续中华文明伟大精神的基础上，为中华民族现代文明谱写工商文明的灿烂篇章！

四、为当代世界新商业文明提供中国的方案

在西方现代化过程中，传统商业文明以"利己主义"为标志，以企业为中心，以股东为第一，盲目地增长，片面地强调企业利润最大化，在价值理念、经营模式和市场结果方面逐步衍生出资本至上、赢者通吃和两极分化的恶性循环，其理论基础和发展前景越来越受到人们的质疑。正如当代美国管理学家哈克所言："工业经济发展模式当初虽然是为了理想中辽阔、空旷、稳定的世界而设计的，但在21世纪初，这个世界更像方舟——无落足之地，拥挤不堪""无论从对繁荣的定义、繁荣持续的周期、收益的去向还是繁荣发生的方式出发。盲目增长模式都已经走到尽头。"[1]

在传统商业文明中，企业为了追求发展，以牺牲环境、社会、大众、

---

[1] 乌麦尔·哈克著，吕莉译，《新商业文明：从利润到价值》，中国人民大学出版社2016年版，第8页。

后代的利益为代价，获得高额利润的同时，却忽视了商业精神的实质。为此，哈克从六个方面提出了构建"新商业文明"的思路。一是损耗优势：从价值链到价值循环。二是响应性：从价值主张到价值对话。三是弹性：从战略到哲学。四是创造力：从市场保护到市场完善。五是意义：从产品到幸福。六是建设型战略：从盲目增长到智慧增长。总之，传统商业文明关注利润和股东利益最大化，而新商业文明格局下企业更关注其与社会、环境、用户、员工的关系。

新商业文明的核心是从利己主义转向利他主义、从经济利润转向价值创造、从零和博弈转向和谐共赢。为此，当代新儒商文化主张将中华优秀传统文化的精髓落实到企业，以便成功转化员工、顾客、合作厂商、社区群众乃至社会大众的思想。企业既要为员工创造幸福，更要为社会创造价值，成为提升能量造福众生的"公器"；企业既要"助人成功"，更要"助人成长"，实现物质与精神的双丰收；企业既要"化废为宝"，更要"化恶为善"，承担自然与社会的双责任。在不断付出爱心的过程中，企业也自然得到了发展。成人而成己，成己而成人，成己而成物，从而为当代新商业文明提供中国的方案。

1. 成人而成己

这个理念来自孔子，而又跟子贡的发问有直接关系。《论语·雍也》记载：子贡曰："如有博施于民而能济众，何如？可谓仁乎？"子曰："何事于仁，必也圣乎！尧舜其犹病诸！夫仁者，己欲立而立人，己欲达而达人。能近取譬，可谓仁之方也已。"这里孔子说的两句话"己欲立而立人，己欲达而达人"，就是我们今天所谓"成人成己"观念的思想根源。"成人成己"，是说只有在成就他人的过程中，自我价值才能得到充分体现。一个人的价值体现在能够为他人带来的价值、为社会创造的财富上，只有通过成就和帮助他人，才能不断地创造自己的价值，实现自己的理想。而儒商，无论是儒商鼻祖子贡还是践行儒家思想的历代商人，都是这样想这样做的。当代新儒商文化以"帮助人成功"作为企业精神，帮助员工成功，帮助客户成功，帮助大众成功，为社会创造价值，实现了企业的不断发展，正是"成人成己"的体现。

2. 成己而成人

对于孔子所说的"己欲立而立人,己欲达而达人"这两句话的解读,究竟是"成人达己"还是"成己达人",历来有不同的提法。其实,这两种提法从理论上都是成立的,因为它们都来自孔子的"己欲立而立人,己欲达而达人"。这句话既可以理解为"立己而立人""达己而达人",也可以理解为"立人而立己""达人而达己"。也就是说,无论是"成人达己"还是"成己达人",都是从不同角度对孔子思想的理解和发挥。

这里一个关键问题,就是如何理解"成己"?有一句老话:"人不为(wéi)己天诛地灭。"这里的"为"(wéi)读第二声,有人往往读成第四声(wèi),"为了"的"为";实际上应当读成第二声,"修为"的"为"。如此理解,我们讲的"成己"的内容就是修为自己,成就自己;而"成己"的一个标志是"成人"——成全他人,帮助他人;另一个标志是"成物"——化育万物,成就万物。

从表面上看,"成己而成人"与现代市场经济的奠基人亚当·斯密"利己而利他"思想似乎没什么区别。按照亚当·斯密当时的设想:每个人都考虑自己的利益,而他为了自己利益的实现,就不得不考虑别人的利益,这就好像有一只看不见的手,指使他尽管从"利己"的动机出发,但最后却达到"利他"的目的,实现整个社会利益的提高。遗憾的是,两百多年现代市场经济的实践证明,亚当·斯密当年的设想是太乐观了。因为从"利己"到"利他"的实现是一个漫长的链条,在这个链条中,只要有某个环节出了问题,链条就无法正常运转。痛定思痛,在当代新商业文明的建构中,人们开始回到市场经济的原点,重新考虑"利己"与"利他"的关系,以及他们各自的价值问题。总体上看,"利己"是市场经济的动力,"利他"是市场经济的合力。没有动力,死水一潭;没有合力,天下大乱。一个健康的市场经济,既需要"利己"动机作为动力,更需要"利他"理念作为合力!

从中华优秀传统文化特别是从儒家的理念出发,"成己而成人",这里的"成己",不是为了自己,考虑自己的利益;而是要修为自己,成就自己。这里的"成人",就是成全他人,帮助他人,为他人考虑,不仅仅是考虑他人的物质利益,更要考虑他人的精神利益,要达到物质利益和精神利益的双幸福。只有这样，才有可能实现"成人成己"与"成己成人"的高度统一和良性循环，形成"我为人人，人人为我"的良好氛围。

3. 成己而成物

除了"成人"之外，"成己"还有另外一个标志就是"成物"：化育万物，成就万物。孔子的孙子子思在儒家经典《中庸》指出："诚者，自成也；而道，自道也。诚者，物之终始。不诚无物，是故君子诚之为贵。诚者，非自成己而已矣，所以成物也。成己，仁也；成物、知也。性之德也，合内外之道也，故时措之宜也。"我们知道，就像孔子思想的核心概念是"仁"一样，子思思想的核心概念便是"诚"。在子思看来，所谓"诚"，一方面是"自成"——就是自己成就自己，就像"自道"——自己引导自己一样；另一方面，所谓"诚"，并不只是成就自己就完了，还要成全万物。成就自己是仁义，成全万物是智慧。这是发自本性的德行，是结合了内外的道，因此，适合在任何时候实行。

企业如何理解"成己成物"？企业中的"成己"，狭义的理解是企业的领导者要以身作则，带头修为，不断提高自己的道德水平和治理企业的智慧；广义的理解就是企业的全体员工要努力学习和践行中华优秀传统文化，涵养企业精神，建设企业文化，实现个人价值与企业价值、物质价值与精神价值的完美结合。企业中的"成物"，狭义的理解是企业要以员工高品行的人品，形成高品位的企品，为社会提供高品质的产品和服务；广义的理解，企业要承担与本企业所有利益相关者的责任，包括员工、客户、社区、合作伙伴、社会大众乃至自然环境等。

当前，以"利己主义"为标志的传统商业文明，已经成为人类社会健康与可持续发展的巨大障碍。在全球呼唤"新商业文明"的背景下，当代新儒商文化以"利他主义"为标志，提倡成人而成己，成己而成人，成己而成物，为构建当代世界新商业文明，提供了切实可行的中国方案。

"士不可以不弘毅，任重而道远。"(《论语·泰伯》)我们相信，以博大精深的中华文化传统、厚重丰满的儒商文化基因、生动鲜活的新儒商治理智慧为底蕴，当代新儒商文化必将在以中国式现代化推进中华民族伟大复兴的新征程中做出重要的贡献！

观念篇

第五章

导德齐礼的治理观

儒家治理观的精髓，集中体现在孔子的这句话上："道之以政，齐之以刑，民免而无耻；道之以德，齐之以礼，有耻且格。"（《论语·为政》）以此为圭臬，当代新儒商治理企业，既强调"导之以德"以确立治理的根基，又突出"齐之以礼"以树立治理的规范，更提出"以道御术"以建立具有特色的中国式现代化企业治理模式。

第一节 儒家的治理观

"治理"是儒家提出的理念。《孔子家语·贤君》记载，孔子周游列国时，宋国国君向孔子请教如何治理国家。孔子回答："邻国相亲，则长有国；君惠臣忠，则列都得之；不杀无辜，无释罪人，则民不惑；士益之禄，则皆竭力；尊天敬鬼，则日月当时；崇道贵德，则圣人自来；任能黜否，则官府治理。"这里的"治理"，指整治得有条理的意思。"治"指整治的行为，"理"指有条理，"治理"则指整治的效果。

"治"，东汉许慎《说文解字》仅记其一个音义，"直之切"，音"迟"，水名。据《辞源》，"治"的另一个音义为"直吏切"，音"质"，作动词用，有"疏理""打理""办理""处理""管理""整理""整治"的意义。至于为何这些意义要选中"治"这个字来表达，应该与"大禹治水"的传说有关。大禹采用疏而不是堵的办法而取得治水的成功，就是一个范例。

由此引申开来，所谓"治"就是指通过顺着事物天然具备的理路而整治，从而引导事物顺应先天规律而归于正道的意思。孔子说："仲叔圉治宾客，祝鮀治宗庙，王孙贾治军旅"（《论语·宪问》），就是在这个意义上使用"治"字的；类此，还有"治兵""治产""治学"等——这里的"治"作动词使用，指整治的行为。至于"黄帝、尧、舜垂衣裳而天下治"（《周易·系辞下》），"夫阴阳、儒、墨、名、法、道德，此务为治者也"（《史记·太史公自序》）等——这里的"治"则由动词转为形容词，指的是国家管治得当、政治清明有序的状态，属于整治的效果，这就与"治理"的形容词本义完全重合了。而今人所说的"治理"一词，多指整治的行为，例如"治理国家"就是对国家的管治，"治理企业"就是对企业的管治，这里的"治理"与"治"的动词本义完全一致。因此，"治"和"治理"可以通用，既可以作动词表示整治的行为，也可以作形容词表示整治的效果。

如何才能取得治理的效果呢？孔子指出："道之以政，齐之以刑，民免而无耻；道之以德，齐之以礼，有耻且格。"这里的"道"，是繁体字"導"的借用，即引导、诱导、教导的意思；"格"则有多义，既可理解为"格除"，也可以理解为"向善"。结合《礼记·缁衣》中的话："夫民教之以德，齐之以礼，则民有格心；教之以政，齐之以刑，则民有遯心"来理解，孔子原话的大意是：治理民众，如果用政法来诱导他们，用刑罚来整顿他们，民众只是暂时地免于犯罪，却没有羞耻之心；如果用道德来教导他们，用礼制来整顿他们，民众就能自我改正而人心归服。

孔子这一思想直接来自周公。《尚书·康诰》记载，周公曾经提出"明德慎罚"的主张，把它当作周朝取得天下的传家宝。他对自己的弟弟康叔说："只有我们的父亲文王能够崇尚德教而谨慎地使用刑罚，不敢欺侮那些无依无靠的人，任用那些应当受到任用的人，尊敬那些应当受到尊敬的人，镇压那些应当受到镇压的人，并让庶民了解他的这种治国之道。"关于"明德"，周公说："只有民众走上了我们所要求的轨道，国家才会安康。我们应当考虑以往圣明君王的德政，只有把民众治理好，因而实现了国家的安康，才是最终目的。何况现在的民众，如果没有人去引导他们，他们就不会向善；不去引导他们，国家的政治就搞不好。"关于"慎罚"，周公说:"对于刑罚,一定要小心,要严明,一个人犯了小罪,但他不坚持错误,并且知道悔过,是偶然犯罪,这样,在按照法律来研究他的罪过时,是不应该把他杀掉的。"

孔子进一步发挥了周公的思想,强调为政要以道德教化为根本,而不应该片面强调刑罚杀戮。这就是所谓"善人为邦百年,亦可以胜残去杀矣"(《论语·子路》)。所以孔子才自述道:审理诉讼,我同别人差不多。但在我看来,却一定要使诉讼的事件完全消灭才好。[1] 这里说的就是为政要"导之以德"的意思。

在《荀子·宥坐》篇中,记载了这么一个故事。孔子担任鲁国的司寇(主管司法的最高官吏)时,有一对父子相争,对簿公堂。孔子把他们统统拘留起来,却迟迟不判决。三个月过去了,当父亲主动提出请求停止这场官司时,孔子就把他们放了。鲁国的当政大夫季孙氏听说了这件事,很不高兴地说:"孔丘这老头子在欺骗我!他曾经告诉我'一定要用孝道来治理国家,现在儿子告父亲,是为不孝,完全可以把他杀掉,这老头子却把他给放了'。"冉求将此话告诉孔子。孔子感叹地说:"呜呼!当政者不懂得处理政务,却把下面的人杀掉,这怎么可以呢?如果不教育人民而只是判断他们的官司,这是在滥杀无辜啊。军队打了败仗,不可以将所有的士兵都砍头;国家治理不好,不可以把人民都抓起来,因为罪责不在民众。法令松弛而刑杀很严,这是对百姓的残害;农作物生长有时限而赋税征收却没有限度,这是对百姓的残暴;不进行教育而要求人民遵纪守法,这是对百姓的虐待——当政者只有停止这三件事,才谈得上对人民施用刑罚。即使是有正当理由的刑杀,也不要立即执行;执法者只能对自己说,没有慎重地处理好政事,致使人民犯罪。这就说明,治国之道首先应该实行教育。"

荀子据此论述:"故先王既陈之以道,上先服之。若不可,尚贤以綦之;若不可,废不能以单之。綦三年而百姓从风矣。邪民不从,然后俟之以刑,则民知罪矣……是以威厉而不试,刑错而不用,此之谓也。"(《荀子·宥坐》)在荀子看来,正确的治国之道应当是,当政者以身作则,以

---

[1]《论语·颜渊》:"听讼,吾犹人也。必也使无讼乎!"

自己的模范的道德行为教育民众，任用贤能之人，废黜无能之辈，从而感化民众，影响民众，使之形成遵纪守法的良好风气，这样，刑罚也就无所用了。在这个意义上，儒家的治理之道，可以称为"德治"。

需要指出的是，儒家的"德治"不仅包括道德教化，而且包括礼制规范。在以上所引用的孔子的话中，"齐之以礼"与"道之以德"是相提并论的，二者都是使民众"有耻且格"的治理民众的有效手段。

"礼"如何发挥治理民众的功能呢？孔子指出："民之所以生者，礼为大。非礼则无以节事天地之神焉；非礼则无以辨君臣、上下、长幼之位焉；非礼则无以别男女、父子、兄弟、婚姻、亲族、疏数之交焉。是故君子此之为尊敬，然后以其所能教顺百姓，不废其会节。"（《孔子家语·问礼》）礼是普遍的社会行为规范，如果治国者带头遵守，就可以对百姓起到示范和引导作用，使后者感化和归服。由此看来，儒家之"礼"与"德"一样，都是统治者带头实行并进而调整民众行为的治国手段。二者的区别在于，"德"的作用在于教化，"礼"的作用在于规范。

由此，儒家十分重视礼在国家治理中的作用。一是治理者修养的标准："修身践言，谓之善行。行修言道，礼之质也。"（《礼记·曲礼上》）二是治理民众的标志："水行者表深，使人无陷；治民者表乱，使人无失。礼者，其表也。"（《荀子·大略》）三是治理国家的依据："礼之于正国家也，如权衡之于轻重也，如绳墨之于曲直也。故人无礼不生，事无礼不成，国家无礼不宁。"（《荀子·大略》）

需要进一步指出的是，儒家的治理之道，虽然以"道之以德，齐之以礼"为依归，但并没有完全排斥"道之以政，齐之以刑"的作用。孔子明白无误地说过："君子怀刑，小人怀惠。"（《论语·里仁》）这里所谓"怀刑"就是主张统治者要关心刑法。孔子还指出："刑罚不中，则民无所错手足。"（《论语·子路》）这更说明他不反对刑，只是主张刑罚要"中"，要适当，要恰如其分。就此而言，孔子之所谓"道之以政，齐之以刑，民免而无耻，道之以德，齐之以礼，有耻且格"，只是就"导德齐礼"与"导政齐刑"在治理效果上的比较，并不是要从根本上否定政刑的使用。在儒家看来，"礼"与"刑"都是治理国家的基本法规，缺一不可。正如荀子所说："治之经，礼与刑，君子以修百姓宁，明德慎罚、国家既治、四海平。"(《荀子·成相》)《礼记·乐记》指出:"礼以道其志,乐以和其声,政以一其行,刑以防其奸。礼乐刑政,其极一也,所以同民心而出治道也。"总的来看,儒家以"导德齐礼"为核心的治理观,涵盖了从道德教化到礼乐刑政的内容,成为中国传统治国之道的思想基础,也为当代新儒商的企业治理实践提供了智慧的启迪。

第二节 导之以德的治理根基

儒家十分重视"德"在治理中的作用。儒家经典《大学》是阐述治理之道的"大学问",开篇第一句话就是"大学之道,在明明德,在亲民,在止于至善"。这里的"明明德",指治理的功能就是弘扬彰显光明正大的德;"亲民",指治理的手段就是关爱与教化民众;"止于至善"指治理的目的就是达到最高的善。作为《大学》治理之道在现代企业的实践者,当代新儒商将孔子"导之以德"的教导与企业的实际相结合,以德修身,以德示范,以德化人,奠定了企业治理的根基。

一、以德修身

"导之以德"的治理过程,首先在于治理者自身的品德修养。孔子认为,衡量一个治理者是否合格的根本标志,在于他的品德。如果有这么一个治理者,他的治理才能之美妙比得上周公,但只要他骄傲而且吝啬、道德品质低下,那也就不值得一谈了。针对治理者存在的问题,孔子指出:"德之不修,学之不讲,闻义不能徙,不善不能改,是吾忧也。"(《论语·述而》)这里孔子所忧虑的有:品德不培养,学问不讲习,听到义却不能亲身赴之,有缺点却不能改正。其中"德之不修"居于首位,因为德必修而后成,必须加以修养,才能有品德。

为提高企业治理者对"修德"的重视,当代新儒商提出"小胜靠智,大胜在德"的理念[1]。这里的"智"主要是技术、营销等具体的操作层面

---

[1] 程东升、刘丽丽,《华为经营管理智慧》,当代中国出版社2005年版,第67—71页。

的因素，"德"则指道德品质、思想意识等精神层面的东西。显然，技术、营销策略等"有形"的东西，通过学习很容易掌握，但道德修养是要靠细致的思想工作，靠个人品行的长期修炼、积累形成的，很难一蹴而就。

在当代新儒商看来，儒家文化的核心就是"德"。"德"是做人应有的规矩、做人最基本的属性，丢掉了这个根本，人在处理事情和处理人与社会、与自然的关系的时候，无论做官、经商，还是做学问，都会出现大麻烦。以"德"为根本，每个人都会严格要求自己。对一个企业来说，从董事长总经理、各级管理干部到基层员工，以德修身都是必备的功课。但是，现实的情况是，员工们的思想认识、道德水平是参差不齐的。因此，在"德"的问题上，有不同的要求，员工级别不同，要求也不同，级别越高，要求越高。对一般员工，以德修身的目的在于树立正确的世界观、人生观、价值观；而领导干部，在三观正的基础上，还必须具备敬业精神、献身精神、责任心和使命感，并将其运用到企业治理的过程中去。

由此，当代新儒商企业将"小胜靠智，大胜在德"作为干部管理方针。为了能够更好地使"大胜在德"深入人心，他们组织各级干部学习中华优秀传统文化，安排中高层干部每年挤出一定时间集中全封闭学习，以"思想上的艰苦奋斗""批评和自我批评"为武器，从核心高管开始，层层开展自律宣言，让干部永远保持艰苦奋斗的作风和不断进取的精神。与此同时，为了让"德"能够融入干部的日常言行中去，把"德"作为干部任用的十分重要的一个条件，甚至实行一票否决制，从而为企业的快速、持续而稳定的成长发挥了根本性的作用。[1]

二、以德示范

"导之以德"的治理过程，关键在于"导"——教导、引导。在儒家看来，治理者的身教重于言教。孔子指出："为政以德，譬如北辰居其所而众星共之。"（《论语·为政》）以德治理，治理者就好像天上的北极星，安居其所，而众星围绕着它旋转。所以儒家认为，治理者是被治理者的表

---

[1] 鲁青虎，《大胜在德与华为的意志》，载黎红雷主编，晁罡、胡国栋副主编，《企业儒学的开创与传承》，第333-340页。

率，其言行具有示范意义。治理者注意自己的道德修养，就能起到上行下效的作用，带动整个组织道德水平和治理效益的提高。

为此，当代新儒商提出"三为一德"的理念。[1]第一是"为人之君"，要有君子般的风度和君王般的责任；第二是"为人之亲"，就是像对待亲人那样对待周围的人；第三是"为人之师"，要求别人做到的自己先做到，为人师表。这三者构成了"德"。以德平天下人心，大家就会无怨无悔地跟着你走。

所谓"为人之君"，就是要像君王一样善待部下。企业干部要关心下属，分担他们的忧愁。须知领导是一种责任，绝不是一种简单的荣誉和待遇，这就要求领导者对下属负责，承担起一家之长的职责。企业干部最不能容忍的两件事：一是推诿责任，二是欺压下属。大家在你手下干活，不容易，好事你先去，坏事往下推，这是绝对要不得的。当领导的不要过分要求别人，要求别人做的，自己做不到，不能服天下人。上行下效，责任重如泰山。

所谓"为人之亲"，就是善待大家，用亲情对待每一个人。企业干部对待每一位下属，都要有"如保赤子"般的感情，对自己的员工有亲情般的感情，遇事替他们想一想。这里关键是一个"诚"字。只有以亲情般的诚心对待你的下级，对待你周围的人，你的工作才会做好。当然，"为人之亲"也有基本的底线，"如保赤子"绝对不是放纵无度。"为人之亲"是一种慈悲心，但慈悲心也有不同的境界。有的时候看似对某个人的处理严厉，实际是从对他自身的根本好处出发。所以对慈悲心的理解，领导者和一般人的境界不同。领导者必须坚持原则，无论是人和事，该处理的还是要处理，只要心诚就行。

所谓"为人之师"，就是为人师表，率先垂范。企业治理，干部的以身作则很重要。你要求大家做到的，你自己先做到；要求别人不做的，你首先自己不要做。在这个基础上，如果大家能够从你身上学点东西，这个境界就更高了。所以，管理干部就要加强自身的修为与学习，以便对员工进行教化。你要教化员工，经常要求他们，拿什么给大家讲呢？那只有不

---

[1]黎红雷，《儒家商道智慧》，第123–125页。

断学习、学习、再学习。有些时候不只是就事论事，还要就事论理，能够"小题大做"，即从一件事情当中能够指导全局。要做到这一点，管理干部就要有内涵，要不断"充电"，不断在学习和工作中捕捉和吸收新东西，一眼能够发现石头里的金子。为此，管理干部要当好"人师"，源源不断地培养出企业发展所需要的"真人"来。

三、以德化人

"导之以德"的治理过程，重点在于"化"——教化、感化、熏化。孔子指出："君子之德风，小人之德草。草上之风，必偃。"(《论语·颜渊》)这是当时鲁国执政者季康子向孔子请教治国之道的时候，孔子的回答。当时季康子问，如果杀掉坏人来亲近好人怎么样。孔子回答道：治理政治为什么要杀戮？你想把国家搞好，老百姓就会好起来。你的心向善，百姓也就向善了。在上的人的德行好像风，在下的人的德行好像草，风往哪边吹，草就向哪边倒。这里所阐述的就是治理者对被治理者教化、感化的道理。

为此，当代新儒商提出"教育熏化"的理念。[1]他们看到，中国几千年的传统文化虽然已经深入骨髓，但是因为环境不同，很多员工没有接受过传统文化教育，对传统文化的了解程度和理解角度都不相同。要使公司上下对传统文化的认识达成一致，教育无可避免。教以伦理道德，方始敬畏因果天命，才能唤醒自主意识。

对于教育，当代新儒商企业奉行熏化的办法，相信每天熏习的力量，并不发文强制要求，而是倡导通过潜移默化的学习来改变员工。教育的第一步是读传统文化经典，书单里有关伦理道德的有《论语》《孟子》《大学》《中庸》《三字经》《传习录》《弟子规》；有关因果教育的有《了凡四训》《太上感应篇》；提升文化素养的有《诗经》《唐诗》《宋词》等。

倡导员工读经典原文，目的是让员工从日常生活的感悟中去理解经典。同时，对不同类型员工推荐不同的经典著作，比如对工厂一线员工首推《弟子规》，总部文职人员可从《论语》入手，高管层可研读王阳明的

---

[1] 茅忠群，《方太儒道之匠心深耕》，载黎红雷主编，《企业儒学·2017》，第385-386页。

《传习录》。

具体的教育形式可以多种多样，包括孔子学堂、宣传廊、读书室、学习会、培训班、微信群、内部网站、内部报刊等，都是传播的途径。有的企业还在车间和员工宿舍楼梯走廊处安放经典播放机，用墙报展示员工的学习心得，甚至结集学习心得内部分发等，营造浓厚的学习氛围。企业普遍推行的是每天上班前的"天天读"。员工正式上班时间是早上八点半，而八点十五到八点半这十五分钟，就可以用来读经典。当然，每天十五分钟的读经，短期内是看不到效果的，只有经过三五年，效果才会慢慢呈现，最终改变员工的气质，这种气质不仅影响了公司内部，也连带影响了与公司有交往的人，达到化人化境的效果。

第三节　齐之以礼的治理规范

儒家所说的"礼"，是一种治理的规范。《礼记·仲尼燕居》引孔子的话说："礼者何也？即事之治也。君子有其事必有其治。"这里所谓"即事之治"，就是把礼当作处理一切事务使之具有秩序的规范，包括制度、仪式和风俗习惯等。20世纪80年代兴起的"企业文化"理论，是企业理论界对日本企业（株式会社）"社风"的美国式诠释，而日本企业的"社风"又是对儒家"导德齐礼"思想的现代化诠释。正如美国学者特伦斯·迪尔、艾伦·肯尼迪所言，企业文化就是"企业生活中的礼仪与仪式"（The Rites and Rituals of Corporate Life）。[1]当代新儒商将企业文化直接与传统的儒家治理观念相对接，通过内化于心、外化于行、固化于制的途径，形成齐之以礼的企业文化治理规范。

一、内化于心

儒家经典《礼记·乐记》指出："礼节民心。"《礼记·礼器》也指出：

---

[1] 特伦斯·迪尔、艾伦·肯尼迪著，李原、孙健敏译，《企业文化：企业生活中的礼仪与仪式》，中国人民大学出版社2008年版。

"礼之以少为贵者，以其内心者也。"在儒家看来，"礼"是用来节制人心的，只有得到民众发自内心的理解和接受，才能真正发挥其作用。

企业文化是民族文化在企业中的投射，中国企业文化的根基来自以儒家思想为核心的中华优秀传统文化。企业文化又是内生的自然生态系统，需要全体员工的共同认同。由此，当代新儒商在企业文化治理中，努力将儒家的思想理念内化为员工的信念和价值观。其中最普遍采用的措施就是组织员工学习《弟子规》，让中国传统美德和为人处世的规范入脑入心，在思想上接受并内化为企业文化的精神。

《弟子规》原名《训蒙文》，是清朝康熙年间的秀才李毓秀编写的一本蒙学读本；后经清朝的贾存仁修订改编，并更名为《弟子规》。全文由三字一句的韵文组成，共360句，1080个字。这里的"弟子"就是学生，"规"是规范的意思。《弟子规》的基本精神来自孔子说的一段话："弟子，入则孝，出则悌，谨而信，泛爱众，而亲仁。行有余力，则以学文。"（《论语·学而》）编者以此为纲，并融合儒家的其他教导，以及几千年来中国人做人做事的感悟，可以说是一本集中体现儒家道德教化思想的人生启蒙教材。如今，《弟子规》被许多中国企业采纳为员工培训的教科书、企业文化治理的入门书。笔者为华商书院学员编写的《企业员工弟子规读本》，就先后翻印了500多万册，在8000多家企业推广和践行，收到了很好的效果。

《企业员工弟子规读本》，按照《弟子规》原文七章90段，结合企业员工的日常工作、学习、生活的各个方面分别解读。其中，第一章"孝"解读为"员工对待父母和领导的行为规范"，第二章"悌"解读为"员工对待兄弟姐妹和同事的行为规范"，第三章"谨"解读为"员工行为举止规范"，第四章"信"解读为"员工道德品质规范"，第五章"泛爱众"解读为"员工人际关系规范"，第六章"亲仁"解读为"员工德行修养规范"，第七章"学文"解读为"员工学习成长规范"，如此等等。[1]

总体上看，《弟子规》的核心精神是"感恩爱众，自律自强"。企业运用《弟子规》教化员工有三个层次。第一，感恩而尽孝，让员工感谢父

---

[1] 黎红雷，《儒家商道智慧》，第71—80页。

母,进而感谢社会;第二,尽孝而尽忠,让员工"移孝作忠",忠于企业、忠于国家;第三,尽忠而尽力,让员工努力做好人、做好事。企业拥有了忠诚而能干的员工,就拥有了发展壮大、基业长青的根基。通过用《弟子规》教化员工,让以儒家思想为核心的中华优秀传统文化入脑入心,为"齐之以礼"的企业文化管理奠定了坚实的基础。

二、外化于行

儒家经典《礼记·礼器》指出:"礼之以多为贵者,以其外心者也。德发扬,诩万物,大理物博,如此,则得不以多为贵乎?故君子乐其发也。"礼既以少为贵,又以多为贵,既发自内心,又体现为外在行为。所谓"君子乐其发",就是要求治理者引领被治理者把内心的自觉推广到外在的行为规范。

企业文化与企业的行为紧密联系。只有将员工内化的思想理念转化为具体的行动,在行为上展现出相一致的行为模式,才能取得企业文化治理的效果。为此,当代新儒商专门制订了《企业员工价值观行为手册》,把儒家的"仁义礼智信"等道德价值观阐述为员工可以践行的日常行为规范,转变为企业的要求、员工的习惯。[1]

其中,"仁"的行为规范,分解为三项:对待同事、对待顾客、宽以待人。对待同事以"替人着想"为出发点,关心同事的工作和生活,经常给予支持和帮助,同事遇到困难时不惜牺牲自己的利益去帮助同事渡过难关。对待顾客以"顾客就是上帝"为出发点,在不违背道德和法纪的前提下,尽力满足顾客提出的需求,甚至不惜付出工作以外的努力帮助顾客。宽以待人就是以博大的胸怀对待他人,一再宽容他人的错误,并耐心地指导,真诚地帮助他人改正错误,甚至从不计较他人对自己的误会与指责。"义"被分解为两项:处事公正、见义勇为。处事公正就是为人处事合理合宜,公平公正,坚持原则,在压力面前能够坚持"正义"原则,绝不妥协。见义勇为就是当公司和员工利益遭受侵害或损失时,挺身而出,坚持与不符合价值观的行为做斗争,甘愿个人利益受损也无所畏惧。"礼"被

---

[1]黎红雷,《儒家商道智慧》,第197–200页。

分解为六项：遵守考勤制度、用餐前排队、用餐后处理餐具、用餐后处理餐巾纸、公司内交通规则、公司外交通规则等。"智"被分解为两项：不断学习、善于思考。不断学习，热爱学习，无论工作中还是工作外均以谦虚的心态向他人学习请教，并积极参加各类培训、学习。善于思考，就是工作中善于思考，善于发挥集体智慧，通过民主讨论做出最佳决策，并善于总结经验与教训。"信"被分解为：履行工作职责、按时参加会议、兑现他人承诺、获取信任。履行工作职责，承诺的工作任务提前完成即使遇到困难或突发情况也会加班加点确保如数如质完成。参加会议，即接受会议邀请后均按时参加，即使临时有其他重要事情或活动也通过沟通协调按时赴约。承诺他人的事情，公事或私事，及时兑现，即使遇到困难也会千方百计地履行承诺。获取信任，以"互信互助"为出发点，充分信任领导和同事，也能通过行动获得领导和同事的高度信任。

以上行为规范分为三个等级，"优秀者"获 5 分，"尚可者"获 1 分，"恶劣者"获 –5 分，其得分与生产绩效一样都与收入挂钩。这些行为规范，扬善抑恶，具体入微，员工可学可用可行，把抽象的道德教条具体化，为"齐之以礼"的企业文化管理树立了清晰的规范。

三、固化于制

孟子指出："不以规矩，不能成方圆。"(《孟子·离娄上》) 这里的"规矩"本来指木匠使用的工具"圆规"和"矩尺"，后泛指人们共同遵守的规则制度。没有规矩，木匠无法做成方形或圆形的东西；没有规则制度，社会也就无法正常治理。《礼记·经解》指出："礼之于正国也，犹衡之于轻重也，绳墨之于曲直也，规矩之于方圆也。故衡诚县（悬），不可欺以轻重；绳墨诚陈，不可欺以曲直；规矩诚设，不可欺以方圆；君子审礼，不可诬以奸诈。"礼在治理活动中的作用，就相当于权衡之于轻重，绳墨之于曲直，规矩之于方圆。有了权衡，就不能混淆轻重；有了绳墨，就不能混淆曲直；有了规矩，就不能混淆方圆；有了礼仪制度，就不能胡作非为。

为此，当代新儒商在企业文化治理中提出"礼制固化"的理念。[1] 在他们看来，没有规矩，不成方圆。制度是管道，以礼仪制度进行约束，用奖惩机制来激励，培养员工的自主行为，是企业文化落地的必由之路。比如，践行企业价值观行为规范表现突出的员工，按照积分可以选择休假，也可以选择其他奖励方式。对任何一件小小的善事或者业绩，企业都会给予员工关注和奖励；但是对员工触犯公司红线的行为，企业也严惩不贷。

但规矩制度也不是冰冷的。当代新儒商将儒家的仁义思想融入每个制度的制定过程中。过去制定制度，往往是哪里出了问题就从哪里补充约束。管理层讨论制定制度时，往往考虑如何处罚捅娄子的"坏人"，制度执行的结果就是为了处罚一百个员工中一个捅娄子的人，这让其他九十九个很自觉的员工感觉不舒服，因为没有约束前他们也做得很好。如果基于儒家思想重新思考企业治理制度的制定，就要站在员工立场来考虑，重新思考为什么定制度，首先制度是合理的，其次制度要公平地执行。

比如，制度规定了 ABC 三类错误的处罚方式，C 类错误过去是罚款。如果从儒家角度出发，倡导让人"有耻且格"，不提倡动不动就处罚。如果他交了罚款，会觉得已经为错误买单了，不会因羞愧而避免再犯。后来取消了对 C 类错误的罚款，换成由直接主管找犯错者面谈，这会让他感觉不安和羞耻。新制度执行的结果是，C 类犯错率几乎每年下降 50%。这就证明，从儒家思想出发，从仁义出发制定制度更有利于员工成长。

再比如，企业的末位淘汰制同样可以从儒家思想出发，给末位员工多一次机会。第一次得末位的员工不会马上淘汰，而是帮助员工做一个改进计划，只要下次不再得末位就没有关系。如果连续两次得末位，仍旧劝退。总之，一方面给员工机会，另一方面也让员工理解如果总是不进步，企业就会失去竞争力。

固化于制，意味着将员工内化的思想观念和外化的行为模式制度化、规范化和长效化，使之成为一种固定的机制或规则，以此来保证内化的思

---

[1] 茅忠群，《方太儒道之匠心深耕》，载黎红雷主编，《企业儒学·2017》，第387页。

想观念能够持续地指导和影响员工的行为，外化的行为能够成为员工长期自觉执行的习惯，为"齐之以礼"的企业文化管理提供了制度的保障。

第四节 以道御术的治理模式

儒家文化的生命力，在于其自主性、包容性和开放性。《周易·坤·象》中有"地势坤，君子以厚德载物"，《论语·子路》中有"君子和而不同"，《中庸》中有"致中和，天地位焉，万物育焉"，说的皆是这种自主性、包容性和开放性。儒家之所以从先秦时期百家争鸣中的一个学派最终脱颖而出成为中华优秀传统文化的主干，中华文明之所以历经数千年而成为世界上没有中断的人类文明，皆由于这种自主性、包容性和开放性。

受此熏陶，当代新儒商在企业治理中，将博大精深的中华优秀传统文化与世界级的现代企业管理机制相结合，形成"中学明道、西学优术、中西合璧、以道御术"的现代企业治理模式。所谓"中学明道"，就是明确树立中华优秀传统文化的价值信仰体系；"西学优术"，就是接受并优化西方近百年来发展出来的现代管理体系、流程、制度、方法和工具；"中西合璧"就是将中华优秀传统文化和西方管理科学技术有机地糅合在一起；"以道御术"，就是以中华文化的核心理念去"观照"西方的管理制度、流程和方法，使之完全融入具有中国特色的现代企业治理体系。[1]

一、中学明道

儒家经典《中庸》指出："道也者，不可须臾离也，可离非道也。""道"在中国文化中具有崇高的地位。道无处不在，无时不存，天有天道，地有地道，人有人道，商有商道。当代新儒商，即从中国文化中去寻找企业治理之道。

缺少信仰与价值观的组织其实是很难管理的，光靠制度是起不了作用

---

[1] 茅忠群，《以道御术打造方太管理文化》，载黎红雷主编，晁罡、胡国栋副主编，《企业儒学的开创与传承》，第307-317页。

的。制度发挥作用的前提就是必须有一个强大的监督机制，这个成本是无比巨大的。西方企业在这个方面并没有花太多精力，因为它的社会背景是90%以上的人都信教，这种宗教信仰已经把员工的价值观基本打造好，企业只要做制度建设就可以了。在中国，企业则需要自己做好这块工作。"不管信什么，有信仰就会完全不同。没有信仰会无所畏惧，行为是没有底线的。"[1]

由此，当代新儒商将探寻中国企业治理之道的目光，转向以儒家为主干的中国传统文化。他们认为：儒家文化代表着一种普世价值观，儒家崇尚的仁义是人类的"普世价值"。人们曾经认为只有西方文化才代表着"普世价值"，但儒家文化其实是真正从人性出发在讲"普世价值"。再有，儒家思想是非常包容的，可以不断吸收世界上一切好的文化，既有普世性，又有包容性。

有一种观点认为，儒家思想对人的教育有作用，但在激烈的市场竞争中显得过柔，不见得有效。其实这是一种误解。儒家思想对人的规划是从修身开始，然后齐家、治国、平天下，那需要很大的豪气与激情。如果将后者转化为立业、建功，更符合我们一般人的人生追求，但立业与建功首先就需要有很强的敬业精神，其次是饱满的激情，这也是西方管理学说中所倡导的核心理念。在这方面，儒家思想更加积极正面，它非常明确地告诉你，人活在世上就是要建功立业的，但它的起点是从修身开始的，它要求市场竞争的途径必须是正当的。一个好的市场经济一定是在法律范围以内正当竞争的，这也是儒家思想所倡导的。从这个角度而言，儒学的影响只会是积极的。以儒学作为共同的信仰和价值观，是中国企业治理之道的必然选择。[2]

二、西学优术

现代企业的组织形态来自西方，作为现代化的后来者和全球化的参与者，中国的企业向西方先辈和同行学习，掌握现代企业管理科学技术，建

---

[1]《茅忠群：坚守与突破》，《新营销》，2016年6月26日。
[2] 黎红雷，《儒家商道智慧》，第201–202页。

立现代企业管理制度，是完全应当的，也是十分必要的。但这并不等于说，我们就一定要亦步亦趋地跟着西方的脚步走。做一个"知之为知之，不知为不知"的勤奋好学的学生固然可贵；而当一个"吾爱吾师，吾更爱真理"的敢于超越老师的学生，更是值得称赞。因此，对西方的企业管理理念，学习、优化乃至超越，都是题中应有之义。

当代新儒商首先虚心学习现代西方的企业管理科学技术。从泰勒的科学管理、彼得·德鲁克的实践管理，到约翰·科特的领导力、迈克尔·波特的竞争战略、彼得·圣吉的学习型组织，都纷纷成为学习的经典理论。他们把企业作为学习和实践西方管理方式的"实验室"，将西方的管理理论、方法、工具运用到企业的管理过程中，在不断试错的同时，也积累了越来越多的管理经验。他们积极引进国外流行的现代管理方法或专业管理体系，如绩效考核、流程管理、全面质量管理、领导力、工艺流程、设计理念等，掌握其精神实质，领会其先进理念，形成大量行之有效、极为宝贵的管理方法，为"中西合璧"治理模式的西方管理层面打下扎实的基础。

与此同时，当代新儒商也意识到，西方的管理科学技术本身就是不断优化的过程。十九世纪以来西方管理思想的发展经历了经验主义、科学管理、人本主义、战略管理、复杂管理等不同阶段，每个阶段都在不同的背景下强调不同的管理理念和方法。中国具有"后发现代化"的优势，企业完全可以择善而从，优化而用。特别是在当代，东西方管理智慧的相互补充、融会贯通，已经成为世界管理理论和实践的发展趋势，包括风靡一时的"企业文化理论""学习型组织理论"等，背后都有中国传统文化特别是儒家思想的因素。从中国人的角度来看，在学习现代西方管理科学技术的时候，连接其源头，运用中华民族的思想智慧去理解和转化西方的理论学说，更能收到事半功倍的效果，实现更高水平的"西学优术"。

三、中西合璧

企业通过"中学明道"，树立了以儒家思想为核心的中华优秀传统文化的信仰和价值观；又通过"西学优术"，吸收现代西方的管理科学技术。但这样一来，就会遇到一个问题：企业在道德层面，经营之道讲的是中国的东西，而到了应用层面，讲的又是西方的方法制度，这样就会形成"两张皮",给员工造成困扰。

为解决这个问题,当代新儒商通过"中西合璧"将两者糅合到一起,形成圆融无碍的企业治理体系。在他们看来:"东方管理和西方管理只是一个方便的说法,无法断然分开,两者有很多相通的地方,而且在实际的管理过程中更不能教条地理解。这不是谁取代谁的问题,而是如何融合的问题。"[1]

在管理方面,西方强调一切以制度为依据;而当代新儒商则将企业的管理制度是否符合仁义的标准,来作为接受或改良的依据。如果制度本身看起来不错,但并没有设身处地为员工考虑,那就要进行改良。在经营方面,西方人所说的经营就是买进卖出;而在当代新儒商看来,儒家所说的"修己以安人"(《论语·宪问》)才是经营。把自己的企业修炼好,把自己的产品做好,让消费者用得放心,这就是经营。企业用仁道、仁心去经营,让消费者安心,让员工幸福,最后的经营结果肯定会很好。在领导方面,西方有关领导力的著作大都在教人们一些关于领导的技巧、方法、艺术;而中国文化中关于领导力的启示则是"为政以德,譬如北辰,居其所而众星共之"(《论语·为政》)。领导人只要将个人的心性与道德水平提升,所有的人都会主动来追随你。在当代新儒商看来,真正的儒家文化,对职位越高的人要求越高。比如对君子的要求和对老百姓的要求就不一样。在企业治理过程中,对职位高者的道德水准,就要给以君子的要求,对普通员工则不用这么高,而最终会形成跟进效仿的结果。[2] 总之,引入中华优秀传统文化,目的是把中国管理哲学与西方管理科学相互结合、相互打通,寻找中西管理在科学思想、实践方法上的共性特征与普遍规律,实现真正的"合璧"。

四、以道御术

在"中学明道、西学优术、中西合璧"的企业治理体系中,"道"始

---

[1] 茅忠群,《在2016年方太第一届东方管理思想专家研讨会上的讲话》,转引自周永亮、孙虹钢、庞金玲著,《方太文化》,机械工业出版社2021年版,第328页。

[2] 黎红雷,《儒家商道智慧》,第202—206页。

终处于主导的作用。首先是以道指引术,将道作为指导企业具体工作的思想基础,包括企业的核心理念和基本法则,以及体系、流程、制度、方法、工具等的指引和指导思想。其次是以道判断术,也就是以道作为判断术是非、善恶、优劣的依据。第三是以道提升术,用道不断优化提升管理方法。第四是以道孕育术,用道不断丰富、孕育新的方法。"所谓以道御术,就是基本原理和具体操作的统一,不变的规律和万变的应用的统一,内在和外在的统一,根干和枝叶的统一。"[1]

为此,当代新儒商在企业中成立"联合项目组",其任务是在先吃透西方管理流程精髓的基础上进行反复讨论,原则是企业的流程要符合儒家的治理之道。例如,按照西方的管理方式,企业对员工的管理主要靠制度,违反制度就要处罚,其中轻微的小错误,如迟到早退等,主要是靠罚款。而按照儒家的治理理念,"道之以德,齐之以礼,有耻且格"(《论语·为政》),依靠罚款并不能让员工产生羞耻心和敬畏心,而通过教育可以让员工明白什么事是可耻的,符合规范的行为是什么,员工行事就会遵守规矩,哪怕没有监督也不会违反规定。

再进一步深入思考,孔子说过:"放于利而行,多怨"(《论语·里仁》),企业虽然采用罚款,但管理并不进入人性层面,管住了人的行为却管不到人的内心,反而引起员工的不满和抗拒。因此,针对小错误,应该靠羞耻感来约束员工的行为,而不是靠罚款让他恐惧。员工如果犯轻微的错误,不用罚款,但是他的直接主管要找他谈话,目的就是要让他认识到这件事情是不应该做的,下次不能这么做。这个措施实行之后,小错误的总量逐年下降。这就是儒家治理之道超越西方管理之术的例子。[2]

总之,当代新儒商在运用西方管理之术的时候,不是简单照抄照搬,不是简单的拿来主义,而是适当改造,使它符合中国文化、符合中国儒家的道义。正是本着这种"中学明道,西学优术,中西合璧,以道御术"的精神,用中国传统文化之道,去调整、改造、重塑西方的管理科学之术,从而形成独具特色的中国式现代化企业治理模式。

---

[1] 周永亮、孙虹钢、庞金玲著,《方太文化》,第329页。
[2] 黎红雷,《儒家商道智慧》,第203-204页。

第六章

以义致利的经营观

儒家的经营观,集中体现在孔子的这句话上:"义以生利,利以平民。"(《左传·成公二年》)以此为指导,当代新儒商经营企业,既强调"义缘道生"的经营基础,又探索"利由道取"的经营方法,更坚持"利人利己"的经营原则,从而形成以义致利、以利弘义的企业经营模式。

第一节 儒家的经营观

"经营"是儒家经典中提出的概念,本义指建筑物的筹划营造,如《尚书·周书·召诰》:"卜宅。厥既得卜,则经营。"引申为对事业和组织的规划营治,如《诗经·大雅·江汉》:"江汉汤汤,武夫洸洸;经营四方,告成于王。"在儒家看来,经营成功的关键在于正确处理"义"与"利"的关系,即所谓"国不以利为利,以义为利也"(《礼记·大学》)。

孔子提出"义以生利,利以平民"的经营原则。在他看来,经营者的职责,就在于推行道义以产生利益进而安定民众。所谓"义以生利"的经营活动,就是精神价值创造物质价值、精神价值制约物质价值的过程。这一过程,包括价值认识上的"见利思义",行为准则上的"取之有义",实际效果上的"先义后利",以及价值评判上的"义利合一"等环节。

关于"见利思义"。孔子指出:"见利思义,见危授命,久要不忘平生之言,亦可以为成人矣。"(《论语·宪问》)这里的"成人"即道德完美的人。在孔子看来，一个道德完美的人，应该既有智慧又有勇气，既清心寡欲又多才多艺，此外，还要有礼乐文采等；但是，最基本的要求只有一条，那就是"见利思义"。《礼记·曲礼上》指出："临财毋苟得，临难毋苟免，很毋求胜，分毋求多。"在财富面前，人人都想得到，但追求精神价值的人不会苟且地去获取；在灾难面前，人人都想避免，但追求精神价值的人不会苟且地企图逃脱；将要发怒的时候，他们有所克制；分配财物的时候，他们着意推让——这些都是"见利思义"的具体表现。

儒家认为，"见利思义"是经营活动的指导原则。《孔子家语·屈节解》记载：孔子的学生宓子贱在担任单父宰时，"齐人攻鲁，道由单父。单父之老请曰：'麦已熟矣，今齐寇至，不及人人自收其麦。请放民出，皆获傅郭之麦，可以益粮，且不资于寇。'三请而宓子不听。俄而，齐寇逮于麦。季孙闻之，怒，使人以让宓子曰：'民寒耕热耘，曾不得食，岂不哀哉？不知犹可，以告者而子不听，非所以为民也。'宓子蹴然曰：'今兹无麦，明年可树。若使不耕者获，是使民乐有寇。且得单父一岁之麦，于鲁不加强，丧之不加弱。若使民有自取之心，其创必数世不息。'季孙闻之，赧然而愧曰：'地若可入，吾岂忍见宓子哉！'"这里宓子贱的做法对于解救危难似乎有点迂腐，但其遏制民众不劳而获见利忘义行为的良苦用心，却是值得肯定的。

关于"取之有义"。孔子指出："富与贵，是人之所欲也；不以其道得之，不处也。贫与贱，是人之所恶也；不以其道得之，不去也。"（《论语·里仁》）富有和显贵是人们所向往的，不用正当的方法获得它，君子就不居有；贫困和低贱是人们所厌恶的，不通过正当的方法抛弃它，君子不摆脱。这里的"以其道得之"就是"取之有义"的意思。

在儒家看来，"取之有义"是经营国家的基本原则。孟子举商朝的开国大臣伊尹做例子。伊尹原本是个农夫，而以尧舜之道为乐。商汤派人拿礼物去聘请他出山，他平静地说："我干什么要接受汤的聘请呢？我何不如住在田野之中，自得其乐呢？"后来，伊尹经不住商汤的多次恳求，终于改变了态度，说："我与其住在田野之中以尧舜之道为乐，又何不如使现在的君主做尧舜那样的君主，现在的百姓做尧舜时代那样的百姓呢？"于是，为了推行他心目中的"尧舜之道"，伊尹欣然答应出山，帮助商汤取得了天下。孟子指出，伊尹的行为，完全是以道义而不是以金钱为取舍原则的，"非其义也，非其道也，禄之以天下，弗顾也；系马千驷，弗视也。非其义也，非其道也，一介不以与人，一介不以取诸人"（《孟子·万章上》）。反过来说，如果符合道义，则应该"义"不容辞，这就是"取之有义"。

关于"先义后利"。论及儒家义利观时，人们最爱举的例子是"孟子见梁惠王"。但是，以往人们只注意到孟子对梁惠王所说的"王何必曰利"这句话，而对孟子为什么这样说，却不甚了了。其实，孟子在论证中揭示了这样一个逻辑：如果先讲利而后讲义，人们的贪欲就永远也不能满足；如果先讲义而后讲利，人人得到满足，统治者也会得到最终的利益。"未有仁而遗其亲者也，未有义而后其君者也。"（《孟子·梁惠王上》）由此可见，孟子所谓"王何必曰利"，并不是真的不要利，而是从统治者的根本利益出发，强调统治者要带头讲义，从而取得先义后利的实际效果。

荀子则把义利先后的问题提到统治者个人荣辱与国家强弱的高度。他说："先义而后利者荣，先利而后义者辱；荣者常通，辱者常穷；通者常制人，穷者常制于人，是荣辱之大分也。"（《荀子·荣辱》）在荀子看来，光荣与耻辱的根本区别在于：先考虑道义然后考虑利益的就会得到光荣，先考虑利益然后考虑道义的就会得到耻辱。光荣的人常常通达，耻辱的人常常困窘。通达的人就可以管理他人，困窘的人则只能被他人所控制。

关于"义利合一"。以往流行的看法是儒家在价值评判上主张"重义轻利"。但认真考究起来，先秦儒家孔孟荀等人确实"重义"，但并不"轻利"。如上所述，孟子见梁惠王，以"何必曰利"始，又以"何必曰利"终，但其真实意图并不是非利，而是强调统治者要带头讲义，从而获得更大的利。孔子"罕言利"，却主张"富与贵，是人之所欲也"，承认人们求利欲望的合理性；并要求统治者"因民之所利而利之"（《论语·尧曰》），为人民谋利益。因此，从总体上看，先秦儒家的基本价值立场应该是"重义不轻利"，其价值评判标准应该是"义利合一"。

在"重义"方面，儒家诸子有大量的诠释。孔子主张："君子义以为上。"（《论语·阳货》）这里的"上"即崇尚、尊贵的意思，"上义"也就是重义。孟子说："鱼，我所欲也，熊掌亦我所欲也；二者不可得兼，舍鱼而取熊掌者也。生亦我所欲也,义亦我所欲也;二者不可得兼,舍生而取义者也。"(《孟子·告子上》)生命是人生的最大利益,而道义则是人生的最高价值,二者对于健全的人生来说都是必需的。但是,当它们发生矛盾、二者不可得兼的时候,孟子主张牺牲生命而保存道义。这里把道义看得比生命还重要,遑论其他物质利益,这当然也就是"重义"的意思。荀子指出:"义之所在,不倾于权,不顾其利,举国而与之不为改视,重死、持义而不桡,是士君子之勇也。"(《荀子·荣辱》)在荀子看来,只要个人的行为符合道义,那就应该不屈服于权势,不考虑是否有利,即使是牺牲生命也在所不惜。这同孟子的上述思想是相通的,同孔子关于"志士仁人,无求生以害仁,有杀身以成仁"(《论语·卫灵公》)的思想也是相通的,即都是"重义",崇尚道义、仁义。

至于"重义轻利",在先秦儒家诸子的著作中,有关提法仅有一见,即荀子在《成相》篇中所说:"请成相,道圣王,尧、舜尚贤身辞让,许由、善卷,重义轻利行显明。"按许由、善卷都是尧舜时代的人。传说尧要把天下让给许由,舜要把天下让给善卷,但他们都不肯接受。荀子认为,这表明他们的行为是重义轻利,光明正大。

现代学者对于儒家"重义轻利"思想多持批评的态度,其实在一定的前提之下和一定的范围之中,"重义轻利"还是有一定道理的。荀子提出:"义与利者,人之所两有也。虽尧舜不能去民之欲利,然而能使其欲利不克其好义也,虽桀纣亦不能去民之好义,然而能使其好义不胜其欲利也。故义胜利者为治世,利克义者为乱世。上重义则义克利,上重利则利克义。"(《荀子·大略》)这里明确指出,无论是义还是利,都是人们不可缺少的,英明的统治者如尧舜也不能排除人民的物质需要,昏暗的统治者如桀纣也不能禁止人民的精神追求。承认义利客观存在的必然性,这就是儒家"重义"说的基本前提。荀子在这里又强调,统治者重义则义克利,统治者重利则利克义,而"义胜利者为治世,利克义者为乱世",这就把"重义"的价值评判标准限制在国家统治者的行为范畴之内,即只是作为统治者应有的行为规范和政策措施。在儒家看来,"义"主要是对国家统治者提出的道德要求,其中包含了统治者必须克制个人私欲,不对人民横征暴敛,不与民争利等行为规范;"利"则要求国家统治者必须想方设法满足小民百姓的物质需求，包括因民之利、制民之产、富民裕民等政策措施。这些，都具有合理的因素。[1]

儒家的义利经营观，对当代新儒商正道经营，处理与员工、消费者、投资者、合作伙伴、竞争对手，乃至政府、社会和自然等"利益相关者"的关系，都提供了宝贵的启示。

第二节　义缘道生的经营基础

在中国哲学中，"道"是最高的范畴。与道家说"大道废，有仁义"（《道德经·十八章》），将"道"与"义"对立起来不同，儒家则将"道"与"义"结合在一起。荀子指出："先王之道，仁之隆也，比中而行之。曷谓中？曰：礼义是也。"在这里，"礼义"是"道"的行为表现。《中庸》上说："天命之谓性，率性之谓道，修道之谓教。"朱熹《四书章句集注》解释说："天以阴阳五行化生万物，气以成形，而理亦赋焉，犹命令也。于是人物之生，因各得其所赋之理，以健顺五常之德，所谓性也……人物各循其性之自然，则其日用事物之间，莫不各有当行之路，是则所谓道也。"按照这个理解，"礼义"等日用当行之路，是为天道在人间的投射，是道所衍生出来的行为准则。"义缘道生"，按照儒家的阐释，经营之道包含了共享之义、立信之义、兼善之义等内涵。

一、共享之义

儒家经典《大学》指出："是故君子先慎乎德。有德此有人，有人此有土，有土此有财，有财此有用。德者本也，财者末也。外本内末，争民施夺。是故财聚则民散，财散则民聚。"在儒家看来，财富取之于民就应该用之于民。财富聚集在当政者手里，民众就会离心离德、流散而去；财富疏散给广大民众，民众就会同心同德、聚在一起。从根本上说，有了民众才会有国土，有了国土才会有财富，有了财富就要与民众共享。儒家的

---

[1] 黎红雷，《儒家管理哲学》，第127–136页。

上述财富共享思想虽然是对国家组织及其经营者说的，但其原则同样适用于商业组织及其经营者。

为此，当代新儒商将"员工得幸福"作为自己的经营哲学。[1]他们为员工提供安全可靠的工作环境，提供有竞争力的薪酬待遇，更在对员工的关怀福利上设置多项具体内容：保障类除了五险一金之外，还有商业意外险、出差意外险、补充医疗险；生活类除了首房贷、车贷、车补、租房补助、免费住宿、人才购房外，还有免费班车、助困基金；更有情感类的长期服务奖、回家看看、新婚纪念、家属开放日等。企业还实行"全员身股制"。只要员工入职达一定年限以上，都会根据岗位职级给予每位员工一定数量的身股。"全员身股制"的实施，员工不仅培养了"股东"意识和主人翁意识，主动从公司角度考虑问题，不知不觉间改变了行为方式，而且更深地体认并贯彻了公司文化，将企业的发展愿景和实现自身的人生价值紧密结合在一起。

在此基础上，当代新儒商进一步提出"员工得成长"的理念[2]，将财富共享的内涵从物质财富扩大到精神财富，从物质幸福延伸到精神幸福。在他们看来，人们是带着使命来到这个世界的，一个人的人生应该遵循天理良知，实现人生使命，让人生更有意义和价值，这样的人生才是幸福圆满的人生。究竟什么是真正的幸福？一个人真正的幸福就是物质与精神双丰收，事业与生命双成长，最终实现幸福、圆满、觉悟、自在的人生。

当代新儒商领悟到，企业要想持续发展，就要依道而行，这个道绝对不是利润或财富，而是要有比利润更高的目标和追求。真正的财富不只是钱，而是人格和品德；企业不仅要让员工富口袋，更要让员工富脑袋，为员工创造物质和精神两方面的幸福。因此，"帮助人成功的根本是帮助人成长"[3]，这就要化育人心，培根铸魂，进行心灵品质的建设，帮助员工立德、立功、立言。立德就是立人的品德与德行，立功就是立业建功，立言

---

[1] 茅忠群，《方太儒道之匠心深耕》，载黎红雷主编，《企业儒学·2017》，第381页。

[2] 茅忠群，《以道御术打造方太管理文化》，载黎红雷主编，晁罡、胡国栋副主编，《企业儒学的开创与传承》，第314页。

[3] 李景春，《成人达己构建天元经营理念》，载黎红雷主编，晁罡、胡国栋副主编，《企业儒学的开创与传承》，第320页。

就是正知正念思想的传播和家道的传承。企业不仅要帮助员工成为物质富翁，更要成为"精神富翁"，而且帮助员工在为他人、为社会、为国家做出贡献的同时，收获人生的幸福。

二、立信之义

儒家十分重视经营者的信用。《论语·颜渊》记载，子贡向孔子请教经营国家的办法。孔子说："粮食充足，军备充足，民众信任政府。"子贡问："如果迫不得已要去掉一项，三项中先去掉哪一项呢？"孔子说："去掉军备。"子贡又问："如果迫不得已还要去掉一项，在这两项中先去掉哪一项？"孔子说："去掉粮食，自古皆有死，民无信不立。"在儒家看来，经营一个国家，当然需要有充足的粮食赋税，充分的军备武装，但这些都不是立国的根本，真正的立国之本在于民众对政府的充分信任。政府是国家的经营者，而国家是由民众组成的。民众信任政府，就会努力发展生产，提供赋税，保卫国家；民众不信任政府，即使有粮食赋税和军备武装，国家也会灭亡。

经营一个国家需要民众的信任，经营一个企业则需要广大消费者的信任。为此，当代新儒商将"顾客得安心"作为自己的经营哲学[1]。企业视顾客为亲人，研发人员在研发产品的过程中遇到问题需要解决时，经常拿到台面上讲的一句话是："如果这款产品给我们的亲人使用，我们会有什么样的感受？"如果连自己的亲人都不满意，这款产品就不会上市。再进一步，企业通过打造无与伦比的顾客体验，让顾客动心、放心、省心、舒心，乃至安心，从而对产品充满信心，进而对企业形成信任。

通过学习中华优秀传统文化的体悟，并和企业经营实践相结合，当代新儒商总结出满足顾客需求且让顾客安心的四个维度，即创新立美、品质立信、成本立惠、品牌立义。所谓"创新立美"，就是通过创新产品和生活方式，为顾客创立美好生活。所谓"品质立信"，就是通过品质与顾客建立无限信任，让自己的产品成为中国的精品，成为可以代表中国的名

---

[1] 茅忠群，《以道御术打造方太管理文化》，载黎红雷主编，晁罡、胡国栋副主编，《企业儒学的开创与传承》，第313-314页。

片。企业用文化培育全体员工对顾客的爱心，对品质的敬畏感，以及对制造不合格产品的羞耻感，从而形成全员"视顾客为亲人，视品质为生命，坚持零缺陷信念，人人担责，环环相扣，把事情一次做对，用仁爱之心和匠心精神，造中国精品"的品质方针。所谓"成本立惠"，就是在保证品质的基础上千方百计降低产品的制造成本，让顾客得到实惠。所谓"品牌立义"，就是用仁爱之心，铸国家名片，通过品牌建设为顾客铸立价值意义。只有把品牌的"义"立起来了，才能真正把企业的"信"立起来。而且产品品质真正做到了，才能让顾客得安心，才能坚定顾客对企业的信任，品牌才能成为伟大的品牌，企业才能成为伟大的企业。

三、兼善之义

孟子指出："穷则独善其身，达则兼善天下。"（《孟子·尽心上》）在他看来，士人要崇尚道德，喜爱礼义，失意时不失掉礼义，得志时不背离正道。失意时不失掉礼义，所以能够保持自己的操守；得志时不背离正道，所以不会使百姓失望。得志时，施给人民恩泽；不得志时，修养品德立身于世。失意时，能独自修养自己的身心；得志时，便使天下的人都得到好处。孟子这里说的，原本是指"士人"即读书人的品质，但也可以理解为对一切有志于经营天下的仁人志士的要求。

兼善天下，经营者就必须"爱民"。儒家主张"仁者爱人"。孔子提出"泛爱众"（《论语·学而》）的理念，在他看来，仁爱的对象不应该仅仅是自己的家人，而且是更为广泛的社会大众。即子贡所说的"博施于民而能济众"（《论语·雍也》），也是孟子所说的"老吾老以及人之老，幼吾幼以及人之幼"（《孟子·梁惠王上》）。儒家特别关注社会弱势群体的命运，把他们的安危视为治国是否成功的重要标志。孟子说："老而无妻曰鳏，老而无夫曰寡，老而无子曰独，幼而无父曰孤。此四者，天下之穷民而无告者。文王发政施仁，必先斯四者。"（《孟子·梁惠王下》）在他看来，从普通民众到弱势群体，都是治国者施政的对象。受此影响，当代新儒商积极投身社会慈善公益事业，无论是在平时的扶老爱幼、扶弱解困、扶贫攻坚、慈善捐助的活动中，还是特殊时期的抗洪、抗震、抗灾、抗疫的斗争中，他们都义不容辞，率先垂范，慷慨解囊，无私奉献。

兼善天下，经营者还必须"教民"。孔子提出"庶—富—教"的思路[1]。孟子则认为，人们在食饱衣暖，过上安逸生活之后，如果没有教育，便跟禽兽差不多了。为此，孟子提出的应对之道是"教以人伦"（《孟子·滕文公上》），就是用人与人之间应有的伦常关系和道理来教育百姓。在他看来，良好的政治赶不上良好的教育之获得民心。良好的政治，百姓怕它，良好的教育，百姓爱它；良好的政治得到百姓的财富，良好的教育得到百姓的心。荀子则把富民和教民看作王道政治的两个基本方面："不富无以养民情，不教无以理民性。"（《荀子·大略》）不富裕无法满足民众的物质需要，不教化则无法满足百姓的精神需求。受此启发，当代新儒商提出："最究竟的慈善，莫过于拯救人们的心灵。"[2] 为此，他们建立国学公益教育机构，让中华优秀传统文化进社区、进机关、进企业、进校园，甚至还进"高墙"（监狱和戒毒所）。通过社会大众的共学，使得越来越多的人达成共识，实现了文化自觉，增强了文化自信，从而更好地提升了共建共治共享的社会治理效率。

第三节　利由道取的经营方法

儒家主张："君子爱财，取之有道。"这里的"道"，既是道义，也是道理。当代新儒商遵循儒家的道义和经商的道理，因民之利，因时之利，因人之利，而形成利由道取的经营方法。

一、因民之利

孔子提出："因民之所利而利之，斯不亦惠而不费乎？"（《论语·尧曰》）在他看来，国家经营之道要施惠于民，为民谋利，但并不是要求经

---

[1]《论语·子路》：子适卫，冉有仆。子曰："庶矣哉！"冉有曰："既庶矣，又何加焉？"曰："富之。"曰："既富矣，又何加焉？"曰："教之。"杨伯峻，《论语译注》，中华书局1980年第2版，第136—137页。

[2] 黎红雷，《企业儒学对传统儒学的创造性转化》，载黎红雷主编，晁罡、胡国栋副主编，《企业儒学的开创与传承》，第18页。

营者耗费自己的财富,而是就着民众得利的事情而让民众得到切实的利益。为此,就要想民所想,满足民众的需求;利民所利,让民众富裕起来;安民所安,促进社会的均衡发展。

在"富国"与"富民"的关系中,儒家更重视"富民",即所谓"百姓足,君孰与不足;百姓不足,君孰与足"(《论语·颜渊》)。荀子专门写了《富国》篇,详细论述富国与富民的关系,强调富民是富国的前提和基础:"下贫则上贫,下富则上富。"国家的根基在于民众,民众贫穷国家也贫穷,民众富有国家也富有。只强调国家利益,而无视民众利益,到头来只能使国家积贫积弱。因此,儒家"因民之利"的主张,不仅是为老百姓谋利益,更是为国家的长远利益着想,这是一种双赢的经营策略。他们深刻地认识到,老百姓才是国家统治的基础,只有为老百姓着想,乐老百姓之所乐,忧老百姓之所忧,才能开富强之源,实现国家长治久安。而把老百姓与国家对立起来,认为老百姓获利多则国家获利就会少,把两者看成此消彼长的关系,则是没有远见卓识的。

当代新儒商从传统的"因民之利"的经国思想中得到启示,用以丰富自己的经商思维。在市场经济条件下,买者(消费者)与卖者(经营者)常常处于对立的状态,买者希望买到质优价廉的高性价比的产品,而大多数卖者则希望高价卖出自己的产品,且少承担售后责任。随着市场经济体制的成熟与完善,企业要想在激烈的竞争中取得一定的优势,就必须改变唯利是图的短期经营行为,从原来的"以企业为中心"向"以顾客为中心"转变。在这里,利润已不再是企业经营的核心与最终目的,而只是顾客满意的必然结果,是顾客对企业真诚而满意服务的奖赏。

因此,当代新儒商认识到:"企业经营者必须时刻为用户着想,你赢得了用户,就赢得了市场,最终会赚钱的。"[1]这就要求企业以用户的难题作为产品开发的课题。这样做有两个原则:一是设计的人性化,从以生产者为主体,到以消费者为主体,最终到以生活者为主体;二是使用的简单化,就是要用最简便的方式满足每个人、每个时期的不同需求。用户要的不是复杂的技术,他们要的是使用的便利,我们要把复杂的开发研究工作

---

[1]颜建军、胡泳,《海尔中国造》,海南出版社、三环出版社2001年版,第277-278页。

留给自己,把简单便捷的使用留给消费者。让消费者便利的结果是经营者的获利,对消费者有利的结果是经营者的赢利,而最终的结果是经营者与消费者的两利,这就是"因民之利,惠而不费"的国家经营之道在企业经营中的妙用。

二、因时之利

"时"是中国文化中的一个重要概念。儒家经典《周易·艮·彖》曰:"时止则止,时行则行,动静不失其时,其道光明。"这一与时变化的理念,被《易传》概括为"与时偕行"。例如:《乾·文言》:"终日乾乾,与时偕行";《损·彖》:"损益盈虚,与时偕行";《益·彖》:"凡益之道,与时偕行",如此等等。可以说,"时变"的观念贯穿整部《周易》,没有"时变"就没有《周易》。

与很多人心目中儒家的"保守"形象不同,真正的儒家其实是主张与时变化、趋时而动的。孔子本人就是一个与时偕行的典范。他主张"毋意,毋必,毋固,毋我"(《论语·子罕》),不固执一端,不执着于某一具体的做法,而是针对时世的变化及时调整自己的思想言行,提出新的解决方法。譬如,孔子虽然推崇周公所创立的礼乐制度,但对其具体规定也并非一成不变,而是运用"损益法"对其进行必要的调整,以与时代保持一致。所以,孟子称赞孔子为"圣之时者也"(《孟子·万章下》),即随着时代前进的圣人。

经营国家是这样,经营商业更是如此。中国商人很早就意识到,商场如战场,瞬息万变,经营者只有因时而动,方能游刃自如。《史记·货殖列传》记载,春秋时期的计然提出"知斗则修备,时用则知物"的观点。在他看来,国家知道要打仗,就要做好战备;商人了解货物何时为人需求购用,才算懂得商品货物。善于将时与用二者相对照,那么各种货物的供需行情就能看得很清楚。范蠡拜计然为师,将其谋略用于助越灭吴,之后再投入经商,"择人而任时"而取得成功,三次赚得千金之财。在他看来,经营商业,应该随机应变,与时逐利,而不责求他人,所以,善于经营致富的人,要能择用贤人并把握时机。

当代新儒商十分重视《周易》中提出的"时变"思想,指出《周易》

当中有个"三易",就是变易、不易、简易,非常适合市场的原则。"不易",就是市场有一个原则,就是对用户的真诚,这个是永远不变的;"变易",就是市场万变,你应该变到它的前面去;"简易",就是所有的管理都应该是最简化的,用最简化去应付最复杂的东西,这就是最高的智慧。总之,市场万变,你应该变到它的前面去;企业管理没有最终的答案,只有永恒的追问,不可能一劳永逸,而是要根据时代不断地变化,使企业真正变成一个时代的企业。"只有时代的企业,没有成功的企业。为什么这么说呢?企业都想长盛不衰,但实际上我们很难看到这样的企业。一般来讲,很多企业是昙花一现。所以,没有成功的企业。如果这个企业成功了,那么,它所谓的成功,只不过是踏上了时代的节拍。所以说,企业应该是时代的企业,也就是说跟上了时代前进的步伐就是成功的企业。"[1]

三、因人之利

这里的"人",特指竞争对手。儒家并不反对竞争,而是提倡"其争也君子"(《论语·八佾》)。在孔子看来,君子必须具备三个方面的品质:"知者不惑,仁者不忧,勇者不惧"(《论语·子罕》)——聪明的人不受迷惑,仁德的人没有忧患,勇敢的人无所畏惧。先秦时期的儒商先贤白圭将这一君子之争的智慧运用到经营商业的实践中,指出:"是故其智不足与权变,勇不足以决断,仁不能以取予,强不能有所守,虽欲学吾术,终不告之矣。"(《史记·货殖列传》)这里的"智",就是机敏灵活,通权达变,权衡时机,出奇制胜,善于分析形势,随时应对各种变化,突出的是商人的应变能力。为此,白圭主张"乐观时变",即乐于观察时机的变化并采取相应的经营对策。这里的"勇",就是判断果决、当机立断、绝不坐失良机,行动果敢、勇毅前行、绝不畏首畏尾,突出的是商人的决断能力。为此,白圭提出"人弃我取,人取我与"的经营战略,别人放弃的东西就买进,别人买进的东西就售出。这里的"仁",就是要有仁爱之心,懂得舍得和施与,和下属同甘共苦,和民众同忧共乐,突出的是商人的取舍能力。白圭将自己的经营之道称为"仁术",以仁者爱人之心、先予后取之

---

[1] 资料来源:海尔集团官网,参见黎红雷,《儒家商道智慧》,第248-249页。

术对待自己的下属和社会大众。这里的"强",就是有所坚守,保持耐心,善于等待,坚韧不拔。为此,白圭则提出"强有所守"的经营原则。在他看来,"强"就是意志坚定,能有所守,时机不成熟时绝不轻举妄动,具有坚强的毅力和长久的韧性,突出的是商人的意志力。

当代新儒商继承儒家"君子之争"的智慧,并进一步发展了白圭"人弃我取,人取我与"的经营策略。诸如:"人无我有",就是开发别人没有的东西,打造与别人不一样的产品(含服务,下同),当某产品没有的时候,就积极推出市场独领风骚。"人有我优",就是别人也有的东西,我们要做得比别人更好、品质更优,价格更低、价值更高、更为出众。"人优我精",就是当别人也优化产品时,我们秉持精益求精的态度,不断追求新的突破和更高的精度。"人精我特",就是当别人也精细化产品时,我们通过发展特色或独特性来建立自己的优势。"人特我专",就是当别人也打造特色的时候,我们就使自己的产品更加专业,更加权威。"人专我新",就是当该产品的专业性也失去优势时,就进行新一轮产品的开发。"人新我变",就是别人推出的新产品比我们的好,我们就要学会变通,不靠与别人相同的产品赚钱。"人变我转",就是当大家都在原有领域中谋求变化的时候,我们就转向新的领域。"人转我弃",就是当大家也跟着转型了,我们就要提前做好布局,果断放弃原来的领域,而去开发更加广阔的市场。

第四节　利人利己的经营原则

《论语》记载,儒家创始人孔子曾经与他的得意弟子、被后世称为"儒商鼻祖"的子贡,讨论如何处理"人"与"己"的关系,并提出"己欲立而立人,己欲达而达人"(《论语·雍也》)的著名命题。在孔子看来,仅仅自己成功是不够的,要与他人一道成功;只有和别人一起发展,自身才能获得更大的发展。当代新儒商将其思想运用到企业经营中,用"利他之心"处理企业与客户的关系、用"共赢之路"处理企业与合作伙伴的关系、用"竞合之道"处理企业与竞争对手的关系,始终坚持"利人利己"的经营原则。

一、利他之心

现代市场经济，自亚当·斯密以来，都是推崇"以利己动机而推动社会利益最大化"的价值取向，但是，由于对利己动机缺乏坚实有力的约束机制，致使其肆无忌惮地恶性膨胀，以致自私自利、唯利是图、罔顾公义的行为大行其道，最终将市场经济的价值和作用推向了其当初设计者所期望的相反的方向。痛定思痛，从日本企业家稻盛和夫到中国的当代新儒商，都强调"利他之心"在现代市场经济中的价值和作用。在他们看来，考量成功的重要准则，不是我们有没有成功，而是我们的客户有没有因为我们而成功？如果我们过早地成功了，客户就不会成功。当然，如果能够做到一起是最好，我也成功了、客户也成功了，但是只有一条路的时候，你要放弃什么？那就是放弃自己的利益，让别人先成功。"相信别人比你重要，相信别人比你聪明，相信别人比你能干，相信只有别人成功你才能成功。21世纪一定是从以我为中心，变成以他人为中心。"[1]

正是秉持着"利他主义"的理念，当代新儒商提出"客户第一，员工第二，股东第三"的经营方针。在他们看来，为客户创造持久的价值才有可能为股东创造价值；没有满意的员工队伍就不可能有满意的客户，没有满意的客户绝对不可能有满意的股东。由于坚持"客户第一"，公司业绩取得了持续的增长，最终不但不损害股东的利益，反而使股东获得了更大的价值和更长远的回报。由于坚持"客户第一"，公司本身不断发展壮大，最终不但不损害员工的利益，反而因为公司的正确决策和稳定发展而大大增强了员工的向心力。

当代新儒商主张"客户第一"，并不是将其当作漂亮的口号，而是打心底里认为"客户是衣食父母"，并具体化为切切实实的五大措施。第一，无论何种情况，微笑面对客户，始终体现尊重和诚意。第二，在坚持原则的基础上，用客户喜欢的方式对待客户。第三，站在客户的立场思考问题，最终达到甚至超越客户的期望。第四，平衡好客户需求和公司利益，寻求双赢。第五，关注客户需求，帮助客户成长。[2]

---

[1] 资料来源：阿里巴巴集团官网，参见黎红雷，《儒家商道智慧》，第133页。
[2] 蒋云清，《马云谈商录》，北京联合出版公司2014年版，第238页。

在尊重客户方面，新儒商企业对客户一诺千金，始终体现对客户的诚意。在坚持原则方面，新儒商企业强调要用客户喜欢的方式对待客户，但是决不能因此突破企业伦理道德的底线。在为客户着想方面，新儒商企业强调要站在客户的立场思考问题，最终达到甚至超越客户的期望。在寻求双赢方面，新儒商企业强调要通过满足客户的需求而获得公司的利益，最终实现双方利益的共赢。在帮助客户成长方面，新儒商企业十分关注客户的需求，提供建议和资讯，帮助客户解决问题，不断成长。

二、共赢之路

儒家将天下的人都视为自己的"兄弟"和"朋友"。企业与合作伙伴更是建立在利益共同体基础上的"兄弟"加"朋友"的关系。为此，当代新儒商提出企业建立并维持良好的合作伙伴关系的基本原则。一是建立互信，即企业与合作伙伴之间应该建立起互相信任的基础，相互支持并坦诚相待。二是利益共享，即企业与合作伙伴可以通过签订合作协议或合同来明确各自的责任和权利，以确保各自的利益。三是资源共享，即企业与合作伙伴可以共同开展培训项目，互相交流最佳实践，并分享市场信息和研究成果。四是及时沟通，即企业与合作伙伴应该保持良好的沟通渠道，并及时分享重要信息和决策。五是解决冲突，即企业与合作伙伴应该建立一个良好的冲突解决机制，通过开放、诚实和公正的讨论来解决问题。六是定期反馈，即企业与合作伙伴应该建立定期的评估机制，及时调整和改进合作策略，了解对方的需求和关注点，促进合作关系的持续发展。[1]

在利益共同体的基础上，当代新儒商进一步与合作伙伴结成命运共同体。为了能更好地促进合作伙伴与企业志同道合，携手共建，新儒商企业通过各种渠道向合作伙伴传播儒家文化、创新文化、品质文化，面向合作伙伴开办中华优秀传统文化学习班，组织合作伙伴学习谦德之效、立命之学、改过之法、积善之方的真谛，也学习企业管理、领导人修炼、潜能开发、提升能量、改变气场等内容。这些课程为合作伙伴认识中华优秀传统

---

[1]《企业合作伙伴应该怎样相处》，https://wenku.baidu.com/view/909fe865f28583d049649b6648d7c1c709a10b4d.html。

文化以及本企业的文化打开了一扇窗，使其更加深入地了解本企业文化背后的重大意义与强大能量。[1]

在利益共同体和命运共同体的基础上，当代新儒商贯彻"笃行仁爱、坚守品质、幸福奋斗、突破创新"的方针，进一步夯实其与合作伙伴互惠共赢的长期战略合作关系。在本企业快速稳定发展的同时，也通过各种方式帮助命运共同体的合作伙伴共同发展。例如，为了持续提高供应商伙伴的管理能力，企业与第三方咨询公司合作，梳理并重建供应商管理模式，建立了以物料分类为基础的供应商准入、分类、考核、淘汰等为主要内容的供应商全生命周期管理。设立供应商质量管理中心，负责供应商准入评审、日常体系审核、供应商帮扶等工作，持续帮助供应商提升质量保证能力，开展物料高低风险识别工作。针对物料类别，从供应商风险、质量风险、技术风险三个方面识别高风险物料，并针对高风险物料采取化解风险的措施。在促进供应商竞争意识的同时，降低物料交付风险与质量风险。另外，针对供应高风险物料的供应商，加强日常监管与帮扶力度，以提升供应商的核心能力，从而降低风险，促进供应商与企业的共同发展，携手共赢。[2]

三、竞合之道

儒家主张"君子之争"，秉持这一精神，当代新儒商在企业之间的竞争中提倡公平竞争、诚信竞争、和谐竞争，并进一步走向"竞争合作"的康庄大道。

公平是企业竞争的基本原则。建立一个公平竞争的市场环境不仅要有法律上的监督，更要有道德上的约束。企业应该切实遵守市场经济的商业原则、法律原则以及道德规范，依靠自己企业的综合实力而不是靠弄虚作假来参与市场竞争。为此，当代新儒商倡导遵纪守法，强调"不弄虚作假、不贪污贿赂、不滥用职权"的三大纪律，坚持"是否符合企业价值

---

[1] 资料来源：《方太2017企业社会责任报告》，方太集团官网。转引自徐国利、刘旻娇编著，《儒商优秀文化案例》，上海财经大学出版社2023年版，第156页。

[2] 资料来源：《方太2017企业社会责任报告》，方太集团官网。转引自徐国利、刘旻娇编著，《儒商优秀文化案例》，第157页。

观、是否符合企业长期利益、是否符合相关方共赢原则"的行为判别三原则，并强化商业行为准则及日常行为规范实施情况的检查，对违反道德规范的事例严格处理，绝不姑息。[1]

诚信是企业竞争的获胜关键。诚信建设是营造良好市场竞争环境的基础，是企业必备的美德，是企业在激烈竞争中脱颖而出保证自身持续不断发展的立身之本。为此，当代新儒商坚持"人品、企品、产品，三品合一"的理念，以员工高品行的人品，形成高品位的企品，生产出高品质的产品，用企业的诚心赢得顾客的安心和市场的信心。[2]

和谐是企业竞争的条件保障。竞争是企业发展的动力，而不正当竞争，则是破坏企业发展、污染社会风气的毒瘤。如果有人利用不正当竞争的手段去攫取本不属于自己的利益，就会引发恶性的竞争循环，影响经济的稳定和社会的和谐。而和谐的竞争才是社会竞争正能量产生的原动力，以和谐为准则下的企业竞争，要求企业依靠内在的实力而不断创新，就能从根本上保证企业健康而稳定的发展。为此，当代新儒商严格遵守国家关于保护消费者合法权益、禁止商业诋毁等各项法律法规的要求，建立内部审核机制，杜绝虚假宣传、诋毁他人商誉等行为发生，公平公正地参与市场竞争。[3]

其实，企业与企业之间不仅存在着竞争，更存在着合作。如果说，根植于利己主义的竞争是企业发展的动力，那么，根植于利他主义的合作则是企业发展的合力。于是，当代企业界提出了"竞合"的理念。所谓"竞合"（Coopetition 或 Co-opetition）即合作竞争，是企业之间通过合作来共同创造价值，同时又进行竞争以分配这部分价值的动态战略过程。[4]有学者指出："虽然竞合理论被提出已经二十余年，但是由于长期以来竞争的

---

[1] 资料来源：《方太2017企业社会责任报告》，方太集团官网。转引自徐国利、刘旻娇编著，《儒商优秀文化案例》，第157页。

[2] 黎红雷，《儒家商道智慧》，第171页。

[3] 资料来源：《方太2017企业社会责任报告》，方太集团官网。转引自徐国利、刘旻娇编著，《儒商优秀文化案例》，第157-158页。

[4] Bouncken R.B., Gast J., Kraus S., et al. Coopetition: A Systematic Review, Synthesis, and Future Research Directions[J]. Review of Managerial Science, 2015（9）: 577-601.

观点占据主导地位,致使企业的竞合意识薄弱。数字经济改变了企业竞争的逻辑,竞合成为企业的生存发展之道,如果企业不实施竞合战略,单纯依靠自身的知识和资源是很难应对市场变化的。"[1]而当代新儒商秉持儒家"君子之争"精神,所强调的公平竞争、诚信竞争、和谐竞争三原则,不仅适应传统经济时代的企业竞争,更适应数字经济时代的企业竞合,从而更完满地实现"利人利己"经营模式的初衷。

---

[1] 王巍栋,《竞争还是竞合》,载《现代商业》2014年13期。

观念篇

第七章

亲如一家的组织观

儒家的组织观，以家庭为模式。在儒家看来，家庭组织是所有社会组织的基础，家庭关系是所有社会关系的前提，家庭制度是所有文明制度的起点。受此启发，当代新儒商构建"拟家庭化"的组织形态、营造上下相亲的组织氛围、推行人文教化的组织功能，从而形成亲如一家的组织观。

―

第一节 儒家的组织观

儒家的组织观，集中体现在其家庭观上。中国人是世界上最重视家庭的族群，儒家学派是世界上最重视家庭的思想学派。中国人的家庭，不仅是生儿育女的地方，而且是生产消费的组织，更是学习教育的场所。《周易·序卦》上说："有男女然后有夫妇，有夫妇然后有父子，有父子然后有君臣，有君臣然后有上下，有上下然后礼义有所错。"在儒家看来，家庭组织是所有社会组织的基础，家庭关系是所有社会关系的前提，家庭制度是所有文明制度的起点。概括起来，儒家的家庭观主要包括"家道观""家计观""家教观"等内容。

"家道观"即家庭的伦理道德关系。清儒张履祥说："家之六顺：父慈、子孝、兄友、弟恭、夫倡、妇随。如是则父父子子、兄兄弟弟、夫夫妇妇，而家道正。"[1]在儒家看来，家庭由父子、兄弟、夫妇三对关系六种身份组成，其中每一种身份都有相应的道德伦理要求，包括父母对子女的慈爱、子女对父母的孝敬，兄长对弟妹的友爱、弟妹对兄长的恭敬，丈夫对妻子的倡率、妻子对丈夫的伴随，如此等等。

"家计观"即家庭的生产和生活功能。孟子曾经描绘了一幅农耕时代的幸福家庭蓝图："五亩之宅，树之以桑，五十者可以衣帛矣。鸡豚狗彘之畜，无失其时，七十者可以食肉矣。百亩之田，勿夺其时，数口之家可以无饥矣；谨庠序之教，申之以孝悌之义，颁白者不负戴于道路矣。"（《孟子·梁惠王上》）孟子在这里详细规定了百姓的田亩宅地，教育他们栽桑养畜，教导他们奉养老人。这样，一家人男耕女织，少有所教，壮有所用，老有所养，吃饱床暖，衣食无忧，其乐融融。对于家庭的生产和消费，中国人特别重视"勤劳"和"节俭"的美德。关于"勤劳"，清儒李文照在《勤训》中指出："治生之道，莫尚乎勤。故邵子云：'一日之计在于晨，一岁之计在于春，一生之计在于勤。'言虽近，而旨则远矣！"关于"节俭"，《朱子家训》指出："一粥一饭，当思来处不易；半丝半缕，恒念物力维艰。"勤俭看似小事，其实攸关一个家庭乃至一个国家的命运，正如唐朝诗人李商隐在《咏史》一诗中所言："历览前贤国与家，成由勤俭破由奢。"

"家教观"即家庭的学习教育功能。《孔子家语·致思》记载，孔子对自己的儿子孔鲤说："鲤儿啊，我听说可以与人终日一起做而不知疲倦的事情，只有学习。"君子不可以不重视学习，家庭也不可以不重视教育。《颜氏家训》指出：我见到世上那种对孩子不讲教育而只有慈爱的，常常不以为然。要吃什么，要干什么，任意放纵孩子，不加管制，该训诫时反而夸奖，该训斥时反而欢笑，到孩子懂事时，就认为这些道理本来就是这样。到骄傲怠慢已经成为习惯时，才开始去加以制止，那就纵使鞭打得再狠毒也树立不起威严，愤怒得再厉害也只会增加怨恨，直到长大成人，最终成为品德败坏的人。"少成若天性，习惯如自然。"家庭教育的目的就是

---

[1] 张履祥著，陈祖武点校，《杨园先生全集》卷48《训子语》下，中华书局2022年版，第1363页。

让良好的品德从小养成就像天性一样，习惯了从而成为自然的行为。

毋庸讳言，受制于农耕时代和宗法血缘社会的限制，儒家的家庭观，不可避免地打上时代的烙印。但是，人类不同时代文明的发展既有其特殊性也有其延续性。儒家的家庭观，以家庭作为社会组织的基础，建构亲密型的人际关系，满足组织成员的经济需求与心理需求，重视组织学习和道德教化，这些，对于现代社会的企业组织依然具有重要的启迪。特别是其中所蕴含的"拟家庭观"，打破了家庭组织与社会组织之间的藩篱，对于当代企业组织理论的拓展，更加具有宝贵的价值。

众所周知，孔子所创立的儒家思想以"仁"为核心，"仁者爱人""克己复礼为仁""己所不欲，勿施于人"，这些都涉及"仁"的内涵。那么，仁爱思想如何培养呢？孔子指出："夫仁者，己欲立而立人，己欲达而达人。能近取譬，可谓仁之方也已。"（《论语·雍也》）在孔子看来，要达到仁爱的境界，就要从自己做起，从身边做起。而作为人类最普遍最基本的组织形态，人人都生活在其中的家庭显然就是仁爱思想养成的最适宜的场所，家庭成员之间的孝悌行为就是仁爱规范形成的最基本的起点，即所谓"孝弟也者，其为仁之本与！"（《论语·学而》）但是孔子主张，仁爱对象不能仅仅停留于家庭成员，他提出："弟子，入则孝，出则悌，谨而信，泛爱众，而亲仁。行有余力，则以学文。"（《论语·学而》）由此可见，孝悌可以说是仁爱行为的起点，但绝对不是终点；仁爱的对象不应该仅是自己的家人，而应是更为广泛的社会大众，即所谓"老者安之，朋友信之，少者怀之"（《论语·公冶长》）。

对老者如何"安"，对少者如何"怀"？在这点上，此后的孟子和墨子发生了激烈的争论。墨子早年曾"习儒者之业，受孔子之术"，但看来他更感兴趣的似乎是孔子所说的"泛爱众"而不是"入则孝，出则悌"。墨子主张"兼爱"，与孔子"泛爱众"的精神似乎并无根本区别。但是，如果抽掉任何前提，一个人关爱素不相识的陌生人如同关爱自己的父母一样，那他的父母会作何感想？所以孟子才说："墨氏兼爱，是无父也。"（《孟子·滕文公下》）于是，孟子针锋相对，提出自己的"推爱"逻辑，即所谓"老吾老以及人之老，幼吾幼以及人之幼"（《孟子·梁惠王上》）。

后人常把孟子这个逻辑称为"爱有差等"，这固然有一定道理；但如果由此判定孟子背离了孔子的"泛爱众"思想，则又大谬不然。《礼记·礼运》上说："人不独亲其亲，不独子其子"，即体现了孔子的大同理想；而孟子的"老吾老以及人之老，幼吾幼以及人之幼"，则是对此大同理想"能近取譬"的落实。试想，一个人如果连养育自己的父母都不懂得关爱，他怎么可能形成关爱社会大众的仁爱之心呢？因此，从爱心的养成来看，确实是"爱有差等"的（先爱自己的父母再爱别人的父母）；从爱心的最终实现来看，事实上又是"爱无差等"的（既爱自己的父母又爱别人的父母）。就此而言，孟子并没有背离孔子的理念，他只是将儒家的仁爱之心，从"家庭化"进一步发展到"拟家庭化"而已。

从根本上说，儒家追求的是"天下一家"的理想。《论语·颜渊》记载：孔子的弟子司马牛忧愁地说自己没有兄弟。子夏安慰他说：君子和人交往态度恭谨而合乎礼节，那么"四海之内，皆兄弟也"。沿着这一思路，北宋儒者张载提出"民胞物与"的著名命题。在他看来，天地是人类万物共同的父母，人类和万物共同禀受天地而生。所以我和天下的民众都是相互依存的血脉同胞，和天下的万物都是亲密无间的友好伙伴。在这里，已经没有所谓"家人"和"外人"、"熟人"和"陌生人"，乃至"人类"与"万物"的区别。这是孔子仁爱思想的最高张扬，也是儒家组织观的最终目标。

儒家以家庭为模式的组织观，对东方儒家文化圈中的现代企业组织形态及其功能产生了重要的影响。日本企业突出的是其"家计观"，即家庭的生产和生活功能，而其"家道观"和"家教观"都服从并服务于"家计观"。企业及其领导者充当"一家之主"的角色，为其员工提供谋生的手段、成长的场所，赋予类似父母对子女般的无微不至的"慈爱"；而员工作为企业大家庭的成员，对自己工作与生活于其中的"家"，回报以类似子女对父母般无怨无悔的"忠诚"。由此，企业形成了"家庭化"的组织形态，成为一个荣辱相依、生死与共的生命共同体。

中国的新儒商企业则将儒家的"家道观"和"家教观"相结合，通过人文关怀和人文教育而增强组织成员的亲密感和忠诚度。在他们看来，企业不是"家"胜似家，家是有爱的地方，有爱的地方才是家；企业不是"学校"胜似学校，学校是让人成长的地方，只有成长才是真实的；企业不是"道场"胜似道场，道场是让人活明白的地方，人生是一场悟道的旅行，让每个人都能成就明明白白的人生，才是企业终极的使命。由此，企业形成了"拟家庭化"的组织形态，成为一个情感相依、信念一致的命运共同体。

第二节 拟家庭化的组织形态

受儒家以家庭为模式的组织观的影响，中国新儒商企业不是简单地提倡员工"以企为家"，而是老板把企业当作"家"，把员工当作"家人"，自己则当好一位尽职尽责的"大家长"，率领"家人"一起建设"幸福大家庭"。在他们看来，"企业是家，董事长是大家长，董事长像父母一样关心企业高管，爱护每一位员工。管理层也会学习效仿，这就是上行下效，兄友弟恭。管理层关怀员工，员工之间也会彼此关心，像兄弟姐妹一样。员工之间就是兄弟姐妹，彼此关心彼此爱护彼此协助"[1]。这样的"家"，其成员并没有血缘关系，但获得了血缘家庭所具有的亲密感；其成员各有各的血亲家庭，却并不会因此而带来对企业的疏离。在他们心目中，企业是自己生活中的"第二个家"，与自己的小家庭具有同等重要的价值和地位。由此，企业形成了一种"拟家庭化"的组织形态。

我们知道，企业组织的基础，来自企业与员工之间的劳动契约。当员工加入企业时，他既带有经济上的需要也带有心理上的需要，因而员工与企业之间的交换关系既包含经济需要和经济交换，也包括心理需要和社会交换。也就是说，企业组织作为契约的联合体，既表现为有形的经济契约也表现为无形的心理契约，劳动关系一旦成立，员工与企业实际上签订了两份契约，一份是写在纸上的经济契约，另一份是写在心里的心理契约，它们共同构成了劳动契约。完整地履行包含经济契约和心理契约在内的劳动契约，对于企业劳动关系的调整，有着重要的意义。当代新儒商所推行

---

[1] 吴念博，《圣贤教育成就幸福企业——苏州固锝中华传统家文化实践心得报告》（内部资料）。转引自黎红雷，《儒家商道智慧》，第43页。

的"拟家庭化"的组织形态，就是在中国传统文化背景下，将经济契约与心理契约进行融合管理的宝贵尝试。

一、归属感与人格尊严

归属感指个人自己感觉被别人或被团体认可与接纳时的一种感受。美国心理学家马斯洛认为，"归属和爱的需要"是人的重要心理需要，只有满足了这一需要，人们才有可能"自我实现"。心理学研究表明，每个人都害怕孤独和寂寞，希望自己归属于某一个或多个群体，这样可以从中得到温暖，获得帮助和爱，从而消除或减少孤独和寂寞感，获得安全感。在中国，家庭是最基础的组织形态，也是人们形成归属感的最普遍的形式。新儒商把企业当作"家"，把员工当作"家人"。尤其是员工来自外地的企业，所谓"独在异乡为异客"，企业更需要成为员工"第二个家"，让员工找到新的归属感。[1]

与人对组织的归属感紧密联系的是人在组织中的人格尊严。人格尊严是指作为一个人应当受到他人最起码的尊重的权利，具有主客观价值的复合性。因此，判断一个人的人格尊严是否受到侵害，既要考虑他本人的主观自尊感受，更要从客观角度考虑其在通常社会范围内所享有的作为"人"之最基本尊重是否被贬损；如果是，则其人格尊严遭受侵害。在现代工业大规模生产的场景中，人往往被异化为"物"，成为生产机器的一部分，就像卓别林在《摩登时代》中所表现的那样。新儒商对员工的人文关怀，就是要避免现代大工业对人的异化，恢复员工作为正常人的人格尊严。他们指出，现今的一些企业老板把员工当成机器，把女人当男人用，男人当机器用，机器往死里用，基本上是这样一种方式。老板把员工当成东西，没有把他们当成家人，他们就把老板当成提款机。所以，需要大家一起来改变现状，管理者多对员工进行人文关怀，员工多融入企业的文化与生产环境中。这种由"正常人"组成的企业，就会是一个"正常的企业"，一个给员工带来幸福感的幸福企业。

---

[1]《苏州固锝：幸福企业进行时》，《中国人力资源开发》2013年第20期封面专题文章。本节所引用新儒商的案例材料，如无特别说明，均来自此组专题文章。

二、福利待遇与情感沟通

现代人事管理学认为，员工的薪酬可以区分为"个人性的报酬"和"组织性的报酬"两种。前者指企业对特定个人的劳动付出所给予的以工资、津贴、奖金等为主要标志的劳务报酬；后者则指企业对所属员工普遍给予的报酬，如内部晋升、长期雇佣、利润分享等。而福利待遇，特别是超乎寻常、因人而异的福利待遇更是其中非常典型的一种，被证实能够明显地发挥吸引、筛选、保留员工的积极作用。为此，新儒商开展了一系列这方面的工作：从专项用于困难员工抚慰的"竹筒岁月基金"，到年年主动为全体员工加薪；为全体外地员工租住标准化公寓，用心照顾年轻员工的起居；解决外地员工子女上公办学校的入学难题；创办"幸福爱心园"，提供学习园地，让员工子女放学后在企业得到专人照顾，解决双职工的后顾之忧；给员工家庭送法律援助、维修服务、资金支持；到员工家乡开展幸福村活动，走访员工家庭，等等。力度如此之大的福利待遇，体现了企业的用心，令员工为之感恩，使员工恋上组织，并逐渐产生主人翁意识，增加工作投入度，从而提升了企业的绩效。

员工对于企业的依恋，不仅来源于企业的福利待遇，更取决于企业与员工之间的情感沟通。作为现代管理的重要职能，沟通是为了一个设定的目标，把信息、思想和情感在个人或群体间传递，并且达成共同协议的过程。西方管理学家似乎更强调信息的沟通。巴纳德认为，在一个协作系统的组织中，信息的沟通是其三个基本要素之一，组织的存在及其活动是以信息沟通为条件的。美国管理学家孔茨指出："由于信息沟通把各项管理职能连成一体，所以它对企业内部职能的行使是必不可少的。"[1] 新儒商的拟家庭化组织，更看重的是管理者与员工之间的情感沟通。为此，他们建立"幸福午餐会"制度，不定期举行，专设餐桌，由干部轮流主持，从董事长到副总，从部门负责人到生产线负责人，都会跟员工边吃边聊，这种非正式沟通可以让员工放松下来，把过去想说而不敢说的问题真实地反映给管理层。这样的沟通，实际上是人与人之间、

---

[1] 孔茨、韦里克著，《管理学》（第九版），郝国华等译，经济科学出版社1993年版，第521页。

人与群体之间思想与感情的传递和反馈的过程,最终达到思想的一致和感情的通畅。

三、参与管理与全面成长

参与管理指的是让员工和下属参加企业的管理工作,是提高工作满意度,改善工作生活质量,从而提高生产力的一种管理手段。美国管理学家麦格雷戈提出,人有自我实现的需要,只有将其才能和潜力充分地发挥出来,才能感受到最大的满足。因此,在适当的条件下采取参与式的管理,鼓励人们把创造力投向组织的目标,使人们在与自己相关的事务的决策上享有一定的发言权,为满足他们的社会需要和自我实现需要提供了机会。新儒商把人文教育和精益管理结合起来,提出"人人都是品管员,人人都是设备主人,人人都有金点子"的理念,以此激励全体员工群策群力,共同推进精益改善。金点子献策活动,一方面给员工带来了成就感和对工作的掌控感,使他们更加体会到工作的意义和自身在集体中的价值,另一方面也使员工在"拟家庭化组织"中所获得的归属感和主人翁意识有了表达的途径,增强了工作的满意度,改善了工作生活的质量。

深入地参与管理,取决于员工的素质与意愿。为此,就要加强对员工的教育,使其全面成长。员工教育的问题,泰罗早在《科学管理原理》中就有提出,但其关注点仅仅在于对员工进行专业技能的培训。实际上,员工不仅是8小时生产线上的劳动力,还是24小时完整的人,关注员工的全面成长,也是企业心理契约的题中应有之义。为此,新儒商企业在员工中大力开展人文教育。在新儒商看来,人文教育是幸福企业之根本,必须在人文关怀的基础上提升员工的道德理念。圣贤教育,使大家找回做人的基础,找回久远的孝道和爱心,找到作为人何为正确,找到生命的价值和意义,让每一个人都能够扮演好自己在家庭、社会以及工作中的不同角色。具体做法如下:增加员工休息时间,带薪学习圣贤教育,让员工懂得生命的价值和意义;举办定期读书会,让员工从典籍的阅读和分享中汲取精神食粮,感受到个体对企业、对社会的价值,激发他们敦伦尽分、回馈社会的信念;晨读《弟子规》,每天不间断地开展"好话一句分享",每天增加正能量；用各种形式开展孝道的教育和践行，倡导员工感念父母恩德，及时尽孝；让个人的改变影响自己的家庭、朋友，最终带动社会的孝亲尊师、尊老爱幼的良善风气。新儒商的人文教育，超越了西方企业职业训练的局限，全面满足了员工人格成长的心理需求。

第三节　上下相亲的组织氛围

企业组织目标的实现，取决于效率逻辑与情感逻辑这两种途径。企业一方面要不断取得"效率"，为此必须注意经济合理性；另一方面又需要兼顾"能率"，即满足员工的动机与意愿，为此必须同时重视社会合理性。从根本上说，组织的活力取决于其成员贡献力量的意愿，而这种意愿的持续性又取决于他在组织中获得的满足。当代社会学家柯林斯提出"情感能量"（Emotional Energy）的概念，认为对情感能量的追求，维系着人们对工作的热情，支撑着强烈的工作动机。在当代社会，情感链由家庭延伸到了公司和组织，组织为人们的情感激励提供了机遇，并在人们的情感生活中扮演着越来越重要的角色。[1] 新儒商的"拟家庭化"企业组织，就是自觉地将传统家庭的情感链条转移到企业组织中来，形成上下相亲的组织氛围，从而为员工获得企业内部的情感能量创造了条件，扫除了障碍。

一、认同感与责任感

人们对待职业如同对待人一样，工作的不快乐会使得他们与所在组织形成一种疏离关系。职业认同感指的是个体对于所从事职业的目标、社会价值及其他因素的看法，与社会对该职业的评价及期望的一致，即个人对他人或群体的有关职业方面的看法、认识完全赞同或认可。职业认同感会影响员工的忠诚度、向上力、成就感和事业心，是人们努力做好本职工作，达成组织目标的心理基础。职业认同感一般是在长期从事某种

---

[1] Randall Collins，Interaction Ritual Chains，Princeton：Princeton University Press，2004.

职业活动过程中，对该职业活动的性质、内容，职业社会价值和个人意义，甚至对职业用语、工作方法、职业习惯与职业环境等都极为熟悉和认可的情况下形成的。为此，新儒商从新员工的入职，到在职员工的日常工作，都采取得力措施，积极培养他们的职业认同感。新员工入职，企业会安排导览式的培训、贴心式的座谈，并为每位新员工配备"师傅"，师傅不仅为新人传授工作技能而且关心其思想和生活，使其迅速融入企业大家庭。企业各部门每月都召开员工的座谈分享会、生日庆祝会，听取意见，交流心得。在日常工作中，"知心姐姐"会走入生产一线，主动和员工交谈，解决员工实际困难，及时关注员工心理健康。这些措施，对于增进员工与企业、员工与员工之间的了解，增强员工的职业认同感，发挥了正面的作用。[1]

与员工对于企业的认同感随之而来的，是员工对于本职工作的责任感。所谓"责任感"是行为主体对于责任所产生的主观意识，即责任在人的头脑中的主观反映形式。"责任感"与"责任"有着本质的区别。"责任"指的是人分内应做之事，还需要一定的组织、制度或者机制促使人们去做，具有被动的属性；而"责任感"则是一种自觉主动地做好分内分外一切有益事情的精神状态。有了责任感，人们才能具有驱动自己一生都勇往直前的不竭动力，才能感到许许多多有意义的事需要自己去做，才能感受到自我存在的价值和意义。新儒商在"拟家庭化组织"中，提出"敦伦尽分"的概念。他们认为：每一个人来到这个世间，都有自己的责任和义务。无论是在家庭还是在自己工作的企业，人人都应该承担起应尽的职责和义务。在一个企业大家庭中，每个人都要把自己对企业、对部门、对工作的一份热爱化作一份敦伦尽分，用恭敬心、感恩心以及尽职尽责的心去完成好每一份工作。所谓"恭敬心"，就是爱护天地万物，对周遭的一切人、事、物都抱持一种恭敬的心情。企业提倡"精益管理"，不断地寻找浪费的根源并加以持续改善；提倡"经费减半销售倍增"，开源节流，提高利润率；提倡"我爱我设备"，把每一台机器都看作自己的孩子，用心

---

[1]《苏州固锝：幸福企业进行时》，《中国人力资源开发》2013年第20期封面专题文章。本节所引用新儒商的案例材料，如无特别说明，均来自此组专题文章。

呵护；提倡"答案在现场"，把工作现场放在心里，时时刻刻在现场寻找答案。正是这种"责任感"，让员工把工作当作一种不可推卸的责任担在肩头，全身心地投入其中。

二、成就感与主人翁精神

成就感指人的愿望与现实达到平衡时所产生的一种心理感受，即一个人做完一件事情或者正在做一件事情时，为自己所做的事情感到愉快或成功的感觉。任何人都需要成就感，否则就会觉得这辈子白活了；任何人做任何事都需要成就感，否则就会觉得这件事白干了。如果一个人对自己所做的事情没有成就感，他就不会积极投入，甚至对工作产生厌倦乃至逃避等负面情绪。因此，如何提升员工的成就感，是企业组织人事管理的重要课题。新儒商在通过人文教育推进精益管理的过程中，策划了"我为精益管理献一策"的金点子征集活动，以此激励全体员工群策群力，共同推进精益改善。员工每提出一个金点子，公司都会给予一定的奖励，提建议的员工自动成为金点子实施小组成员。实施完成时，评审小组按照该项目带来的效益设定奖励标准，并在每个季度进行金点子评比和颁奖大会。这样的活动，因时制宜，因地制宜，随时随地提升了员工的成就感。

与员工的成就感随之而来的，是员工的主人翁意识。所谓"主人翁意识"，并不是说让员工把自己当成企业的主人这么简单。在企业中，员工总是与具体的岗位联结在一起的，所谓"企业的主人"，其实际的体现是"岗位的主人"。因此，员工的主人翁意识，就是员工以一种与企业血肉相连、心灵相通、命运相系的感觉，去做好本职岗位上的每一件事情，以主人的心态去面对每一台机器、每一件产品、每一位客户，所体现出来的一种积极主动的、勇于负责的意识。有了这种意识，就能够极大地提高员工本人的潜能，从而极大地提高企业的竞争力。新儒商在幸福企业文化建设中，先是提出"每位干部都是君亲师"的说法；之后，又进一步扩展为"人人都是君亲师"，即在新儒商企业大家庭，每个人只是分工不同，在人格上人人平等，每位员工都是自己所在岗位的"君亲师"。作为企业大家庭的成员，大家目标一致，方向一致；而当这个大家庭有需要的时候，每个人都勇于承担、敢于负责,为"家"尽心付出。"管理者的第一要义就是复制出像自己一样操心的人",这样的人,既是岗位的主人,也是企业的主人。

三、亲和力与人情味

亲和力指一个人或一个组织在所在群体心目中的亲近感,及其对所在群体施加的影响力。亲和力源于人对人的认同和尊重,是心灵上的通达与投合。良好的亲和力能拉近老板与员工、员工与客户之间的心理距离,从而产生最大化的管理效能和经济效益。新儒商坚持把企业建成员工的家,讲求"父子有亲,兄友弟恭";而作为"大家长",则要无微不至地关爱员工乃至其父母。正是这些细致入微的关爱,使员工切切实实地感受到企业大家庭的温暖和大家长的亲和力。

与企业领导的亲和力随之而来的,是企业中的"人情味"。"人非草木,孰能无情?"人情味,源自人性之中最温情的一面,是人与人之间真挚情感的自然流露,是一种给人以爱与关怀的奇妙感觉,是一种由内而外感染他人的个性魅力,是一股可以温暖人心的精神力量。当爱心充斥着我们的心灵,当人情味充斥着我们的社会,人与人之间将变得更融洽、更和蔼、更温暖,世界将变得更美好、更明亮、更宽敞。新儒商对于员工的关怀举措,不仅囊括员工本人,还包括员工的父母、子女,乃至离职员工。企业特设黄金老人关爱计划,在职员工的父母、公婆、岳父母,80周岁以上可享受企业每月提供的养老金。还有幸福宝宝关爱计划,为员工留在原籍0~12周岁的子女送上志愿关怀和关怀金,其父母每年享有回家探望孩子的带薪假期,公司报销路费……这些富有人情味的举措,大大增强了企业中情感的正能量。

随着员工情感能量提升的,是企业效益。新儒商在进行幸福企业建设的同时,也不断地在消除浪费、自动化、目视化、防呆防错等方面积极推行精益管理。"幸福企业是因,精益管理是果。"如果没有一系列幸福企业项目的推广,如果没有"拟家庭文化"的践行,员工得不到尊重、关爱和信任,就不会焕发出能负责任的主人翁精神,精益管理也很难真正落地。事实证明,"情感逻辑"能够反作用于"效率逻辑",尽管新儒商并不直接通过工具理性追求绩效与利润,但其结果却远远超越前者所达到的可能。

第四节 人文教化的组织功能

企业组织是由人组成的,而人是需要教育的。在儒家看来,对于人的教育,最根本的是人文道德的教化。在儒家以家庭为模式的组织观中,以道德伦常教育为主要内容的"家教观",正是其中重要的一环。受此启发,新儒商将人文教化作为企业组织的重要功能,积极组织员工学习和践行中华优秀传统文化,以培养企业和社会所需要的德才兼备的人才。

一、企业人文教化的作用

"建国君民,教学为先"(《礼记·学记》),教化是儒家的基本功能,更是其治国理政的基本手段。在儒家看来,治理就是教化,治理者就是教化者,治理的过程就是教化的过程。《孟子·滕文公上》描述,在尧的时代,天下还不太平,尧便提拔舜来全面治理;大禹疏通河道,百姓才能耕种收获;后稷教人民种植五谷,人民才能养育。但人们吃饱、穿暖、安居而没有教育,便同禽兽差不多。圣人又忧虑这件事,便任命契担任司徒,把伦理道德教给人民——父子讲亲爱,君臣讲礼义,夫妇讲内外之别,长幼讲尊卑次序,朋友讲真诚守信。这就是所谓"教以人伦"。由此,便形成了源远流长的儒家人文教化传统。

近百年来,儒家的人文教化传统一度中断,再加上当代商业大潮的冲击,有些人为追求财富而丧失道德底线。要解决这些问题,就要从教育入手。对企业而言,如果员工的素质问题解决不了,企业就没有合适的员工可用。例如,不少中国企业引入西方或日本的管理方法,如稻盛和夫的经营哲学,或丰田的精益管理,但是能够成功的少之又少。原因在于无论是西方的管理方法,还是日本的经营哲学,其背后均有文化精神的支撑。因此,如果不能从精神层面回答人为什么活着、应该怎样活着这些关乎生命意义的问题,员工就始终不知道如何正确面对当下的人、事、物这些具体问题。这就需要对员工进行深入教育,包括文化精神的培育和人的德行的教化。[1]

当代新儒商指出,中国传统文化以"五福"(长寿、富贵、康宁、好德、善终)作为人生圆满的最高追求,而"五福"里面最重要的一点就是"好德",德行是因,长寿、富贵、康宁、善终都是果,有因才有果。我们只要把好德的因种好了,长寿、富贵、康宁、善终就自然会有结果,才有真正的"五福临门"。现在的人把其他四福丢了,只剩下追求财富,当一味追求财富时,就偏离了富贵、康宁、长寿,丢掉了好德,最后也没有善终。所以,人生的这些福报一定要把它平衡了,不能光追求财富。如果我们没有了健康、没有了长寿、没有了善终,那再多的财富也是没有意义的。

因此,当代新儒商认识到,人生最重要的是成长,企业不仅仅是提供给员工一个工作岗位和一份工资,最重要的是要给员工营造一个学习成长的环境。员工不能一味沉浸于追求利益,停留在每天获得一点工资上,最重要的是要成长,成长才是大利。而从企业来说,能为社会培养一批又一批承担中华民族复兴的栋梁之材,则是光荣的使命和最高的追求。[2]

二、企业人文教化的方式

人文教化,关键在于"化"。"为学大益,在自求变化气质。"(《经学理窟·义理》)而变化气质是一个潜移默化的渐进过程。为此,当代新儒商在企业的人文教化中,采取了"身教""言教""境教"三种方式。

首先是"身教"。孔子指出:"君子之德风,小人之德草。草上之风,必偃。"(《论语·颜渊》)在儒家看来,道德教化就是"上风化下"的过程,在上位者自身道德修养好了,就能人文化成、风化天下。由于时代的限制,当代新儒商一开始跟普通国人一样,并没有机会接触到"四书五

---

[1] 程雪莲等,《企业书院:文化复兴背景下当代中国企业的特殊使命》,原载《管理学报》2019年第7期,收入黎红雷主编,晁罡、胡国栋副主编,《企业儒学的开创与传承》,第386页。

[2] 资料来源:东莞泰威电子有限公司官网,转引自黎红雷,《儒家商道智慧》,第59页。

经"等中华文化"大传统";改革开放以后,特别是中国特色社会主义进入新时代以来,风气丕变,儒家经典重新回归国人的精神世界,使企业家终于有机会了解先贤的智慧。"知之者不如好之者,好之者不如乐之者。"(《论语·雍也》)新时代的新儒商对于中华优秀传统文化的学习,从了解到喜爱,从喜爱到快乐,他们将儒家经典"大传统"的精神与自己从长辈那里得来的做人做事"小传统"的体会相对照,找到了人生智慧的源头活水,从此以学习为乐,修身为乐,并将这种快乐分享给本企业的高管和员工,组织大家学习中华优秀传统文化,从而逐步推动了企业人文教化的开展。

其次是"言教"。当代新儒商在企业中推行人文教化,不是简单地让员工读儒家经典,而是自己带头学习、深入思考,结合本人的生活经历和经商体会,融入经典的精神,并与员工分享。比如,他们总结出人生的"六大定律",包括:"五伦定律",五伦不伦,人生不顺;"五常定律",五常不常,人不正常;"四维定律",四维不维,灵魂残废;"八德定律",八德不德,必有阻隔;"五达道定律",达道不达,彼岸不达;"三达德定律",达德不德,人生不得。并结合企业组织的实际加以阐发,比如五伦中的"君臣有义",义就是理,上下都明理,都讲道理,都依理而行,那这个团队就会无限通顺和团结,团队的力量将无限强大,大家在一起,将无限开心、愉快,工作再累,也累得开心!而且,大家都明理了,这个团队,将会生发无限的智慧,所向披靡![1]

最后是"境教"。孔子说:"性相近也,习相远也。"(《论语·阳货》)在儒家看来,人的天性本来是相近的,但由于后天环境的习染渐行渐远,由此可见"境教"对于人们变化气质、回归天性的重要性。为此,当代新儒商在企业内部极力营造人文教化的氛围。他们在企业中树立孔子像,定期组织员工祭拜;在企业生产和服务场所摆放中华优秀传统文化经典、张贴中华优秀传统文化经典语录;组织全体员工学习圣贤文化,经典诵读,定期开展读书会,通过传统经典的阅读和交流增加员工对中华优秀传统文

---

[1]方秋潮,《儒学:人类的真理,企业的法则——在第二届全国新儒商年会上的主旨报告》,今日头条,https://www.toutiao.com/,2023-11-27。

化的认可；开办各类讲座和研修班，探索中华优秀传统文化在企业治理中的作用。新儒商还将中华优秀传统文化的学习推广到员工的家庭和朋友，邀请他们参加企业举办的各种讲座，组织员工子女参加中华优秀传统文化夏令营，给员工家庭赠送传统文化经典书籍等。新儒商对企业的利益相关者，包括顾客、供应商、销售商、合作伙伴乃至当地政府部门等积极宣传中华优秀传统文化，并大力促进社会层面的中华优秀传统文化推广，开办免费的中华优秀传统文化公益学习班等。

为了保证企业人文教化的系统性和持续性，当代新儒商借鉴中国古代"书院"的形式，创办"企业书院"，企业家本人担任"院长"，学有所成的高管担任"导师"，组织员工定时定量定质学习，包括每天固定的读书时间，以及每年抽出一定时间集中学习等。企业书院同时也接受合作伙伴乃至社会大众参加学习，以全方位地打造"德不孤必有邻"的企业人文教化良好环境。[1]

三、企业人文教化的内容

当代新儒商开展企业人文教化，主要包含"中华文化经典""幸福人生讲座""传统文化与经营业务"等三个方面的内容。

在"中华文化经典"方面，新儒商企业组织员工学习的经典有《论语》《孟子》《大学》《中庸》《孝经》《礼记》《易经》《道德经》《太上感应篇》《了凡四训》等，以及传统蒙学读物《三字经》《百家姓》《千字文》《弟子规》等。值得注意的是，新儒商组织员工学习经典，不是简单地阅读和背诵，而是结合企业和员工的实际需要，领会其精华，践行其精神。例如，他们将儒家的核心价值观"仁义礼智信"转化为企业的行为标准："仁"，看善待员工、孝悌文化、人文关怀、仁爱感恩；"义"，看员工收入、社会保险、慈善公益、见利思义；"礼"，看尊重员工、宽容平等、培训学习，民主管理；"智"，看带出团队、成长员工、创造价值、科学发

---

[1] 资料来源：苏州固锝电子股份有限公司的《明德书院简介》、山西天元集团的《天元书院简介》、东莞泰威电子有限公司的《斯美书院简介》、深圳三和国际集团的《孔圣书院简介》等。

展;"信",看儒商道德、诚实守信、品牌价值、社会贡献;如此等等。[1]

在"幸福人生讲座"方面,新儒商企业为员工开设的课程,涉及家庭的有"积德之方""智慧父母""教子有方""家和万事兴""百善孝为先"等;涉及健康的有"中医养生""地球保护""低碳环保"等,涉及礼仪的有"人文礼仪""职业礼仪"等。幸福人生讲座的目的是将中华优秀传统文化的精华融入员工的现实生活中。员工家庭关系处理得好坏,家庭幸福与否,对幸福企业的创建是至关重要的。企业不仅关心员工家庭的幸福,还关心员工的饮食健康、疾病的防治以及社交礼仪。所以,健康部分的讲座主要是从疾病、疾病预防、饮食、人与环境关系的角度将中华优秀传统文化精神融入员工的生活中;礼仪部分则是从社交的视角去诠释中华优秀传统文化精神,引导员工在社交中提高自我的内在修养和外在表现。[2] 与此相配合,企业在员工中开展评选"好媳妇""好孝子"活动,提炼出自己的"二十四孝"广泛宣传,还开办素食餐厅,开展"好话一句分享""道人善"等系列活动,来增强企业人文教化的效果。[3]

在"传统文化与经营业务"方面,当代新儒商"在儒言儒,在商言商,以儒促商,以商弘儒",他们在企业中推行人文教化的最终目的,是培养德才兼备的合格人才而促进企业的发展。因此,新儒商企业的人文教化,绝不是搞花架子,夸夸其谈,而是与企业的经营业务紧密结合。比如,结合企业的"精益管理",他们开设了"传统文化与精益管理""稻盛和夫的实学"等课程。结合企业的发展,他们开设了以下课程:企业如何实现中国式企业的至善治理、企业家如何打造百年企业实现基业长青、企业家如何实现轻松工作告别事务缠身、企业家如何选择产业发展方向走高质量发展道路、企业如何做好梯队人才培养实现企业可持续发展、"企二

---

[1] 李景春,《成人达己构建天元经营理念》,原载《企业管理》杂志2022年第5期,收入黎红雷主编,晁罡、胡国栋副主编,《企业儒学的开创与传承》,第320页。

[2] 程雪莲等,《企业书院:文化复兴背景下当代中国企业的特殊使命》,原载《管理学报》2019年第7期,收入黎红雷主编,晁罡、胡国栋副主编,《企业儒学的开创与传承》,第388页。

[3] 李景春,《成人达己构建天元经营理念》,原载《企业管理》杂志2022年第5期,收入黎红雷主编,晁罡、胡国栋副主编,《企业儒学的开创与传承》,第322-323页。

代"如何传承交接实现顺利接班、如何让企业员工实现自动化运转、如何让员工在工作中收获精神幸福和物质幸福、企业家如何将中华文化在企业落地等。[1]总之,在当代新儒商看来,文化就是业务,人文教化的效果最终要体现在企业的经营业务中,以助力企业的发展,为国家做出更大的贡献。

---

[1]资料来源:山西天元集团的"天元书院简介"。

观念篇

第八章

身正令行的领导观

儒家的领导观,集中体现在孔子的这句话上:"其身正,不令而行;其身不正,虽令不从。"(《论语·子路》)为此,当代新儒商的领导风格,强调正己正人的领导行为、无为而为的领导方式、通权达变的领导艺术,从而取得上行下效、左右逢源、无往不通的领导效果。

——

第一节 儒家的领导观

儒家经典中虽然没有使用"领导"一词,却有着十分丰富的领导思想。实际上,儒家所追求的"圣王之道"就是一种领导之道。从领导者的素质修养来看,儒家强调由"内圣"开出"外王",即通过领导者内在的道德修养实现外在的王道理想。从领导活动的行为方式来看,儒家主张以"为政以德"而达到"无为而治",以身作则,因势利导,以最小的领导行为获得最大的治理效果。从领导活动的风格技巧来看,儒家主张执经达权,唯变所适,因时制宜、因地制宜、因人制宜、因事制宜,左右而逢源,无往而不通。

儒家十分重视领导者的素质修养。孔子指出:"为政在人,取人以身,修身以道,修道以仁。"(《礼记·中庸》)修身不但可以使领导者形成良好的领导品格与领导素养,而且是搞好一切领导工作的根本。在儒家那里,修身并不只是关乎个人道德品质和荣辱进退的事情,而是和治国平天下的圣王功业联系在一起。孟子指出："天下之本在国，国之本在家，家之本在身。"（《孟子·离娄上》）在这里，"身"成为家、国、天下根本的根本，身不修不足以治理天下国家。知道用来修养自身的方法，就知道用来治理他人的方法；知道用来领导他人的方法，就知道用来治理天下国家的方法了。

儒家经典《大学》遵循"内圣外王"的思路开列出具体的"八条目"："格物、致知、诚意、正心、修身、齐家、治国、平天下。"在"八条目"中，"修身"既是"格物、致知、诚意、正心"的直接目的，又是"齐家、治国、平天下"的必要前提，是承上启下、由内而外的关键环节。"修身"所要达到的目标即儒家所谓的"内圣"，是个人内在品质的完美实现；"齐家、治国、平天下"，即儒家所谓的"外王"，是领导人和统治者的终极价值追求，是一种外在的王道理想。在儒家看来，领导权威的树立和领导行为的成功，不是取决于外力的强大，而是依靠内在的德行智慧。以力服人者，并不能使人心悦诚服，只是一时实力不够的缘故；以德服人者，才可能使别人心悦诚服。通过修身而达到"内圣"的领导者，就能够充分发挥道德的示范效应，通过魅力示范、人格感染和道德辐射，以上行下效的价值导向功能影响、带领、习染、熏陶和感动身边与周围的人，从而实现"齐家、治国、平天下"的"外王"功业。这个过程实际上就是孔子所说的"修己以敬""修己以安人""修己以安百姓"的过程。（《论语·宪问》）

在儒家看来，领导者通过修身而提高自己的道德修养，体现在"为政以德"的领导行为中，就会取得"无为而治"的治理效果。"无为而治"作为一种治道理念，具有深远的历史渊源。传说中的黄帝和尧舜禹等圣王就是实践这种"无为而治"理念的典范，儒家经典《尚书》《周易》等记载了他们"垂衣裳而天下治"的事迹。这些儒家心目中的"圣王"，领导的事情特别简约却又周详，所做的事情特别安闲却有功效。平时，他安闲自在地坐着，长大的衣裳垂落在竹席之上，但海内的人没有不愿意以他为帝王的。这些记载，可以看作"无为而治"思想的原型。

孔子特别称赞舜道："无为而治者，其舜也与？夫何为哉？恭己正南面而已矣。"（《论语·卫灵公》）其实，在孔子心目中，尧舜禹都是实施

"无为而治"的圣人。关于尧的"无为",孔子理解为"则天",即效法天道,任其自然。因为天本身是"无为"的,四时运行,百物创生,都不是天有意识的作为。所以在《论语·泰伯》中,孔子称赞说:"唯天为大,唯尧则之。"尧真是伟大的人啊,他效法天道、恩惠广博,老百姓简直不知道怎样称赞他。他的功绩真是崇高呀,他的礼仪制度也真是光辉灿烂的了!

舜的无为之政主要表现为"任官得人"。儒家经典《大戴礼记·主言》解释说:"舜左禹而右皋陶,不下席而天下治。"这是说明舜之"无为"乃在于任用了禹与皋陶等贤人,而舜本人则只是垂衣裳恭己无为而已。关于禹,从其身上所体现出来的"正己正人"的取向,恰恰能收到无为而治的效果。《论语·泰伯》记载,禹自己吃得很差,却把祭祀祖宗的祭品办得很丰富;自己穿得很差,却把祭服做得很华美;自己住得很差,却把力量完全用于沟渠水利。这种恭己行德所产生的示范、带动和辐射效应,正体现出儒家"为政以德"而"无为而治"的"德化"精髓之所在。正如孔子所指出的:"为政以德,譬如北辰,居其所而众星共之。"(《论语·为政》)

但是,这样一来,也引出一个问题,那就是:儒家如此强调国家领导者要注意道德修养,以身作则,甚至还带头过艰苦的生活。那么,这样的领导方式究竟是"有为"还是"无为"呢?《大戴礼记·主言》记载,孔子对曾参强调说,圣王以德治国,要做到"内修七教而不劳,外行三至而不费"。内要修外要行,如此治国者能够不劳不费吗?曾参对此感到疑惑。孔子严肃地说:"参!汝以明主为劳乎?昔者舜左禹而右皋陶,不下席而天下治。夫政之不中,君之过也。政之既中,令之不行,职事者之罪也。明主奚为其劳也?"这里说的是国家领导者为政以德,尊贤用能,使之各司其职,那么领导者自己就不会感到劳累。在儒家看来,作为国家的最高领导者,他所要抓的只是道德规范这条治国的大纲,所要做的只是合理使用人才,所要行的只是个人的道德修养,而并不要最高领导者去处理具体的行政事务。因此,这在领导方式上讲,应该算是"无为而治"。

儒家所理解的领导行为,一方面要把握永恒不变的基本原则,另一方面因应瞬息万变的内外环境,因时制宜、因地制宜、因人制宜、因事制宜,左右而逢源,无往而不通。为此,儒家提出了"执经达权"的思路。

这里所谓"经"指永恒不变的基本原则,"权"则指随机应变的运用技巧。儒家既强调领导行为的原则性,又主张领导行为的权变性,二者结合起来,就是所谓"执经达权"的原则,包括适其时,取其中,得其宜,合其道等。

适其时。这里的"时"指时势,是时间、地点、条件诸要素的合成。儒家认为,领导者要适应实际的时势,而采取不同的治理方法。《周易·艮·象》曰:"时止则止,时行则行,动静不失其时,其道光明。"荀子也提出:"故君子时诎则诎,时伸则伸也。"(《荀子·仲尼》)这就要求领导者必须根据现实的时势做出正确的决策。或动或静,或行或止,或进或退,一切都要"适其时"。正如孔子所打的比方:好比堆土成山,只要再加一筐便可以了,但如果应该停止,我便停止;又好比在平地上堆土,尽管是刚刚倒下一筐,但如果应该继续下去,我便继续下去。"譬如为山,未成一篑,止,吾止也。譬如平地,虽覆一篑,进,吾往也。"(《论语·子罕》)

取其中。这里的"中",即儒家所说的"中庸"原则。孔子说:"中庸之为德也,其至矣乎!民鲜久矣。"(《论语·雍也》)中庸作为一种思维方法,就是孔子所说的"叩其两端"。他说:"吾有知乎哉?无知也。有鄙夫问于我,空空如也。我叩其两端而竭焉。"(《论语·子罕》)中庸作为一种行为准则,就是孔子所提倡的"无过无不及"。"子贡问:'师与商也孰贤?'子曰:'师也过,商也不及。'曰:'然则师愈与?'子曰:'过犹不及。'"(《论语·先进》)"叩其两端""无过无不及",就是儒家"中庸"说的基本内涵。

得其宜。这里所谓"宜",是恰当、合理的意思。而在儒家看来,所谓"恰当合理"就是"义"。"义者宜也。"(《礼记·中庸》)"义"与"宜"经常互为说明,互相发挥。孔子说:"君子之于天下也,无适也,无莫也,义之与比。"(《论语·里仁》)他的意思是,领导者对于治理天下的事情,没有规定要怎样干,而是怎样适宜就怎样干。孟子甚至还主张:"大人者,言不必信,行不必果,惟义所在。"(《孟子·离娄下》)

合其道。"道"的本义是道路。在儒家哲学用语中,道具有方法、技艺、规律、事理、学说、道德等含义,笼而统之,可用"道理"一词加以概括。所谓"合其道",就是要求人们的所作所为合乎一定的道理。孟子说:"君子深造之以道,欲其自得之也。自得之,则居之安;居之安,则资之深;资之深,则取之左右逢其原,故君子欲其自得之也。"(《孟子·离娄下》)这里把"道"当作领导者深造的依据,左右逢源的根基,也就是执经达权的保证。

第二节　正己正人的领导行为

现代美国管理学家彼得·德鲁克(Peter F. Drucker)在1985年为其专著《有效的管理者》一书再版作序时指出:"一般的管理学著作谈的都是如何管理别人,本书的目标则是如何有效地管理自己。一个有能力管好别人的人不一定是一个好的管理者,而只有那些有能力管好自己的人才能成为好的管理者。事实上,人们不可能指望那些不能有效地管理自己的管理者去管好他们的组织和机构。从很大意义上说,管理是树立榜样。那些不知道怎样使自己的工作更有效的管理者树立了错误的榜样。"[1]德鲁克在这里所说的"管理自己"与"领导别人"的关系,用儒家的语言来说,就是"正己"与"正人"的关系。孔子指出:"苟正其身矣,于从政乎何有?不能正其身,如正人何?"(《论语·子路》)当代新儒商正己正人的领导行为,具体表现在自我定位、以身作则、自我提升等三个方面。[2]

一、自我定位

自我定位,是自我管理和领导别人的起点。儒家主张:"穷则独善其身,达则兼善天下。"(《孟子·尽心上》)孔子当年周游列国推销自己的政治主张碰壁后,做出了收徒办学、"为君子师"的职业选择,最终使自己成为"万世师表"。现代权变领导理论也指出,企业组织是社会大系统中的一个开放型的子系统,受环境的影响。因此,必须根据企业组织在社会

---

[1] Drucker P.F., The Effective Executive, New York: Haper & Row, 1985.
[2] 黎红雷,《儒家商道智慧》,第222-228页。

大系统中的处境和作用,采取相应的组织管理措施,从而保持对环境的最佳适应。有效的领导行为,依赖于领导者与被领导者相互影响的方式及情境给予领导者的控制和影响程度的一致性。一个领导者,无论他采取何种领导方式,其最终目的都是获取最大的领导效能,要想取得理想的领导效能,必须使一定的领导方式和与之相适应的领导情势相配合。

这就表明,任何人的自我定位都会受到时代和社会环境的影响。受此启发,当代新儒商具有十分自觉的自我定位意识,用他们的话来说,就是"你得知道自个儿是谁""既要做成事,又要保护好自己"。由此,他们不断告诫自己和自己的下属,要认识和适应现实的环境。如果大环境改变不了,我们就去改造局部环境;如果局部环境也改变不了,我们就去改造小环境;如果小环境我们也改变不了,那我们就要学会忍耐,适应在这种环境下生存,然后等待时机,再来做大的。

由此,新儒商提出"有理想但不理想化"的理念。一方面,他们创办企业的目的,从实现个人价值和家庭幸福,到为国家民族做贡献,乃至造福人类社会,这种理想抱负激励着他们的人生选择;另一方面,他们又不是一个只被理想激励而不脚踏实地的人,而是非常注意理想的实现条件。一个理想再好,没有条件的时候,决不去真正动它。没钱赚的事情不能做;有钱赚但是投不起钱的事情不能做;有钱赚也投得起钱但是没有合适的人去做,这样的事情也不能做。

新儒商还认识到,一个人的责任是有边界的。有的人只对个人负责;有的人除了对个人负责,还对家庭负责;有的人除了对个人和家庭负责以外,还对跟着他干事业的人负责;有的人则是对社会负责。企业家的责任是对自己的企业负责,把自己的企业办好了,才有可能为国家和民族做贡献,造福人类社会。自己知道自己是谁,想要什么,这是一种务实的表现。这种务实态度确保了企业的定力,使企业一方面充满前进动力而另一方面能够脚踏实地、稳定而持续地发展。[1]

---

[1] 文跃然,《柳传志的价值观》,载《企业管理》,2008年第12期。

二、以身作则

以身作则是自我管理和领导别人的关键。儒家强调修身立仁,"非礼勿视,非礼勿听,非礼勿言,非礼勿动"(《论语·颜渊》),要求领导者克制自己的欲望,培育充分的道德自觉,按照社会规范和伦理准则来约束和要求自己,从而发挥良好的榜样激励和价值导向作用。现代西方管理理论也把"自我克制""品德超人"作为领导者的特性和品质之一。当代伦理领导理论更进一步主张,合乎伦理道德的管理者,应采取影响组织道德观与行为的、合乎伦理道德的策略,即伦理领导在个人生活和职业活动中均表现出道德行为。作为道德的管理者和领导者,他们通过可见的行为把自己塑造成角色楷模,设置明确的道德标准,并采取奖惩策略确保这些标准得以执行等。

在新儒商看来,以身作则,不是劝导他人的重要途径,而是唯一途径。这里"唯一途径"的话说得固然重了点,但是以身作则确实是树立企业文化的根本基础。一家企业风气正不正,最关键的还是第一把手自己为人正不正。假如领导者有一个办大企业的目标,那么就得要求自己把事做正。

"以身作则"就要"以身守则"。在新儒商看来,规矩就是规矩,不管是谁,都不能破。企业做事,就怕含含糊糊,制度定了却不严格执行,最害人。企业立下规矩是要求其全体成员遵守的,而全体成员遵守的关键是这一企业的领导者要带头遵守。领导者既是一个组织中发号施令的人,也是这个组织中的排头兵——所有成员都向领导者看齐。在军队里,领导者应该身先士卒;在企业里,领导者也应该如此。领导者的执行力是下属执行力的上限。领导者严格执行制度,那么任何一项制度发布后都会被坚决地执行,上下都非常重视,任何一名员工都会遵守。正是因为这样的执行力,才使得企业的各项制度具有相当的威力,保证了各项工作都能顺利进行。[1]

"以身作则"就会"上行下效"。新儒商认识到,领导者的行为是下属员工日常行为的榜样。好的行为会树立好的榜样,坏的行为也会树立坏的

---

[1] 广通编著,《联想名言录》,地震出版社2005年版,第154—155页。

榜样。领导者严于律己，下属就会严格遵守制度；领导者兢兢业业，下属就会勤奋努力工作。领导者放任自流，下属就会无所顾忌；领导者不求进取，下属就会得过且过，如此等等。总之，下属员工对于领导者的日常行为，往往会通过社会学习的方式，形成一种认知结构，并下意识地效仿。如果领导者能够有意识地引导，以身作则，就能够将自身的优秀品质向下传递，从而使下属走向正道，即所谓"子帅以正，孰敢不正？"（《论语·颜渊》）

三、自我提升

自我提升是管理自己和领导别人的"资本"。儒家十分重视领导者的学习修炼，《论语》开宗明义第一句便是："学而时习之，不亦说乎？"在孔子看来，读书是学习，实践也是学习，而且是更重要的学习。《说苑·政理》记载：宓子贱是孔子的学生，后来当官从政。有一次，孔子问他："自从你从政以后，觉得有什么收获什么损失呢？"宓子贱回答："从政以后，原来跟老师学习的东西，现在可以付诸实践，这就使知识得以发明。这实在是一大收获。"在这个故事中，宓子贱把治理实践与知识学习结合起来，把在老师那里学到的知识，在治理的具体实践中认真实行，不断提升自己，因而得到孔子的称赞。在现代西方领导理论中，传统的观点认为领导者所具有的特质是天生的；现代的观点则认为领导者的特性和品质并非全是与生俱来的，是可以在领导实践中形成，也可以通过训练和培养的方式予以造就，因而十分重视领导者在实践中的学习与提升。

当代新儒商的治理智慧正是在实践中逐渐形成和不断提升的。他们在企业的成长过程中，善于学习，勤于思考，并把自己的心得体会与员工分享。他们在分享时就要去想，现实是什么样，应该怎么讲。每次做这个准备工作时，实际是对自己的提升。因为必须想清楚，怎么讲才能让员工听明白，并且给予正面的能量。当这样做的时候，就会使自己对事物的认知从感性认知提高到理性的层次。这些东西既存在于实践，自己又说了出来，在实践中去尝试，就可以明白哪里做对了，哪里想错了，为什么错了，这样慢慢地形成好的习惯。因此，学习力是创业者能否成功的一个重要能力。

在新儒商看来，看书和从其他企业、其他人那里观摩了解情况，能否抓到最有用的信息，和自己相结合，是非常重要的。毛泽东最值得我们学习的地方，是他具体情况具体分析的这种实事求是的打仗方式。所以我们看书也好，看别的企业也好，都要跟自己本身有所结合、有所联系，这样形成习惯以后，自己就会有很大的提高，这是个自然形成的过程。如果有的人永远悟不出这个道理，那他就不能当一名合格的领导者。

"正己"即管理自己，"正人"即领导别人，二者并不矛盾，而是相辅相成的。如上所述，新儒商的自我定位、以身作则、自我提升，既是自我管理的过程，也是领导别人的过程。领导者因自我管理而具备了个人的魅力，因而也就获得对下属的感召力，组织就有了凝聚力，团队就有了战斗力。在这个意义上说，领导力决定着执行力，执行力取决于领导力，卓越的领导力能够造就整个团队强大的战斗力。

第三节　无为而治的领导方式

儒家认为，领导者正己正人，以身作则，就能获得下属的信任、追随和付出，从而以最小的领导行为而取得最大的治理效果。[1]孔子说："无为而治者，其舜也与！夫何为哉？恭己正南面而已矣。"（《论语·卫灵公》）在儒家看来，作为国家的最高领导者，他所要抓的只是道德规范这条治国的大纲，所要做的只是合理使用人才，所要行的只是个人的道德修养；而并不要求最高领导者去处理具体的行政事务。因此，这在领导方式上讲，就是"无为而治"。当代新儒商将儒家的"无为而治"思想运用到企业领导活动中，体现在建班子、定战略、带队伍三个方面。[2]

一、建班子

孔子指出："舜有五人而天下治。"（《论语·泰伯》）说的是帝舜的时

---

[1]黎红雷，《儒家管理哲学》，第209-210页。
[2]黎红雷，《儒家商道智慧》，第228-246页。

代,由禹、稷、契、皋陶、伯益等五位能人组成了一个精明强干的执政团队,从而使国家得到了良好的治理。当代新儒商所说的"建班子",就是在现代企业制度的背景下组建企业的"执政团队",推动参与式管理的具体措施。其目的主要有三条:树立整体权威、实现群策群力、进行权力制约。

一是树立企业领导的整体权威。一个企业必须有坚强的领导核心,这里的核心,指的不是一个人,而是一个团队。特别是当企业发展到一定规模时,企业的运营管理更要依靠一个结构和层级合理的领导集体。在一个领导班子里,大家共同决定做的事情,在向下执行的时候往往会比较顺利,这既保证了上情下达,战略部署能够顺利实现,也保证了决策执行的连续性,即使"一把手"出差了,在分管领导的监督和指导下,执行层面的员工依然会遵照要求去努力落实。在这样的体制中,班子里的各个成员各负其责,能够形成组织的核心领导力,从而保证企业领导的整体权威。

二是发挥群策群力的作用。领导者个人对一个人、一件事的看法,由于知识、信息、经验和专业能力的局限等,可能失之偏颇,集思广益可以在很大程度上规避这些不足。领导者的精力和注意力确实有限,需要班子或者企划部门的决策支持和行动支持,才能更好地把握企业全局。群策群力,就企业发展中的重要问题发表意见,提供建议并最终解决问题,会使班子成员有舞台意识,调动起他们工作的积极性。此外,群策群力还有一个重要作用,当班子最终形成汇总后的结论性意见并一致通过相关决议后,也能够得到来自企业各方面的支持,相关决议落实起来也更加顺畅。

三是对企业"一把手"进行权力制约。所谓"一把手",狭义上指企业的董事长、总裁,广义上指企业整体和各子公司、事业部、中心的正职负责人。"一把手"的能力、见地和认识,"一把手""带班子"的水平,在很大程度上决定了一个领导班子的管理水平和团队战斗力。但也正因为如此,"一把手"的权力如果不被制约,就容易导致"一言堂"或者本该民主决策的事情被绝对权力的拥有者一票否决,从而使得民主决策的程序成为一纸空文。所以,"一把手"如果真的想把企业办好,必须自愿被制约,并能够依照班子决策的程序来模范地执行。[1]

---

[1] 张涛著,《柳问:柳传志的管理三要素》,浙江人民出版社2015年版,第119-129页。

二、定战略

儒家主张，作为一个领导者必须深谋远虑。孔子说："人无远虑，必有近忧。"(《论语·卫灵公》)一个人如果对未来没有长远的考虑，那么他一定会被眼前的问题所困扰。"不谋万世者，不足谋一时；不谋全局者，不足谋一域。"为此，当代新儒商认识到，制定组织战略，是企业领导者的主要职责，关系到企业整体活动的方向、目标、效能、成败和根本利益。领导战略正确，才有可能实现组织的目标，引领企业走向未来。

在新儒商看来，企业战略的制定一般分为五步。一是设立愿景。"愿景"指一个人或一个组织希望看见的前景。企业愿景是企业领导者对企业未来的设想，体现着企业成员的共同追求，是企业自觉的战略定位，并在相当长一段时间内指引着企业的发展方向。"愿景其实对一个企业的长远发展是十分重要的。愿景就是说，你真心想要干什么，未来想要做什么？这个非常重要。"[1]

二是设定目标。企业目标就是创造价值，实现其愿景所要达到的预期成果。愿景有助于确定目标，目标为实现愿景服务。"定战略"中的目标，更多指的是企业层面的战略目标及策略性目标。只有这个目标确定后，才会倒推到企业的现状，指引着企业及其团队向这个目标所设定的方向配置资源并积极努力，以促成目标的达成。

三是选择路线。所谓"路线"，本义指从一地到另一地所经过的道路，引申为完成某种工作所遵循的途径，为了实现自己的目标而选择的"发展路径"或"发展道路"，就是"为实现目标决定做什么，不做什么，用什么方法做，称为路线。大的方向定下来之后，实际上就是发展路线"[2]。

四是业务布局／组织架构。业务布局指企业对其经营业务的全面规划和安排，是企业对自身既有能力、资源和核心竞争力的总体配置。组织架构指企业内部各层级机构设置、职责权限、人员编制、工作程序和相关要

---

[1] 柳传志，《在"联想控股、子公司第一期'入模子'培训"中的讲话》，转引自张涛著，《柳问：柳传志的管理三要素》，第162页。

[2] 柳传志，《联想的战略制定和执行》，转引自林军编著，《柳传志管理日志》，浙江大学出版社2013年版，第92页。

求的制度安排，其本质是为实现组织战略目标而采取的一种分工协作体系，因而必然随着组织的重大战略调整而调整。

最后，执行是关键。战略的制定必须和战略的执行一起考虑，其中最为重要的是以下几点：执行时要考虑的因素；检讨目标是否正确，执行"路线"（或称"步骤""程序"）是否正确，是否需要调整；组织架构是否合适；领导人的品质和学习能力到底如何等。

三、带队伍

《论语·学而》指出："礼之用，和为贵。"这里的"礼"，我们可以理解为组织的一套规范、制度，以及文化。儒家强调用"礼"来协调人的行为，平衡各种关系，使之达到协调的状态。在现代企业中，如何充分发挥员工的积极性，以实现组织的协调发展，达到既定的战略目标？为此，新儒商提出"带队伍"的思路。

一是激励措施。孟子指出："民之为道也，有恒产者有恒心，无恒产者无恒心。"(《孟子·滕文公上》)在孟子看来，普通民众认同的是这么一条道理：有固定资产的人会有稳定不变的思想，没有固定资产的人不会有稳定不变的思想。没有固定的资产而有稳定不变思想的，只有士人才能够做得到；普通的民众，没有固定的资产，随之就没有稳定不变的思想。现代企业的员工既是"士"又是"民"：一方面，他们是一个有理想有追求的现代企业组织的成员；另一方面，他们又是一个打工赚钱、养家糊口的普通人。因此，对企业员工，既要有精神上的激励，也要有物质上的激励。在物质激励的基础上，新儒商提出了员工的"三心"标准，即公司高层要有事业心，对所从事的事业有执着的追求；中层要有上进心，探求职业生涯的更高发展；基层要有责任心，积极主动不折不扣地履行自己的岗位职责。

二是企业文化。孔子指出："君子之德风，小人之德草。草上之风，必偃。"(《论语·颜渊》)其大意是，领导者的德行就像风一样，老百姓的德行就像草一样，风向哪边吹，草就跟着向哪边倒。企业文化就是企业领导者所倡导而又被企业员工所接受的上下一致的思维方式和行为方式。在新儒商看来："文化是一支军队的灵魂。一个团打仗，剩几个人，重新组织起来的团打起来还一样，文化就是这么个东西，所以核心价值观就是所有的员工，企业的员工都承认的东西——什么叫对，什么叫不对，我们大家统一认识。"[1]

三是规章制度。儒家主张"德治"，但并不一概反对"法治"。孟子指出："不以规矩，不能成方圆……故曰：徒善不足以为政，徒法不能以自行。"（《孟子·离娄上》）一个组织，光靠领导者发善心而没有相应的规矩是不可能治理好的。在现代企业组织中，企业文化与规章制度是相辅相成的，缺一不可。无形的企业文化通过有形的规章制度得以表现，有形的规章制度则无处不渗透着企业文化的基本精神。新儒商指出："带队伍有两方面的内容：一个是业务问题，一个是企业的文化问题。一个企业的风格怎么让人知道，更多要先让人知道企业里的规章制度。"[2]规章制度对于企业员工的行为有着直接的影响，当员工对企业文化和规章制度有了充分了解之后，才谈得上在业务运营中带队伍。因此，企业的规章制度不制定则已，一旦制定，就必须得到强有力的执行，这是落实企业文化塑造团队执行力的关键。

第四节 通权达变的领导艺术

儒家十分重视治理活动中的通权达变。孔子指出："可与共学，未可与适道；可与适道，未可与立；可与立，未可与权。"（《论语·子罕》）可以同他一起学习的人，未必可以同他依道而行；可以同他依道而行的人，未必可以同他一起通权达变。"子绝四——毋意，毋必，毋固，毋我。"（《论语·子罕》）不悬空揣测，不绝对肯定，不拘泥固执，不唯我独是，这就是一种通权达变的态度。受此启发，当代新儒商提出"开放、妥协、

---

[1] 柳传志，《在无锡"联想之星CEO特训班"上的讲话》，转引自张涛著，《柳问：柳传志的管理三要素》，第235页。

[2] 柳传志，《在联想投资第五次CEO CLUB上的讲话》，转引自张涛著，《柳问：柳传志的管理三要素》，第277页。

灰度"的理念，从而展现出一种通权达变的领导艺术。[1]

一、开放的心态

"开放"，是通权达变的前提。通过开放，就可以接触到多种要素、多种智慧、多种可能，这就为通权达变提供了必要的条件。在当代新儒商看来，中华文化之所以活到今天，与其兼收并蓄的包容性有关。自古以来中华民族诸多先贤思想也是很开放的。"开放就能永存，不开放就会昙花一现。"[2]

组织的开放。热力学的"熵增原理"指出：一个封闭的孤立系统必然带来混乱、无序和低效。当代新儒商借用这一原理，来帮助员工理解企业组织开放的必要性。如果企业取得阶段性成就以后自我封闭，就会让组织处于一潭死水的状态。为此，必须让企业成为一个"耗散结构"组织，面对环境的不断变迁，及时重新审视组织的定位、角色和担当，设定企业的愿景、使命、战略和商业模式，引进新能量，获得新动力，进而实现企业的目标。

人才的开放。高端的企业聚集高端的人才，而高端人才的聚集也容易形成封闭的"人才金字塔"。当代新儒商提出，"炸开"人才金字塔的顶端，以无限扩大其外延，使内生的领军人物不断涌现，外延的天才思想广泛云集，让组织永葆活力。为此，企业既要"因凤筑巢"又要"筑巢引凤"，得天下英才而用之。同时，企业内部的人才必须跟外部的专家和组织积极交流，掀起"头脑风暴"，撞出"思想火花"，推动企业发展和科技进步。

创新的开放。创新，是企业源源不断发展的不竭动力。当代新儒商主张原创创新精神，但不太认同"自主创新"的提法。在他们看来，"自主创新"是封闭系统思维，企业要开放合作，创新也要开放合作，自己只做

---

[1] 本节参考资料：1. 任正非，《开放、妥协、灰度——在2009年全球市场工作会议上的讲话》，来源：喜马拉雅【原声172-2009】；2. 陈珠芳，《任正非：开放、妥协、灰度是科学管理的核心》，来源：华夏基石e洞察（ID：chnstonewx）。

[2] 陈珠芳，《任正非：开放、妥协、灰度是科学管理的核心》，来源：华夏基石e洞察（ID：chnstonewx）。

最优势的东西，其他部分开放，让别人做，不开放就是死亡。企业一定要开放地吸收别人的好东西，不要故步自封，不要过多地强调自我。创新是站在别人的肩膀上前进的，同时像海绵一样不断吸收别人的优秀成果，而不是封闭起来的"自主创新"。

心态的开放。当代新儒商意识到，领导者的心态决定企业开放的状态。只有不偏执、不固执、不自持、不自恋的领导者，才能真正成为企业开放的领军人物。为此，领导者要有"知之为知之，不知为不知"的心态，放弃那种认为"只有各方面都比下属懂得多才能让下属信服"的假设，在员工面前勇于承认自己的不足。领导者要有"如履薄冰"的心态，头脑要清醒，既避免只看到"形势一片大好"而看不到约束条件，也要防止只看到困难重重，看不到光明而错失良机。领导者要有"海纳百川"的心态，胸襟要开阔，团结一切可以团结的力量，吸收一切可以吸收的能量，提升自己，扩大团队，壮大企业。

二、妥协的艺术

"妥协"，是通权达变的方法。通过妥协，就可以将不同的人、不同的要素、不同的思想整合起来，达到共同的目标，实现"双赢"和"多赢"。在当代新儒商看来，"妥协"是非常务实的通权达变的智慧。坚持正确的方向与原则，与妥协并不矛盾。方向不能妥协、原则不能妥协，但实现目标方向过程中的一切都可以妥协。"明智的妥协是一种适当的交换。为了达到主要的目标，可以在次要的目标上做适当的让步。这种妥协并不是完全放弃原则，而是以避退为进，通过适当的交换来确保目标的实现。"[1]

企业内部的妥协。新儒商认识到，企业最高领导者不能搞"一言堂"，而应该充分尊重管理团队的意见，尊重大家的民主决策。当然，领导者在非原则性问题上可以妥协，但是在关键问题上，却拥有一票否决权。这个否决权可以是众望所归的领导者个人，也可以是集思广益的领导者集体。比如，有些企业实行的轮值 CEO 或轮值董事长制度，本质上就是企业最

---

[1] 任正非，《开放、妥协、灰度——在2009年全球市场工作会议上的讲话》，来源：喜马拉雅【原声172-2009】。

高决策群之间的相互妥协、相互制衡的机制，既可以让最高领导团队的智慧充分发挥出来，又可以用纠偏机制防范风险，平衡领导团队之间的关系，平衡企业各方面的矛盾，使企业得以均衡的成长。

企业外部的妥协。新儒商不把同行当作竞争对手，而是称之为"友商"，意思是友好的同行。在他们看来，企业竞争的目的是发展自己，而不是搞死对手；同行之间有竞争，但也有很多可以合作的空间，如技术上的相互授权、相互购买对方的产品和专利等。对于企业缺少的核心技术，可以采用直接购买或者支付专利，以许可费的方式来实现产品的国际市场的准入，在竞争的市场上逐步求得生存。由于支付了费用，就实现了与竞争对手的和平相处。当然，这种妥协并不是毫无原则的退让，而是以退为进，在消化外来技术的基础上，企业进行原创性的创新，最终后来居上。即使面临对手的无理打压，也要心平气和，既要据理力争，也要留有后手，保持韧性，不要硬碰硬，更不要拼个鱼死网破，而是"退一步海阔天空"。

在新儒商看来，人与人、企业与企业之间的关系，并不是征服与被征服的关系。如果将竞争比喻为"人性的丛林"，那么"妥协"就是在人性丛林中得以生存的智慧。妥协是双方或多方在某种条件下达成的共识，在解决问题上，它不是最好的办法，但在没有更好的方法出现之前，它却是最好的方法，因为它有不少的好处。"凡是人性丛林里的智者，都懂得恰当时机接受别人妥协，或向别人提出妥协，毕竟人要生存，靠的是理性，而不是意气。"[1]

三、灰度的哲学

"灰度"，是通权达变的哲学基础。用"灰度"的哲学看世界，就能在各种矛盾的人、事、物中，找到其联系性和依存性，从而游刃自如、左右逢源，无往而不通。中国人对于世界的认知，集中体现在著名的"阴阳太极图"之中。1994年至1995年，笔者在美国夏威夷大学哲学系做博士后

---

[1] 任正非，《开放、妥协、灰度——在2009年全球市场工作会议上的讲话》，来源：喜马拉雅【原声172-2009】。

时，为美国学生上"中国哲学"课，一开始就在黑板上画出"太极图"，指出这就是中国人的"哲学图腾"，体现了中国人的世界观和方法论。当代新儒商则用"太极"来阐释"灰度"：太极里的白鱼表示为阳，黑鱼表示为阴。白鱼中间有黑眼睛，黑鱼之中有白眼睛，表示阳中有阴，阴中有阳，阴阳结合，相生相克。受此启发，当代新儒商认识到："一个清晰方向，总是在混沌中产生的，是从灰色中脱颖而出的；而方向是随时间与空间而变化的，它常常又会变得不清晰。并不是非白即黑，非此即彼。"[1]因此，"领导者的责任就是要创造条件让矛盾互相转化，化解矛盾而不是加深矛盾，而关键就是要掌握好灰度"[2]。

高品质与高效率。高品质的新产品是需要花时间精细"打磨"的，快速交付却容不得花时间去精细"打磨"。而通过高瞻远瞩，适时决策，保证企业坚持高质量的原则做正确的事，并用高效率的方法正确地做事，就可以实现"鱼与熊掌兼得"。

规范性与灵活性。规范流程可以使员工提高工作效率，保证产品质量，只有员工遵守规范和服从纪律才能使企业获得成功。但是，规范流程也不是万能的，要靠人去执行，也会发生例外事件。对此要有一定的灵活性去处理，以帮助企业避免险阻。

分工与合作。分工是社会进步的象征，是创造效率的手段，但是没有合作的分工也会把管理者推上"危机英雄"的宝座，成为一个救火队的队长。因此，每个员工都必须从公司的整体目标去思考本岗位的责任，不仅做好自己的工作，还要善于和他人很好地合作。

利润与生存。企业的首要任务是活着，而利润则是企业生存的指标之一。但如果过度追求企业当下利润最大化，就会伤害企业未来的成长。反之，现在在重视投资企业未来内生竞争力的成长，并重视供应生态链的合作共赢，共同发展，企业才能维持健康地活下去的利润。

---

[1] 任正非，《开放、妥协、灰度——在2009年全球市场工作会议上的讲话》，来源：喜马拉雅【原声172-2009】。

[2] 陈珠芳，《任正非：开放、妥协、灰度是科学管理的核心》，来源：华夏基石e洞察（ID：chnstonewx）。

总之，当代新儒商认识到，一个领导人重要的素质是方向、节奏，他的水平就是合适的灰度。"真正领悟了妥协的艺术，学会了宽容，保持开放的心态，就会真正达到灰度的境界，就能够在正确的道路上走得更远，走得更扎实。"[1]

---

[1] 任正非，《开放、妥协、灰度——在2009年全球市场工作会议上的讲话》，来源：喜马拉雅【原声172-2009】。

第九章

举贤使能的用人观

儒家的用人观，集中体现在孔子的这句话上："举贤才。"(《论语·子路》)这里的"贤才"，指有德有才、自强不息、绩效卓著的优秀人才。为此，当代新儒商的用人理念，包括德才兼备的用人标准、以奋斗者为本的用人原则、责任结果导向的考核机制等。

———

第一节 儒家的用人观

《论语·子路》记载：仲弓为季氏宰，问政。子曰："先有司，赦小过，举贤才。"曰："焉知贤才而举之？"曰："举尔所知。尔所不知，人其舍诸？"在儒家看来，治理政事除了以身作则、宽厚包容这些必要的领导素养以外，最重要的是提拔使用优秀的人才，而提拔人才的前提是了解人才，使用人才的效果要通过考核来评估。因此，"知人""举贤""考核"，三者缺一不可。

一、"知人"

儒家经典《尚书》提出："知人则哲，能官人。"(《尚书·虞书·皋陶谟》)关于"知人"的方法，孔子提出"视、观、察"的三条途径，他说："视其所以，观其所由，察其所安。人焉廋哉？"(《论语·为政》)通过看一个人所结交的朋友，观察他为达到目的所采取的手段，考察他的心情安于什么，不安于什么。那么，这个人的本来面目怎么能够隐藏呢？战国时期的李克进一步扩展为"五视"："居则视其所亲，富则视其所与，达则视其所举，穷则视其所不为，贫则视其所不取。"（《史记·魏世家》）看他平时与什么人亲近、富裕时与什么人共享、贤达后举用什么人、困苦时是否胡作非为、穷乏时是否贪财不义，通过这五个视角的观察，就可以对此人加以辨别。

儒家经典《大戴礼记·文王官人》则提出一个"六征"鉴别法，根据人才的六种表现而观察他的品质。一是"观诚"，就是考察人才的道德、品质和情操；二是"考言"，就是通过说话的声调来观察他的志向；三是"视声"，就是通过说话的声调来观察他的内在气质；四是"观色"，就是根据表情来察看他的内在气质；五是"观隐"，就是通过一定的外露信息来明察他有意掩盖的本质；六是"揆德"，就是在前五征的基础上，对人才的素质做出总的评价。

三国时期的刘劭在《人物志》，除了"五视"之外，还提出"八观"。一是"观其夺救，以明间杂"，观察一个人的行为取舍，就可以明白其复杂的品质；二是"观其感变，以审常度"，观察一个人对外界变化的反应，就可以确定其平常的态度；三是"观其志质，以知其名"，观察一个人的禀性表现，就可以知道其确切的声誉；四是"观其所由，以辨依似"，观察一个人的行为动机，就可以分辨其情感的依托；五是"观其爱敬，以知通塞"，观察一个人的所爱所敬，就可以了解其人际关系；六是"观其情机，以辨恕惑"，观察一个人的情感苗头，就可以分辨其心胸宽窄；七是"观其所短，以知所长"，观察一个人的缺点，就可以知道其优点；八是"观其聪明，以知所达"，观察一个人的聪明程度，就可以了解其未来的发展。

二、"举贤"

荀子提出："论德而定次，量能而授官，皆使其人载其事而各得其所宜。"（《荀子·君道》）按照品德的高低排定等级，衡量才能的大小来授予职位，从而使人才都能够担负起合适的工作而各得其宜，这就是所谓的"任人唯贤"。

任人唯贤，就要德才兼备。孔子指出："如有周公之才之美，使骄且吝，其余不足观也已。"（《论语·泰伯》）在他看来，一个人即使有周公那样美妙的才能，却没有周公那样美好的德行，别的方面也就不值得一看了。因此，儒家的用人观，一定是把"德"放在第一位的，这也是中国传统用人思想和实践的主流。有一个例外就是三国时期的曹操，面对当时天下大乱、急需人才的局面，他公开宣布"举贤勿拘品行"。这种"唯才是举"的主张，就像是一把双刃剑：一方面为其聚集了大批能人干才，另一方面其麾下也混杂了一批奸诈小人，所以，当曹操身后大权旁落时，其部将大多转向当权的司马氏，致使曹魏政权灭亡，其教训不可谓不深刻。

任人唯贤，就要各得其宜。刘劭在《人物志·材能》中提出："故量能授官，不可不审也。"由于不同人才的才能不同，因而任用时要注意使其"能与任宜，材与政合"。一个人能力的大小要与其担当职务责任的大小相适宜，避免大材小用或小材大用。他举例道，烹牛的鼎器当然也可以用来煮鸡，能够治理大郡的人才当然也可以治理好小县，然而这样做造成人才资源的浪费。正确的做法应该是：大器大用，小器小用；大材大用，小材小用，使之各得其所、各得其宜。

任人唯贤，就要不拘一格。孟子指出："汤执中，立贤无方。"（《孟子·离娄下》）历史上那些赫赫有名的治国干才，舜本来是农夫，傅说本来是泥水匠，胶鬲本来是鱼盐贩子，管夷吾本来是犯人，孙叔敖本来是渔民，百里奚本来是奴隶，他们的出身并不高贵，但最终都脱颖而出，名扬一代。统治者如果懂得这个道理，用人不拘一格，敢于破格，不论资排辈，不看"出身"，大胆提拔和使用贤能的人，就能鼓舞士气，振奋人心，聚集英才，治理好天下。

任人唯贤，就要反对任人唯亲。领导者绝对不能以自己的情感亲疏来决定人才的使用，但这并不意味着简单地反对任用自己的亲属或与自己关系亲近的人。《吕氏春秋·去私》记载，春秋时代晋国的祁黄羊既推荐仇人解狐担任南阳县县长，也推荐自己的儿子祁午担任朝廷法官，所考虑的只是他们是否胜任这个职位，而不去考虑他们与自己的关系——是仇人还是儿子，堪称任人唯贤的典范，因而受到孔子的称赞："善哉，祁黄羊之论也！'外举不避仇，内举不避子。'祁黄羊可谓公矣。"

任人唯贤,就要充分信任。《孔子家语·屈节解》记载,孔子的学生宓子贱,被鲁君任命为单父县的县长,担心鲁君听信谗言,使自己不能放手管理。于是赴任辞行时,请鲁君派他的两个亲信一起到单父县工作。上任以后,有一次,子贱口授,命鲁君的这两位亲信书写行政文书。当这两人书写时,子贱时不时碰他们的手肘,使他们无法书写,写不出来子贱却要发火。于是这两人害怕了,只好请求回到鲁君那里去。鲁君觉得奇怪,问孔子这到底是什么意思?孔子微笑着说:"子贱有才有德,现在屈节去治理单父,不过是小事一桩。他现在这样做,是在向您规劝,要充分信任他罢了。"鲁君恍然大悟,于是放手让宓子贱治理,单父县果然得到大治。

三、"考核"

考核,在我国古代又称"考课""考绩""考评"等,就是根据德、能、勤、绩四项标准对官吏定期考查评定,并根据考查评定的结果,奖优罚劣,退拙进能。儒家经典《尚书·舜典》记载:舜帝曾经设立十二牧分管天下事务,又委任另外十人担任朝廷各个部门的重要职务。舜对他们每三年进行一次考核,总共考核三次,最后根据各人的表现决定奖励或惩罚。舜对这些人的考核,大大调动了他们的积极性,每个人都成就了自己的事业。

到了汉唐时期,人们从理论上对考核的意义有了更深刻的认识,例如王符在《潜夫论·考绩》中提出:考核是君主、统治者识别贤人和驾驭天下的主要方法;同时,也是调动贤能人士的积极性,打击和遏制邪恶力量的重要手段。如果统治者不对下属考核,要想实现天下太平,无异于舍本求末、缘木求鱼。刘劭在《人物志》中提出"综核名实""以实检名"的人才考核方法,在他看来,要使人才的德行、才能与其人才称号相一致,官吏的政绩与其官职名号相一致,必须对人才和官吏进行考核,看他的"名"与"实"是否相符,名实相符是实现天下太平的基础。

与理论上的认识相适应,汉唐时期的考核制度逐步走向系统化和严密化。唐代不仅成立了负责考核的专门机构(吏部),有明确而统一的考核内容,而且还制定了统一、明确的评定等级和奖惩措施。此外,考核的透明度也明显提高,例如,《新唐书·百官志》记载:考核结果定下来之后，要到尚书省汇总，当众公布，然后再上奏皇帝。按照规定，官员考核时间为一年一小考、四年一大考。三品以上的官员由皇帝亲自考核，四品以下的官员则分为京官、外官两大类，分别指定专人考核。考核成绩分为九等，并写有评语，当众宣读，然后归入本人档案，作为升迁或罢免的依据。考核内容分为"四善二十七最"。"四善"是对所有官员的品行要求，内容有：道德操守皆有口碑，廉明谨慎表现明显，公平正直值得称道，努力工作没有松懈。"二十七最"是对不同岗位（共二十七类）官员工作职责的具体要求。此外，对于没有官位的一般行政办事人员也要考核，其内容是：廉明、谨慎、勤快、公平者为上等，办事公正不牟私利者为中等，工作不勤快者为下等，贪污腐化者为下下等。这就将"德才兼备"的用人原则落到了实处，同时也意味着儒家"举贤使能"的用人观，从人才的识别和选拔，再到使用和考核，形成了一个完整的"闭环"。

第二节 德才兼备的用人标准

"德才兼备"是儒家用人观的核心。荀子指出："论德而定次，量能而授官，皆使其人载其事而各得其所宜。"（《荀子·君道》）在他看来，人才的使用，必须按照品德的高低来排定等级，衡量才能的大小来授予职位，从而使人才都能够担负起合适的工作而各得其宜。受此启发，当代新儒商在人才的品德、能力、使用三个方面，都提出了明确的要求。

一、品德的要求

儒家的用人观，将品德放在第一位。"如有周公之才之美，使骄且吝，其余不足观也已。"（《论语·泰伯》）当代新儒商延续了这一传统，指出"要把干部个人品德看成高于一切：遵守纪律，有高的道德情操，忠于公司、忠于集体利益才是我们选拔的重要基础，而不能唯才是举，不能唯才选择"[1]。

---

[1] 任正非，《在理性与平实中存活》，黄卫伟主编，《以奋斗者为本——华为公司人力资源管理纲要》，中信出版集团2014年版，231页。

企业干部首先是社会中的一分子，一定要认同和践行社会主义核心价值观和共同的道德规范。在社会主义核心价值观中，富强、民主、文明、和谐是国家层面的价值目标，自由、平等、公正、法治是社会层面的价值取向，爱国、敬业、诚信、友善是个人层面的价值准则，这些都是一个公民必须遵守的基本内容。在此基础上，要遵守社会公德，包括文明礼貌、助人为乐、爱护公物、保护环境、遵纪守法等；还必须遵守私人生活中的道德规范，包括个人品德、修养、作风、习惯以及个人生活中处理爱情、婚姻、家庭问题、邻里关系的道德规范等。

一个人道德情操的高低如何辨别？那就要看其是否自律。孔子说："君子求诸己，小人求诸人。"（《论语·卫灵公》）一个道德情操高尚的人，一定会严于律己而宽以待人。有人说"职场是非多"，其实无风不起浪。一个人的品德确实是很难真正看清的，但会不会搬弄是非，是不是背后随意议论人，却是容易看清的。那些热衷于搬弄是非的人，品德一定不好。议论别人，即使是事实，也说明议论者待人处世不严肃，这样的人不能提拔；如果议论的内容不是事实，"来说是非者，即为是非人"，这样的人更加不能任用。

企业干部是企业的栋梁，一定要认同和践行企业的核心价值观，忠于企业，自觉维护企业的利益，严格遵守企业的规章制度和行为守则，成为下属员工的表率和模范。辨别一名干部是不是忠于企业，有四个标准。一是敬业精神。要认真对待工作，不断改进再改进，进步再进步。所谓"干部"就是"干活"的，没有敬业精神的人不能当干部。二是献身精神。要甘于奉献，不要斤斤计较，更不要牢骚满腹。企业的价值评价体系不可能做到绝对公平，没有献身精神的人不能当好干部。三是有责任心。要勇于挑大梁，关键时刻能挺身而上，带领员工齐心协力渡过难关。那些得过且过、明哲保身、文过饰非、粉饰太平的干部要下岗，没有责任心的人不能继续当干部。四是有使命感。要认同并努力实现企业的愿景，"不忘初心，方得始终"。对于那些传播谣言、对企业失去信心、不能勇敢面对困难并感到恐慌、不断叫苦的干部，要及时调整岗位，没有使命感的人不能继续当好干部。总之，要建设一支品德好、忠于企业的干部队伍，以保证企业的基业长青。

二、能力的要求

儒家在强调德行的同时，十分重视人才能力的培养。《论语·雍也》记载，季康子问："仲由可使从政也与？"子曰："由也果，于从政乎何有？"曰："赐也可使从政也与？"曰："赐也达，于从政乎何有？"曰："求也可使从政也与？"曰："求也艺，于从政乎何有？"显然，这里的"果断""通达""多才多艺"，就是孔子培养学生从政的能力。受此启发，当代新儒商提出企业干部的"四力"要求。[1]

决断力，就是敢于决策、善于决策的能力。企业干部要有战略思维，洞察市场、商业和技术规律，善于抓住事物的主要矛盾及矛盾的主要方面，勇于做决策。同时要敢于承担决策带来的责任，在风险可控的范围内，抓住机会，勇于开拓。这就意味着，面对复杂多变的商业环境时，企业干部要具备敏锐的商业敏感度、洞察力和判断力，能够快速而明智地做出决策，以适应市场变化并保持竞争力。

执行力，就是落实目标、完成任务的能力。企业干部要有强烈的目标感，有计划、有策略、有监控，在问题和障碍面前不放弃，不断挑战并超越自我，在资源和时间的约束下出色地完成工作任务。要有目标分解和计划执行的能力，以及解决问题的能力，以便在执行过程中遇到困难时能够及时采取措施。要有正确有效的方法，协调资源，推动实施，有效监控，适时调整，反思总结，以达到预期的目标。

理解力，就是领会意图、把握本质的能力。企业干部要有良好的职业敏感度和理解力，充分理解企业的核心价值观及其战略战术、政策布局、工作要求、业务技术、组织结构和业务流程等，以便更好地协调不同部门之间的合作。要了解和尊重文化差异，积极融合不同文化，求同存异，让不同文化背景的人成为同路人，以便更好地协调与客户和合作伙伴之间的合作。要理解环境，以开放的心态接受现实，视野广，悟性高，准确快速地分析与思考，有大局观，以便更好地推进企业的发展与个人的成长。

与人的连接力，就是人际交往、有效沟通的能力。企业干部在人际交

---

[1] 1. 邓斌，《华为管理之道》，人民邮电出版社2019年版，第15页；2. 冉涛，《华为灰度管理法》，中信出版集团2019年版，第153—160页。

往方面要有开放性,光明磊落。与客户建立伙伴关系,要善于与客户打成一片,始终保持谦虚的态度,积极探索、及时响应,引导、满足客户与伙伴的需求,建立基于信任的双赢关系。与同事建立合作关系,要保持积极心态,主动联系,及时沟通,主动分享,坦诚开放,对人敏感,尊重他人,支持他人,有幽默感,有同理心,有感召力。与所有的人建立协调关系,要识大体,避免"非黑即白",当问题出现时,在坚持方向和原则的前提下,顾全大局,合理退让,在迂回中前进。

三、使用的要求

在儒家思想的影响下,中国历朝历代形成了一个德才兼备的用人传统。宋代司马光在《资治通鉴·周纪一》中指出:"为国为家者,苟能审于才德之分而知所先后,又何失人之足患哉!"他依据品德与能力的匹配,将人才分为四类:德才兼备者为"圣人",德才皆无者为"愚人",德胜于才者为"君子",才胜于德者为"小人"。受此启发,当代新儒商提出"能力价值观体系",通过能力、业绩和价值观体系量化衡量标准,将所有员工分为五类:金子、钢、铁、废铁和铁锈,作为企业用人的依据。[1]

第一类称为"废铁",指能力一般,价值观得分又很低的人。这样的人在员工招聘时一般就不要,要不然进来后没有任何的业绩。特别是一个人的价值观与企业不相匹配,就不要用。第二类称为"铁",指个人价值观与企业价值观相匹配,但是能力绩效不达标的人。对待这类的员工,一般来讲,企业会给予至少一次转岗或培训的机会,如果给完机会之后还是不行,就要请他走人。第三类称为"钢",指个人价值观跟企业价值观相匹配,能力也强的人。这类员工应该成为企业的主体,形成比较稳定的结构。第四类称为"金子",指个人价值观与企业价值观匹配度非常高,能力也非常强的人,包括管理人员和技术人员。第五类称为"铁锈",指能力非常强,业绩非常好,但价值观与企业相冲突的人。这种人口才很好,又有能力,如果他对企业进行破坏,会造成很大的影响力和杀伤力,就像

---

[1]《刘强东谈京东的五类人》,百度文库,https://wenku.baidu.com/ndwelfare/browse/vipcenter?_wkts_。

铁锈有很强的腐蚀性一样。对于这种"铁锈"，不管公司业绩有多大的损失，一分钟都不能留，宁愿职位空着，宁愿这一块业务不做，也不让"铁锈"留在企业，发现之后要立即砸掉。

企业用人，首先要对人才进行价值观测试。任何一家企业都有自己的价值观，每个人的行为都是被他的价值观所左右的。所以，企业要对每个人的价值观与企业的价值观进行匹配度的测试。试用期之内，通过对他日常工作的言行观察，基本上就可以判断出这个人的价值观与企业价值观的匹配度是多少，结合问卷测试，就可以了解二者价值观的匹配程度。

企业用人，对这五种人，要有不同的使用策略：对个人价值观与企业价值观不匹配、能力差的"废铁"，不能用；对个人价值观跟企业价值观相匹配，但能力不足的"铁型"人才，经过培训提高能力后使用；对个人价值观跟企业价值观相匹配，能力也强的"钢型"人才，要大胆使用；对个人价值观与企业价值观匹配度非常高，能力也非常强的"金子型"人才，要放手使用；对能力非常强，但价值观与企业相冲突的"铁锈"，坚决不能用。

第三节　奋斗者为本的用人原则

儒家十分推崇奋斗精神，《论语·泰伯》上说："士不可以不弘毅，任重而道远。仁以为己任，不亦重乎？死而后已，不亦远乎？"孔子本人就是一个奋斗的榜样，他为了实现"天下归仁"的理想，周游列国，奔走呼号，"发愤忘食，乐以忘忧，不知老之将至"（《论语·述而》），为后人树立了一个自强不息、永不懈怠的"奋斗者"的光辉典范。当代新儒商则结合企业的实践，提出"以奋斗者为本"的用人原则，进一步明确奋斗者的内涵，倡导奋斗者的团队精神，重视对奋斗者的物质激励和精神激励。[1]

---

[1] 本节资料来源：1. 黄卫伟主编，《以奋斗者为本——华为公司人力资源管理纲要》，中信出版集团2014年版；2. 杨爱国，《华为奋斗密码》，机械工业出版社2019年版。

一、奋斗者的内涵

儒家经典《周易·乾·象》曰:"天行健,君子以自强不息。"所谓"自强不息",就是要人们充分发挥积极性、主动性、能动性和创造性,刚健顽强、积极进取,百折不挠、永不懈怠,为实现人生目标和理想而努力奋斗。当代新儒商将这一精神与企业用人实践相结合,强调企业奋斗者要有自我驱动的动力,有使命感,持续奋斗,共享价值;要有自我担当的能力,有绩效,多付出,讲奉献,敢担责;要有自我提升的活力,自我批判,勇于创新,团队合作,群体奋斗等。

企业奋斗者不同于劳动者。对于以获取薪酬为目的的普通劳动者,企业应该按照法律相关条款,保护他们的利益,并根据企业的经营情况,给他们好一点儿的报酬,这是对普通劳动者的关怀。对于一般的奋斗者,企业则要为他们安排好合适的岗位,只要他们做出的贡献大于支付给他们的成本,他们就可以在公司存在,其报酬甚至比社会稍微高一点儿。而企业最需要的是不计报酬、不懈努力、卓有成效的奋斗者,他们是企业的中坚力量,企业要通过奖金与股票等方式让奋斗者分享企业的价值,以鼓励越来越多的人走进这个队伍。

企业奋斗者也不同于投资者。投资者投入资金需要回报,也就是俗话说的"钱生钱"。但是钱不可能是自己自动产生钱的,而要通过人来生钱。这里的"人"指劳动者,包括体力劳动者和脑力劳动者,在企业就是普通员工、技术人员和管理人员。劳动创造财富,劳动者也分享财富。而企业处在激烈的市场竞争之中,不奋斗就会衰落,衰落后连一般的劳动者也保护不了,更不要说是为投资者提供回报了。因此,企业更需要的是奋斗者。当然,投资者也是"奋斗者",要承担投资的风险和责任;奋斗者也是"投资者",不仅包括精神和时间的投入,而且包括获得企业的股份激励之后的真金白银的投入。而奋斗者在享受股份红利的同时,如何永远保持奋斗的精神,这不仅是对其个人人性的考验,也是对公司治理方略和用人策略的考验。

企业奋斗者与客户紧密相连、休戚相关。从奋斗的动力来看,儒家主张家国天下,一个人奋斗的目的,从小处说是实现个人的人生价值和家庭的幸福,从大处说是造福国家和人民;而对于企业的奋斗者来说,无论是为了个人和家庭,还是为了国家和人民,最后都要落实到为了客户,所以"以奋斗者为本"和"以客户为中心",其内涵是相通的。从奋斗的结果来看,奋斗者的利益与客户的利益是一致的。为客户服务好,奋斗者就会得到合理的回报;但如果无限制地拔高奋斗者的利益,就会抬高企业的运作成本,企业产品或服务就会被客户抛弃,企业就会在竞争中落败,最后反而会使奋斗者无家可归。从这个角度看,"以客户为中心,以奋斗者为本是两个矛盾的对立体,它就构成了企业的平衡。难以掌握的灰度,妥协,考验所有的管理者"[1]。

二、奋斗者的团队

"一花独放不是春,万紫千红春满园。"当代新儒商十分重视群体奋斗,着力打造奋斗者的团队,为此就要树立群体协作的共识,营造长期奋斗的远识,坚持自我批判的意识。

在当代新儒商看来,企业需要个人英雄,更需要由无数个人英雄组成的英雄群体。企业的奋斗者是为客户服务的,而客户的要求不可能是一个人就能独立完成的。为了满足客户的需要,企业的总目标由无数个分目标组成,任何一个目标的实现,都是英雄的英雄行为。无数的英雄及英雄行为就组成了企业强大的群体。因此,企业中的每一个人,都是群体协作中的一分子,都必须为群体做出贡献,都可以成为英雄群体中的光荣一员。在群体奋斗、群体成功的时代,要有良好的心理素质。别人干得好,我为他高兴;干得不好,我们帮帮他,这就是"群体意识"。由此,新儒商提出一句著名的口号——"胜则举杯相庆,败则拼死相救""不管谁胜利,都是我们的胜利,我们大家一起庆祝;不管谁败了,都是我们的失败,我们拼死去救。企业文化就这样逐渐形成了。"[2]

在当代新儒商看来,企业的奋斗不是短期的而是长远的,因此就要倡

---

[1] 任正非,《以客户为中心,以奋斗者为本》,百度文库,https://wenku.baidu.com/view/56b8c7da76eeaead1f3304b.

[2] 任正非,《持续技术领先,扩大突破口》,黄卫伟主编,《以奋斗者为本——华为公司人力资源管理纲要》,中信出版集团2014年版,第22页。

导"长期艰苦奋斗"的企业价值观,并以此来激发一代又一代员工的奋斗精神。孔子说:"性相近也,习相远也。"(《论语·阳货》)人们与生俱来的人性欲望中既有善的部分也有恶的部分,既有奋斗进取的一面也有贪婪懒惰的一面。企业文化的作用就是让员工本性中善的部分、奋斗进取的一面充分发挥出来,恶的部分、贪婪懒惰的一面得到有效抑制,从而形成良好而长远的行为习惯。"蓬生麻中,不扶而直;白沙在涅,与之俱黑"(《荀子·劝学》),什么样的环境就会熏陶出什么样的人。一个"以奋斗者为本"的企业文化,就能不断激发一代又一代员工人性欲望中的进取心和奋斗激情,保证企业为之长期奋斗的事业后继有人。

在当代新儒商看来,企业奋斗者的奋斗精神需要持续激发。奋斗者的付出,在给企业带来繁荣昌盛的同时,也可能给奋斗者本人带来惰性,从而引发团队普遍的疲劳感,乃至发生懈怠和腐败。应对之道就是"自我批判"。新儒商非常欣赏《论语》上说的一句话"吾日三省吾身"(《论语·学而》),他们不但身体力行,"每天都在想哪些事情做对了,哪些事情做错了";而且将这种反思和批判的精神引入企业用人的实践,希望"通过自我批判,使干部思想洗刷、心胸开阔"。在他们看来,将军如果不知道自己错在哪里,就永远不会成为将军;将军是不断从错误中总结教训,从自我批判中成长起来的。"只有有牺牲精神的人才有可能最终成为将军;只有长期坚持自我批判的人,才会有广阔的胸怀。"[1]

三、奋斗者的激励

当代新儒商在大力倡导奋斗者及其团队奋斗精神的同时,采取有力措施保护奋斗者的主动性、积极性和创造性,提出"我们决不让雷锋吃亏,奉献者定当得到合理的回报"[2]。在他们看来,员工个人的奋斗可以是无私的,而企业不应让奉献者吃亏;企业要靠无数的雷锋,无数的奋斗者做出贡献,就要建立对奋斗者超额回报的激励机制,其中包括物质激励、精神

---

[1] 任正非,《在自我批判指导委员会座谈会上的讲话》,黄卫伟主编,《以奋斗者为本——华为公司人力资源管理纲要》,第190页。

[2] 任正非,《华为的红旗到底能打多久》,黄卫伟主编,《以奋斗者为本——华为公司人力资源管理纲要》,第62页。

激励和文化激励三个方面。

在物质激励方面,一个是薪酬激励,企业实行竞争力薪资制度,根据员工的绩效和贡献水平来决定薪酬水平,表现优秀的员工可以获得更高的薪资和奖金,多得多劳,上不封顶。既建立长期面向未来的战略奖金机制,又有短期"自下而上"的奖金生成机制,长短期结合,未来战略目标与当期业务相结合。另一个是股权激励,企业通过将股权分配给奋斗者特别是其中的绩效突出者,使他们能够分享公司成长的回报,这不仅可以增加奋斗者的归属感,还能吸引更多的优秀员工加入奋斗者的行列,让想干事创业的奋斗者激发不竭的动力。

在精神激励方面,一个是荣誉激励,企业设立"荣誉榜""荣誉堂",让绩效显著、贡献突出的奋斗者上榜进堂,召开颁奖大会隆重表彰他们,颁发奖牌,提高其荣誉感和企业内外的知名度;另一个是机会激励,为品德好、能力强、绩效优、贡献多的奋斗者提供职位晋升的机会。出成果就要出干部,出成绩的地方也要出人才。企业要为绩效卓越的人才提供素质训练的机会,待其素质提高后给予适当的职位。企业要将"好事"留给奋斗者,机会向奋斗者倾斜,让奋斗者在竞争和淘汰机制中脱颖而出,让懒人、庸人或占着位子不作为、不创造价值的人在竞争和淘汰机制中出局。

在文化激励方面,企业要始终坚定不移地倡导和落实"以客户为中心,以奋斗者为本,长期艰苦奋斗,自我批判"的价值观,营造一个让人愿干事、能干事、干大事的环境,建设一支团结奋斗、英勇善战、能创造成功的战斗团队,建立一个切实有效的利益驱动机制和考核评价机制,让奋斗者充分感受"德不孤必有邻"的氛围,坚定"有付出必有回报"的信念,提升"艰难困苦,玉汝于成"的勇气,让个人价值与企业价值紧密结合,个人成长与企业成功紧密结合,物质文化与精神文化紧密结合,从而心甘情愿、义无反顾地为企业打拼,实现自己的光荣与梦想。

第四节 责任结果导向的考核机制

儒家十分重视对官员的考核。儒家经典《尚书·尧典》就明确提出了"考绩"的概念;东汉儒家的标志性人物王符在其《潜夫论》中专门辟有《考绩》篇;唐代建立了"四善二十七最"等对官员的品行和工作职责的完整的考核体系;宋代苏洵提出"夫有官必有课,有课必有赏罚。有官而无课,是无官也;有课而无赏罚,是无课也"(《嘉祐集卷十·上皇帝书》)。当代新儒商吸收儒家思想和历朝历代的实践经验,提出"责任结果导向"的考核机制,包括考核的原则、考核的方式、考核的评价等。[1]

一、考核的原则

所谓考核,形象地说,就是用"尺子"去衡量员工在企业中的表现。这把衡量的"尺子"是什么,是不是用来衡量所有的员工,衡量的结果是不是公之于众?这就涉及公正、公平、公开的原则。

公正的本质是人们希望得到正确的对待。但是否公正并不取决于个人,因为每个人对于公正这把"尺子"的内涵理解都不一样。公正是"谁有权做选择"的问题,一个团体或者组织,自然有权定义自己的"公正",并用以衡量组织中的每一个成员。在新儒商看来,"责任和结果"就是一把最公正的"尺子"。一方面,企业不是按一个人的知识来确定收入,而是以他所拥有知识的贡献度来确定的。在使用一个干部时,不要考虑他的标记,不能按他的知识来使用,而必须按其承担责任、能力和贡献等素质来考核。另一方面,也不能仅仅看素质这个软标准,还要客观地看绩效和结果。德的评价跟领导的个人喜好和对事物认识的局限性有很大关系,绩效和结果才是实实在在的,是客观的。考核应该是客观事实为主,主观评价为辅,在有结果的情况下,再看其是否表现出高素质。所以,绩效是分水岭,是必要条件,"茶壶里的饺子,我们是不承认的"。[2]

公平,就是大家希望得到同样的对待。这里的"样",可能有多种解释,但最准确的解释应该是始终一致、不分彼此的"规则"、"尺度"或"衡量标准"。考核必须以考核制度规定的原则、方法、程序为准绳,客

---

[1] 本节资料来源:1.黄卫伟主编,《以奋斗者为本——华为公司人力资源管理纲要》,中信出版集团2014年版;2.冉涛,《华为灰度管理法》,中信出版集团2019年版。

[2] 任正非,《关于人力资源管理变革的指导意见》,黄卫伟主编,《以奋斗者为本——华为公司人力资源管理纲要》,第233页。

观、公平地考察与评价被考核者，对同一岗位的员工使用相同的考核标准。公平就是体现在考核过程中的公正性。考核过程如果不公平，比如只要跟上司关系好，考核成绩就好，那员工就不会努力把自己的工作做好，而是想尽办法钻营、搞人际关系。因此，在绩效考核中一定要构建一个公正的评价过程。不管领导喜不喜欢这个人，一定要以结果为准，摆脱个人的喜好。"绩效考核的过程如果没有公正性，就会对整个绩效管理造成毁灭性的打击。"[1]

公开，就是考核的流程、方法、标准及结果运用，都应该公开透明。一是评价的标准、使用的尺度、排序的方法，都要公开并提前告知全体人员。二是考核结果应该向本人公开，以便让被考核者了解自己的优点和缺点、长处和短处，从而使考核成绩好的人再接再厉，继续保持先进；也可以使考核成绩不好的人心悦诚服，奋起上进。三是干部的考核要向员工公开，以此来监督干部，听听员工对他们的责任心、使命感、工作能力、思想道德品质的评议，置干部于员工的监督之中。"考核公开后，激励也就简单了，谁创造的绩效多，谁就涨工资，不该涨的就不涨。这样才有一个正确导向，才能让大家拼命往前冲。"[2]

二、考核的方式

孟子指出："夫物之不齐，物之情也。"（《孟子·滕文公上》）天下万物没有同样的，而是千差万别的。企业用人考核，既要坚持考核标准的统一性，也要承认考核对象的差异性，采用不同的方式进行考核，从而通过考核甄别不同层次的人才，满足企业不同层面的需求。

对于企业中基层员工，采用"个人业绩承诺"（Personal Business Commitment）的考核方式。其内容，一是结果目标承诺，指员工本人在考核期内所要达成的绩效结果的承诺。对此应该有明确的衡量指标，说明做到什么程度、何时完成，这是考核时衡量员工绩效是否达成的主要依据。二是执行措施承诺，指员工与考核者对完成目标的方法及执行措施的共

---

[1] 冉涛，《华为灰度管理法》，第80页。
[2] 任正非，《以"选拔制"建设干部队伍，按流程梳理和精简组织，推进组织公开性和均衡性建设》，黄卫伟主编，《以奋斗者为本——华为公司人力资源管理纲要》，第267页。

识。这是一种过程性的描述，不一定都有明确的衡量指标，在考核时主要是看员工是否按照规范的要求去做。三是团队合作承诺，指员工为保证团队整体绩效的达成，就交流、参与、理解和相互支持等方面的承诺。其作用主要是一种导向和牵引，强调对周边、流程上下游及上级的支持与配合。

对于企业高层人员，绩效考核主要是采用数值的方法，就是不断通过与企业战略目标的对标，将企业战略目标分解过程和执行效果进行及时校准，形成考核依据，以促进高层领导厘清思路，明确责任，抓住重点，综合平衡。在此基础上，采用述职报告制度，比较考核与识别干部。就是将前后两年的述职报告比一比，抓住核心指标，把今年的指标和去年的指标相比。这种比较，是以进步的速度来比，而不是以进步的绝对值来比；是自己和自己比，而不是和别人比，因为跟别人比就会掩盖自己的问题，自己和自己比就能够及时发现问题，切实改正。

除此之外，新儒商在考核中，还特别强调关键事件过程的行为考察，不管是高层干部还是基层干部都要定义一些关键事件去锻炼，在锻炼的过程中再对其表现出来的行为进行评价。为此，要将正向考绩与逆向考事相结合，以正向考绩为主，但要抓住关键事件逆向考事，对每件做错的事要逆向去查，找出根本原因加以改进。"前事不忘，后事之师"，正向考绩很重要，逆向考事也很重要。"要从目标决策管理的成功，特别是成功的过程中发现和培养各级领导干部。在失败的项目中，我们要善于总结，其中有不少好干部也应得到重视。要避免考绩绝对化、形而上学。"[1]

三、考核的评价

企业对于员工绩效考核结果的评估，包括纵向评价、横向评价和人力资源管理部门的刚性执行等。[2]

纵向评价分三个层次。第一个层次是员工自评和主管打分。员工自我评价的过程就是一个自我检视的过程，之后员工的直接主管会对其评价结果打分。主管打分时会收集周边的意见，对于绩效数据结果进行论证和落

---

[1] 任正非，《华为的冬天》，黄卫伟主编，《以奋斗者为本——华为公司人力资源管理纲要》，第266页。

[2] 冉涛，《华为灰度管理法》，第109-111页。

实，再和员工沟通。第二个层次是隔级领导评价，直接主管将对下属员工打分的结果上交给上一级的管理团队进行集体评议。这个层面主要关注两点：一是控制比例分布，如果公司绩效标准分为 A、B+、B、C、D 五个等级，那么绩效为 A 的人一般占总人数的 10%，绩效为 B+ 的人占 40%（每个绩效等级的人数都有一定的比例要求）；二是审视绩效特别高和特别低的特殊人群。面对拿 A 的员工，隔级领导要检查他是不是真的达到 A 的标准了，有哪些事实支撑他做到 A；而得到 C 和 D 的员工，是不是真的做得很差，还是管理者给他穿"小鞋"了。简言之，隔级评估就是要保证员工不被冤枉，也不被美化。第三个层次是再上一级的行政管理团队，审视整个团队的整体绩效来给出评分。不同团队之间的绩效结果是不一样的，有的团队非常顺利地完成了目标，其得 A 的人数比例就应该高，从 10% 可以涨到 15%；而有的团队没有完成目标，得 A 的比例可能要从 10% 降到 5%，甚至没有。所以，更高级别的行政管理团队要在更大范围内保证不同团队的绩效结果评价得公平。

横向评价，就是流程主管行使否决权。如果一个团队，尽管其组织目标完成得很好，但损害了其他团队的利益，那么流程主管就会否决你的绩效评级。例如，财务部门为了保证流动现金充分，该付的不付，现金指标很好看；但因为财务部门该付的款不付，却破坏了采购部门和供应商的信誉，所以采购部门就可以要求财务部门降级，这就是横向行使否决权的机制。只有这样才能横向拉通，确保每一项管理的目标都指向公司整体利益，而不是局部利益。

刚性执行，就是人力资源管理部门对规则的严格执行。如果某一员工的考核结果是 A，那么他的工资调整、奖金和配股都会被优先考虑。如果员工的考核结果是 B+ 和 B，那么他有机会加薪拿奖金，但是在配股上就要根据公司的额度排队。如果员工的考核结果是 C 和 D，那么就不能涨薪，更没有奖金和配股。而如果主管给一个下属打了 C，又认为这个人做得还不错，要给他发奖金，这个时候人力资源部门就可以直接把这个人从发奖金的名单中删掉。规则就是规则，人人都要严格遵守。

纵向评价、横向评价和刚性执行，形成了考核评估的"闭环"，构成一个严谨的评估机制，保证了企业用人制度的严肃性和有效性。

第十章

内诚外信的品牌观

儒家的品牌观,体现在诚信观上。孔子讲"信",子思论"诚",孟子和荀子则明确提出"诚信"的范畴,强调"内诚于心而外信于人"。由此,当代新儒商提出"人品、企品、产品,三品合一"的理念,以"内诚于心"塑造人品,"外信于人"锻造企品,"精益求精"打造产品,从而形成内诚外信的企业品牌。

———

第一节 儒家的品牌观

儒家的诚信观,实际上就是它的"品牌观"。孔子说"人而无信,不知其可也"(《论语·为政》);又说"民无信不立"(《论语·颜渊》)。在孔子看来,信誉既是个人的"品牌",也是国家的"品牌"。个人没有信誉,就无法立足于世;国家没有信誉,就无法取信于民。孔子的孙子子思十分重视"诚"德,指出:"诚者物之终始,不诚无物,是故君子诚之为贵。"(《中庸》)沿着子思的思路,孟子和荀子都明确提出"诚信"的概念。自此,"诚信"作为一个表达"内诚于心而外信于人"的重要道德范畴,成为立身之本、交往之道、治国之要和事业之基。[1]

---

[1] 黎红雷,《儒家商道智慧》,第172–177页。

一、立身之本

在儒家思想中，诚信是一个人安身立命的生存基础。《论语·卫灵公》记载，孔子的学生子张问如何才能使自己到处行得通，孔子答之以"言忠信，行笃敬"。在孔子看来，一个人如果言语真实讲信，行为忠厚严肃，那么即使是到了荒陌蒙昧的地方，也能畅通无阻；如果言语欺诈无信，行为刻薄轻浮，那么就算是在自己熟悉的本乡本土，也会处处受阻、寸步难行。在孔子看来，信誉是人的第二生命，一个人如果没有信誉，将无法立足于社会。

由此，儒家把诚信看作道德修养的重要目标。《礼记·儒行》指出："儒有不宝金石，而忠信以为宝。"《论语》中有大量有关诚信道德修养的要求，包括"敬事而信""谨而信""主忠信"等。孔子指出："狂而不直，侗而不愿，悾悾而不信，吾不知之矣。"（《论语·泰伯》）在孔子看来，那些人狂放而不直率，糊涂而不老实，愚昧无知却不讲信用的人，是不足取的。《礼记·表记》中说："君子貌足畏也，色足惮也，言足信也。"君子的举止要不失体统，仪表要保持庄重，言语要谨慎；那么，君子的外貌就要足以使人敬畏，仪表就要足以使人感到威严，言语就要足以使人信服。在儒家看来，信的基础是"诚"。《礼记·中庸》指出："诚者自成也。"真诚是自我的完善，也是一切事物的发端和归宿。一个真诚的人，能发挥自己的本性，就能进而发挥众人的本性；能发挥众人的本性，就能进而发挥万物的本性；能发挥万物的本性，就可以帮助天地培育生命；能帮助天地培育生命，就可以自立于天地之间。

二、交往之道

儒家认为，在人际交往中能否做到诚实守信，是评价人们交往道德的根本标准，只有建立在诚信基础上的人际交往，才是健康和谐的人际关系得以维持发展的根本保证。孔子指出"老者安之，朋友信之，少者怀之"（《论语·公冶长》），把朋友之间的相互信任作为自己的社会理想。曾子指出："吾日三省吾身，为人谋而不忠乎？与朋友交而不信乎？传不习乎？"（《论语·学而》）把与朋友交往中是否做到诚信作为每天反躬自省的内容。孟子指出："父子有亲，君臣有义，夫妇有别，长幼有序，朋友有信。"(《孟子·滕文公上》)把朋友之间交往的诚信纳入"五伦"的道德准则。汉儒董仲舒提出:"夫仁谊礼知信五常之道,王者所当脩饬也。"(《汉书·董仲舒传》)东汉官方钦定的儒学经典《白虎通义》指出:"五性者何谓?仁、义、礼、智、信也。仁者,不忍也,施生爱人也。义者,宜也,断决得中也。礼者,履也,履道成文也。智者,知也,独见前闻,不惑于事,见微知著也。信者,诚也,专一不移也。故人生而应八卦之体,得五气以为常,仁、义、礼、智、信也。"从此,诚信被纳入中国传统社会的核心价值观。

在交往之道中,儒家特别强调语言的诚信内涵。《论语·学而》指出:"与朋友交,言而有信。"从汉字结构来看,"信"由"人"与"言"两个字组成。《春秋穀梁传·僖公二十二年》指出:"人之所以为人者,言也。人而不能言,何以为人?言之所以为言者,信也。言而不信,何以为言?信之所以为信者,道也。信而不道,何以为道?"这里,完整地阐述了儒家"言而有信"的思想。首先,人之所以成为人,是因为能够言语。言语是人与人沟通的媒介,也是人之为人的外在标志。其次,言语之所以有意义,是因为能够表达承诺。如果言而无信,言语再多也没有意义。最后,信誉之所以可靠,是因为符合道义,如果不符合道义,那么言语和信誉也就没有价值了。由此,儒家十分重视"言"与"行"的关系,就个人修养来说,是"讷于言而敏于行"(《论语·里仁》);就与人交往来说,是"先行其言而后从之"(《论语·为政》);就判断他人来说,则是"听其言而观其行"(《论语·公冶长》)。这些,都是立足于诚信的基本要求。

三、治国之要

儒家认为,为政者治国理政最关键的是要取信于民。《论语·颜渊》记载,"子贡问政。子曰:'足食,足兵,民信之矣。'子贡曰:'必不得已而去,于斯三者何先?'曰:'去兵。'子贡曰:'必不得已而去,于斯二者何先?'曰:'去食。自古皆有死,民无信不立。'"在孔子看来,一个国家,需要有充足的粮食赋税、充分的军备武装,但这些都不是立国的根本,真正的立国之本在于民众对政府的充分信任。政府是国家的管理者,而国家是由民众组成的。民众信任政府,就会努力发展生产,提供赋税,保卫国家;民众不信任政府,即使有粮食赋税和军备武装,国家也会灭亡。

社会需要秩序,政府需要权威,权威从哪里来?来自民众对政府发自内心的信任。威信威信,"威"来自"信",有"信"才有"威",无"信"则无"威";非但无"威",还会引起民众的反感乃至反抗,"汤武革命"就是典型的例子。"君子信而后劳其民;未信,则以为厉己也。"(《论语·子张》)当政者只有充分取得民众的信任,才有可能去发动民众,组织民众。宋儒司马光在《资治通鉴·周纪二》中说:"夫信者,人君之大宝也。国保于民,民保于信,非信无以使民,非民无以守国。是故古之王者不欺四海,霸者不欺四邻,善为国者不欺其民,善为家者不欺其亲;不善者反之,欺其邻国,欺其百姓,甚者欺其兄弟,欺其父子,上不信下,下不信上,上下离心,以至于败。"体现了儒家一以贯之的政治诚信思想。

四、事业之基

在儒家看来,诚实守信不仅是一个人生存发展的前提条件,也是成就事业的必要基础。《周易·乾·文言》指出:"君子进德修业。忠信,所以进德也。修辞立其诚,所以居业也。"讲求忠贞守信,就能增进道德;检点言辞行为、树立诚信威望,就能成就事业。《荀子·王霸》针对当时社会各个阶层而提出诚实守信的具体要求:士大夫坚守节操,舍身殉职,这样兵力就会强大;各级官吏惧怕法令而遵守法度,国家法令就不会混乱;商人老老实实,没有欺骗行为,那么商旅安定,财货通畅,国家的各种需求就能得到供应;工匠忠诚信实,就不会粗制滥造,那么器械用具就做得轻巧灵便,而资材也不会缺乏了;农民辛勤耕作而不误农时,那么就会上不失天时,下不失地利,中得人和,这样就会百业兴旺而不荒废了。《吕氏春秋·贵信》也指出:"凡人主必信。信而又信,谁人不亲?"在其作者看来,执政者的诚信树立了,那么虚假的话就可以鉴别了;虚假的话可以鉴别了,那么天下百姓就归服了。与此相反,如果君臣不诚信,那么百姓就会批评指责,国家就不会安宁;做官不诚信,那么年少的就不敬畏年长的,地位尊贵的和地位低下的就相互轻视;赏罚不诚信,那么百姓就容易犯法，不可以役使；结交朋友不诚信，那就会离散怨恨，不能相互亲近；各种工匠不诚信，那么制造出来的商品就会粗劣作假。总之，从官府到民间，要想建功立业，都必须以诚信为本。

其中，作为社会的表率，士人之诚信受到儒家特别强调。《荀子·臣道》指出："忠信以为质，端悫以为统，礼义以为文，伦类以为理，喘而言，臑而动，而一可以为法则。"一个士人，如果以忠诚守信为本质，以正直老实为纲纪，以礼义为规范，以伦理法律为原则；那么，他稍微说一句话，稍微做一行为，都可以成为别人效法的榜样。至于商人之诚信，儒家的论述虽然不多，却很独到。《孔子家语·相鲁》曾有"鬻牛马者不储价，卖羊豚者不加饰"之语，意思就是说从事商业经营活动的人员不能哄抬物价，不能售卖假货，不能违反职业道德。《孟子·滕文公上》说："虽使五尺之童适市，莫之或欺。"这种"童叟无欺"的要求，成为传统商道诚实经营的思想渊源。

第二节　内诚于心的人品塑造

儒家的诚信观，信用是其外在的表现，诚实是其内在的根基。子思指出："在下位不获乎上，民不可得而治矣。获乎上有道，不信乎朋友，不获乎上矣；信乎朋友有道，不顺乎亲，不信乎朋友矣；顺乎亲有道，反诸身不诚，不顺乎亲矣；诚身有道，不明乎善，不诚乎身矣。"(《礼记·中庸》)这里，从获得信任、治理民众、朋友交往、孝顺父母、内心诚实到明乎本善，层层推进，揭示了诚实与信用的内在关系，最终将信用建立在诚实和至善的基础上。受此启发，当代新儒商十分重视高品行的人品，培育教化，自觉修炼，致力于内诚于心的人品塑造。[1]

一、人品的内涵

人品，即人的道德品性，是指个体依据一定的社会道德准则和规范行

---

[1] 本节资料来源：方太集团官网；参见黎红雷，《儒家商道智慧》，第192-196页。

动时，对社会、对他人、对周围事物所表现出来的稳定的心理特征或倾向。儒家十分重视人品，宋代儒学大师、《爱莲说》作者周敦颐，就被时人称之为："人品甚高，胸中洒落，如光风霁月。"[1]对企业来说，人品指的是企业家的人格魅力以及员工队伍的职业素质。一个受人尊敬的、具有社会责任感和良好公众形象的企业家以及一支高度敬业、能征善战的领导班子和员工队伍是企业取得成功并持续发展的决定性因素。当代新儒商坚信，合格的企业员工必须具备包括传统美德、职业道德、职业精神以及职业能力在内的四大品质。

传统美德是对儒家的仁义礼智信"五常"的阐释。"仁"，就是仁者爱人，对待他人要宽容、理解、关爱、友善。仁者无忧、仁者无敌。"义"，就是公平正义，处事公平合理、维护正义、见义勇为、承担道义责任，做应该做的事，义者受人尊敬。"礼"，就是尚礼守法，提倡尊重他人、言行文明、谦逊礼让、遵纪守法，礼者方能立身。"智"，就是崇智尚学，崇尚智慧，不断学习，辨是非、明善恶、知己识人，智者不惑，智者受人钦佩。"信"，就是诚实守信，人无信则不立，信者始为人。

职业道德也是对儒家传统道德概念"廉耻勤勇严"的阐发。"廉"，就是廉洁奉公，节俭清廉，工作尽职，不以权谋私。"耻"，就是羞耻心、知耻心，以荣辱观、是非观、善恶观为基础，是人之为人的底线，孟子曰："人不可以无耻。"（《孟子·尽心上》）"勤"就是勤奋努力，辛勤工作，努力奋斗，天道酬勤，勤者天助。"勇"，就是勤奋刚强，努力拼搏，自强不息，有志向，敢于挑战权威，勇者不惧。"严"，就是严于律己，率先垂范，以身作则，要求严格，赏罚严明，严者有力。

职业精神包括"认真、负责、创新、极致"四个方面。认真，就是不放弃、不马虎、不妥协、不走"捷径"、不要小聪明。世界上怕就怕"认真"二字。认真者没有干不成的事。负责，就是达成结果，履行职责，承担责任，践行承诺，企业兴旺，我的责任，负责者更易被赏识和提拔。创新，这是企业永恒的核心竞争力，创新者容易脱颖而出并获得更大成功。极致，就是把事情做到让竞争对手难以企及，该精细处精细到极致、该严

---

[1]黄庭坚，《豫章集·濂溪诗序》。

谨处严谨到极致、该规范处规范到极致、该震撼处震撼到极致,做到极致者天下无敌。

二、人品的培育

当代新儒商高度重视人品的培育与养成,特别坚持用儒家文化培育员工,其培育方针是:教育熏化、关爱感化、制度固化、专业强化、领导垂范。

第一是教育熏化。当代新儒商认为,教育成功的标志,在于有没有打动人心,受教育者有没有发自内心地认同这个观点,进而改变自己的习惯与行为。教育熏化的形式是学习与分享,员工每天早上有15分钟的早读时间,诵读儒家经典,并各自分享在实践中、生活中的体会。学习的经典,伦理道德主要用儒家的《四书》《弟子规》,因果教育主要用《了凡四训》。

第二是关爱感化。儒家主张"人同此心,心同此理"[1],真心都是一样的。古代的、现代的、中国的、外国的,心没有变,都是同一颗心。所不同的就是后天的环境,所生活的习性不同。因此,对于企业员工,特别是刚进企业的年轻人,必须用仁爱之心去关心、关爱他们,以强化教育的效果。光教育不关爱,对员工来说就是洗脑。企业关爱员工,才能让员工感受到企业的爱。

第三是制度固化。很多东西不能光讲理念,好的东西要用制度的形式固化下来,既包括行为规范、礼仪礼貌方面,也包括工作上的业务流程方面。既然有制度,肯定就有奖惩配合,以奖为主,以罚为辅。小错误靠教育,例如迟到早退不罚款,但主管要找员工谈话;重度错误靠惩罚,但主要也不是罚款,也要导入儒家思想,以价值原则为标准。

第四是专业强化。做企业必须把专业做好。把工作做好,必须在专业上有很高的技能水平,必须去强化。

第五是领导垂范。儒家非常注重上行下效,只有领导做到了,下面

---

[1] 黄宗羲,《明儒学案·卷二十四·江右王门学案·中丞宋望之先生仪望》,台湾中华书局2016年重制一版。

的人自然就做到了。"其身正，不令而行；其身不正，虽令不从。"(《论语·子路》) 领导自身行得正，即使不发指令，下面的人也会跟着去做；领导自身不正，即使三令五申，下面的人也不会服从。领导垂范是非常重要的，包含以身作则、感恩一切、树立大志、快乐学习、快乐奋斗、勇于担当、追求卓越等。

要培育与养成员工的人品，就需要有一个平台。为此，当代新儒商采用"企业书院""国学课堂""孔子学堂"等形式，孜孜不倦、持之以恒地开展员工的道德品质教育。他们希望，企业文化要独立于金钱和利益之外，更多地体现出人性的光辉。"不需要那么多条条框框的制度，大家只要依靠自己的道德水平和自律精神去做事情就行，这正是现代社会缺少的。"[1] 他们认为，员工人品的培育不应该称为培训，而是教化，其模式与科学技能的培训模式是完全不一样的，不能够灌输，也不能强制执行。因为一种文化需要的是在"潜移默化"中推进，形成个人的修养与行为习惯；而且儒家"仁爱"思想的前提就是不能给员工施加压力，而是要让员工从内心深处乐于接受。

三、人品的修炼

孔子指出："志于道，据于德，依于仁，游于艺。"(《论语·述而》) 以道为志向，以德为根据，以仁为凭借，以艺为手段，就能提升自己的素质。而"道不远人"(《礼记·中庸》)，人们可以通过日常生活的修炼而提升自己的道德水平和治理能力。在儒家看来，宇宙流转的大道，其实就蕴含在每个人的日常生活中，良知就是本心，就是天理，就是大道，只要克服私欲，回复良知就能成为圣贤。为此，王阳明对弟子们提出了"立志、勤学、改过、责善"的要求。(《教条示龙场诸生》) 受此启发，当代新儒商提出"五个一（立一个志、读一本经、改一个过、行一次孝、日行一善）"的措施，以引导员工进行人品的自觉修炼。[2]

---

[1] 苏庆华，《茅忠群：方太儒道》，《当代经理人》杂志2010年第2期。
[2] 茅忠群，《五个一文化——在2022全国新儒商年会暨方太文化论坛上的发言》，资料来源：方太集团总裁办公室。

"五个一"的作用。中华优秀传统文化认为,人人皆有跟圣人同样巨大的心性能量和心中宝藏。但我们普通人自己为何并没有感觉?如果把这个巨大的心性能量比作太阳,圣人的内心通过修炼已是晴空万里,太阳的巨大能量便显露无遗。而我们普通人的内心乌云密布,遮盖了太阳,从而太阳的能量基本被乌云遮住了。这个乌云中,最大的两片乌云是不明和贪欲。不明是不明白宇宙人生的真理真相,贪欲是指对自己、他人和社会不好的过度的欲望。只要不断消减乃至去除这两片乌云,太阳的能量就会逐渐穿透或完全显露出来。那如何消除这两片乌云呢?就是用"读一本经"对治不明,用"改一个过、行一次孝、日行一善"对治贪欲。"读一本经"重在明心明理,通过学习中华优秀传统文化,明白人生的道理和真理。而"改一个过、行一次孝、日行一善"重在净心净意、为善去恶,就是去贪欲、去小我、求大我。但很多人往往难以真正静下心来学习践行,并持之以恒。所以,用"立一个志"立定志向,然后才能静心修炼,持之以恒,从而较快消除这两片乌云。

"五个一"的内容。"立一个志",可分成三个部分:成人之志,就是立志要成为一个什么样的人,是一个人的道业;成事之志,一般就事业或家业而言;健身之志,一般就功法锻炼、饮食起居而言。"读一本经",主要是中华文化经典,至于专业类经典可以找公认的跟自己工作相关的经典好书。"改一个过",包括改正事上的过、德上的过、道上的过、心上的过等。"行一次孝",包括养父母身、顺父母意、敬父母心、立父母命等。"日行一善",从类别看,可分为做人本分、家庭本分、工作本分、慈善公益;从内容看,可分为"一个改善""一次善行""一句善言""一份善意";从工作职能看,可分为"件行一善""客行一善""户行一善"等。

实践证明,"五个一"无论是对员工个人还是企业组织,都具有极大的意义和价值。个人的心灵品质得以提升,境界和格局得以提升,智慧和能量得以提升。高品行人品的塑造,为高品位企品的锻造和高品质产品的打造奠定了坚实的基础。

第三节　外信于人的企品锻造

孔子在《论语》中讲到"信"时，有两句著名的话。一句是"人而无信，不知其可也"（《论语·为政》）；另一句是"民无信不立"（《论语·颜渊》）。前一句是对个人讲的，后一句是对国家讲的，但其内在精神是相通的。无论是一个人或者一个组织，只有讲求信用，才能取信于人，立足于世。在当代新儒商看来，企品就是企业对外取信于人、立足于世的综合形象，包括企业的愿景、口碑和追求等。

一、企业的愿景

作为企业的综合形象，企品对内体现为企业文化、管理水平、软硬环境等，其中特别体现在企业的使命和愿景上。

为什么要办企业？在不少人看来，做企业的目的就是赚钱，为自己赚钱，为股东赚钱。而在新儒商看来，企业的使命是：在追求全体员工物质与精神两方面幸福的同时，为人类社会的进步发展做贡献。这样说并不意味着轻视股东、忽视股东的利益。恰恰相反，如果企业成为让所有员工追求并实现幸福的乐园，安居乐业、放心满意，那么客观结果就是企业实现骄人的业绩，同时实现股东利益的增长。当然，对追求幸福要有正确的认识，不能不劳而获。对员工而言，幸福还是要靠自己双手去创造，从工作的意义和成就感中去找到幸福。而企业则要营造一种最有利于员工找到幸福的环境。

所谓企业愿景，指的是企业未来的发展方向和图景。当代新儒商首先立志"成为受人尊敬的世界一流企业"，其中需要发展的四个方向：高端品牌的典范、卓越管理的典范、优秀雇主的典范、承担责任的典范等。在此基础上进一步立志"成为一家伟大的企业"[1]。从"高端品牌的典范"发展为"五心品牌新典范"：伟大企业的产品要让顾客十分动心，但又不会伤害顾客，不会让顾客的心躁动不安，而是让顾客觉得动心、放心、省心、舒心，乃至安心。从"卓越管理的典范"发展为"卓越经营新

---

[1] 茅忠群，《2014方太集团工作总结报告》，资料来源：方太集团总裁办公室。

典范"：其包括战略、人员、运营，战略是做正确的事，人员是用正确的人，运营就是用正确的人把正确的事做正确。从"优秀雇主的典范"发展为"员工之家新典范"：优秀雇主有三个特征，即 say——员工会说这个企业好；stay——员工会留在企业一直待下去，不会轻易"跳槽"；stry——付出最大的努力，为企业做出自己的贡献。而"员工之家"则是让企业成为快乐学习、快乐奋斗的"企业家族"。从"承担责任的典范"发展为"社会责任新典范"：企业的社会责任方针为遵守法纪、弘扬道义、诚信经营、和谐发展。具体内容如下所述。

法律责任——法律规定的都要做到，这是企业生存的基础、底线。其中包括产品责任，严格遵守产品安全、健康及相关国家强制性标准；员工责任，严格遵守有关员工安全、健康、劳动等法律法规；纳税责任，严格遵守国家相关税法；环保责任，严格遵守国家环境保护等法律法规。

发展责任——企业要做到和谐、可持续发展，同时要让员工得到很好的发展，既包括职业的发展，也包括为人修身方面的发展。

道义责任——包括慈善公益事业与文化传播，其中传统美德的传播不仅对内面向员工，而且还要对外向消费者以及相关方进行传播。

二、企业的口碑

企品作为企业的综合形象，对外体现为企业的口碑，即企业在利益相关者中的形象，其中特别是企业在消费者和合作者中的信誉度。

消费者是企业产品的使用者。一旦消费者购买了某家企业的产品，就意味着这家企业对消费者有了一份承诺和责任，因此，在这个产品的生命周期中，这家企业就始终要对消费者负责，对消费者的安全、使用、体验等承担责任。品牌是企业产品在消费者心目中所占据的地位与打下的烙印，也是企业对消费者的一种承诺、一种责任。在新儒商看来，"品牌的一个含义是定位品牌在消费者心目中的感觉，品牌的口碑，就是消费者对品牌的信赖与赞誉，品牌的追求在于消费者百分百的安心，这与儒学是相融的。"[1] 为了让消费者安心，就要真心帮助顾客解决问题，诚心站在顾客

---

[1] 苏庆华，《茅忠群：方太儒道》，《当代经理人》，2010-02-01。

角度思考，贴心为顾客提供服务，全心关怀顾客幸福，从而以自己的真诚赢得顾客。由此，他们提出"至诚服务"的理念，"以专业知识说服消费者、以至诚服务感动消费者、以儒家文化感染消费者"，让顾客潜意识地与其建立了情感上的联系，实现了心灵上的真诚沟通。

企业的合作者包括上游的供应商和下游的销售商。当代新儒商坚持合作共赢原则，处理与供应商的长期战略合作伙伴关系，为此而提出"专注品质，产品聚焦，集中采购，模块配送"的采购方针。为督促和协助供应商建立质量、环境和安全管理体系，帮助供应商按照"出货检验"（OQC）的要求，在产品出货之前就通过检验，以保证出货产品满足本企业的品质要求。为此，他们不断向供应商提供技术、质量培训，现场指导，第三方审核等，帮助供应商提升质量水平和经营能力。同时，也邀请供应商共同参与新产品开发、改进产品设计、提高产品的安全可靠性。他们还持续开展供应商优合计划，不断优化供应商梯队，提升集中采购度。在新品开发阶段，就规划零部件组合采购方案，更好地从源头开展集中采购工作，实现与供应商的互利互惠合作。不仅如此，新儒商还结合儒家文化，设立仁、义、礼、智、廉、勤、勇、严、精十大供应商奖项，鼓励供应商推崇儒家文化、工匠文化，提升产品和企业综合竞争能力，实现供应商与企业的共谋发展，合作共赢。

销售商影响着企业产品的销量，企业产品的供应也影响着销售商的业绩。新儒商着力于销售渠道的布局与深耕细作，提高加盟商的行商与服务能力，加大对销售渠道的政策支持力度，与销售商建立战略合作关系，使自己的产品质量与服务价值得到高度认可。"坚持为客户提供优质高端的产品与服务，始终关注与合作伙伴的合作共赢，不仅为公司自身的发展赢得了机会，也促进了合作伙伴的成长。"[1]

三、企业的追求

规模效应是现代市场经济中不少企业的追求，人们也常常把"做大做强"挂在嘴边。而在当代新儒商看来："做大不如做强，做强不如做久，

---

[1] 李倩倩等著，《茅忠群儒学商道》，中国友谊出版公司2018年版，第211页。

做久不如做得有价值。"先说说"大"与"强"。很多企业家的思路是迅速做大，然后期望可以做强。其实从企业发展的角度来讲，做强才是根本，做大不过是结果，只有做强的企业才会真正做大。企业在自身品牌还不够强大的时候，抵制迅速扩张的诱惑，先做强再做大，就是一种清醒的选择。再说说"强"与"久"。"强"是相对而言的，由于行业、消费者需求和时代潮流的变化，企业今日之强未必就是明日之强，今日之弱也未必就是明日之弱。据统计，《财富》杂志每年所公布的世界500强企业，每过十年就会消失三分之一；1995年首次公布时中国上榜企业只有3家，2024年却达到133家。阴阳消长，上下易位，天之道也。而"留得青山在，不怕没柴烧"，只要企业的"元气"还在，在悠悠的时间长河中，总会有机会脱颖而出。由此，当代新儒商提出自己的企业追求："可以不做500强，但要做500年"，就是一种充满底气的自信。

企业如何做得有价值？当代新儒商在"成为受人尊敬的世界一流企业"的基础上，进一步提出一个更高的愿景："成为一家伟大的企业！"在这里，企业的"强大""长久""一流"都是事实判断，而"伟大"则是价值判断。世界500强的上榜企业，都可以称得上"强大""一流"，有的也可以称得上"长久"，但未必都能够称得上"伟大"。在新儒商看来，"优秀的企业满足人的欲望，伟大的企业导人向善"。优秀企业的产品让人心动，他们满足用户的同时，也会刺激其欲望，让人心不得安宁。伟大企业的产品也让顾客十分动心，但不会伤害顾客，不会让顾客的心躁动不安，反而让顾客觉得放心、省心、舒心，乃至安心。伟大的企业始终传递一种正能量，通过自己的垂范导人向善，唤醒人们沉睡的良知，让更多的人从内心不安的状态转变到心有所安，获得真正的幸福快乐。这就是伟大企业的价值所在！

如何成为"伟大的企业"？当代新儒商提出伟大企业的四大践行体系。"顾客得安心：创新立美、品质立信、成本立惠、品牌立义。员工得成长：关爱感化、教育熏化、礼制固化、才能强化。社会得正气：法律责任、发展责任、伦理责任、慈善责任。经营可持续：战略管理、运营管理、人文管理、风险管理。"[1]这就将企业的远大追求落实到切实可行的"干法",为企品的锻造提供了明确而有效的途径。

第四节 精益求精的产品打造

儒家经典《中庸》指出:"诚者非自成己而已也,所以成物也。"成全自己是仁义,成全万物是智慧。当代新儒商把"成己"的内在本务与"成物"的外在商务融为一体,塑造企业诚实信用的价值立场,从而提供有利于人类生活的产品和服务;把企业视为人成就自己的道场,从而塑造员工成就导向型的行为动机;赋予企业的生产活动以参与天地万物化育的意义,从而塑造员工勤劳和敬业的态度;理解上天造化万物的精妙道理,从而造就职业"高手"的能力。[2]由此,内诚于心的人品塑造、外信于人的企品锻造,必然导向精益求精的产品打造。

一、产品的定位

产品是企业综合竞争力的集中表现,也是使一个品牌在市场上获得知名度、美誉度和忠诚度的内在依据。打造什么样的产品,关系到企业对品牌的定位。"定位"理论是当代美国著名营销战略专家杰克·特劳特(Jack Trout)根据军事中"选择决战地点"的概念而提出来的,指企业必须在外部市场竞争中界定能被顾客心智接受的定位,再回过头来引领内部运营,才能使企业产生的成果(产品和服务)被顾客接受而转化为企业业绩。通俗地说,产品的定位就是在顾客的头脑中寻找一块空地,扎扎实实占据下来,作为"根据地",不被别人抢占。可以说,定位就是在消费者的心智中占据有利位置,使品牌具有某个类别或某种特性的品牌联想。当消费者产生相关需求时,自然就会联想到这个品牌。"总体而言,定位是

---

[1] 茅忠群,《以道御术打造方太管理文化》,载黎红雷主编,晁罡、胡国栋副主编,《企业儒学的开创与传承》,第316页。

[2] 杨万江,《"成己成物"观塑造中国企业精神》,载黎红雷主编,晁罡、胡国栋副主编,《企业儒学的开创与传承》,第214-219页。

一个特定的企业、产品和服务相对于市场上同类竞争者给予消费者的总体感知,可以与其他竞争者区隔开来。"[1]

当代新儒商运用中国传统文化智慧对"定位"理论进行了本土化的诠释。其中有三个关键词:一是"舍得",做战略定位、规划时一定是有舍才有得;二是"独特",定位一定要差异化,与众不同;三是"容易",常胜将军之所以称为常胜将军是因为其经过了选择,挑选容易的、有把握的仗去打,才会常胜不败。按照"质量"与"价格"两个维度,品牌定位通常有四种不同的类型:质量低+价格低,是经济适用型品牌;质量低+价格高,是高价低质型品牌;质量高+价格低,是特价型品牌;质量高+价格高,是溢价型品牌。理论上,每一种定位都有其存在的价值。企业既可以根据品牌的特有属性或者独特的销售主张定位,也可以根据产品的用途、适用场合和时间定位,还可以根据细分市场、社会价值和品牌个性等进行定位。市场的需求是多样的,企业适者生存,其中本来没有所谓高低贵贱之分。

立志赶超世界先进水平的中国企业家,特别是以"道创财富,德济天下,以儒促商,以商报国"为己任的当代新儒商,却提出自己的品牌定位:"要做高端产品的专家与领导者",与洋品牌一较高低并脱颖而出。他们确立了高端品牌的三大定位:专业化、高端化、精品化,决心将企业有限的资源集中投放到产品线上,专业、专心、专注,做透本行,从而把企业做大做强。[2]在确定了高端品牌的定位以后,再以此来引领企业内部运营,提出包括领先设计、卓越品质、超值服务在内的产品要求。所谓"领先设计",就是突出外观、功能、品位;"卓越品质",就是强调安全、可靠、精致;"超值服务",就是注重及时、专业、持续关怀。

二、产品的匠心

儒家经典《诗经·卫风·淇澳》云:"有匪君子,如切如磋,如琢如

---

[1] 李倩倩等著,《茅忠群儒学商道》,第148页。
[2] 方太:高端市场突围,北大定位课程,2015年8月27日,http://www.telaote.net/Viewpoitcase/Cases/86.html。

磨。"大意是，君子的品德就像骨角玉石需要切磋琢磨一样，要通过个人的努力与长期的坚持方能养成。《论语·学而》记载，儒商鼻祖子贡在向老师孔子求教时，就引用了这句诗，并得到孔子的称赞。南宋儒学大师朱熹则在《论语集注》中对这句诗解读道："治骨角者，既切之而复磋之；治玉石者，既琢之而复磨之；治之已精，而益求其精也"，进一步论述了儒家的君子之风与工匠精神在"精益求精"上的内在关联。当代新儒商作为"商界君子"，大力提倡工匠精神，体现出产品的匠心。

当代新儒商致力在企业中打造一种工匠文化，指出："要打造一种工匠文化、工匠精神。要把很多的细节做得非常非常的精致，很多的工艺做得非常非常的精湛，而且是精益求精，永不满足。不断去挑战，不断去提升它的精致的水平。"[1]在他们看来，工匠精神即产品的匠心，包括专注、专业、极致三个方面。所谓"专注"是指企业不断提升产品和服务，在专业领域上不断追求进步，无论是使用的材料、研发设计还是生产流程，都在坚持不懈地不断改进和完善。企业既要全方位专注于产品质量，又要全心全意地解决消费者遇到的问题。所谓"专业"是指企业立志打造本行业最优质、最卓越的产品，以专业和敏锐的洞察力关注顾客的需求和市场的变化，并通过专业的研发满足需求适应变化。所谓"极致"指的是企业在产品研发设计和生产制造过程中精益求精，追求完美，不惜花费时间和精力，反复改进产品的各个细节，把产品做成精品。

为打造工匠文化，当代新儒商采取了积极有效的措施。一是建立导师制和师徒制。对新入职的专业技术人员采用导师制，由所在部门具有高级职称的技术人员为导师，进行传、帮、带。对新入职的一般员工采用师徒制，师傅一方面要传授优良的品德、职业道德和工作作风，另一方面也要传授实际生产所需要的技能、高难度生产任务所需要的绝招绝技，以及安全生产知识等。二是实行"工匠管理制度"，用制度的形式，把从普通职工到技工再到工匠的阶梯式成长和职业规划，以及能享受的待遇固化下来，此外还包括工人在车间生产过程中的一些工作制度等。三是举办"工匠文化节"，内容包括工匠流行语、工匠吉尼斯、工匠之歌、工匠演讲比

---

[1]《茅忠群：坚守高端的厨电儒者》，新浪财经，http://finance.sina.com.cn/times/16.html。

赛、名师带高徒、工匠评选、工匠技能比武等丰富多彩的工匠文化活动。工匠文化节的口号"把简单的事件做到极致，在平凡的岗位坚守扎根"，鲜明地体现了新时代的工匠文化与工匠精神。[1]

三、产品的创新

创新是企业永恒的课题、不竭的动力。当代新儒商将儒学精华作为创新的灵魂，提出"创新三论"：创新的源泉是仁爱，创新的原则是有度，创新的目标是幸福。[2]

儒家主张"仁者爱人"。在当代新儒商看来，科技带来的正向价值背后，都是"仁者爱人"的思想投射。只有尊重人的生命价值，把人的需求放在首位，才能创造出美善的科技产品。首先要有利他之心，也就是利于他人。孔子指出："己欲立而立人，己欲达而达人"（《论语·雍也》）。这句话包含了一个深刻的道理：想要利己，必先利他。一个企业想要成功，必须先让客户取得成功，让顾客幸福安心，这个企业自然就能成功。其次要有同理之心，也就是感同身受。儒家主张"人同此心，心同此理"。同理心是一种将心比心、感同身受的能力，可以帮助我们正确洞察人们的需求，深刻了解什么是人们想要的，什么是人们不想要的。有了同理心，就可以让科技向着温暖与善意生长，让冷冰冰的科技变得温暖人心。最后要有平等之心，也就是普惠大众。科技创新应该普惠大众，成为社会福利，不只为少数人享受，更要为全人类造福。

儒家主张"中庸之道"。在当代新儒商看来，凡事都要中节有度，适度而为，过与不及皆不可取。科技创新的发展也不例外，应当合理有度，拒绝无度发展。凡是违背天理、损人慧命、危害社会的行为，必将受到应有的惩罚。首先是需求合理，拒绝非理性消费。人们对美好生活的向往是合理需求，而以炫耀为目的，或超过自身消费能力，或无止境满足自己欲望，或对他人和社会不利的需求或消费，便是不合理需求或非理性消费。

---

[1] 李倩倩等著，《茅忠群儒学商道》，第157—169页。
[2] 茅忠群，《幸福的智慧——幸福与科技篇》（在2021年度方太幸福发布会上的讲话），资料来源：方太集团总裁办公室。

其次是造物合理，拒绝不利于长远的产品。我们应当遵循古圣先贤的思想，只开发满足合理需求的产品，拒绝开发刺激人们贪欲的产品，拒绝开发不利于长远的科技和产品。最后是享乐合理，拒绝沉迷消耗型快乐。诚然，追求快乐是人的本性，但我们应倡导享乐合理，提倡追求成长型快乐，如运动、学习、修炼、助人等，让自己的生命不断成长，因为所有的快乐都不如生命成长的快乐。

儒家提出"五福观"[1]，追求的是全面、长久、和谐的幸福。当代新儒商坚守"幸福为本"，以终为始，用科技创新更好地推动个人幸福、家庭幸福和社会幸福。首先是个人幸福，即与自我和谐。科技创新应以促进人的身心和谐为本，真正向善，不危害身心的和谐。其次是家庭幸福，即与家人和谐，包含衣食无忧，身心康宁，相处和睦，传家有道等。科技创新应成为家庭幸福的促进者，而非破坏者。最后是社会幸福，即与社会和谐。科技创新的发展应有利于美善环境的建设，避免破坏生态环境，从而造福整个社会，惠及世代子孙。总之，企业应该用仁爱之心创美善精品，为用户创造"恰到好处"的产品体验，持之以恒地研发科技创新，以满足人民群众对于美好生活的需求。

---

[1]《尚书·洪范》："五福：一曰寿，二曰富，三曰康宁，四曰攸好德，五曰考终命。"王世舜、王翠叶译注，《尚书》，中华书局2018年版，第157页。

第十一章

时变和合的战略观

儒家的战略观，体现在孔子的这句话上："人无远虑，必有近忧。"（《论语·卫灵公》）这里的"远虑"包括"与时偕行""唯变所适""和合共赢"等丰富内涵，当代新儒商由此形成了自己的战略观。

第一节　儒家的战略观

儒家的战略观，包含着对"时""变""和"等范畴的深入思考。时与变相结合即为"时变"，时与中相结合即为"时中"，中与和相结合即为"中和"，因时而变，因时而和，即为儒家战略观的基本内容。

"时"，是儒家战略观的根本标志。孟子就说过"孔子，圣之时者也"（《孟子·万章下》），认为孔子是最能顺应时势的人。与很多人心目中儒家的"保守"形象不同，真正的儒家其实是主张与时变化、趋时而动的。现代新儒家学者方东美曾以人格类型拟喻中国古代哲学思想流派之格局，指出："在哲学之理趣上，儒家是以一种'时际人'之身份而从事运思者，将举凡一切思议可及之现实界，悉投诸时间动态变化之铸模中，而一一贞定之。"[1]

"变"，是儒家战略观的突出特征。儒家经典《周易》，英文译名即为 The Book of Changes（变化之书）。《周易·系辞下》指出："《易》之为书

---

[1] 方东美著，《方东美集》，群言出版社1993年版，第245页。

也，不可远，为道也屡迁，变动不居，周流六虚，上下无常，刚柔相易，不可为典要，唯变所适。"在《周易》看来，宇宙中唯一不变的东西就是"变化"，人们只有适应变化才能生存和发展。

"时"与"变"的结合，形成了儒家的时变观，其内容有：时变与顺变、时变与因变、时变与权变、时变与不变、时变与时中等。所谓"时变"，其中的"时"本义指"时令"，即春夏秋冬四时。《周易·贲·彖》："观乎天文，以察时变。"孔颖达疏："以察四时变化。"中国古代是一个以农业为主的国家，"时令"自然就影响"农时"，由不违"农时"又进一步引申到适应"时世"。汉代学者贾谊专门撰有《时变》一文（《新书》），论述了时世的变化以及人们的应对方略。《史记·叔孙通传》："若真鄙儒也，不知时变。""时变"作为双音词虽然出现较晚，但先秦儒家孔、孟、荀等人通过对"时"这一单音词的使用，已经分别涉及了其中包含的"时令变化"与"时世变化"的双重内涵。《论语·学而》中说："道千乘之国，敬事而信，节用而爱人，使民以时。"这里的"时"，指的就是因自然界的时令变化而带来的农事安排。《论语·宪问》中又说："夫子时然后言，人不厌其言。"这里的"时"，则可理解为人世间的时机、时局、时势、时世的变化。在孔子看来，无论是自然界的时令变化，还是人世间的时世变化，都要顺时而变，才能取得预期的结果。

儒家十分重视"权变"。孔子指出："可与共学，未可与适道；可与适道，未可与立；可与立，未可与权。"（《论语·子罕》）在孔子看来，做人的最高境界，就是通权达变；而具体的通权达变行为，要依一定的时势（包含时间、地点、条件等要素）而转移。即所谓："圣人执权，遭时定制，步骤之差，各有云设。"（《后汉书·崔骃列传附崔寔政论》）其中，最有名的例子当属"三公问政"。《韩非子·难三》记载，"叶公子高问政于仲尼，仲尼曰：'政在悦近而来远。'哀公问政于仲尼，仲尼曰：'政在选贤。'齐景公问政于仲尼，仲尼曰：'政在节财。'"上述记载涉及的都是国家的治理问题，但孔子根据不同国家及其管理者的实际情况而分别有所侧重。叶国割据势力强大，人心不齐，所以孔子特别强调"政在悦近而来远"。鲁国有孟孙、叔孙、季孙三人专政，使得国君与贤人隔绝，所以孔子特别强调"政在选贤"。齐景公挥霍无度，浪费钱财，所以孔子特别强调"政在节财",要求统治者克制自己的欲望。另,《史记·孔子世家》记载,"景公问政于孔子,孔子曰:'君君,臣臣,父父,子子'……他日又复问政于孔子,孔子曰:'政在节财'。"这就说明,对于国家的治理,不但可以根据不同国家不同管理者的具体情况而有所侧重,就是对于同一个国家同一个管理者,也可以根据不同的时势而有所侧重。

儒家关于时变与不变的辩证关系,集中体现在《周易》之中。一方面,《周易》主张"时变"这一与时变化的观念,被《周易》概括为"与时偕行"(《周易·乾·文言》)。可以说,时变的观念贯穿整部《周易》,没有时变就没有《周易》。另一方面,《周易》主张"不易",就是不变的意思。《周易·乾·文言》:"不易乎世,不成乎名。"王弼注:"不为世俗所移易。"在儒者看来,"变易"的行程中有恒常之秩序,这种秩序的恒常性就是"不易"。"变易"和"不易"是宇宙自身的实现形式:"变易"保证宇宙永不滞留的流动活泼,"不易"则保证宇宙变而不乱、变而有常的神妙韵律。

"中庸"是儒家的最高智慧。孔子说:"中庸之为德也,其至矣乎!民鲜久矣。"(《论语·雍也》)后世儒家学者(《史记》上说是孔子的孙子子思)据此做了一篇很有名的文章,这就是《礼记·中庸》。借孔子之口指出:"君子中庸,小人反中庸。君子之中庸也,君子而时中。小人之中庸也,小人而无忌惮也。"在他看来,君子之所以中庸,是因为君子随时做到适中,无过无不及;小人之所以违背中庸,是因为小人肆无忌惮,专走极端。这里把"时"与"中"结合起来,形成"时中"的概念,既揭示了"中庸"原则的时变性,又展现了"时变"思想的适中性。中庸就是合适,就是通过与时变化的途径而达到合适的目的。

"和",是儒家战略观的目标。《礼记·中庸》在提出"时中"概念的同时,又提出"中和"的概念,指出:"中也者,天下之大本也;和也者,天下之达道也。致中和,天地位焉,万物育焉。"要达至"中和"的目标,就要把握和谐的内在价值、本质特征和运作机制。《论语·学而》提出:"礼之用,和为贵。"这里的"贵",指值得珍重的意思,含有价值判断的意义。为什么和谐具有这么高的价值呢?孔子从国家治理的角度肯定了和谐的作用。他认为,一个国家的稳定,不取决于财富的多少,而取决于分配是否公平；不取决于人口的多少，而取决于人心是否安定。"盖均无贫，和无寡，安无倾。"(《论语·季氏》)分配公平人们就不会觉得贫穷，和睦相处组织就不会觉得人少，安定和平国家就没有危险。荀子则从更积极的意义上提出"和则一，一则多力"(《荀子·王制》)的主张，他认为，在一个组织内部，人们和谐相处就能取得一致，取得一致力量就会增多，力量增多组织就会强大，组织强大就能战胜万物。孟子明确提出"天时不如地利，地利不如人和"(《孟子·公孙丑下》)的主张，认为战争的胜负取决于人心的向背，只要组织内部和谐，上下齐心合力，就能无往而不胜。

孔子提出"和而不同"(《论语·子路》)的命题，阐明了和谐的本质特征。这里所谓的"和"，指的是由诸多性质不同或对立的因素构成的统一体，这些相互对立的因素同时又相互补充相互协调，从而形成新的状态，产生新的事物。所谓"同"，则是没有不同的因素、不同的声音、不同的意见，完全相同的事物简单相加，不产生新的状态、新的东西。由此看来，孔子心目中的"和谐"，是一种有差异的统一，而不是简单的同一。《国语·郑语》进一步指出："和实生物，同则不继。"只有"和"才是产生万物的法则，而没有对立面的"同"是不能产生什么新事物的。例如，金、木、水、火、土"五行"的相互配合，才能产生世间的万物；甜、酸、苦、辣、咸"五味"的相互配合，才能适合人的口味；宫、商、角、徵、羽"五音"的相互配合，才能产生悦耳的音乐。由此看来，所谓"和"，就是多种因素的并存与互补。换句话说，和谐的本质，在于统一体内多种因素的差异与协调。

在此基础上，北宋儒者张载进一步揭示了和谐的运作机制，指出："有象斯有对，对必反其为；有反斯有仇，仇必和而解。"(《正蒙·太和篇》)如何解决人与人、人与组织、组织与组织之间的矛盾冲突？一种方式是通过斗争，矛盾双方不是你吃掉我，就是我吃掉你，最终结果是"胜者为王，败者为寇"，也可能是"两败俱伤"。另一种方式是尊重双方的不同价值，谋求双方共同的利益，最终实现"双赢"。儒家的主张，就是通过协调而不是通过斗争的方式，以最大限度地获得矛盾双方的共同利益。"仇必和而解"，不是泯灭差异、消除矛盾、忽视对抗，恰恰是要求人们勇敢而冷静地面对现实中的各种差异、矛盾、对抗，努力寻求矛盾双方都可以接受的解决方案，使双方都可以取得相对满意的结果。

第二节　与时偕行的战略思维

儒家对"时"特别敏感。孟子说："孔子，圣之时者也。"（《孟子·万章下》）《周易·艮·彖》中说："时止则止，时行则行，动静不失其时，其道光明。"当代新儒商由此而形成"与时偕行"的战略思维，包括"时代企业"的战略定位、"惶者生存"的战略选择，"守正创新"的战略举措等。

一、时代企业

当代新儒商提出："只有时代的企业，没有成功的企业。"[1]为什么这么说呢？企业都想长盛不衰，但实际上我们很难看到这样的企业。一般来讲，很多企业是昙花一现。如果这个企业成功了，那么，它所谓的成功，只不过是踏上了时代的节拍。所以说，企业应该是时代的企业，也就是说，跟上了时代前进的步伐就是成功的企业。因此，企业竞争中不应存在"成功"的概念。对企业的经营管理模式，成功的概念应是追求不间断的创新，创新没有止境，那么在企业的竞争中就不应该存在成功的概念。因为所有的成功，它一定是过去时，一定是昨天的。今天要做的是追求比昨天更高的目标。当一个人站上冠军领奖台上的一瞬间，他已经不再是冠军，而是必须为下一个冠军而努力。《周易》最后一卦是"未济"，就是未成功。"就像人走到最后，奋斗的目标还是在追求成功。它天天在提醒着我们，一定要不断追求更高的目标。"[2]

要成为一个时代的企业，就要踏准时代的节拍。俗话说："在风口上，

---

[1] 张瑞敏，《只有时代的企业，没有成功的企业》，载《先锋队》，2012年第26期。
[2] 张瑞敏，《怎样成为时代的企业？——在全球政商领袖峰会上的演讲》，《经济与管理》2011年第7期。

猪都会飞",但是机遇不一定总降临到你头上。世界500强的企业,平均寿命只有30年到40年,其中很重要的一个原因,就是他们没有真正成为一个时代的企业,没有跟上时代的"风口"。柯达是百年老店,但瞬间便倒了。手机品牌诺基亚替代摩托罗拉,苹果替代诺基亚,因为诺基亚提供的是一种通信工具,而苹果手机提供的是互联网,踏准了时代的节拍。

要成为一个时代的企业,就要动态更新核心能力。现在企业往往是静态能力,一般有了核心竞争力之后,就会一直待在这,不停地顺着原路走下去,在规模和范围上做大,但是早晚有一天会被自己颠覆掉。就像在鲜花盛开的时候,人们不会否定这朵花,而会欣赏它、赞美它,但是到最后果实没有了。企业要有动态能力,即具备不断更新核心竞争力的能力。例如,传统时代是名牌的竞争,谁是名牌谁就赢,移动互联网时代是平台的竞争,谁的平台大谁就赢。物联网时代,则是生态系统的竞争,只有利益攸关各方都得利,才能持续发展。

要成为一个时代的企业,就要有开放的心态,迎着时代的变化而变化。我们可以看到：某个城市经历了几百年依然存在,而这个城市的商业却在不断变化。城市随着文明在不断进步,而在这个城市里的企业却难逃一死。原因在于,城市是开放的,而那些企业却是封闭的。现在干企业,最难的是你抓不准时代的脉搏,或者无法与时代相融。企业要用开放的心态接纳新时代,顺应新时代,积极参与新时代的变革。在时代大潮面前,没有人可以置身事外,时代会抛弃一切落伍者！

二、惶者生存

在中国古代诸子百家中,儒家是忧患意识最为强烈的学派。孟子指出："生于忧患而死于安乐。"(《孟子·告子下》)在他看来,一个人常犯错误,然后才能改正；内心忧困,然后才能有所作为。一个国家,内部如果没有坚持法度和辅佐君王的贤士,外部没有相抗衡的邻国与外患的忧惧,往往就会灭亡。这样,人们才会明白,忧患可以使人生存,而安乐必将导致死亡。受此影响,当代新儒商提出"惶者生存"的理念,指出："创业难,守成难,知难不难。高科技企业以往的成功,往往是失败之母,在这瞬息万变的信息社会，唯有惶者才能生存。"[1]

"惶者"之所以"惶"，在于对时代的高度敬畏。他们总是反复提醒自己："我们会不会被时代抛弃？我们要不要被时代抛弃？这是个很重要的问题。"历史上不乏这样被时代抛弃的案例：无线电通信是马可尼发明的，蜂窝通信是摩托罗拉发明的，光传输是朗讯发明的，数码相机是柯达发明的……历史上很多东西，往往"始作俑者"最后变成失败者。这些巨头的倒下，说穿了是没有预测到未来，或者是预测到了未来，但舍不得放弃既得利益，没有勇气革自己的命。"大公司有自己的优势，但大公司如果不能适应这个时代，瞬间就灰飞烟灭了。"[2]

"惶者"之所以"生存"，在于对危机的清醒认识。他们"天天思考的全都是失败，对成功视而不见，也没有什么荣誉感、自豪感，而是危机感。我们大家要一起来想，怎样才能活下去，也许才能存活得久一些"[3]。这种危机感不仅是企业组织层面的危机意识，而且是从企业领导者到每一位员工个人的危机意识，这种危机意识正是企业能够持续发展和生存的前提。只有清醒认识危机，企业才能通过自救能力以及应变能力，增强企业自身的免疫力，成功应对各种挑战。

"惶者生存"之所以可能，在于其对困境的积极回应，能够认识到："我们要防微杜渐，居安思危，才能长治久安。如果我们为当前的繁荣、发展所迷惑，看不见各种潜伏着的危机，我们就会像在冷水中不知大难将至的青蛙一样，最后在水深火热中魂归九天。"[4]看到危机而不迷惑方向，看到危险而不惊慌失措，看到困境而不畏惧失败，相信自己的能力，发挥自己的潜力，展现自己的勇气，在困境中保持冷静和坚韧，不被外界的干

---

[1] 任正非，《北国之春》，黄卫伟主编，《以奋斗者为本——华为公司人力资源管理纲要》，第194页。

[2] 任正非，《在惠州运营商网络BG战略互析会上的讲话及主要讨论发言》，黄卫伟主编，《以奋斗者为本——华为公司人力资源管理纲要》，第195页。

[3] 任正非，《华为的冬天》，黄卫伟主编，《以奋斗者为本——华为公司人力资源管理纲要》，第194-195页。

[4]《任正非给员工讲的18个故事》，360个人图书馆，http://www.360doc.com/content/19/1015/00/476103_866834282.shtml。

扰和诱惑所动摇,并从失败中吸取教训,将危机变为转机,就能够避免温水煮青蛙的悲剧,不断适应环境的变化,而顽强地生存下去,实现企业的基业长青。

三、守正创新

儒家的"与时偕行",既可以说是"创新"的——与时偕行,日日新,又日新,绝不停下脚步;也可以说是"保守"的——与时偕行,时行则行,时止则止,绝不急躁冒进。二者的结合,即为"守正创新"。"周虽旧邦,其命维新。"(《诗经·大雅·文王》)在这里,守正是创新的必要前提,创新是守正的必然结果,以守正保证创新的正确方向,以创新赋予守正的时代内涵。由此,当代新儒商提出"延续、开放、客户需求"的创新三原则。

在延续的基础上创新。有弟子问孔子:"十世可知也?"孔子回答:"殷因于夏礼,所损益,可知也;周因于殷礼,所损益,可知也。其或继周者,虽百世,可知也。"(《论语·为政》)这里的"损益",就是在延续基础上的不断创新。当代新儒商主张企业创新要踩在现有的基础上前进,而不是凭空创造出一个东西,好高骛远地去规划一个未来看不见的情景。"前路是曾经脚下的路的积累,世界上总有人去创造物理性的转变。创造以后,我们再去确定路线。我们坚持在牛粪上长出鲜花来,那就是一步一步地延伸。"[1]这里的"牛粪"是"鲜花"汲取的营养、生长的基础;"鲜花"长好后,又会成为新的"牛粪",为新的"鲜花"提供新的营养。企业的创新,就是不断汲取以往的营养和经验而开花结果的持续过程。

在开放的氛围中创新。儒家经典《周易》既主张"天行健,君子以自强不息"(《周易·乾·象》),又主张"地势坤,君子以厚德载物"(《周易·坤·象》)。综合二者的精华,当代新儒商强调立足于自身而又开放于世界的原创性创新。他们指出:"我们要站在巨人的肩膀上前进,如果我们从历史上一点点爬起来,当爬到巨人的肩膀上时,已经过了3000

---

[1] 余胜海,《任正非讲给华为人的100个故事》,华中科技大学出版社2021年版,第224页。

年。"[1]在他们看来,企业创新一定要开放,不开放就是死路一条。当然,如果企业不掌握核心技术,开放就会埋葬自己;但如果不开放,就不可能汲取别人的经验和教训而发展自己的核心技术,即使自己拥有了核心技术,也不会带来企业的效益。因此,企业一定要开放地吸收别人的好东西,站在别人的肩膀上前进。

在客户的需求下创新。孔子指出:"因民之所利而利之,斯不亦惠而不费乎?"(《论语·尧曰》)民众确实需要的东西,你施惠于他,自然就没有耗费。对企业来说,创新不是目的,而是满足客户需求的手段;超前太多的技术创新,当然也是人类的瑰宝,但必须以牺牲自己来实现,对企业来说,就是"耗费"。因此,企业要实行客户需求和技术创新双轮驱动战略。技术创新要解放思想,大胆推进,愿意怎么想就怎么想;但是技术创新的成果是否要投入使用,什么时候投入使用,就要靠另一个轮子市场营销来不断地倾听客户的声音,包括今天的需求,明天的需求、未来战略的需求、才能最终确定。总之,企业"要以客户需求为导向,利用新技术,把产品做到最好的质量、最低的成本"[2]。

第三节　唯变所适的战略实施

儒家对"变"特别执着。《周易·系辞下》指出:"《易》之为书也,不可远,为道也屡迁,变动不居,周流六虚,上下无常,刚柔相易,不可为典要,唯变所适。"儒家经典《周易》英译为 *The Book of Changes*,即为"变化之书"。汉代儒者郑玄在《易论》中指出:"易一名而含三义:易

---

[1]任正非,《在与法务部、董秘及无线员工座谈会上的讲话》,转引自《谭长春谈华为:华为公司没有创新?》,https://business.sohu.com/a/472502077_490053。

[2]《任正非与阿联酋代表处座谈纪要》,黄卫伟主编,《以客户为中心——华为公司业务管理纲要》,中信出版集团2016年版,第80页。

简一也，变易二也，不易三也。"[1]而在当代新儒商看来，这"三易"非常适合市场的原则："'不易'，就是市场有一个原则，就是对用户的真诚，这个是永远不变的；'变易'，就是市场万变，你应该变到它的前面去；'简易'，就是所有的管理都应该是最简化的，我们用最简化去应付最复杂的东西。这就是最高的智慧。"[2]变易的战略、不易的导向、简易的管理，构成了唯变所适的战略实施。

一、变易的战略

在当代新儒商看来，企业是时代的企业，企业的发展战略必须依据时代的变化而变化。改革开放以来，中国的企业就经历了名牌战略、多元化战略、国际化战略、全球化战略、网络化战略等不同发展阶段。[3]

在名牌战略阶段，企业转变观念，创立名牌，要么不干，要干就要争第一；狠抓质量，打造名牌，精细化，零缺陷；强化管理，巩固名牌，日事日毕，日清日高；创造市场，发展名牌，不局限于在现有市场中争份额，而是以自己的优势创造新的市场。

在多元化战略阶段，企业正确处理专业化与多元化的关系，多元化能否推行取决于企业原有的专业竞争力，多元化是否成功则取决于能否形成企业新的专业竞争力；正确处理做大与做强的关系，做大是手段，做强是目的，做大是过程，做强是结果，在做强中做大，在做大中更强；正确处理本行业与新行业的关系，"东方亮了再亮西方"，把自己最熟悉的行业做好，在此基础上再进入相关的行业，并使之跃居该行业的前列；正确处理企业文化与企业业绩的关系，为合并的企业注入新的管理思想，推行一套行之有效的管理办法，从而迅速将其激活。

在国际化战略阶段，企业进行战略定位的调适，在全世界做企业的本土化，要拿下国外的市场，成为其本土化的名牌；战略路径的调适，"下

---

[1] 郑玄，《易论》，转引自丁四新，《"易一名而含三义"疏辨》，《中国哲学史》，1996年第3期。
[2] 资料来源：海尔官网，转引自黎红雷，《儒家商道智慧》，第248页。
[3] 黎红雷，《儒家商道智慧》，第262-289页。

棋找高手",首先进入发达国家创名牌,再以高屋建瓴之势进入发展中国家;战略环节的调适,集中资源,将品牌逐步打入国际市场,形成自己的相对竞争优势;企业文化的调适,提高员工对跨文化的认知,改变员工原有不适应企业发展的行为模式。

在全球化战略阶段,企业做出使命的应变,充分利用世界各地的资源,打造享誉全球的世界级品牌;作风的应变,从原来的"迅速反应、马上行动"升级为"人单合一、速决速胜";人员的应变,在海外建立本土化设计、本土化制造、本土化营销的"三位一体"中心,在当地融资、在当地融智;产品的应变,当地生产、当地销售,不断推出差异化的产品,满足世界各个国家消费者不同的需要;经营的应变,从竞争走向"竞合",给企业带来品牌的融入、品牌的认可和品牌的传播。

在网络化战略阶段,企业转型为面向全社会孵化创客的平台,致力于成为互联网企业,颠覆传统企业自成体系的封闭系统,而变成网络互联中的节点,互联互通各种资源,打造共创共赢新平台,实现相关各方的共赢增值。

世界在变化,时代在变化,市场在变化,企业在变化,战略在变化……当代新儒商认识到,这个世界唯一不变的,就是变化:"市场不变的法则就是永远在变。与其以不变应万变,不如变到市场前面去。"[1]只有顺时而变、乘势而变、适中而变、以变应变、主动求变,才能适应变化,实现企业的基业长青。

二、不易的导向

在当代新儒商看来,企业的战略必须随着时代和市场的变化而不断变化,但以客户为导向,满足客户需求、增加客户价值、实现客户利益,这一点却是永远不会改变的。由此,当代新儒商在处理企业利益相关者的关系中,坚持"客户第一";在企业内部管理中,坚持"以客户为中心";在企业外部经营中,坚持"把客户放在首位"。

---

[1]《海尔CEO张瑞敏在日本"亚洲的未来论坛"上的讲话》,海尔官网,https://www.haier.com/about-haier/founder/speech/20110823_130497.shtml

坚持客户导向，当代新儒商提出"客户第一，员工第二，股东第三"的经营方针。在他们看来，办企业是为客户解决问题的，只有这样客户才会开心。有人讲"股东第一"，市场做得越来越大，但是钱赚得并不会太多。有人讲"员工第一"，大家和和气气开开心心地工作，但是如果客户不满意，没人给我们付钱，那么最后企业还是要把员工辞退。由此，他们打心底里认同"客户是企业的衣食父母"，并具体化为切实的措施：第一，无论何种情况，微笑面对客户，始终体现尊重和诚意。第二，在坚持原则的基础上，用客户喜欢的方式对待客户。第三，站在客户的立场思考问题，最终达到甚至超越客户的期望。第四，平衡好客户需求和公司利益，寻求双赢。第五，关注客户需求，提供建议和资讯，帮助客户成长。[1]

坚持客户导向，当代新儒商提出"以客户为中心"的企业价值观。在他们看来，为客户服务是企业存在的唯一理由，也是生存下去的唯一基础。天底下给我们钱的只有客户，他们给我们钱，为什么我们不对给我们钱的人好一点呢？企业唯有一条道路能生存下来，就是客户的价值最大化。因此，要以此来确定企业内部各级机构和各个流程的责任，从内到外，从头到尾，从上到下，都要以这一条标准来进行组织结构的整顿与建设，作为企业一切工作的出发点与归宿点。"我们要建立一系列以客户为中心、以生存为底线的管理体系，而不是依赖于企业家个人的决策制度。这个管理体系在进行规范运作的时候，企业之魂就不再是企业家，而变成了客户需求。牢记客户永远是企业之魂。"[2]

坚持客户导向，当代新儒商提出"把客户放在首位"的服务理念。在他们看来，服务应该是一种责任，更是一种坚持。特别是在互联网时代，服务的重要性更加凸显。传统企业和互联网企业最大的不同，就在于传统企业重顾客，互联网企业重用户。顾客是一次性交易的终点，而用户则是一个交互的结点，全程都有他的参与。因此，在互联网时代，企业应该从卖产品转变为创造用户资源。"在互联网时代，企业和用户之间是零距离，

---

[1] 蒋云清，《马云谈商录》，第238页。
[2] 任正非，《在理性与平实中存活》，黄卫伟主编，《以客户为中心——华为公司业务管理纲要》，第7页。

企业需要用最快的速度去满足用户的需求，就是要通过服务卖产品，通过产品卖服务。"[1]从传统企业到互联网企业，客户的身份变了，客户的需求变了，服务的方式变了；但是，企业对客户的真诚，却是永远不变的。"真诚到永远"，正体现了"变易"与"不易"之间的辩证法。

三、简易的管理

当代新儒商主张："所有的管理都应该是最简化的，我们用最简化去应付最复杂的东西，这就是最高的智慧。中国最高的智慧是中庸，应该是找到一种方法，这就是《中庸》当中说的'极高明而道中庸'。"[2]运用儒家的中庸智慧，当代新儒商在学习消化西方管理理论的基础上，应对从工业革命到信息革命的时代变化，而提出"简易管理"的新模式——"人单合一"。

所谓"人单合一"，其基本含义是："每个员工都应直接面对用户，创造用户价值，并在为用户创造价值中实现自己的价值。"[3]这里的"人"，指的是自主创新的"创客"，包括企业内部的员工乃至用户在内的任何人，都可以凭借有竞争力的"单"，通过竞争上岗来企业创业，成为拥有决策权、用人权和分配权的创客和动态合伙人。这里的"单"，不是上级分配的固定的目标或任务，而是创客自己"抢"来的工作；不是指狭义的订单，而是具有引领性、动态性、优化性的用户需求；"单"背后的服务对象也不是指传统企业的匿名顾客，而是可交互、有体验的用户。这里的"合一"，指的是创客价值的实现和单的价值紧密相连，并通过"人单筹"来闭环。每个人的酬劳都取决于用户评价，由用户付薪；而不是取决于上级评价，由企业付薪。这就要求每个员工都要直接面对用户，创造用户价值，并在为用户创造价值中实现自己的价值分享。在传统模式下，用户听员工的，员工听企业的；而在"人单合一"模式下，企业听员工的，员工听用户的。其本质是：我的用户我创造，我的增值我分享。也就是说，员

---

[1]许意强，《海尔的"变"与"不变"》，《中国企业报》2009年9月3日第1版。
[2]资料来源：海尔官网，参见黎红雷，《儒家商道智慧》，第248页。
[3]胡国栋，《海尔制》，北京联合出版公司2021年版，第120页。

工有权根据市场的变化自主决策,并有权根据为用户创造的价值自己决定收入。这样从生产、销售到分配,都不再存在中间部门和管理机构,大大简化了企业的管理流程。

众所周知,西方古典管理理论的三位先驱泰罗、韦伯和法约尔分别提出科学管理理论、组织管理理论和一般管理理论,并分别催生了诸如流水线、科层制和职能部门等管理模式,为第一次工业革命以来以大规模生产为基本特征的经济发展做出巨大贡献。而在信息革命时代,互联网带来的"零距离"使大规模制造变成大规模定制,这是对流水线的颠覆;互联网带来的"去中心化"把员工的领导从过去的上级变成了用户,这是对科层制的颠覆;互联网带来的"分布式"意味着资源不局限于企业内部而是来自全球,这是对职能部门的颠覆。[1]

"人单合一"的模式,就是这种颠覆的产物。它以"变易"的精神,积极应对时代的变化,又以"不易"的初心,坚守对用户的真诚,更以"简易"的方法,创造了简单易行的成功模式,这是当代新儒商对世界企业管理理论和实践的重大贡献。

第四节 和合共赢的战略目标

儒家对"和"特别推崇。《论语·学而》提出"和为贵";孔子主张"和而不同"(《论语·子路》);《国语·郑语》中说"和实生物";孟子认为"天时不如地利,地利不如人和"(《孟子·公孙丑下》);荀子指出"和则一,一则多力,多力则强,强则胜物"(《荀子·王制》);《中庸》中说"和也者,天下之达道也";张载指出"仇必和而解"(《正蒙·太和篇》)……在儒家看来,和谐的价值就在于它能够营造合作的氛围,凝聚巨大的能量,消解冲突与对抗,并不断创造新的事物。吸收儒家和谐思想的精华,当代新儒商形成了和合共赢的战略目标。

---

[1] 参见张瑞敏,《互联网时代的管理模式创新探索》,一财网,2014-08-23,https://m.yicai.com/news/4010980.html?_t_t=0.34804019960574806。

一、和合共创

和合共赢首先就要和合共创，这就要发挥相关各方的独特优势，超越单纯的竞争而走向"竞合"。传统的"红海战略"是一种你增我减、此消彼长的对抗性战略，企业在相对固定的"战场"之中彼此厮杀，血流成河，即所谓"红海"。后起的"蓝海战略"，其初衷是，企业不是把精力放在打败竞争对手上，而是放在全力为买方和企业自身创造价值的飞跃上，并由此开拓新的市场空间，即所谓"蓝海"。但是，一旦有跟随者进入，"激战"又将不可避免，"蓝海"又会变成新的"红海"。实际上，无论是"红海战略"还是"蓝海战略"，所遵循的都是传统市场经济条件下零和博弈的竞争思维。这里的根本问题是，企业在市场经济中，难道只有竞争（Competition），没有合作（Cooperation）吗？"竞合"（Co-opetition）思维是否可能，如何可能？

当代新儒商吸收儒家和谐思想的精华，针对"红海战略""蓝海战略"，提出了超越竞争、实现竞合、共创共赢、生生不息的"黑海战略"。在他们看来，经济发展到今天，大概分了三个阶段：第一个阶段是产品经济，第二个阶段是服务经济，第三个阶段就是现在的体验经济。产品经济现在已经是红海了，只做一个产品，不管到哪去都是价格战，直播网红，那么红最后还是靠一句话"全网最低价"。服务经济还有一点空间，可以有一点创造。但是，"真正的黑海战略就是体验经济。因为创造体验经济、创造用户需求根本不是一个产品能满足的，也根本不是一个企业能满足的，而是要变成一个生态。而这个生态很难去复制"[1]。

"黑海战略"，同"红海战略""蓝海战略"一样，都是一种比拟的说法。"红海战略"说的是这种战略以激烈对抗为标志，结果是"胜者为王败者诛"，"战场"成为一片红色的海洋。"蓝海战略"说的是这种战略以回避对抗为标志，不断寻找新的商机、开辟新的"战场"，犹如走向广阔的蓝色海洋；但由于新的竞争者的尾随而至，最终难逃染成"红海"的命运。"黑海战略"则以和合共创为目的，创造的是以生态价值为基础并可

---

[1] 张瑞敏，《于VUCA时代创造引领商业模式》，海尔官网2020-09-24·人力资源（HR）/人事。

以自我进化的生态圈，就像颜色深黑、无法被染成红色的黑色海洋。

"黑海战略"的提出，充分体现了儒家"仇必和而解"思想的时代价值。北宋儒者张载指出："有象斯有对，对必反其为；有反斯有仇，仇必和而解。"（《正蒙·太和篇》）在他看来，世间任何矛盾、对抗、斗争，最终都可以通过和合的方式得到解决。在以往的市场经济和企业竞争中，人们看惯了"红海战略"的残酷和"蓝海战略"的无奈，似乎认为这种冲突与对抗是"无解"的，甚至因此而怀疑"仇必和而解"是痴人说梦。但是，"黑海战略"的提出，证明了"仇必和解"思想的正确性。"黑海战略"不是试图消除差异、泯灭竞争，而是将"竞争"与"合作"统合到包括用户、同行、上下游产业链的所有利益相关者共存的生态系统之中，共同创造价值，共同分享增值，共同治理商业生态系统，这正是"仇必和而解"在当代的生动实践。

二、和合共享

实施黑海战略，共创出来的价值如何共享？当代新儒商提出了"链群"的概念。所谓"链群"，是一种适应物联网时代要求的组织形态，它在满足用户需求和体验迭代的基础上，实现链群成员的共创共赢共享，这是对传统管理组织模式的彻底颠覆。

"链群"是企业解决用户需求的业务小分队，其成员各自独立而又相互依存，朝着同一目标，相互合作，共创价值，共享价值。链群由链群主建立，链群主是开放的，链群成员也是开放的。链群的运作过程如下：在链群的发起阶段，链群主（包括企业内外的发起者）依据所探寻到的用户需求，在系统内发起团队计划；系统基于市场容量、行业增速等指标测算出具有竞争力的团队目标，并发布团队岗位需求；人们（包括企业内外的参与者）自主决定是否抢入链群，如抢入则需提交工作方案、参与公开竞争，由链群主择优录取并签订链群合约。在链群的运营阶段，系统将团队目标分解成每人每天的任务，并面向团队公开每人完成进度及其与目标值的差异。同时，运用系统内数据与模型，实时评价员工绩效情况、链群经营情况等。若某成员持续无法完成岗位任务，链群可能将其辞退，空缺岗位将重新开放抢入。在链群的结算阶段，系统会根据事前签订的链群合约自动核算并结算薪酬。如果链群成员能够超预期地满足用户需求，创造增值，那么整个链群特别是创造增值的成员，都可以获得更多的利益分享。[1]整个过程，充分体现了竞争与合作、个人与团队、自主与协作、共创与共享的和谐统一。

链群的特点在于其自涌现、自裂变、自进化的功能。一个个链群就像一艘艘小船。每艘船虽然不大，但都具有探险精神，都是"哥伦布号"，自己去寻找新大陆。每一艘"哥伦布号"还可以不断裂变出新的"哥伦布号"，继续寻找更新的大陆，把荒芜的新大陆建设成繁荣的生态。"自涌现的'哥伦布号'链群探险发现新大陆；自裂变出的新'哥伦布号'链群再探险发现更新的大陆；把新大陆变成生生不息的生态，这就是链群的自进化。"[2]

链群的理念和实践，是对儒家群体和谐思想的创造性转化与创新性发展。荀子指出，人类与动物的区别在于"群"："人能群，彼不能群也。人何以能群？曰：分。分何以能行？曰：义。故义以分则和，和则一，一则多力，多力则强，强则胜物。"(《荀子·王制》)在他看来，群体的和谐必然带来组织力量的增大，即所谓"整体大于部分之和"。如果说，荀子的群体和谐所增大的组织力量是算数级别的"1+1>2"的话，那么，具有"自涌现、自裂变、自进化"功能的链群组织，这里的"1"可以裂变为"N"，所放大的组织力量则是"N+N=无限"的几何级别，为企业的发展提供了无穷大的空间和可能。

三、和合共生

实施黑海战略，其最终目的是构建以增值分享为核心机制，由生态伙伴共同进化的商业生态系统。在当代新儒商看来，"在物联网时代，企业

---

[1] 参见：1. 刘铮铮，《海尔"链群合约"：创造"黑海市场"的颠覆性契约关系》，《清华管理评论》，2021年第7—8期；2. 张守文、汤谷良，《突破激励困境：数字情境下企业实现精准激励的机制——基于海尔链群合约的探索性案例研究》，《北京工商大学学报(社会科学版)》2024年第3期。

[2] 张瑞敏，《出发吧，哥伦布号！——在海尔集团第八届职工代表大会上的演讲》，青岛新闻网，https://www.qingdaonews.com/2021-11-07 06:10。

不应再是有围墙的花园,而应该是一片热带雨林。热带雨林不会死亡,是因为它是一个生态系统,自己能够繁衍出新的物种而生生不息"[1]。

在这样的生态系统中,作为生态伙伴的用户、合作伙伴、员工,乃至企业和社会的角色和功能都发生了根本的变化。[2]在用户方面,生态系统要为用户提供无界的产品与服务,且可以根据用户衍生的新需求不断拓展;要为用户提供个性化且持续迭代的整体价值体验,通过与用户的持续交互,不断推动产品、服务、解决方案的迭代创新;要使用户成为品牌的终身用户,高体验度、高推荐度、高关联购买度。在合作伙伴方面,生态系统要开放多元,动态优化,接入的行业具有多样性,成员的角色类型具有多样性,不断引入新的合作伙伴,同时优胜劣汰;要协同共享,联合共创,各方实现高效顺畅的合作,充分发挥各自优势,共同推出解决方案;要增值分享,共赢共生,保证各方在完成价值共创后可以实现价值共享。在员工方面,生态系统使员工从雇佣关系转变为合作关系,从打工者转变为合伙人,成为主动的创业者,自主自发地创造价值。在企业组织方面,生态系统要求企业打破职能和层级的划分,围绕用户需求,组成多个直面市场、灵活机动的业务小分队("链群"),再由业务小分队并联起企业面向市场的整张网络;要减少管控,更多扮演"孵化器"的角色,将人事权、财务权、决策权下放给业务小分队;要搭建强大的企业中台,在数据技术及通用组织职能层面,给予业务小分队有力支持;要让员工作为企业合伙人,充分分享到他们所创造的商业价值。在社会方面,生态系统要连接百业,消除行业壁垒,为社会带来跨界创新、跨界融合的可能性;要赋能百业,万众创业,创造一个更加平等互惠的世界;要让共享精神从一种理念转变为指导商业和社会生活的通用逻辑,创造一个资源被更有效利用的资源友好型社会。

"生态系统"的理念和实践,是对儒家"和实生物"思想的创造性转化和创新性发展。孔子提出"和而不同"(《论语·子路》)的命题,《国

---

[1] 曹仰峰,《黑海战略:工业互联网时代的新战略模式》,《清华管理评论》2020年第11期。

[2] 《物联网生态品牌白皮书》,海尔官网,https://www.haier.com/。

语·郑语》进一步指出"和实生物,同则不继"。只有"和"才是产生万物的法则,而没有对立面的"同"是不能产生什么新事物的,就像多种声调相互配合,才能产生悦耳的音乐一样。如果说,儒家的"和实生物"强调的是各种因素的并存与互补的话,"生态系统"理念则更进一步强调各种因素的自我更新和自我协调,从而为生态系统的自我进化赋予了生生不息的内在动能。

第十二章

兼善天下的责任观

儒家的责任观，集中体现在孟子的这句话上："穷则独善其身，达则兼善天下。"（《孟子·尽心上》）从"独善其身"到"兼善天下"，包括了对自己、对他人、对社会、对自然等四个方面的责任。当代新儒商由此而形成"导人向善"的企业责任观、"博施于民"的社会责任观和"万物一体"的自然责任观。

——

第一节 儒家的责任观

孟子所说的"穷则独善其身，达则兼善天下"，原本指"士人"即读书人的品质，也可以理解为对一切仁人志士的要求。在他看来，志向高远的人要崇尚道德，喜爱礼义，失意时不失掉礼义，得志时不背离正道。得志时，施给人民恩泽；不得志时，修养品德立身于世。失意时，能独自修养自己的身心；得志时，便使天下的人都得到好处。

《论语·雍也》记载，孔子的大弟子、儒商鼻祖子贡向老师请教，"子贡曰：如有博施于民而能济众，何如？可谓仁乎？子曰：何事于仁！必也圣乎！尧舜其犹病诸！夫仁者，己欲立而立人，己欲达而达人。能近取譬，可谓仁之方也已。"在这里，孔子将"立己立人、达己达人"作为"仁"的定义。所谓"立己"，就是注重个人道德的完善。孔子提出："为仁由己，而由人乎哉？"（《论语·颜渊》）学习仁道，是为了提升自己；实践仁德，则全凭个人的努力。如何"立己"？孔子主张"克己复礼"（《论语·颜渊》），不合礼的事不看，不合礼的话不听，不合礼的话不说，不合礼的事不做。孟子强调"养浩然正气"，从而达到"富贵不能淫，贫贱不能移，威武不能屈"的"大丈夫"境界。（《孟子·滕文公下》）荀子则主张"修身"，见到善良的行为，一定认真地对照自己；见到不善的行为，一定要严肃地检讨自己；自己身上有了好的德行，就要坚定不移地珍视它；自己身上有不良的品行，就如会因此而被害似的痛恨自己；如此就能做到"志意修则骄富贵，道义重则轻王公，内省而外物轻矣"（《荀子·修身》）。

所谓"达己"，就是争取个人事业的成功。"内圣外王"是儒家追求的人生最高境界，用《大学》的话来说就是"修身、齐家、治国、平天下"。如果说"修身"而"立己"即为内圣之道，"治平"而"达己"则为外王之途。而在儒家看来，无论是"内圣"还是"外王"，二者对于普通人来说都不是遥不可及的。《孟子》记载，"曹交问曰：'人皆可以为尧舜，有诸？'孟子曰：'然。'"（《孟子·告子下》）在孟子看来，圣人与我们都同属人类，尧舜与普通人并没有什么不同，凡是有所作为的人都应该而且也可以成为像尧舜那样的人。荀子则认为，所谓圣人不过是普通人的累积，所以，"涂之人百姓，积善而全尽谓之圣人"（《荀子·儒效》）。在荀子看来，圣人之所以为圣人，就在于他自觉地实行仁义法制；如果普通人接受礼义教化，那么他当然也可以成为圣人，从而展现抱负，建功立业。

儒家之"仁"，还有一个大家都很熟悉的表述，这就是："樊迟问仁。子曰：'爱人。'"（《论语·颜渊》）这里的"人"，一般可以理解为自我之外的"他人"，其中又包括家人和社会大众。根据《论语·学而》的记载，孔子既主张"入则孝，出则悌"，又主张"泛爱众"。孟子则进一步提出"老吾老以及人之老，幼吾幼以及人之幼"（《孟子·梁惠王上》），把对亲人之爱与对大众之爱结合起来。

儒家主张"重民"，当政者对民众负有全面的责任。《尚书·夏书·五子之歌》提出："皇祖有训，民可近，不可下。民惟邦本，本固邦宁。"意思是，民众是国家的根本，当政者要敬民、重民、爱民，认识到民众的力量，慎重处理民事和国事。孟子指出："民为贵，社稷次之，君为轻。"

(《孟子·尽心下》)在民众、国家、君主三者之中,最尊贵的是民众,然后是国家,最后才是君主。荀子指出:"天之生民,非为君也;天之立君,以为民也。"(《荀子·大略》)上天之所以生育民众,不是为了满足君主的欲望;上天之所以设立君主,则是为了满足民众的利益。由此,儒家主张"养民",当政者应该担负起养育民众的责任。与此相关,儒家还十分关注社会弱势群体的命运,把他们的安危视为治国是否成功的重要标志。孟子说:"老而无妻曰鳏,老而无夫曰寡,老而无子曰独,幼而无父曰孤。此四者,天下之穷民而无告者。文王发政施仁,必先斯四者。"(《孟子·梁惠王下》)在儒家看来,从普通民众到弱势群体,都是当政者施政的对象与责任。

与此同时,儒家主张"教民",当政者应该担负起教化民众的责任。孔子提出"庶—富—教"的思路[1]。孟子则认为,人们在食饱衣暖,过上安逸生活之后,如果没有教育,便跟禽兽差不多了。为此,孟子提出的应对之道是"教以人伦"(《孟子·滕文公上》),就是用人与人之间应有的伦常关系和道理来教育百姓。荀子则把富民和教民看作王道政治的两个基本方面:"不富无以养民情,不教无以理民性。"(《荀子·大略》)不富裕无法满足民众的物质需要,不教化则无法满足百姓的精神需求。因此,"教民"与"富民"一样,都是当政者不可推卸的基本责任。

儒家具有十分强烈的忧患意识。《周易》指出:"《易》之兴也,其于中古乎?作《易》者,其有忧患乎?"(《周易·系辞下》)孟子进一步把儒家的忧患意识导向了对于社会责任的承担,指出:"是故君子有终身之忧,无一朝之患也。"(《孟子·离娄下》)在他看来,作为君子,真正值得忧虑的是,如何像圣人那样,成为天下人的楷模,平时则要以仁爱和礼义的标准要求自己,那就可以远离祸患了。那么,圣人君子们一方面要心忧天下,另一方面又要克制自我,那还有没有快乐可言呢?有!孟子明确回答:"乐民之乐者,民亦乐其乐;忧民之忧者,民亦忧其忧。乐以天下,

---

[1]《论语·子路》:子适卫,冉有仆。子曰:"庶矣哉!"冉有曰:"既庶矣,又何加焉?"曰:"富之。"曰:"既富矣,又何加焉?"曰:"教之。"杨伯峻,《论语译注》,中华书局1980年第2版,第136—137页。

忧以天下。"(《孟子·梁惠王下》)这句话,被北宋著名政治家范仲淹概括为:"先天下之忧而忧,后天下之乐而乐"(《岳阳楼记》),充分体现了儒者忧国忧民的忧患意识和天下为公的博大情怀。

儒家心系天下的责任意识,还体现在其对文化使命的承担。管仲协助齐桓公"尊王攘夷",维护华夏文化,就受到了孔子的高度称赞。[1]清儒顾炎武对管仲"存华夏之大功"的行为也给予充分肯定[2],他还进一步指出:"是故知保天下,然后知保其国。保国者,其君其臣肉食者谋之;保天下者,匹夫之贱,与有责焉耳矣。"[3]这里的"国"可以理解为不同时期人们所建立的政治国家,"天下"则可以理解为代代相传的人类文明。顾炎武的话,将保卫人类文明的行为提到了十分崇高的地位。"天下兴亡,匹夫有责",成为儒者代代相传的神圣使命。

儒家主张"天人合一"。朱熹说:"天即人,人即天。人之始生,得于天也;既生此人,则天又在人矣。"(《朱子语类·卷十七·大学四·传一章》)"天"离不开"人","人"也离不开"天"。用现代的话来说,人类是天地自然中的一个物种,人类的生命起源于自然,而自然的道理又要靠人类来彰显。由此,人类对自然就承担了与生俱来的"天赋职责"。

一方面,儒家主张在天地万物中人类最为尊贵:"水火有气而无生,草木有生而无知,禽兽有知而无义。人有气有生有知亦且有义,故最为天下贵也。"(《荀子·王制》)人类是万物的灵长,是天地自然在地球上所造就的最珍贵的物种,所结出的最美丽的花朵。因此人类天然地具有驾驭万物的权威和能力。"天地合而万物生,阴阳接而变化起,性伪合而天下治。天能生物,不能辨物也;地能载人,不能治人也;宇中万物、生人之属,待圣人然后分也。"(《荀子·礼论》)如果说天地自然的功能在于化生万物,那么人类作为天地自然化生的最高物种,其"天赋职责"则在于治

---

[1]《论语·子路》:"管仲相桓公,霸诸侯,一匡天下,民到于今受其赐。微管仲,吾其被发左衽矣。"杨伯峻,《论语译注》,中华书局1980年第2版,第150页。

[2]《日知录·卷七·管仲不死子纠》,顾炎武著,黄汝成集释,栾保群、吕宗力校点,《日知录集释》(全校本),上海古籍出版社2006年版,第412-413页。

[3]《日知录·卷十三·正始》,(清)顾炎武著,黄汝成集释,栾保群、吕宗力校点,《日知录集释》(全校本),第757页。

理包括人类自身的天地万物。

另一方面，儒家看到了人类与万物之间密不可分的内在关系："民吾同胞，物吾与也。"（《正蒙·乾称篇》）孟子指出："君子之于物也，爱之而弗仁；于民也，仁之而弗亲。亲亲而仁民，仁民而爱物。"（《孟子·尽心上》）君子对于亲人、民众、万物的仁爱，尽管有差等次序，但其内在的情感是一致的，亲爱亲人而仁爱百姓，仁爱百姓而爱惜万物。明儒王阳明进一步发挥了孟子的思想，指出："大人者，以天地万物为一体者也。"（《大学问》）无论是自己的同类还是飞禽走兽，是花草树木还是砖瓦石板，都是人类仁爱之心关注顾惜的对象。这就表明，在儒家那里，人类之所以贵为万物之灵，是因为他自觉意识到并愿意承担起关爱万物的职责。如果人类对于养育自己的生物资源和自然资源，做到既取之有时而又用之有度，既发展生产而又厉行节约，那么就能够真正做到"取之不尽而用之不竭"，足可以满足人类生存与发展的需要。"取物而不尽物"，体现了儒家兼顾人类需要与保护自然的责任观。

第二节　导人向善的企业责任

儒家的责任观"兼善天下"往往被后人解读为"兼济天下"，实际上二者是有差别的。"兼善天下"中的"善"作使动词，意思是使天下完善、完美。而"济"的本义是"过河"，引申为"救助、充足、美好、补益"等意思。其中的"美好、补益"两义与"善"有重合，在这个意义上，"兼善天下"解读为"兼济天下"也未尝不可。但后人所理解的"兼济天下"，却往往局限在"救助、救济、慈善"的范围，这就与"兼善天下"的原义相去甚远。在现实生活中，"善"必定会"济"，而"济"却未必会"善"。孔子指出："君子成人之美，不成人之恶。"（《论语·颜渊》）这里的"美"与"恶"相对，"成人之美"也就是"成人之善"。勉励和帮助别人为善，从而成就其美好的愿望，这才是"兼善天下"的本意。正是从这个角度，当代新儒商指出："伟大的企业不仅是一个经济组织，要满足并创造顾客需求；而且是一个社会组织，要积极承担社会责任，不断导人向善,促进人类社会的真善美。"[1]在企业的直接利益相关者方面,体现为善待员工、善待顾客、善待合作伙伴、善待竞争对手等。

一、善待员工

企业对员工的导人向善,成人之美,就是视员工为家人,相亲相爱,成长成就,干事创业。荀子说:"不富无以养民情,不教无以理民性。"(《荀子·大略》)不使民众富裕就无法调养百姓的感情,不对百姓教化就无法改造整饬民众的本性。为此,当代新儒商通过关爱感化、教育熏化、制度固化、才能强化的手段,帮助员工实现"物质与精神双丰收,事业与生命双成长"。[2]

关爱感化,就是满足员工的需求,超越员工的期望,激发自主精神。保障员工的生命安全、生产安全、职业安全,实行全面薪酬体系等,使员工获得安全感。提供超出员工预期的福利,注重对员工的日常关怀,实行"全员身股制"等,使员工获得归属感。营造个人成长、互相尊重、互相信任的环境,让员工获得尊重感。公开表彰员工,颁发给员工优秀员工奖、模范员工奖、卓越员工奖,乃至功勋人物奖、长期服务纪念奖等,让员工获得成就感。

教育熏化,就是对员工教以道德因果,培养行为习惯,唤醒自主意识。通过道德教化、因果教育、政治教育、师徒教育、中医文化、名师讲堂、幸福人生、企业春晚、党建文化等途径,推进对员工的人文教育,以促进其人性境界提升、理想人格塑造以及个人与社会价值的实现。这里的"熏"就是熏陶,领导垂范言传身教,加上营造企业文化氛围的境教,对员工潜移默化地发挥影响,帮助员工提升个人修为,树立美善的人生观,追求事业进步,拥有幸福人生,成为德才兼备、身心健康的企业一分子与社会一分子。

制度固化,就是明确约束规范,建立激励机制,养成自主行为。制度的制定要符合仁义的要求,出发点是要替员工着想,了解员工为什么犯

---

[1] 茅忠群,《2017年方太集团工作总结报告》,资料来源:方太集团总裁办公室。
[2] 周永亮、孙虹钢、庞金玲,《方太文化》,第167页。

错,然后公平公正、合理合宜地出台有关规定,约定好员工可以做什么,不能做什么,起到规范作用。同时防微杜渐,通过引导教育避免他人犯类似的错误,也避免犯错的员工再犯同类错误。制度一旦制定出来,就要严格执行,该奖就奖,该罚就罚。要分清"错"与"恶"的区别,无意犯错的要教育,有心作恶的要惩罚,惩罚的目的也是教育,"惩前毖后、治病救人"。还要分清"大错"与"小错"的区别,对于疏忽、粗心大意或不重视而导致的过错,取消"罚款"的做法,而以教育为主,以激发其羞耻心,避免再次犯错。

才能强化,就是培训知识技能,实施专业技能和管理技能的双线发展,培养自主能力。针对不同层次的员工,设计人才培养计划,包括阳光计划、群星计划、起航计划、飞翔计划和巅峰计划等。按照员工的不同素质,设置人才发展通道,以初做者、有经验者为起点,分别向技术骨干、技术专家、资深专家的专业通道,以及基层管理者、中层管理者、高层管理者的管理通道发展,从而形成完整的企业人才培养体系,为企业源源不断地输送各个岗位的精兵强将,为员工提供实现人生价值与企业价值相一致的成长途径。

二、善待顾客

企业对顾客的导人向善,成人之美,就是视顾客为亲人,创造并满足顾客的需求,让顾客省心、放心、安心。《尚书·虞书·皋陶谟》指出:"安民则惠,黎民怀之。"国家让百姓安定,自然就会得到百姓的拥护;企业让顾客安心,自然就会得到顾客的信任。为此,当代新儒商通过创新立美、品质立信、服务立诚、品牌立义的途径,"不仅满足顾客需求,更要让顾客安心"。[1]

创新立美,就是通过创新产品和生活方式,为顾客创造美好的生活。创新的源泉是仁爱,尊重人的生命价值,把人的需求放在首位,以利他之心、同理之心、平等之心,创造出美善的科技产品。创新的原则是有度,需求合理、造物合理、享乐合理,与顾客相处有度、与空间相融有度、与

---

[1] 周永亮、孙虹钢、庞金玲,《方太文化》,第113页。

自然和谐有度。创新的目标是幸福，个人幸福即与自我和谐，家庭幸福即与家人和谐，社会幸福即与社会和谐。

品质立信，就是将品质视为生命，通过品质与顾客建立无限的信任。要视顾客为亲人，打造让亲人放心使用的产品。要对产品的品质有敬畏感，对制造不合格产品有羞耻感。要形成全员的质量理念，质量的标准是符合要求而不是差不多，质量的控制在于事前的预防而不是事后的检验。要坚持"零缺陷"的信念，人人担责，环环相扣，把事情一次做对，用仁爱之心和匠心精神打造精品。

服务立诚，就是倡导"至诚服务"，坚持"及时、专业、用心"的服务方针，以及"顾客永远是对的""以顾客感动为第一标准"的服务原则。做到服务到位，包括上门服务准备到位、服务操作规范到位、讲解指导使用到位、产品维护通检到位、现场清理服务到位等。并在做好本职工作之外，再额外帮助顾客做力所能及的事，至诚而至善，诚以待客，善以待客。

品牌立义，就是用仁爱之心，铸国家名片，通过品牌建设为顾客树立价值意义。品牌的定位包括：身份定位——我是谁；特征定位——和别人比，我的突出优势和不同是什么；价值定位——我能给顾客带来什么好处。品牌的沟通是出于对顾客的爱，传递的内容对顾客有价值意义，弘扬正能量，吸引顾客，让产品有更高的知名度和影响力，从而占领顾客的心智，成为领导品牌。

三、善待合作伙伴

企业对合作伙伴的导人向善、成人之美，就是将合作伙伴视为企业的特殊成员，同心同德、同甘共苦、同频共振、同向共进。孔子说："群居终日，言不及义，好行小慧，难矣哉！"(《论语·卫灵公》)清代经学家刘宝楠对此解读道："夫子言人群居当以善道相切磋，不可以非义小慧相诱引也。"[1]一群人在一起，应该以大义善道相凝聚，而不是以非义小慧相引诱，才有可能增强能量，成就事业。据此，当代新儒商对企业的合作伙

---

[1]（清）刘宝楠撰，高流水点校，《论语正义》，中华书局1990年版，第628页。

伴，包括供应商、经销商、服务商、制造商等，通过产业链赋能、文化赋能、价值赋能等途径，"把简单的买卖关系上升到合作伙伴关系"[1]。

产业链赋能，就是将合作伙伴视为企业的特殊成员，促进全域产业链的发展。供应商是产品实现高标准质量的基础，必须实现无缺陷产品质量同步发展，保持领先的产品和加工技术，准时生产准时送货，提供具有成本竞争优势的服务。为此，就要督促和协助供应商建立质量、环境和安全管理体系，为供应商提供技术质量培训、现场指导、第三方审核等，帮助供应商提升质量水平和经营能力。经销商是企业面向顾客的"最后一米"，为此企业设立专门为经销商赋能的学习平台，帮助经销商提升信心，学会"干法"，解决行动目标，提供行动支持。

文化赋能，就是组织合作伙伴学习中华优秀传统文化和幸福人生课程等，帮助合作伙伴提升心性能量，深度成长，从而认同本企业的企业文化，同频共振，从只有"通财之谊"的普通业务关系，提升为"通财之谊＋规过劝善"的合作伙伴关系，再提升为"通财之谊＋规过劝善＋同甘共苦"的战略合作伙伴关系。

价值赋能，就是本着多方共赢的价值理念，并通过精益求精的方式为合作伙伴提供真实的价值。要对产品进行合理定价，尊重合作伙伴的合理利润空间，在为合作伙伴创造价值的前提下实现企业自身的价值。要促进合作伙伴树立共创共享的价值理念，"构建共生共荣的商业生态圈，从而优化市场风气、促进社会和谐"[2]。

四、善待竞争对手

企业对竞争对手导人向善、成人之美，就是要将对手视为市场经济中的共生伙伴，通过良性竞争，推动产业的进步，谋求社会的福祉。孔子说："君子无所争。必也射乎！揖让而升，下而饮，其争也君子。"（《论语·八佾》）大意是，君子没有什么可争的事情。如果有所争，一定是比

---

[1] 周永亮、孙虹钢、庞金玲，《方太文化》，第248页。
[2] 晁罡、钱晨、王磊，《从"差序格局"到"天下格局"：中国优秀企业家精神的演化过程研究》，《经济管理》，2024年第2期。

射箭了。比赛时，相互作揖然后登场；比完后，一起登堂喝酒——这是一种君子之争。当代新儒商所理解的市场竞争，正是这样一种"君子之争"，"君子的竞争就是采取正当的竞争，有底线的竞争"[1]。

君子之争就要尊重竞争对手。竞争对手可以称为"友商"——既是对手又是朋友。企业没有对手就不知道自己的奋斗目标和努力方向，只有参与竞争才能提高自己的技术水平和产品质量。因此，企业要"勇于竞争、善于竞争、超越竞争"。

君子之争就要关注顾客的需求。一个企业，当把打败竞争对手置于首要目标时，就会失去方向。企业用力的方向不同，结果自然不同。如果你全力以赴地关注、满足并不断创造顾客的需求，会有人追得上你吗？所以要用100%的爱心去关注我们的顾客，而不是关注竞争对手。

君子之争就要提升自己的实力。竞争的手段不是打败对手，而是练好内功。为此，企业要打"创新战"而不是打"价格战"，不是以低价格击垮对手，而是以创新成果拉动整个行业水平的提升。最好的竞争策略就是做好自己，你自己始终在做同行做不到的产品，拥有同行达不到的技术，"一骑绝尘"，遥遥领先，便自然拥有了竞争优势。

君子之争就要防止恶性竞争。应当保证竞争的公平、公正，采取正当的竞争、有底线的竞争，不能为了取胜而不择手段。对于某些采取恶性手段竞争的人，不是"以怨报怨"，也不是"以德报怨"，而是如孔子所说的"以直报怨"（《论语·宪问》），以理服人，以德感人，必要时采取法律手段，目的是引导其幡然醒悟，回归竞争初心，共创社会财富，分享共同利益。

第三节　博施于民的社会责任

企业的社会责任，包括企业对所有利益相关者的责任，其中既有企业的直接利益相关者如客户、员工、股东、合作伙伴、竞争对手等，也有企

---

[1] 周永亮、孙虹钢、庞金玲，《方太文化》，第254页。

业的间接利益相关者如政府、社区、弱势团体、社会公益事业等。本章第二节讨论了企业对直接利益相关者的责任，本节则重点讨论企业对间接利益相关者的责任。

儒商鼻祖子贡提出"博施于民而能济众"（《论语·雍也》）的理念，他是这样说的，也是这样做的。他在国家危亡的时候挺身而出，"存鲁，乱齐，破吴，强晋而霸越"（《史记·仲尼弟子列传》）；他资助难民回国，"赎鲁人于诸侯，来而让，不取其金"（《吕氏春秋·先识览·察微篇》）；他用经商所得支持孔子的文化教育事业，"使孔子名布扬于天下者，子贡先后之也"（《史记·仲尼弟子列传》）……这些，都体现了子贡博施于民的情怀。

当代新儒商继承儒家和儒商先贤的传统，切实担负起企业的社会责任，"企业家的责任，是应该始终坚持下面三个信念：国家会因为有您而强大，社会会因为有您而进步，人民会因为有您而富足"[1]。具体表现在尊重政府遵章纳税、胸怀慈悲热心公益、传播文化拯救心灵等方面。

一、尊重政府遵章纳税

儒家具有浓厚的家国情怀。"家是最小国，国是最大家"，无论是个人的小家庭还是企业的大家庭，其命运都与国家命运紧密相连。当代新儒商指出："做人第一就是要有高度的社会责任感。在家里，为人子要尽人子之责，为人夫必须尽人夫之责，为人父要尽人父之责；在社会上，要尽公民之责，要有强烈的民族和国家意识，这样你才会成功。"[2]

尽公民之责，就要相信国家尊重政府。中国的改革开放，让企业家走上了历史的舞台，成就了人生的价值，不管我们自己付出了多少努力，不管我们取得了多大成就，都和国家的扶持分不开。因此，"做企业家还需要有政治自信，能够懂得处理和政府的关系"[3]。政府是管理整个国家的，

---

[1] 曹德旺，《心若菩提》，人民出版社2017年版，第389页。
[2] 《曹德旺语录：坚持做好一件事》，百度知道，https://zhidao.baidu.com/question/315901395769247284.html。
[3] 仲伟志搜神记，《曹德旺：一棵大树的养成》，https://jg-static.eeo.com.cn/article/info?id=77140cc2e34b4ac9a1eaa386b9bd9836。

考虑的是国家的全局。不谋全局,不足以谋一域;局限于一域,不足以谋全局。政府做出的决策,企业应该无条件地执行,没有商量的余地。当然,企业在执行的过程中,根据实践的检验,可以向政府提出修正完善的建议,为政府建言献策,目的也是"为这个国家好",推动国家竞争力的提升。企业家是社会精英,必须为兴邦强国负责任,绝对维护国家利益,维护政府权威;负责任的中国人,可以给政府提建议而不是发牢骚乱抱怨。另外,政府的政策不断在变,企业必须跟着政府的政策走,你预计它变就要去变,不要等到变了再去变,那都太迟了一点。最犯忌的是,政府的政策变了以后,企业还没有反应过来,没有跟上去,那就要被淘汰了。

尽公民之责,就要遵纪守法遵章纳税。法律是维护国家稳定的武器,也是促进各项事业蓬勃发展的保障,更是捍卫公民权利和利益的工具。企业的法律责任,最基本的就是依法纳税。税收是国家收入的主要来源,是国家宏观调控的有力手段,对维护经济秩序具有重要作用。通过税收,国家可以提供国防、安全、教育、医疗、基础设施建设等公共服务,保障社会公平和稳定。这不仅有助于企业的健康发展,也为员工谋福祉,为国家多做贡献,体现了企业对社会的责任和担当。因此,依法纳税不仅是企业应尽的法律义务,更是对国家和社会的一种道德责任。"企业家最大的善是什么?遵纪守法、遵章纳税、善待员工。为什么这是大善?你如果犯罪,后面启动法院公安调查你要花多少钱啊?要多少人为你服务啊?那些都是纳税人的钱。"[1]遵章纳税,保证了国家机器的正常运转,减少了执法部门的运作成本,这就是"大善";遵章纳税,体现了企业对法律的尊重,对社会公平正义的支持,这也是"大善";遵章纳税,实现了企业与国家、社会的互利共赢,为社会繁荣做出贡献,这更是"大善"。

二、胸怀慈悲热心公益

儒家十分重视对弱势群体的关怀,在其设计的"天下为公"的理想社

---

[1] 仲伟志搜神记,《曹德旺:一棵大树的养成》, https://jg-static.eeo.com.cn/article/info?id=77140cc2e34b4ac9a1eaa386b9bd9836。

会中,"人不独亲其亲,不独子其子,使老有所终,壮有所用,幼有所长,矜寡孤独废疾者皆有所养"(《礼记·礼运》)。在这一理念影响下,热心慈善公益事业,成为历代儒商绵绵不断的优秀传统和鲜明标志。

在当代新儒商看来,做慈善之事首先要有慈悲之心。慈善慈善,先慈后善。要有悲悯之心、同情之心、关爱之心。一个人如果对别人的灾难和困难都麻木不仁的话,那么即使做再多的事情,方向可能都是错的。慈善不仅仅是捐钱,更是一个人的品德,他必须有悲悯之心,有悲悯之心才能够引发他去做好事,才会帮助人家。慈悲慈悲,先悲后慈,"没有悲怎么慈啊。因此悲悯之心是培养人的一种素养、素质。有了慈悲心,就不会对社会失去信心"[1]。

在当代新儒商看来,"慈善的目的就是学会做人,把自己修得自尊、自重、自爱、自律"[2]。慈善事业不仅是帮助社会上需要的人,而且对慈善者本身也是一种自我完善的途径。对于慈善,过去中国人有一个传统观念:乐善好施,或者叫助人为乐。慈善最重要的就是在帮助别人的同时能获得自身心灵的满足感。所以真正做慈善的人,不是为了面子,而是为了自身心灵的一种满足。在帮助别人的同时自己活得快乐。这是真实的很舒服的感受,所以可以长远地做下去。所以做慈善对于慈善者本身来说是很好的完善、心灵的提升。

在当代新儒商看来,慈善应该成为企业的文化。企业拿钱做慈善,如果不在企业当中普及一种慈善的文化,这个事情仅仅变成老板个人的活动,员工不理解、不支持,这个活动也不能持久,而且起不到作用。所以要让慈善的理念成为企业员工共同的认识,成为一种文化。"希望我们企业将来能够发展得好,有能力捐助更多的人。同时我们员工也都在我们这个企业组织当中学习进步、形成一种慈善文化,每个人能够尽可能地保持一颗善心,无愧于社会。"[3]

---

[1] 仲伟志搜神记,《曹德旺:一棵大树的养成》,https://jg-static.eeo.com.cn/article/info?id=77140cc2e34b4ac9a1eaa386b9bd9836。

[2] 《曹德旺:我不信命》,正和岛(ID:zhenghedao)。

[3] 王健林,《让慈善成为企业文化》(2014年8月16日,在首届中国慈善论坛上的发言),收入王健林的《万达哲学》,中信出版社2015年版,第249页。

由此，当代新儒商热心投入慈善公益事业，无论是平时的扶老爱幼、扶弱解困、扶贫攻坚、慈善捐助，还是特殊时期的抗洪、抗震、抗灾、抗疫，他们都义不容辞，率先垂范，慷慨解囊，无私奉献。在这过程中，当代新儒商还创造了许多公益慈善新模式，包括股权捐赠基金、产业精准扶贫等。他们不是为了企业的利益，而是为了社会的公益；为了社会公益的目的，却采用企业经营的手段。"这可能是全世界最优秀、最卓越的企业家才能做好的事情。成功的社会企业和社会企业家是现代工业文明的突出标志之一。"[1]

三、传播文化拯救心灵

儒家十分重视人文教化。孟子指出："人之有道也，饱食煖衣，逸居而无教，则近于禽兽；圣人有忧之，使契为司徒，教以人伦：父子有亲，君臣有义，夫妇有别，长幼有序，朋友有信。"（《孟子·滕文公上》）在他看来，人之所以为人，吃饱了，穿暖了，住得舒服了，如果没有教化，那就和禽兽差不多了。所以就要进行人文教化，明白人伦道理，确立社会秩序。由此，当代新儒商将中华优秀传统文化的教育和传播，作为公益慈善活动的重要内容。在他们看来，"最究竟的慈善，莫过于拯救心灵"，为此针对不同人群开展了各种国学公益教育活动。[2]

举办"家庭家教家风公益课堂"，帮助学员树立正确的人生观，根植孝道与中华优秀传统文化，唤醒良知，找寻身心健康、家庭幸福、事业成功、子女教育的根本方法，并通过在日常生活中的践行，自觉传承弘扬中华优秀传统文化和革命前辈的红色家风，抓好家风建设，实现身心和谐、家庭和谐，进而实现社会和谐，让社会大众的人生更加幸福美满。

举办"亲子经典公益学习班"，倡导以经典为师，与圣贤为友，立君子品，做有德人。通过学习与力行，帮助孩子树立梦想，增强自信；孝顺父母，团结友爱；增长定力，提升智慧；知礼仪，守规矩，变化气质；并能专心学习提升成绩。同时，帮助家长寻找保持身心健康、构建幸福家

---

[1]《王健林的慈善"大目标"：人人都是慈善家》，新浪公益，2016年9月6日。
[2] 资料来源：广东蓝态幸福文化公益基金会官网。

庭、促进事业有成、教育子女的根本方法。通过在日常生活中的践行，实现身心和谐、家庭和谐，进而实现国家安宁、社会和谐，让人生更加幸福美满。

举办"企业基业长青高级研修公益班"，以课堂学习、现场参学、论坛互动等形式进行，致力于帮助广大企业家和中高层管理者领悟中华优秀传统文化管理智慧，寻找企业管理大道，推动企业家和管理者身心和谐，自然而然地使其产生利他之心，造福家庭，造福企业，造福社会。积极承担社会责任，实现共同富裕。

举办"传统文化进校园"的公益活动，以搭建教育专家论坛平台、开设幸福教育师资班、举办文以化校研讨会等方式，推动中华优秀传统文化在各级各类学校的管理与教育运用，在思想道德教育、文化知识教育、艺术体育教育、社会实践教育各环节的全方位融入，助推学校实施强师德师风、立德树人建设，链接学校、教师、学生、家长形成教育合力，助创幸福校园，以达和谐社会。

中华优秀传统文化的教育与传播，构建了幸福家庭、幸福企业、幸福校园、幸福社区、幸福社会、幸福人生，从而使各个阶层的社会大众通过学习，从关注自我到关注他人、从自私自利到富有公心、从问题者到受益者又逐步成为志愿者，积极参与为社会服务的各种公益活动中，形成人人向上向善的良好社会氛围，从而更好地提升了共建共治共享的社会治理效率。

第四节　万物一体的自然责任

儒家主张"天人合一"。明儒王阳明指出："大人者，以天地万物为一体者也。"(《大学问》)在王阳明看来，无论是自己的同类还是飞禽走兽，是花草树木还是砖瓦石板，都是人类仁爱之心关注顾惜的对象。这就表明，在儒家那里，人类之所以贵为万物之灵，是因为他自觉意识到并愿意承担起关爱自然万物的职责。为此，当代新儒商将"自然"纳入企业利益相关者的范畴，积极推行绿色制造，发展循环经济，保护自然环境。

一、推行绿色制造

绿色制造，是综合考虑环境影响和资源效益的现代化制造模式，也就是产品在从设计、制造、包装、运输、使用到报废处理的全生命周期中，对环境的影响（副作用）最小，资源利用率最高，同时尽量使企业经济效益和社会效益最大化。[1]

当代新儒商把绿色制造作为企业社会责任的体现。在他们看来："企业在发展过程中注重经济效益的同时，更要肩负社会责任和注重社会效益，原来追求单一功利的企业应该转变为寻求幸福的企业，传统企业应该向社会企业靠拢。绿色、低碳、和谐是企业应履行的社会责任和使命。"[2]为此，他们将绿色、低碳、和谐的理念贯穿产品生产和经营的过程中，形成了以绿色设计、绿色采购、绿色制造和绿色销售为一体的"4G 理念"。

企业把产业发展、员工教育、生态文明建设、社会服务融为一体，紧紧围绕国家"碳达峰、碳中和"的目标，持续推动低碳、高效、节能等新产品的市场开发及产品升级，以企业自身低碳发展带动行业和产业链低碳转型为核心，以员工自身自觉践行低碳环保理念为节点，以服务社会带动更多低碳环保行为为升华。

企业在产品及其生命周期全过程的设计中，充分考虑产品对资源和环境的影响，在充分考虑产品的功能、质量、开发周期和成本的同时，优化各有关设计因素，使得产品及其制造过程对环境的总体影响和资源消耗减到最小。企业大力推行能源管理体系，进行能源消耗统计与分析，并制定相应的减排方案。优化生产工艺、改进设备，以及加强员工节能意识，成功减少了能源消耗和碳排放，增加了使用可再生能源的比例，减少了对传统能源的依赖。

企业与供应商建立了绿色供应链合作伙伴关系，强调环境友好的采购方式。制定了一系列标准，要求供应商遵守环境保护、节能减排等方面的

---

[1]《奏响新型工业化的绿色主旋律——中国工业向"绿"而行》，《中国信息化周报》，2023-07-05。

[2] 吴念博，《圣贤文化造就锢铻幸福企业》，载黎红雷主编，晁罡、胡国栋副主编，《企业儒学的开创与传承》，第303页。

规定,并且培训和评估供应商,鼓励他们积极参与绿色发展。为了鼓励供应商节能,还专门设立了节能环保奖,将自身低碳环保的发展经验毫无保留地分享给合作伙伴,引领产业链上下游企业加入低碳环保行列,带动更多企业走可持续发展之路。

二、发展循环经济

循环经济,是以资源的高效利用和循环利用为核心,以"减量化、再利用、资源化"为原则,以低消耗、低排放、高效率为基本特征,不断提高资源利用效率,以尽可能少的资源消耗和环境代价满足人们不断增长的物质文化需求,符合可持续发展理念的经济发展模式。[1]

在当代新儒商看来,循环经济就是"化废为宝,化恶为善"。[2] 所谓垃圾,只是放错了地方的资源,而且是地球上唯一的一种不断增长、永不枯竭的资源。随着技术的更新换代和人们生活水平的不断提高,越来越多的废弃产品逐渐积聚为一座座"城市矿山"。这种城市矿山其实就是自然矿山的"搬家"。人们从自然矿山中开采冶炼各种矿物,制作各种产品,产品生命周期过后丢弃,放错了地方就是"垃圾",放对了地方就是"资源",而且是具有极高价值的资源。例如,每吨自然金矿石可以提炼 30～50 克黄金,而每吨电子线路板却可以产生黄金约 350～500 克,另有银、铜、铁等多种金属元素和玻璃纤维、环氧树脂等非金属成分。这不但为工业企业提供了低成本的原料,减少了资源和能源的使用量,还减少了温室气体排放,减少了废弃物对环境的伤害,更好地促进人与自然和谐共生。

发展循环经济,企业要落实三个原则。一是"减量化"原则。在生产过程中改进管理和技术,减少进入生产和消费过程的物质和能量,即在生产源头的输入端就充分考虑节省资源、提高单位生产产品对资源的利用率、预防废物的产生。具体来说,企业必须采取有力措施,通过技术改

---

[1] 马荣,《循环经济助经济发展方式转变和高质量发展》,中华人民共和国国家发展和改革委员会官网。

[2] 李景春,《成人达己与天元的经营理念》,载黎红雷主编,晁罡、胡国栋副主编,《企业儒学的开创与传承》,第323页。

造，采用先进的生产工艺，实施清洁生产，减少单位产品生产的原料使用量和污染物的排放量。二是"再利用"原则。在生产中，要求制造产品和包装容器能够以初始的形式被反复利用，尽量延长产品的使用期，而不是非常快地更新换代。三是"再循环"原则。企业要尽可能地对"废物"进行再加工处理，使其作为资源，制成使用资源、能源较少的新产品而再次进入市场或生产过程。总之，秉持"化废为宝，化恶为善"的精神，企业发展循环经济大有可为，也必有可为。

三、保护自然环境

环境保护，是人类为了保护大自然而采取的一种行为。《中华人民共和国环境保护法》指出："国家采取有利于节约和循环利用资源、保护和改善环境、促进人与自然和谐的经济、技术政策和措施，使经济社会发展与环境保护相协调。"[1]保护环境是国家的基本国策，也是企业作为社会公民的法律责任和道德责任。

随着工业化和城市化的进展，乡村的年轻人都涌入城市；有的乡村被农药、化肥、除草剂等包围，有的农人，已不敢吃自己种植出来的粮食、水果、蔬菜；进城的年轻人虽在工业流水线上换回财富，多年过后，却发现：回不去的乡村，留不下的城市。我们得问问自己，我们这是怎么了？我们的家园这是怎么了？我们的世界这是怎么了？我们的未来怎么办？对此，当代新儒商进行了深入的思考与实践。

《周易·系辞上》中说"一阴一阳之谓道"。独阴不长，独阳不生。当代新儒商意识到：乡村与城市、农业与工业，本身是一个阴阳共存的统一体：没有乡村的富足与安宁，那么城市的富足与安宁必然是梦幻泡影；没有农业的可持续发展，工业的持续将是万丈深渊。由此，当代新儒商提出："乡村是城市的命根子，农业是工业的命根子，有机农业是农业的命根子，中华文化是有机农业的命根子。"[2]为此，采取了以下具体措施。第

---

[1]《中华人民共和国环境保护法》，中华人民共和国生态环境部官网。

[2] 李文良，《天地人和树立泰威文化信仰》，载黎红雷主编，晁罡、胡国栋副主编，《企业儒学的开创与传承》，第331页。

一，启动乡村建设。乡村建设的关键是年轻人回归，而要年轻人回归则首先要由当今社会最有力量的企业家群体来引领，因此，企业家的觉醒是关键。第二，提倡素食。科学数据表明，一人吃一天素食，可减少碳排放 4.1 千克，相当于一棵成年树 150 天减少的碳排放。从事工业的我们不能去多种树，但可以选择吃素，来延缓地球温度的上升。第三，践行有机农业。有机农业的实践，杜绝使用农药、化肥、除草剂等种植手段，让大地恢复健康。大地本是充满微生物生命的，大地是地球上一切众生的母亲，只有地球母亲健康了，众生才有可能健康。给众生活路，人类才会有活路。通过有机生态农业、传统文化学习和搭建农民返乡就业平台，为保护自然环境，实现城乡协调发展，当代新儒商做出了积极的贡献。

第十三章

创业垂统的传承观

儒家的传承观,集中体现在孟子的这句话上:"君子创业垂统,为可继也。"(《孟子·梁惠王下》)在儒家看来,君子创业并垂下统序,是为了可以传承。当代新儒商由此形成了自己的传承观,包括适应于家族企业的创业传承、适应于非家族企业的文化传承,以及适应于数字经济时代的生态传承等。

―

第一节 儒家的传承观

儒家的传承观,其传承的内容,在于德行善行;传承的依据,在于天命民心;传承的方式,在于守正创新。

关于传承的内容,儒家强调的是德行善行。《孟子·梁惠王下》记载,孟子见滕文公。当时的滕国是个小国,而其强邻齐国却步步紧逼,在两国交界的薛邑修筑加固城池,滕文公很担心,请教孟子如何应对。孟子于是向滕文公提起周朝"创业垂统"的故事:以前周朝的祖先太王居住邠地的时候,狄人不断进犯,他就搬离邠地,迁到岐山之下去居住,由于深得民众拥戴,他的后代文王、武王创立了周朝,最终获得天下。这就表明,"苟为善,后世子孙必有王者矣"(《孟子·梁惠王下》)。

在这里,孟子是想告诉滕文公:如果你是为百姓着想,让百姓避免战祸、不要流离失所;那么,如果齐国真的来攻打滕国,你就像周太王一样，把滕国让给他又何妨呢？尽管这样做，你无法继续当这一国之君，但是百姓能过上安定幸福的生活，这就是"大善"。如果你想创业垂统，就要不停地积累善行。不要为一己之利，而要利益大众；不要看当下得失，而要着眼未来；不要计较名利地位，而要积累功德。这样，你的德行和功业，才会被后世子孙所传承。

对此，朱熹在《孟子集注》中评论："言能为善，则如大王虽失其地，而其后世遂有天下，乃天理也。然君子造基业于前，而垂统绪于后，但能不失其正，令后世可继续而行耳。若夫成功，则岂可必乎？君之力既无如之何，则但强于为善，使其可继而俟命于天耳。"在朱熹看来，立国者造基立业，坚持善念善行、正念正行，即使一时失去土地、遭受挫折，后代子孙依然可以通过遵循先人的正道，继续前行，勉力为善，最终也能够成功地传承先人所开创的基业。

关于传承的依据，儒家强调的是天命民心。对于创业者与继创者之间的传承，孟子认为不是由个人的意志所决定的，而是由上天的意志来决定的，而上天的意志又是由人民的意志来左右的。

《孟子·万章上》详细记载了孟子"天与贤，则与贤；天与子，则与子"的传承观。万章问："尧拿天下授予舜，有这回事吗？"孟子说："不，天子不能够拿天下授予人。"万章问："那么舜得到天下，是谁授予他的呢？"孟子回答："天授予的。"当时尧去世后，舜为他服丧三年，然后避居于南河的南边去，为的是要让尧的儿子继承天下。可是，天下诸侯朝见天子的，都不到尧的儿子那里去，却到舜那里去；打官司的，都不到尧的儿子那里去，却到舜那里去；歌颂的人，也不歌颂尧的儿子，却歌颂舜。所以这就是天意。

万章又问："有人说，到了禹的时候，道德就衰微了，天下不传给贤德的人而传给自己的儿子，有根据吗？"孟子答道："没有。这话不对。天要授予贤德的人，就授予贤德的人；天要授予君主的儿子，就授予君主的儿子。"当时禹去世后，益为他服丧三年，也因为要让位给禹的儿子，自己避到箕山之北去。当时朝见天子的人、打官司的人都不去益那里而去禹的儿子那里，唱颂歌的人不歌颂益而歌颂禹的儿子。禹的儿子很贤明，能够认真地传承禹的治国之道。舜辅佐尧、禹辅佐舜，治理天下的时间长，施恩给百姓的年岁多；而益辅佐禹的时间短，施恩给百姓的年岁少。舜与禹、禹与益相距时间的长短和他们儿子的好坏，都是上天的意志，不是哪个人的力量能够做到的。

这里，对于原始社会后期氏族部落联盟管理职位的禅让制度，孟子当然还不懂得从生产力和生产关系的发展水平所决定这一角度去分析。但是，他敏锐地看到，禅让制度所以能够推行，有着历史发展的某种必然性。对此，孟子用"天"或"天意"来表述："天与贤，则与贤；天与子，则与子。"尧禅让给舜，这是"与贤"；禹传位给启，这是"与子"。而无论是"与贤"还是"与子"，都不以统治者个人的意志力为转移，而以"天"的意志为转移。"唐虞禅，夏后殷周继，其义一也。"（《孟子·万章上》）这里前后一致的"义"，就是历史发展的必然性——"天意"。

对于孟子那个时代来说，孟子能够透过繁杂的社会现象认识到历史发展有必然性，这已经很了不起。但更了不起的是，孟子把这种历史发展必然性（"天意"）的本质归之于人民大众（"民意"）。"天视自我民视，天听自我民听。"在孟子看来，"天意"概括"民意"而形成的，"民意"通过"天意"而表达；"天意"即"民意"，"民意"即"天意"，一而二，二而一，从本质上看，二者是一致的。这就导出孟子著名的"民本"思想。他说："民为贵，社稷次之，君为轻。是故得乎丘民而为天子，得乎天子为诸侯，得乎诸侯为大夫。"（《孟子·尽心下》）这里把管理者权力更迭传承的根本原因直接归之于人民群众，在一定程度上突破了"天命传承论"的框架。

关于传承的方式，儒家强调的是守正创新。"周虽旧邦，其命维新。"（《诗经·大雅·文王》）在儒家心目中，周朝的历史虽然古老，但它肩负的天命在于创新。这里提到"旧邦"，不是要人们"守旧"，而是要"守正"；这里提到"维新"，就是在"守正"基础上的不断"创新"。

守正创新，用孔子的话来说，就是"损益可知"。《论语·为政》记载，子张问孔子："十世可知也？"孔子回答："殷因于夏礼，所损益，可知也；周因于殷礼，所损益，可知也。其或继周者，虽百世，可知也。"在这里，孔子从礼乐制度的变迁来看待文化传统的传承。在他看来，一个历史悠久的文化传统（比如"礼乐制度"），在其漫长的发展过程中，总是有损有益，即有减少有增加的。如果把握这一文化传统变迁传承的规律，那么不仅十世的礼乐制度可以预先知道，即使是百世的礼乐制度也是可以预先知道的（按：古人以三十年为一世）。

孔子本人就是礼乐制度损益的典范。例如，古礼重视"鬼神祭祀"，但孔子却认为应该"敬鬼神而远之"（《论语·雍也》），并明确地告诫向他问事鬼神的子路"未能事人，焉能事鬼？"（《论语·先进》），所以弟子们才说"子不语怪，力，乱，神"（《论语·述而》）——这就是"损"。又如，古礼规定"学在官府"，只有贵族子弟才有接受教育的权利；而孔子开创性地打破了这种格局，第一个创办了私学，实行"有教无类"（《论语·卫灵公》），为教育的普及、文化的传播，做出了伟大的贡献——这就是"益"。再如，古礼规定了宗法亲亲制度，统治阶层实行等级世袭制；而孔子创造性地扩展了"君子"的理念，为一般平民通过教育而跻身社会管理阶层打开了方便之门——这更是影响深远的"益"，正是在这一思想指导下，形成了中国的"科举制"，启发了英国的"文官制度"，再发展成现代的"公务员制度"。

"损"和"益"本来是《易经》中的两个卦名。损卦的含义是"损益盈虚，与时偕行"（《周易·损·彖》）；益卦的含义是"凡益之道，与时偕行"（《周易·益·彖》）。孔子用"损益"来表述礼乐传统的形成与传承，正体现了儒家与时偕行的精神：一是要适应时势的需要，"益之损之，与时宜之"（朱熹《论语集注》引胡氏曰）；二是要符合民心，"损上益下，民说（悦）无疆"（《周易·益·彖》）；三是要损益得当，"损以远害，益以兴利"（《周易·系辞下》）。《周易·艮·彖》中说："时止则止，时行则行，动静不失其时，其道光明"，正体现了儒家创新传承观的内在动力和光明前景。

第二节　继往开来的创业传承

孟子所说的"君子创业垂统，为可继也"，其中的关键词是两个字，一个是"创"，一个是"继"。对创业者来说，创立功业，传给子孙后代，是为了把基业传续下去；而对继承者来说，在继承上一辈基业的同时，还要继续开拓创业。在这个意义上，继承者同时也是"继创者"。为此，家族企业的传承，就要保证继创的条件、把握继创的时间、开拓继创的空间。

一、继创条件的保证

"芳林新叶催陈叶，流水前波让后波。"继创是积极的传承，这就要为继创者创造必要的条件，提供充分的保证。对家族企业来说，最根本的是要解决继创者的股权问题。

在家族企业中，很多令二代烦恼的家族矛盾和权力斗争是由股权不清晰、不稳定引发的。股权纠纷导致的官司对企业的信誉和品牌影响最大，直接妨碍二代接棒。因此股权治理是家族企业治理与传承的第一大问题，控制好股权，运用好股权的威力，对家族企业成为百年老店至关重要。为此，当代新儒商提出："股权决定一切。聚人心、谋发展、传百年，股权是重大关键。"为此，他们提出家族控股"三段论"、家族股权"口袋论"和接班人控股论。[1]

家族控股是对创业家族最大的激励。当前多数中国家族企业处于成长期，需要一股真正引导企业长期发展的控制力量，这样企业在遭受重大危机时才有人挺身而出。企业家族控股的企业更稳定，更有可能成为百年老店。但是，家族控股并不意味着绝对不开放股权，开放一部分股权可以吸引优秀人才加入，把企业做大做强。只是股权开放要分阶段而行。第一阶段：90%以上或100%的家族完全控股。在企业初创时期，家族完全控股有利于企业的稳定和聚力。第二阶段：51%以上的家族绝对控股。在企业发展时期，为吸引和留住人才，选择向元老和职业经理人开放股权；或者为了强强联合，向合作伙伴开放股权；或者选择上市，但家族仍处于控股地位。第三阶段：35%以上的家族相对控股，这种控股方式适合规模大、股权社会化程度高、品牌强势的家族企业。

家族企业的"创业垂统"，这里的"统"指的是血统。从家族控股的

---

[1] 茅理翔，《破解家族企业传承十大难题》，《商业评论》，2020年7月号。

角度看，就是"传子"，即把股权传给与企业创始人有血缘关系的子女。如果企业创始人有多个子女怎么办？在创始人这里，家族控股是一个口袋；子女结婚了，就相当于变成多个"口袋"了。为此，家族企业内部的股权必须清晰，防止产生家族纠纷；并且，最好是分开经营，防止在责、权、利和思路上的分歧造成家族内部矛盾。

在家族控股的背景下，家族内部股权的分散，仍然会给那些有能力、有抱负的接班人造成巨大障碍，让他们空怀一腔光耀门楣、兴业报国的大志，却无力施展。由此看来，接班人控股是家族企业传承的有效保证。为此，一要实行收购原则，凡是选定的二代接班人都有收购其他兄弟姐妹股份的优先权，被收购的兄弟姐妹应该另寻出路；二要实行分立原则，如果兄弟姐妹都是强人，最好分开，交叉持股，在各自领域都处于控股地位，以独立发展为主。

二、继创时间的把握

"年年岁岁花相似，岁岁年年人不同。"继创是动态的传承，这就要把握好时间的节奏，包括及时制定传承计划、适时交接班等。[1]

制定传承计划的前提，是企业开创者对自身、家庭和企业的具体情况的详尽分析。自身的情况，包括年龄和健康状况、财务状况、生活方式、退休计划、公益和社会活动、税负环境等。家庭情况，包括家庭结构及家庭成员的情况、潜在接班人的兴趣和素质、遗产规划和安排等。企业情况，包括经营和财务情况、资本结构、治理结构、人事管理和激励机制等。制定传承计划应该考虑家庭目标、企业目标、财富目标。家庭目标包括选拔家庭领袖、避免家族成员间的内讧甚至相互仇恨、维持家族的社会地位、保证每位家族成员的基本生活、医疗和教育所需，以及规划家族成员的职业发展等。企业目标包括企业的长期发展、家族对企业的实际控制要求、家族对企业的管理介入程度等。财富目标包括家族财富流动性、遗产分配、遗产税、慈善事业等。

传承计划包括但不限于以下内容：

第一，选拔接班人的标准和程序的制定。尽管血缘裙带是家族企业接

---

[1]《家族企业接班的关键五步》，金思维投资咨询（上海）有限公司网站。

班规划中最自然的起始点，但是，经过家族各成员联合预设的标准和程序可以避免完全任人唯亲所带来的灾难性后果。

第二，培训潜在或选定接班人，包括安排他们在家族企业实习来培养其对企业的兴趣和荣耀感，放到家族企业以外的其他领域获取作为普通员工的经历，然后再回到家族企业的不同部门接受管理技能和领导力的轮岗培训，从而逐步树立其在员工和家族成员中的威信。

第三，安抚非接班家族成员及制定限制他们参与企业经营管理的措施，既要明确以何种方式的利益刺激来抚慰和挽留落选的家族成员，又必须明确规定以何种措施来限制他们在家族企业中的势力膨胀和对接班人正常工作的干扰。

第四，对企业员工预期和适应交接班的培训计划，既要有确定接班人之前员工对企业接班的预期的方案，避免员工们的无端猜测导致军心涣散；还必须有一套确定接班人之后培训企业员工来适应新的领导人的计划，从而尽快确立接班人的权威。

第五，企业开创者退休以后的生活和社会活动安排。退休的企业开创者厘清自己的生活喜好和慈善事业等社会活动目标，并确定自己以何种程度继续过问家族企业的决策事务，以适应退休以后的巨大落差。

正常交接班触发点应该为企业开创者退休之时，这样交班者可以有充分的时间和精力将接班人扶上马后再送一程。实践证明，交接班是个过程，这个过程双方都不能太急躁。交接班不仅是权力的过渡，更重要的是整个管理运行的过渡，同时又是引入新制度、塑造新文化的过程，也是接班人提升管理水平和个人修养的过程，因此，在这个过程中双方要学会耐心，学会方法，学会把握机会。

三、继创空间的开拓

"长江后浪推前浪，浮事新人换旧人。"继创是主动的传承，一方面企业开创者要开明开放，为继创者留出开拓的空间，另一方面继创者要积极进取，为企业的发展不断开拓新的局面。[1]

---

[1] 茅理翔，《破解家族企业传承十大难题》，《商业评论》，2020年7月号。

为继创者留出开拓空间，企业开创者的彻底放权是首要的关键。为此，开创者一要开放，要信任继创者，压担子，定界限，分职责，逐步放手，保证稳定；二要开明，充分重视继创者的意见和建议；三要包容，即使感觉某些事情有小风险，只要不违背原则，就应让继创者去试错；四要统一，每次开会前，两代人要统一思想，再到会上宣布，切忌公开场合争吵；五要协调，成立家族议事会，交流意见，确定公司的重大决策。

为继创者留出开拓空间，淡化家族、安置元老是重要的一环。淡化家族：一是要坚决，能力不足的家族成员一定要离开企业；二是要适时，什么时候淡化要按照企业的实际情况而定；三是要分批进行，从时间、年龄、能力、职务等角度综合考量；四是要和谐，千万不要为了淡化而激化家族矛盾，影响家族团结，影响企业发展。安置元老：一是要尊重，尊重他们对企业的贡献，学习他们的管理智慧和经验；二是要区别对待，不搞"一刀切"，该用则用，该留则留，该下则下，该走则走；三是要和谐，注重沟通，最好让大家都满意，走的人给足"路费"，甚至代找出路，而留的人按能力任用或重用。这里需要提醒的是，无论是淡化家族还是安置元老，最好都由企业开创者亲自执行，这样便于沟通，减少矛盾，取得效果。需要强调的是，这里的"淡化"和"安置"，不是否定家族成员和创业元老，而是根据企业发展的阶段和所处情形展开的组织再造的人才工程，其目的是引进人才、任人唯贤，是建立制度、规范运作，是便于接班人组建属于自己的精英团队，是利于企业更新换代、变革管理创造环境。

继创者开拓新的局面，一是塑造文化：交接班的过程是一个变革的过程，变革必须从文化入手，接班人必须重新审视公司原来的文化，重新塑造新的文化。二是树立品牌：品牌是走向百年老店的黄金通道，所以任何一代的接班人都要捍卫本企业的品牌，企业品牌的大旗应该世代相传。三是建立团队：既要防止新老派系争斗，也要对新班子成员严格要求，筛选能人和忠诚的人成为自己团队的骨干，整个团队必须培养敬业、合作、学习、创新精神。四是建立制度：引入国际先进的现代管理体系制度，将管理从初级提升到高级，从人治提升到法治，让经营的职业团队与现代体系运营相结合。五是制定战略：企业的战略是企业的行动纲领，是实现企业理性目标的前提条件，也是企业充满活力的有效保证。接班人应该制定企业的中长期战略,让全体员工对新蓝图有一种期待感、神圣感,对企业充满新的希望。

第三节　承前启后的文化传承

孟子所说的"君子创业垂统,为可继也",这里的"统",不仅指继创者与开创者之间的"血统",更重要的是指继创者赓续开创者的"道统",即今人所说的文化传统。宋儒朱熹指出:"君之力既无如之何,则但强于为善,使其可继而俟命于天耳。"(《孟子集注》)在他看来,后来者能否接班,不以个人的意志为转移;只有遵循前人的德行善行,才有可能俟命于天,荣膺大任。为此,非家族企业的传承,更加重视接班人的培养、核心价值观的传承,以及交接班的制度化。

一、接班人的培养

"试玉要烧三日满,辨材须待七年期。"接班人要成功接班,这是一个漫长的过程。在这个过程中,必须高度重视接班人的培养和筛选,做到未雨绸缪,以防万一。[1]

企业不是一个人的企业,也不是一代人的企业,而是成千上万一代又一代的人为之共同奋斗的事业。对于任何一家企业而言,要想打造成为一个百年企业,接班人的培养无疑是一个重要的战略任务。企业要想永续经营、发展壮大,就必须源源不断地培养出所需要的人才,并及时准确地选择能够带领企业不断前进的接班人。因为企业依靠制度,而制度需要人来制定和执行,如果没有人执行它或者延续和发展它,那么最终将因为人的问题而使企业不能够保证发展,所以一定要围绕百年企业的思路,来进行企业的制度建设和人才的培养。事实证明,百年企业的发展不是依靠某一个人就可以完成的,必须凭借接班人顺利地接棒、交棒。

---

[1] 周锡冰,《董明珠:培养接班人是领导者的责任》,https://xueqiu.com/1477000524/266248058。

企业的接班人，必须对本企业始终保持忠诚，通常离开企业的员工都不准再回来，更不能成为企业的接班人。企业的接班人要坚持内部培养，对于外来的人，只要是从同行企业中出来的，无论多能干，原则上不收留。不是说别人不优秀，而是说仅靠别人培养人才，本身就是一个贪婪的行为。跳槽的人，从原来企业"叛逃"有很多原因，但大部分是利益上的问题，或者说个人的利益，比如个人愿望得不到满足。如果一个人不忠诚于自己的企业，那么越有能力就越不能用，因为用得越多对企业的伤害就越大。

企业的接班人，必须具备奉献的精神。奉献的精神实际上就是一种牺牲精神，就是不能考虑个人得失，而应该把自己的精力全部投入企业里面，把自己个人的生命和企业发展联系在一起。一个具有奉献精神的人、一个忘我的人、一个大公无私的人，才能成为一个好的领导者。如果一个领导者追求的是自己利益的最大化，或者自己的荣誉，那这样的领导者是做不成的。另外，不能因为职务发生变化就放弃了奉献的精神，因为只有这一份坚持，领导者才能带领一个团队，领导者是什么样的人，其部下就会以领导者的行为为标准。

企业接班人的能力，可以通过"赛马"的方式来辨别。企业接班不是仅限于挑选某个人，而是形成一个团队。在这个团队中，很多人很优秀，但往往只局限于某个领域；而领导者，必须具备责任、精神、挑战、执着的能力和素质，才能保证企业全面、稳定而持续地发展。不仅这个人能够接班，而且还能够带领一个团队。要想培养出团队的接班人，企业就要形成公平、公正、公开的良好氛围，在评估他人时不是依据个人交情而是专业表现来评判，从而发展出有利于接班人脱颖而出和大展身手的企业文化。

二、核心价值观的传承

"新竹高于旧竹枝，全凭老干为扶持。"企业的交接班是企业文化的老干发新枝，是文化的传承、核心价值观的传承、理想信念的传承。[1]

---

[1] 张强，《华为交接班制度：在集体奋斗中自然产生领袖》，蓝血研究，2022-06-22，https://user.guancha.cn/main/content?id=788366。

企业的交接班是文化的交接班、制度的交接班，而不是人传人的、封建式的交接班。事实上，在企业的发展过程中，交接班一直都在进行，建立现代企业制度，把那些品德好、学习好、实践好、有干劲的人不断提拔上来，这不就是在交接班吗？因此，企业的高级干部一定要学习本企业的企业文化，努力参与制度建设，并严格遵循这些流程。基层员工也可以通过学习上升为高级干部，而高级干部如果不学习，则有可能要从这个舞台退下去。"历史的淘汰是必然的，从来没有停歇过。"[1]

企业文化的核心就是价值观。把大家都接受的价值观落实到考核激励机制上、流程运作上，员工的行为就牵引到正确的方向上了。围绕企业的核心价值观，不同时期会有不同的人冲上来，最后就看谁能完成这个结果，谁能接过这个重担，将来就谁来挑。只有当接班人能够高度认同、大力传承企业的核心价值观，才能够确保企业的基业长青。只要接班人都是用核心价值观约束、塑造出来的，企业就一定能够不断地获得商业成功和持续发展。而且接班人是广义的，不是高层领导下台就产生某个接班人；而是每时每刻都在发生的过程，每件事、每个岗位、每项流程都有这种交替行为，改进、改良、不断优化的行为。"我们要使各个岗位都有接班人，接班人都要承认这个核心价值观。"[2]

围绕企业的核心价值观，企业的接班人就不是为了权力、金钱来接班，而是为了理想来接班。因为核心价值观已经渗透到每一个员工和干部的血液里，落实到考核激励机制上、流程运作上，缺乏使命感的人在企业是待不住的、更不可能成为接班人的。接班人要有一种为社会贡献的理想，支撑着这个情结。只要是为了理想接班的人，就一定能领导好，就不用担心他。如果他没有这种理想，当他捞钱的时候，他下面的人很快也会利用各种手段捞钱，这个公司很快就崩溃了。

围绕企业的核心价值观，企业的接班人就要从有成功经验的人中选拔培养。有成功经验就表明他有一定的方法论及领导能力，熟悉公司的文化，经过培养就很容易掌握公司的管理方法，适应公司的治理环境，推

---

[1] 任正非，《揭开面纱，穿上西装，走进世界》，https://www.sohu.com/a/55695455_343325。
[2] 任正非，《华为的红旗到底能打多久》，《华为人报》，第71期。

动公司的持续发展。"宰相必起于州部，猛将必发于卒伍"（《韩非子·显学》），坚持从成功的实践者中选拔接班人，就能引导企业大家庭的优秀儿女不畏艰险、不谋私利，走上最需要的地方，并长期保持艰苦奋斗的牺牲精神，永远坚持艰苦朴素的工作作风，在不同的岗位、不同的地点加速成长，接受公司的选择，传承公司的文化，光大公司的事业。

三、交接班的制度化

"喜看稻菽千重浪，遍地英雄下夕烟。"企业的持续发展，需要无数的英雄；而在企业的发展过程中，也会有无数的英雄不断涌现。因此，企业就要建立一个有利于英雄成长的环境，实现交接班的制度化，在集体奋斗中自然产生领袖。[1]

实现交接班的制度化，就要破除对个人的迷信。企业需要英雄，不是需要一个人，而是需要千千万万个人；不是一个人在推动企业前进，而是全体员工在一起推动企业前进。通过大力推行流程管理、机制管理而步入惯性运作，企业的经营就与某一个人的管理脱离开来，交接班就会在自然而然中进行起来。千万不可把一个人神化，否则就是扭曲企业的价值创造体系，公司就会垮掉。因为，员工认为自己在创造价值，积极性就会很高；如果员工认为只是某一个人在创造价值，积极性就会丧失。

实现交接班的制度化，要写入企业的"基本法"予以明确规定。一是对接班人的要求：只有继承，才能发展；只有量变的积累，才会产生质变。承前启后，继往开来，是我们的事业兴旺发达的基础。二是对培养接班人的要求：只有进贤和不断培养接班人的人，才能成为领袖，成为公司各级职务的接班人。仅仅使自己优秀是不够的，还必须使自己的接班人更优秀。三是接班人产生的途径：企业的接班人是在集体奋斗中从员工和各级干部中自然产生的领袖。公司高速成长中的挑战性机会，以及公司的民主决策制度和集体奋斗文化，为领袖人才的脱颖而出创造了条件。要在实践中培养人、选拔人和检验人。四是接班人与创业者之间的精神联系：接

---

[1] 张强，《华为交接班制度：在集体奋斗中自然产生领袖》，蓝血研究，2022-06-22，https://user.guancha.cn/main/content?id=788366。

班人要坚定不移地向创业者学习，学习他们在思想上的艰苦奋斗精神、团队精神和坦荡的胸怀、强烈的进取精神和责任意识、实事求是的精神和一丝不苟的工作态度。"走向世界，实现我们的使命，是一代一代接班人矢志不渝的任务。"[1]

实现交接班的制度化，就要有行之有效的制度安排。企业实行轮值CEO和轮值董事长制度，实际上就是在交接班，让所有成员轮流主持工作，历练他的水平。在轮值制度中，可能有些人退出了，有些新生力量就上来了，这样不断地循环洗礼，锻炼干部的能力，锻炼干部的全局观。在此基础上，正式形成企业的治理章程，将集体领导与制度化接班思想具体化，确保企业的命运不能系于个人。各治理机构权责聚焦明确，但又分权制衡，避免权力过于集中、因不受约束而被滥用。核心精英群体维护公司长远利益，掌握治理领袖的选拔；董事会"任人唯贤"，带领公司前进；监事会"任人唯忠"，对董事和高管的忠实勤勉履责予以监督。（说明：董事与监事都必须既有治理才能又忠诚于治理章程。这里的"贤"与"忠"并非对立概念，只是生动地表达了公司对董事与监事的要求及履责侧重。）最终实现"权力在闭合中循环，在循环中科学更替"[2]。

第四节 生生不息的生态传承

孟子所说的"君子创业垂统，为可继也"，其目的是"继"，就是将创始者所开创的基业代代相传。正如朱熹在《孟子集注》中所言："君子造基业于前，而垂统绪于后，但能不失其正，令后世可继续而行耳。"如何将创始者所开创的基业代代相传？家族组织依托于"血统"，非家族组织依托于"道统"；当代新儒商在探讨传统市场经济背景下的家族企业传承

---

[1]《华为基本法》，转载自360文库，https://wenku.so.com/d/c4fc8cb1489eb853f42e034018583dc7。

[2]任正非，《在第四届持股员工代表会的讲话：超越美国不是梦，何不潇洒走一回？》，优铺网，2019-05-13，https://house.focus.cn/zixun/673ba9886d0dad8e.html。

和非家族企业传承的同时，适应数字经济时代的大背景，提出了基于互联网时代的企业生态传承新思路。

一、自组织机制的传承

企业生态传承，不是"他组织"的传承而是"自组织"机制的传承。我们知道，目前所通用的企业组织形态，是依据古典管理理论而形成的，包括"科学管理之父"美国人泰勒的动作实验和生产流水线，"组织理论设计之父"德国人韦伯的科层组织结构，以及"一般管理理论之父"法国人法约尔的管理职能论等。建立在这些理论基础之上的组织形态，实际上是一种"他组织"。而在互联网时代，大规模制造变成了适应用户个性化需求的大规模定制，于是流水线过时了；信息不对称的主动权在用户手里，于是科层组织过时了；企业员工直接面对用户，于是管理职能也过时了。由此，企业赖以生存并可以传承下去的"他组织"就蜕变为"自组织"。[1]

所谓"自组织"就是互联网时代的管理模式，即"人单合一双赢模式"。这里的"人"就是员工，"单"不是狭义的订单，而是用户的需求。"人单合一"就是把每一个员工和用户需求联系在一起，而且双赢，员工要赢，用户也要赢。由此而引起企业战略、组织架构和驱动力的根本变化。

在战略方面，从原来封闭的状态变成开放的状态。传统市场经济背景下的企业目标就是想做成帝国，但是互联网时代企业应该做成生态圈。"人单合一"模式使企业变了，从原来封闭的体系变成互联网的节点，借助互联网的优势吸收各种资源，即所谓"世界就是我的人力资源部，世界就是我的研发部"。"人单合一"双赢模式的探索，就是要把企业从原来封闭的体系变成互联网的节点。企业内部从原来的封闭组织变成了一个创业平台，在这个平台上所有的资源都可以用于创业，所有愿意成为创业者的人都可以到这个开放的平台上来。

---

[1] 张瑞敏，《企业一定不要做"帝国"，要做生态圈》，新浪财经，2016年11月30日，http://finance.sina.com.cn/roll/2016-11-30/doc-ifxyawxa3153374.shtml。

在组织架构方面，从传统的科层制，跳过扁平化，而进入网络化。传统的科层制，在瞬息万变的市场面前，显得庞大臃肿、效率低下，为此，人们提出"扁平化"的思路，以使企业更好地面对市场。而在互联网时代，员工直接面对市场，因而作为市场与员工中介者的科层组织再也没有存在的必要。为此，就要把组织变成网络化，让组织可以吸收各种资源到企业里来。在这样的组织架构中，没有领导，只有三种人，第一种是平台，第二种叫小微组织，第三种叫创客，员工从执行者变成创业者，领导变成服务型的领导，只是服务于员工，而不再是管理员工，这就是组织的变革。

在驱动力方面，从企业定薪到用户付薪，如果能够创造用户的价值就能有薪酬，不能创造就没有薪酬。传统的企业流程是串联式的，第一步是市场调研，第二步是研发，第三步是制造，第四步是销售。而生态企业的流程是并联式的，研发不是听调研结果，而是听用户的。如果说产品研发出来在市场没有产生价值，研发的人也不能有薪酬，这样就变成全流程地面对市场，创造用户的价值，从而获得薪酬的回报。

二、成功条件的传承

企业生态传承，不是"成功经验"的传承而是"成功条件"的传承。我们知道，传统的企业传承是向接班人传授以往的成功经验，包括已经被实践证明有效的企业制度、企业文化以及管理模式等。为此，企业会挑选那些素质和能力很高的人，安排在公司各个部门学习、了解，等他对公司的运作非常熟练之后，就让他来接班。这种接班制度使接班人完全了解企业的运作模式，有利于保持企业的稳定发展；但是，这既是优点也是缺点，因为接班人只能照着原来的路继续去走，形成了"路径依赖"，只擅长维持而不会创新，这就不可能继续进化，企业就不可能继续发展。因为，企业发展需要的是企业家精神，这种精神不是广泛历练就可以具备的。所以说，这是一种固化的传承，而不是生态的传承。

在当代新儒商看来，"只有时代的企业，没有成功的企业"[1]。传统企

---

[1]张瑞敏，《只有时代的企业，没有成功的企业》，载《先锋队》，2012年第26期。

业所要传承的是成功，但偏偏成功难以复制，更不用说传承了。如果跟不上时代，先行者的成功经验往往成为后来者的失败之母。因此，企业生态传承，传承的不是成功，而是使成功得以可能的条件，也就是永远与时代同步。"这就意味着生态型组织的持续进化，而持续进化正是生态型组织本身的正常机能。只有传承变得像呼吸一样正常，组织才会修成生态那般道法自然的正果。"[1]生态型的企业，使企业从等级森严的科层制转化为自组织、自驱动、自进化的组织形态；生态型的传承，使传承从金字塔尖的少数人接班转化为全员新陈代谢、生生不息的持续进程，从而引爆引领生态圈，实现指数级增长的生态价值循环。企业传承与生命传承的区别在于：生命传承，上一代老去，下一代兴起；而企业传承，却可能出现老一代勃兴，下一代衰落。生态传承，则为企业消除了传统传承的弊病，引进了生命传承的活力，避免了"其兴也勃，其亡也速"的局面，为企业成为与时偕行的"时代企业"，提供了必要的条件和充分的保障。

生态传承，就要保持生态品牌的不断进化。所谓生态，涵盖面一定要广，包括各项技术、各种要素的融合。如果做生态，就要增值分享，吸引生态方蜂拥而至。对生态型企业来说，品牌不再是传统产品、企业、行业的品牌，而是融合所有产品、企业、行业之后所产生的一种新的品牌范式。生态企业，通过链群合约、增值分享，把所有的产品、企业、行业融合起来，实现了万物互联，创造出新的生态、新的需求。《有限与无限的游戏》一书上说："有限游戏以取胜为目的，而无限游戏以延续游戏为目的。"[2]无限的游戏，其目的在于将更多的人带入游戏本身中来，从而延续游戏。生态企业以用户体验迭代为中心，因为需要和用户无穷交互，无限进化，因而成为一种"无限的游戏"，一定能够无限延续下去。[3]

---

[1] 姜奇平，《张瑞敏首创生态型企业传承新机制》，《互联网周刊》，2021-11-20。
[2] （美）詹姆斯·卡斯著，马小悟、余倩译，《有限与无限的游戏》，电子工业出版社2019年版，第3页。
[3] 《张瑞敏在海尔集团第八届职工代表大会上的演讲：出发吧，哥伦布号！》，《青岛日报》，2021-11-06。

三、变与不变的传承

相对于传统传承，生态传承不仅是"新"的传承机制、"活"的传承机制，也是"好"的传承机制。好在哪里？可以用《周易》中的"三易"来表述和归纳。[1]

从"变易"的角度看，生态传承中的每一个链群都是灵活应变、勇于探索的"哥伦布号"。市场永远不变的规律就是永远在变。不管外界怎么变，组织都要同步变，甚至变到前面去。传统的组织不但是不变的，而且是不断固化的，直至逐渐变成一个"帝国"。帝国越大越危险，面对外界的不断变化，只能"以不变应万变"。而生态企业颠覆科层制，变成无数小微，小微再组成动态的生态链群。一个个链群就像一艘艘小船。每艘船虽然不大，但都具有探险精神，都是"哥伦布号"，自己去寻找新大陆。每一艘"哥伦布号"还可以不断裂变出新的"哥伦布号"，继续寻找更新的大陆，把荒芜的新大陆建设成繁荣的生态圈。这就是生态企业链群的自涌现、自裂变、自进化。

从"简易"的角度看，生态传承中的每一个人都是价值中心和增值中心。传统组织的程序和流程非常复杂，传承下来的也必然是一套复杂的系统。但生态传承是自主创客的传承，每个人都是自主人，都可以实现自身价值的最大化。生态企业是自主人的组织，每个人都是价值中心、增值中心，通过创造价值、传递价值、分享价值，每个人都实现了价值循环，所以不管风吹浪打，企业都可以岿然不动。同时，这样做也充分体现了个人尊严。"人单合一"在不同国家、不同文化都可以被接受，就是因为"人单合一"尊重每个人的尊严，每个国家、每种文化、每个人在这一点上是共通的。生态企业再进化的方向，就是让每个自主人和链群都能够互动、共同成长，每个人创造的价值要和链群价值一致；链群要聚焦每个人的价值，让每个人每个链群每天都在不断进化。

从"不易"的角度看，企业"用户第一"的宗旨永远不变，但不同时期的"第一"内涵有不同。曾经的"用户第一"体现在"质量第一"，但

---

[1]《张瑞敏在海尔集团第八届职工代表大会上的演讲：出发吧，哥伦布号！》，《青岛日报》，2021-11-06。

如果还是按照原来的产品品牌思维去做，是没有出路的。虽然让对手落得越来越远，但企业离用户也越来越远。所以必须抛弃传统的产品品牌思维，转向互联网，一步步从传统产品品牌进化为生态品牌。当下很多企业仍然不具备生态品牌思维，那是因为他们的心目中只有顾客而没有用户。传统企业的宗旨是追求股东价值最大化、企业利润最大化。这两个"最大化"决定了他们不是为用户创造价值，而是让顾客为股东创造价值、为企业创造利润。与此不同，生态企业创造的是生态品牌，目的是为用户创造价值，并在此基础上，实现所有利益相关者的共同利益，从而形成生生不息的创造链、价值链、传承链。

第十四章

敬天法祖爱人的信仰观

　　信仰，指的是人们对于某种思想、宗教、人物的信奉和敬仰。信仰起码可以分为三种，除了人们熟知的宗教信仰、政治信仰之外，还有一种信仰叫"文化信仰"，指的是人们对某种文化思想体系的信奉和敬仰。儒家思想就是中国人的文化信仰，其内涵十分丰富，既包含高远微妙的"天道"，也包含切近可行的"人道"。[1] 正是在这种"天人合一"的儒家文化信仰的熏陶下，当代新儒商形成了自己的信仰观，包括敬畏天道的终极关怀、法祖孝亲的文化关怀、爱人利他的现实关怀等。[2]

第一节　儒家的信仰观

　　儒家的信仰观，集中体现在《礼记·表记》所记载孔子的一段话上："夏道尊命，事鬼敬神而远之，近人而忠焉……殷人尊神，率民以事神，

---

[1] 黎红雷《中国人的儒家文化信仰》，https://baijiahao.baidu.com/s?id=1784309478076144581&wfr=spider&for=pc，2023-12-04。

[2] 说明：日本企业家稻盛和夫曾经将"敬天爱人"作为其公司（株式会社）的"社训"，其思想来自十九世纪的日本政治家西乡隆盛，西乡隆盛则以"尧舜为圭臬，孔夫子为师也"（见山田济斋，《西乡南洲遗训》，东京：岩波书店，1939年版，第13页）。但由于中日文化之间的差异，日本人对儒家思想的吸收是不完全的，特别是漏掉了"敬天"与"爱人"之间的重要一环——"法祖"，因而无法全面、系统、准确地把握儒家文化信仰的精髓。

先鬼而后礼……周人尊礼尚施，事鬼敬神而远之，近人而忠焉。"这里的"崇拜天道"告诉我们从哪里来，解决了"终极关怀"的问题；"崇敬鬼神"告诉我们到哪里去，解决了"临终关怀"的问题；"崇尚礼乐"，则告诉我们怎么办，解决了"现实关怀"的问题。[1] 孔子所创立的儒学，则将三者结合起来，以"近人而忠"为纽带，建立起一个涵盖人类"终极关怀""临终关怀""现实关怀"的文化信仰。

崇拜天道中的"天"指什么？南宋儒者朱熹的回答是："要人自看得分晓。也有说苍苍者，也有说主宰者，也有单训理时。"（《朱子语类·卷一·理气上·太极天地上》）所谓"苍苍者"即自然之天（青天），所谓"主宰者"即主宰之天或意志之天，所谓"单训理时"即义理之天或道德之天。无论"天"的内涵是什么，都是人们应当崇拜、效法和遵从的对象。

孔子说："天何言哉？四时行焉，百物生焉，天何言哉？"（《论语·阳货》）这里的"天"大致指"自然之天"。孔子说："天生德于予，桓魋其如予何？"（《论语·述而》）这里的"天"大致指"义理之天"。《论语·尧曰》记载，"尧曰：'咨！尔舜！天之历数在尔躬，允执其中。四海困穷，天禄永终。'"这里的"天"，大致指"主宰之天"。在孔子看来，无论是哪一种含义，"天"在人的心中都具有至高无上的地位。为此，孔子提出"则天说"，指出"唯天为大，唯尧则之"（《论语·泰伯》），要求人效法天，以"天"为"则"，把"天"当作人间世界治理规范（准则、规则、法则）的来源。

孟子说："天油然作云，沛然下雨，则苗浡然兴之矣。"（《孟子·梁惠王上》）这里的"天"乃"自然之天"。孟子说："若夫成功，则天也。"（《孟子·梁惠王下》）这里的"天"，乃"命运主宰之天"。孟子说："仁，天之尊爵也。"（《孟子·公孙丑上》）这里的"天"，则是"道德义理之天"。不过，细观孟子旨意，他更加看重的是有道德的"义理之天"。为此，孟子提出"事天说"，指出："尽其心者，知其性也。知其性，则知天

---

[1] 舒大刚，《"西部儒学"的历史贡献》，载《第十届尼山世界文明论坛论文集》（中），第757–758页。

矣。存其心，养其性，所以事天也。"(《孟子·尽心上》)在孟子看来，人间世界的治理者，要想获得和保持治理的资格，就必须加强自己的道德修养，以同上天保持一致。

荀子所说的"天"，既有"主宰之天"（"意志之天"）的痕迹，如"天生蒸民，有所以取之"(《荀子·荣辱》)；也有"义理之天"（"道德之天"）的影子，如"天地为大矣，不诚则不能化万物"(《荀子·不苟》)。但是，荀子谈得最多且最为肯定的还是"自然之天"。他说："列星随旋，日月递炤，四时代御，阴阳大化，风雨博施，万物各得其和以生，各得其养以成，不见其事而见其功，夫是之谓神。皆知其所以成，莫知其无形，夫是之谓天。"(《荀子·天论》)为此，荀子提出"应天说"，指出："天行有常，不为尧存，不为桀亡。应之以治则吉，应之以乱则凶。"(《荀子·天论》)在荀子看来，在尊重天地自然规律的基础上，人们应该发挥主体能动性，对"天"做出必要的应答、应对、响应、顺应，乃至积极的反应，以避凶趋吉、避祸得福。

总体上看，儒家所说的"天"，既是人们头顶上的自然之天，又是影响人类吉凶祸福的主宰之天，也是引领人们向善去恶的道德之天。正如朱熹所言："苍苍之谓天，运转周流不已，便是那个。而今说天有个人在那里批判罪恶，固不可；说道全无主之者，又不可。这里要人见得。"(《朱子语类·卷一·理气上·太极天地上》)在儒家看来，"天"中有"人"，"人"中有"天"，"天"离不开"人"，"人"离不开"天"，体现了终极关怀与现实关怀的统一。

崇敬鬼神中的"鬼神"，按照《礼记·祭法》的解释："山林川谷丘陵，能出云，为风雨，见怪物，皆曰神"——与人类社会生活有直接关系且影响巨大的自然现象和事物，称之为"神"；"大凡生于天地之间者皆曰命，其万物死皆曰折，人死曰鬼"——凡是在天地之间活着的，都称为生命，万物如果死亡了，就称为"折"，人死了就称为"鬼"。

如上所述，在孔子所梳理的夏殷周三代信仰中，夏人和周人都是"事鬼敬神而远之，近人而忠焉"，只有殷人是"率民以事神，先鬼而后礼"。孔子则贯彻夏人和周人"近人而忠"的精神，对殷人的鬼神崇拜进行了改造和转化。"季路问事鬼神。子曰：'未能事人，焉能事鬼？'曰：'敢问死。'曰：'未知生，焉知死？'"（《论语·先进》）这段话，可以从三个角度去理解。

祖宗崇拜的角度。在这里季路问的是如何"事鬼神"，但孔子的回答是"事鬼"，这不是无意疏忽，而是有意所为。我们知道，尽管孔子也相信河图、洛书、瑞麟等神迹，但他总体上对远离人世间的自然神秘力量总是保持着"敬而远之"的态度。"子不语怪，力，乱，神"（《论语·述而》）孔子平时不会主动跟学生讨论关于"神"的问题。因此，当季路问"事鬼神"时，孔子有意略去了有关自然神秘力量的"神"，而突出先人死后所变成的"鬼"，将鬼神崇拜转化为与人直接相关的祖宗崇拜。

现实人生的角度。在这里，季路请教孔子如何服侍鬼神，孔子却说："活人尚且还没有服侍好，又何谈去服侍鬼呢？"季路进一步问死是怎么回事，孔子回答："生的事情还没有弄明白，又哪里去知道死的事情呢？"季路所问的"服侍鬼神"，就是如何祭拜鬼神的问题。对于鬼神祭拜的礼仪，孔子应该是相当精通的，但他此时避而不谈，而是将问题从"鬼"引导到"人"、从"死"引导到"生"上来。在孔子看来，"鬼"属于过去，"死"属于未来，"人"和"生"才是当下的现实，体现出重人轻鬼、重生轻死的积极态度。

孝敬父母的角度。在孔子看来，孝有三层含义："生，事之以礼；死，葬之以礼，祭之以礼。"（《论语·为政》）"生，事之以礼"是侍奉活着的父母，"死，葬之以礼"是埋葬死去的亲人，"祭之以礼"则是祭祀鬼神。在这里，孔子对季路第一个问题的回答是："祭之以礼"的孝固然很重要，但行孝的重点应该放在孝敬活人身上；你连如何孝敬活着的父母都不知道，即使知道如何祭祀鬼神，那又有什么用呢？孔子对季路第二个问题的回答是："葬之以礼"的孝当然也很重要，但行孝的重点应该放在死者的生前；你不知道如何以礼侍奉活人，又怎么能知道以礼侍奉死人呢？总的来看，孔子都是在强调"孝"的第一层含义"生，事之以礼"，就是以礼来孝敬活着的父母。从"崇敬鬼神"到"崇拜祖宗"，再从"崇拜祖宗"到"孝敬父母"，孔子实现了殷人鬼神信仰的"近人化"。

崇尚礼乐中的"礼乐"，指的是周公等周朝的创立者通过"制礼作乐"而形成的一整套文明典章制度。儒家认为，"礼乐"与"天地"、"鬼神"

具有同等崇高的地位："大乐与天地同和，大礼与天地同节。和，故百物不失；节，故祀天祭地。明则有礼乐，幽则有鬼神，如此，则四海之内合敬同爱矣。"(《礼记·乐记》)在他们看来，大乐与天地同样地和合万物，大礼与天地同样地节制万物。和合，就能使万物生长不失；节制，就有了祭祀天地的仪式。阳间有礼乐，阴间有鬼神。以礼乐教化民众，就能做到普天之下互相敬爱了。

在儒家看来，礼乐来源于天地，参验于鬼神，而又应用于人间。"夫礼，先王以承天之道，以治人之情，故失之者死，得之者生。《诗》曰：'相鼠有体，人而无礼。人而无礼，胡不遄死？'是故夫礼必本于天，殽于地，列于鬼神，达于丧、祭、射、御、冠、昏、朝、聘。故圣人以礼示之，故天下国家可得而正也。"(《礼记·礼运》)礼是先王用来遵循天的旨意治理人间的，所以谁失掉了礼谁就会死亡，谁得到了礼谁就能生存。礼源出于天，效法于地，参验于鬼神，贯彻于人们日常的礼仪行为之中。圣人用礼来治理天下，国家才有可能步上正轨。

在此基础上，荀子在探索礼的本原中，进一步明确把天地、先祖、君师三者结合起来，指出："礼有三本：天地者，生之本也；先祖者，类之本也；君师者，治之本也。无天地恶生？无先祖恶出？无君师恶治？三者偏亡焉，无安人。故礼，上事天，下事地，尊先祖而隆君师，是礼之三本也。"(《荀子·礼论》)在荀子看来，天地是万物生存的根本，祖先是人类繁衍的根本，君长和师尊是治理世事的根本。没有天地，万物怎么能够生存？没有祖先，人类怎么能够繁衍？没有君长和师尊，世事怎么能够治理？三者之中失去任何一个，都不能使人民安宁。所以完整的礼仪崇拜应该是上要服侍天，下要服侍地，尊奉先祖而又尊重君长和师尊，这就是崇尚礼乐的三个根本。

经过孔子对夏殷周三代信仰类型的梳理，荀子对礼乐文明中天地、先祖、君师三者作用的分析，为古代中国人"天地君亲师"的信仰提供了充分的理论依据。据考证，早在东汉时期，在《太平经》中就已经出现了形式整齐的"天地君父师"的说法。北宋初期，"天地君亲师"的表达方式已经正式出现。明朝后期，崇奉"天地君亲师"在民间广为流行。清朝雍正初年，第一次以帝王和国家的名义，确定"天地君亲师"的次序，从此,"天地君亲师"就成为风行全国的祭祀对象。[1]作为一个文明型国家,中国自古以来就没有全国统一的宗教,"天地君亲师"实际上发挥了全体国民共同的精神信仰的作用。如何转化这一传统社会的精神遗产,使之成为重建当代社会精神信仰的宝贵资源,是我们面临的时代课题。[2]

第二节　敬畏天道的终极关怀

在儒家的信仰观中,从孔子归纳的夏殷周"崇拜天道—崇敬鬼神—崇尚礼乐"的三大体系,到荀子提出"天地、先祖、君师"的礼的三大本原,再到传统中国人的共同信仰"天地君亲师"的五大对象中,"天"都始终处于至高无上的尊崇地位。受此影响,当代新儒商以崇敬天道为核心、相信因果为依据、祭祀礼仪为表现,体现了敬畏天道的终极关怀。

一、崇敬天道

在儒家的信仰体系中,"天"的内涵有三个方面:一是自然之天,即我们头顶上的"青天";二是意志之天,即人类命运的主宰者;三是义理之天,即人间道德的本源。总体上说,"天"可以概括为所有对人类命运有影响因素的总和。为此,当代新儒商指出:"一个真正的企业家,必须做到敬天爱人,不犯天条,不犯众怒,这是你必须坚持的底线。"[3]

崇敬天道就要有笃信之心。当代新儒商提出:"要信他,要相信别人,要相信天的存在。你对谁都不相信,那么你的心肯定是非常丑恶的。如果

---

[1] 徐梓,《"天地君亲师"源流考》,《北京师范大学学报》(社会科学版),2006年第2期。

[2] 黎红雷,《"天地君亲师":儒家精神信仰思想的现代转化》,《现代哲学》,2015年第5期。

[3] 仲伟志搜神记,《曹德旺:一棵大树的养成》,https://jg-static.eeo.com.cn/article/info?id=77140cc2e34b4ac9a1eaa386b9bd9836。

你对谁都不相信,也必将一事无成。"[1]在他们看来,我们今天遇到的很多问题,都是因为"不相信"。很多人平时也拜佛拜天拜祖宗,但他不是发自内心的信仰,而是功利心态的实用。这样的人,在这个纷乱的社会中必然时刻面临两难的选择,自然容易陷入作恶的泥淖。孔子说"不怨天,不尤人,下学而上达。知我者其天乎!"(《论语·宪问》)如果真正相信天道,就既不会埋怨天,也不会责备人,而是努力完善自己,从而上达天命,实现与天道的完美结合。

崇敬天道就要有敬畏之心。当代新儒商提出:"人要有敬畏之心,何为敬畏?敬,'无敢慢'而已,对人、对事、对物,持恭敬之态,不敢丝毫怠慢。敬则万理俱在,敬则天理常明。畏,就是畏惧,就是战战兢兢,如履薄冰。一个人不能天不怕地不怕。"[2]俗话说"人在做,天在看,举头三尺有神明",就体现了对天的敬畏。"畏"字有两种含义,一是畏惧、惧怕,二是敬畏、敬服。如果我们对天道发自内心地敬畏,心悦诚服地遵从,就能无所畏惧。"获罪于天,无所祷也。"(《论语·八佾》)只有将"有所敬畏"与"无所畏惧"相结合,才能成就幸福的人生。

崇敬天道就要有敬重之心。当代新儒商指出:"敬天就是要尊重环境,尊重法律法规,尊重各地的风俗人情,承认它的存在,要有所惧怕。落到具体就是要忠于自己的国家、忠于人民,忠于自己的职业,忠于自己的员工团队,做到遵纪守法,遵章纳税。"[3]这样,当面对经济环境的跌宕、企业经营的起落,他们就不会焦虑,更不会抱怨,反而生出一种责任感。因为他们认识到,不管自己付出了多少努力,不管自己取得了多大成就,都和社会、国家分不开,没有大家的支持和投入,也不会有自己现在的成功。所以,有什么可以焦虑、有什么可以抱怨的呢?因此,他们认为,面对问题不要追究他人的责任,而是要担负起自己的责任。在他们看来,中国是中国人的中国,真正有种的中国人,在国家有困难的时候必须站出

---

[1] 仲伟志搜神记,《曹德旺:一棵大树的养成》,https://jg-static.eeo.com.cn/article/info?id=77140cc2e34b4ac9a1eaa386b9bd9836。

[2] 明伦书院编,《守望——魏东林文存》,岳麓书社2016年版,第124页。

[3] 左敏,《敬天爱人与福耀的初心使命》,载黎红雷主编,晁罡、胡国栋副主编,《企业儒学的开创与传承》,第353页。

来，要去想怎么办，而不要去相互抱怨，这才是解决问题的办法。因此，"需要恢复我们的信仰，让大家回归到冷静的状态，能够为自己的家国负起责任。就是通过信仰，培养起一种报国为民的社会心态"[1]。"国家会因为有您而强大，社会会因为有您而进步，人民会因为有您而富足"[2]，正是这种心态的体现。

二、因果报应

儒家是相信有因果报应的。《周易·坤·文言》中说："积善之家必有余庆，积不善之家必有余殃。"《周易·系辞下》进一步指出："善不积不足以成名，恶不积不足以灭身。"小人做事，完全以利害关系为出发点，以为做些小善事，不会得到什么好处，便索性不去做了；以为出些小差错，无伤大体，便不改过，因此日积月累，罪恶便盈满天下，以致到无法掩盖和不可解救的地步。简单地说，就是"善有善报，恶有恶报"；落实到日常行为，便是"勿以善小而不为，勿以恶小而为之"。

儒家的因果报应观与道德教化相结合，便形成了"德福一致"的理念。儒家经典《尚书》提出："五福：一曰寿，二曰富，三曰康宁，四曰攸好德，五曰考终命。"对此，唐代儒者孔颖达解释："所好者德，是福之道也。好德者，天使之然，故为福也。"这里，所谓"德是福之道"，是说"好德"不仅是五福之一，也是人生获得幸福的必要条件；所谓"好德者，天使之然"，则把上天作为打通"德""福"之间的隔阂，取得"德福一致"的根据。为善就能获得幸福，为恶就会招致不幸。这样，"德福一致"与"因果报应"便紧密联系起来了。

当代新儒商将"德福一致，深信因果"的理念融入自己的价值观。他们认为："五福"里面最重要的一点就是"好德"，德行是因，长寿、富贵、康宁、善终都是果，有因才有果。我们只要把好德的因种好了，长寿、富贵、康宁、善终就自然会有结果，才有真正的"五福临门"。现在

---

[1] 仲伟志搜神记，《曹德旺：一棵大树的养成》，https://jg-static.eeo.com.cn/article/info?id=77140cc2e34b4ac9a1eaa386b9bd9836。

[2] 曹德旺，《心若菩提》，第389页。

的人把其他四福丢了,只剩下追求财富,当一味追求财富时,就偏离了富贵、康宁、长寿,丢掉了好德,最后也没有善终,没有善终,就是不得好死了。所以,人生的这些福报一定要把它平衡了,不能光追求财富。如果我们没有了健康、没有了长寿、没有了善终,那再多的财富也是没有意义的。[1]

儒家经典《尚书》指出:"天作孽,犹可违;自作孽,不可逭。"后来孟子把这句话改为:"天作孽,犹可违;自作孽,不可活。"(《孟子·公孙丑上》)二者内涵是一致的。儒家崇敬天道,笃信天命;同时又主张人可以认识天命,把握天道。因此,如果是天降下来的灾害,还可以逃避;如果是自己惹来的罪孽,却无法逃脱。这就是因果报应。"当然,你可以不信佛,不信佛也不会产生不好的结果。但是你要信因果。天下所有事,都是因果报应。"[2] 比如,经济出现危机,企业经营面临困境,很多人在抱怨环境;但其实很多企业出问题,都是老板自作孽的结果,这个你烧香拜佛也是没有用的。如果信奉天道,遵循正道,坚持底线,不敢乱来,企业的日子就很好过。如果反其道而行之,企业就很难生存,更不要说健康发展了。

三、祭祀礼仪

在孔子所总结的夏商周三代信仰体系中,夏人尊天道,殷商重鬼神,周人尚礼乐。经过历史的融合,中国人形成了一整套将祭拜天地和祭拜祖先相结合的祭祀礼仪。在祭祀礼仪中,祭台正中都会安放"天地君亲师"的牌位,旁边则是列祖列宗的牌位,这种祭拜对象正体现了国人对终极关怀与临终关怀的完美结合。在实践中,中国人行祭礼不外乎基于以下两种心态:一是饮水思源,追念祖先功德;二是祈求福祉,希望天地和祖先保佑。这里,体现了个人与天地、祖先之间的生命关联,"我是谁,我从哪里来,要到哪里去",这些看似高深的哲学追问,在祭祀仪式中得到自然而朴实的回答。

---

[1] 资料来源:东莞泰威公司官网,参见黎红雷,《儒家商道智慧》,第59-60页。
[2] 仲伟志搜神记,《曹德旺:一棵大树的养成》,https://jg-static.eeo.com.cn/article/info?id=77140cc2e34b4ac9a1eaa386b9bd9836。

荀子指出："祭者，志意思慕之情也。忠信爱敬之至矣，礼节文貌之盛矣，苟非圣人，莫之能知也。圣人明知之，士君子安行之，官人以为守，百姓以成俗。其在君子，以为人道也；其在百姓，以为鬼事也。"（《荀子·礼论》）祭祀，其实是为了表达人们对天地和祖宗的心意和思慕之情的。它在君子那里，被当作治理社会的一种道德规范；在百姓那里，却被当作侍奉鬼神之事。在荀子看来，行祭礼并不是因为鬼神真正存在，而是出于人们对祖先的感情和天地的尊崇，这不是"鬼道"，而是"人道"，更符合"天道"。所以祭礼的意义是诗化的，不是宗教的。这种诗意的信仰、哲学的智慧、庄严的礼仪，正体现出儒家文化的精神魅力。

企业本来是现代市场经济组织，欧美的企业，因为处在全民宗教信仰的社会背景中，根本不必要也不可能考虑员工的精神信仰问题。当代新儒商企业立足中国人的信仰传统，吸收民间祭祀仪式的精神和形式，专门为来自五湖四海的企业员工设立集体"祖宗堂"，推行企业祭祀仪式。"祖宗堂"上方悬挂"慎终追远，民德归厚"锦幛，下方设立供桌，中间供奉"天地国亲师"牌位，后面则是本企业所有员工姓氏祖宗的牌位。"祖宗堂"平时开放，员工在家庭的重大纪念日，或者在思念家乡和亲人时，均可自行前往祭拜。在春节、清明节、中元节等重大节日，则请出所有牌位，放置在企业大礼堂或大操场，组织本企业全体员工举行隆重的集体祭拜仪式。其祭拜程序参照农村宗祠祭祖仪式但依据企业的实际情况而有所变动，祝文则包含本企业本年度发展成绩及前景展望等内容。在他们看来，教化员工是企业不可推卸的责任，而教化的本质就是教做人，做人首先是孝亲敬祖，把孝落实了，人的动力就出来了，能力就出来了，整个格局也就出来了。这种企业祭祀方式，是对中国传统乡村家庭祭祀和宗祠祭祀方式的继承和超越，既满足了个体的精神信仰需求，又增进了本企业员工之间的情感交流，为建设企业命运共同体提供了必要的心理基础。[1]

---

[1] 黎红雷，《企业社区如何祭祖？》，原载《光明日报》，2017年1月21日。

第三节　孝亲法祖的文化关怀

儒家所构建的中国人的精神信仰，其内涵有一个逐步从"宗教信仰"转向"文化信仰"的过程。最早是夏人"崇拜天道"，殷人"崇敬鬼神"，周人"崇尚礼乐"。荀子则提出："礼有三本：天地者，生之本也；先祖者，类之本也；君师者，治之本也。"（《荀子·礼论》）在将殷人的"崇敬鬼神"转换为"崇敬先祖"的同时，将周人的"崇尚礼乐"转换为崇敬礼乐的制定者"君"与传道者"师"，由此奠定了传统中国人"天地君亲师"的信仰形态。接受这一信仰遗产，当代新儒商形成孝亲敬老、弘扬家风和尊崇孔子的文化关怀。

一、孝亲敬老

在孔子看来，孝有三层含义："生，事之以礼；死，葬之以礼，祭之以礼。"（《论语·为政》）"生，事之以礼"，是以礼侍奉活着的父母，"死，葬之以礼"，是以礼安葬死去的亲人，"祭之以礼"则是以礼祭祀鬼神。"祭之以礼"的孝固然很重要，但行孝的重点应该放在孝敬活人身上；你连如何孝敬活着的父母都不知道，即使知道如何祭祀鬼神，那又有什么用呢？"葬之以礼"的孝当然也很重要，但行孝的重点应该放在死者的生前；你不知道如何以礼侍奉活人，又怎么能知道以礼侍奉死人呢？因此，孔子提出"未能事人，焉能事鬼""未知生，焉知死"（《论语·先进》），认为孝敬在世的父母比崇敬去世的祖先更为重要。从"崇敬鬼神"到"崇拜祖宗"，再从"崇拜祖宗"到"孝敬父母"，孔子实现了殷人鬼神信仰的"近人化"。

因此，孔子教育学生，第一个要求便是"孝"。子曰："弟子，入则孝，出则悌，谨而信，泛爱众，而亲仁。行有余力，则以学文。"（《论语·学而》）清代秀才李毓秀据此制定《弟子规》，把"丧尽礼，祭尽诚；事死者，如事生"列入学生乃至人生的行为规范。这些教导，尽管已经过去千百年，但其精神依然是正确的。当然，现代人讲孝道，也要与时偕行，主要是把握其精神实质：一是尽孝而感恩，感谢父母，感谢社会；二是尽孝而尽忠，忠于家庭，忠于国家；三是尽孝而尽力，努力做好人、做好事。

孝道概念，是中国文化的基本价值观念之一。人类乃是文化动物，而文化的延续靠的是一代又一代人的传承。就此而言，中国的孝道本质上是人类为了延续文化的自觉选择。世界四大文明，唯独中华文明延续至今，这是其中一个重要的因素。就个体而言，孝道乃是做人的根本。"身体发肤，受之父母"（《孝经·开宗明义章》），没有父母，哪有个体生命的存在？父母创下的家产家业，是子女生存与发展的起点；父母积累的人生经验，更是子女宝贵的精神财富。"前人种树，后人乘凉"，对于享受了前辈恩惠的后辈来说，对长辈报之以孝道，难道不是一种与生俱来的责任吗？

当代新儒商则把个体行孝的行为扩展为集体讲孝的风气。在他们看来："百善孝为先，天下父母都是我的父母。关爱员工的幸福，不仅是关注员工自身，也要让员工的家庭幸福。"[1]因此，他们提出关爱员工上一代和下一代，重点是帮助员工践行孝道。为此，企业专门设立了"孝亲假"和"孝亲礼金"等制度，父母公婆、岳父岳母生日当天，员工必须带薪休假，回去陪老人过生日，全体员工都会在微信群里送上对长辈的生日祝福；每月为员工父母发放孝亲礼金；春节期间员工要向自己的父母行跪拜礼，用中华民族最高的礼节感恩父母。他们还实施了评选"好孝子""好媳妇"，开办"敬老慈善餐厅"等具体措施，让孝亲敬老成为企业的风气，教化员工，影响社会。

二、弘扬家风

《论语·学而》指出："慎终，追远，民德归厚矣。"从"崇拜祖宗"到"孝亲敬老"，不仅是血脉的延续，而且是文化的赓续——前者表现为子孙的繁衍，后者则体现为家风的传承。所谓家风，指的是一个家庭（家族）列祖列宗所倡导，后代子孙所遵行，家庭（家族）成员所接受的精神、品质及行为的风尚。家风作为一种价值观念、处事方式和氛围习气，是中国人文化关怀的重要内容。

由此，当代新儒商建立基金会，出版"家风的力量"丛书，梳理不同

---

[1] 李景春，《成人达己构建天元经营理念》，载黎红雷主编，胡国栋、晁罡副主编，《企业儒学的开创与传承》，第322页。

行业、不同群体的家风人物结集成册。以口述历史的形式，挖掘各行各业有杰出贡献者的优良家风，尤其是家庭、家教、家风在他们人生关键时刻的重要影响。丛书记录了他们在平凡的生活中隐含着坚韧、顽强、豁达、善良的品格，书中不仅讲述了他们的人生故事，更是传承着他们为子孙后代留下来的清白家风。"为全社会树立家风典范，充分发挥家风涵养道德、厚植文化、润泽心灵的德治作用。通过榜样引领、思想引领，弘扬优良家风中蕴含的社会主义核心价值观，讲好中国家庭故事。"[1]

弘扬家风是"精神敬老"的体现。根据《论语·为政》的记载，子游问曰："何为孝道？"孔子答曰："今之孝者，是谓能养，至于犬马皆能有养；不敬，何以别乎？""敬老"是人类区别于动物的重要标志。在当前我国已经全面建成小康社会，尤其在城市大多数老人有退休金，不再依靠子女物质赡养的背景下，"精神敬老"就更加突出。子女孝敬父母，不仅要养其身、养其心，还要养其志。为父母立传立言，就是新时代养老敬老的可贵尝试。

弘扬家风是"精神传承"的体现。中国有一句老话"富不过三代"，这似乎成为一般家族特别是财富家族挥之不去的"魔咒"。但是我们中国也有一个世界上最"长寿"的家族，这就是孔氏家族。孔子给整个中国人民包括自己的后代留下了宝贵的精神财富，这就是"德"。如果说"富不过三代"，那么孔氏家族的故事告诉我们"德可传千秋"。我们普通家庭也可以从中得到启示：只要你真正有善念善言善行，并世代传承累积，那么，"积善之家，必有余庆"！

弘扬家风是"精神幸福"的体现。中国人讲"五福"：长寿、富贵、康宁、好德、善终。其中的"富贵"可以理解为物质幸福，"好德"可以理解为精神幸福。当代新儒商吸收中华优秀传统文化的营养，在企业中提倡"四代（袋）"理念：学习圣贤文化富脑袋，努力工作富口袋，以孝为根关爱员工上一代，传承家风培养员工下一代，全面关心和满足员工的物质幸福与精神幸福、当前幸福和长远幸福。这些举措，使家风的价值和作

---

[1] 乔迁，《家风的力量丛书总序》，载黎红雷、乔迁主编，《新儒商家风》（上中下册），团结出版社2022年版，第2页。

用，超越传统的血缘家庭而走向了现代的企业大家庭，体现了当代新儒商文化关怀的宽广胸襟。[1]

三、尊崇孔子

中国人传统信仰"天地君亲师"中的"亲"，指的是"先祖"，"师"指的是"先师"。如果说，弘扬家风是与自己有血缘关系的"血脉祖先"思想的传承；那么，尊崇先师则是与自己没有血缘关系的"文化祖先"思想的弘扬。

在中国人心目中，最大的"先师"，就是被称为"万世师表"的孔子。古人说："天不生仲尼，万古长如夜！"（《朱子语类·卷九十三·孔孟周程张子》）孔子（字仲尼）是中华文化的奠基者、启蒙者、引领者，他所创立的儒家思想已经融入中国人的心中，成为中国人不可磨灭的"文化基因"。联合国教科文组织将孔子列为世界十大历史文化名人之首。诺贝尔奖获得者、瑞典物理学家汉内斯·阿尔文（Hannes Alfven）说过："人类要生存下去，就必须回到25个世纪以前，去汲取孔子的智慧。"[2]今天，孔子已经成为中国文化的名片。尊崇孔子，是中国人"文化自信""文化自强""文化关怀"的突出表现。

习近平总书记指出："人民有信仰，民族有希望，国家有力量。"[3]在当代新儒商看来，这个力量就是文化的力量，这个信仰就是儒家的信仰。中华文明博大精深、源远流长，是人类历史上唯一没有中断的文明，其历史比世界上任何宗教信仰、政治信仰都要悠久。中国人将以儒家思想为核心的中华文化提升到信仰的高度，就是最大的文化自信与文化自强。"有了信仰不会做坏事，信仰带来人生智慧，信仰让我们的内心变得更加强大，不管碰到多大的困难和挫折，我们都会勇敢地向前走、走向成功、

---

[1] 黎红雷，《新儒商家风序言》，载黎红雷、乔迁主编，《新儒商家风》（上中下册），第4-5页。

[2] 澳大利亚《堪培拉时报》（Canberra Times）1988年1月24日。

[3] 习近平，《在会见第四届全国文明城市、文明村镇、文明单位和未成年人思想道德建设工作先进代表时的讲话》，新华社2015年2月28日电。

走向幸福。"[1]

为此,当代新儒商创办"孔圣书院",自觉地举起"儒家信仰,儒商文化"的旗帜。孔圣书院对内承担了文化培训的职能,定期举办员工学习成长会,每个月员工大会举办"孔圣堂儒商文化大讲堂"培训,让古圣先贤的智慧转化为平实易懂的语言和生动的案例,让员工听得懂、学得会、用得好,逐渐提升了员工的整体素养,甚至让员工的家庭和谐。同时邀请客户和供应商,深度体验企业的儒商文化,帮助上下游企业文化赋能,以义生利,携手同行。孔圣书院对外打造儒家信仰体系的赋能平台,以儒商文化体系做出品质、做出品牌、做出差异化,让文化力、生产力、创造力竞相迸发,以儒商问道、家风建设、家族传承为核心内容,目标是助力广大企业家成为儒商,为家国天下做出积极贡献。

针对当前社会信仰的状况,当代新儒商还走向社会,举办孔子文化节和祭孔大典,旨在帮助更多的人学习儒家思想、积淀儒家文化、建立儒家信仰,用绵延五千年老祖宗的圣贤智慧,从根本上解决道德低下、心态扭曲等社会顽疾,为家庭和睦、社会和谐、世界和平的家国天下贡献力量!

第四节 爱人利他的现实关怀

在早期的儒家信仰体系中,周人所提倡的"崇尚礼乐"体现了一种现实关怀。

而在孔子看来:礼乐的本质是"仁","人而不仁,如礼何?人而不仁,如乐何?"(《论语·八佾》);"仁"的本质是"爱人","樊迟问仁,子曰爱人"(《论语·颜渊》);"爱人"的表现则是"己欲立而立人,己欲达而达人"(《论语·雍也》)。这样,传统的"崇尚礼乐",便转化为"爱人利他"的现实关怀。当代新儒商据此提出爱人济众、利他内求、利他共享等具体措施。

---

[1] 张华,《儒家信仰,儒商文化——企业儒学在深圳三和国际集团的实践》,载黎红雷主编,胡国栋、孙明高副主编,《企业儒学年鉴2024》,中山大学出版社2025年版。

一、爱人济众

《论语》记载，孔子的大弟子、儒商鼻祖子贡提出"博施于民而能济众"的主张，孔子则从"仁者爱人"和"能近取譬"的角度，引导子贡"己欲立而立人，己欲达而达人"。总的来看，儒家所理解的"仁"，其本质是"爱人济众"；其施行的步骤是"亲亲而仁民，仁民而爱物"（《孟子·尽心上》）。由此，当代新儒商视员工为"家人"，视顾客为"亲人"，视社会大众为"朋友"，视天下民众为"同胞"，视天下万物为"伙伴"，充分展现了"爱人济众"的现实关怀。

中国人是世界上最重视家庭的族群，儒家是世界上最重视家庭的思想学派。当代新儒商立志把企业办成一个"大家庭"。企业家把公司当作"家"，把员工当作"家人"，自己则当一名尽职尽责的"大家长"。在他们看来，现代社会发展的一个重要推动力量来源于企业，企业已经成为社会的中坚力量，我们要创造一个和谐美好的幸福社会，推行"拟家庭化"的企业组织，建设幸福企业大家庭，就是一个很好的途径。[1]

孟子提出"老吾老以及人之老，幼吾幼以及人之幼"（《孟子·梁惠王上》），关爱自己的亲人进而关爱他人的亲人，实际上是将天下的人都视为自己的亲人。在当代新儒商看来，只有尊重人的生命价值，把人的需求放在首位，才能创造出美善的科技产品。因此，企业要用仁爱之心发展科技、提供产品、完善服务，真诚对待顾客，真心帮助顾客解决问题，诚心站在顾客角度思考，贴心为顾客提供服务，全心关怀顾客幸福。[2]

孔子主张"泛爱众"（《论语·学而》），强调一个人对社会大众的关爱与付出。当代新儒商积极投入慈善公益事业，无论是平时的扶老爱幼、扶弱解困、扶贫攻坚、慈善捐助，还是在特殊时期的抗洪、抗震、抗灾、抗疫的斗争中，他们都义不容辞，率先垂范，慷慨解囊，无私奉献。当代新儒商还认识到："最究竟的慈善，莫过于拯救心灵。"他们建立国学公益教育机构，积极推动中华优秀传统文化进社区、进机关、进企业、进校园，甚至还进"高墙"（监狱和戒毒所），构建幸福家庭、幸福企业、幸福校

---

[1] 资料来源：苏州固锝电子股份有限公司官网。
[2] 资料来源：方太集团官网。

园、幸福社区、幸福社会、幸福人生。[1]

孔子提出："大道之行也，天下为公。"(《礼记·礼运》)为了实现"天下为公"理想，就要视天下为一家，视天下的民众为自己的同胞。当代新儒商积极参与"一带一路"建设，他们在海外办企业，尊重当地的文化，传播仁爱之心，为建设人类命运共同体做出积极贡献。在他们看来，"企业走到哪里，哪里就是你的'天'。入乡随俗，必须按照规矩来，这是很客观的问题"[2]。企业走出去，文化融合是关键，因此，企业的所有规则都要符合当地的法律，做事也要符合当地人的习惯，尊重别人，才能造福于民。

北宋儒学家张载提出："民吾同胞，物吾与也。"(《正蒙·乾称篇》)意思是，天底下的民众都是我的同胞，天底下的万物都是我的伙伴。当代新儒商积极探索"天地人和"的企业可持续发展之道。他们提出"天地人和的股权改革"，其中属于"天"的股份收入所建立的公益基金，除了社会公益、员工福利之外，主要用来发展有机农业，让全体员工免费吃上放心的有机粮食和有机蔬菜，保障了员工的身体健康，提高了企业的劳动生产率，既保护了自然环境，又促进了企业的发展，形成了多赢的局面。[3]

二、利他内求

儒家将"爱人"提升到文化信仰的高度，在实践中就必然表现为绝对的利他行为。施爱者主观上不求回报，客观上必然得到回报；主观上严格要求自己，客观上必然宽厚待人。当代新儒商由此形成利他内求的文化关怀。

孟子指出："仁者爱人，有礼者敬人。爱人者，人恒爱之；敬人者，人恒敬之。"(《孟子·离娄下》)当代新儒商秉持爱人利他之心，从"把好事给大家"的朴素思想，升华成"帮助人成功"的企业核心价值观。[4]他

---

[1] 资料来源：广东蓝态幸福文化公益基金会官网。
[2] 苏勇，《曹德旺：敬天爱人，止于至善》，《企业家》，2021-11-15。
[3] 资料来源：东莞电子有限公司官网。
[4] 李景春，《成人达己构建天元经营理念》，载黎红雷主编，晁罡、胡国栋副主编，《企业儒学的开创与传承》，第322页。

们认识到：想要利己，必先利他。比如：在家里，我想要开心，那就先让家人开心，家人都开心了，我自然就开心了；在单位里，我想要成功，那就先让团队成功，团队成功了，我自然就成功了；在社会里，我想要得到幸福，那就先让他人得到幸福，我自然就会得到幸福。同样，一个企业想要成功，必须先让客户取得成功，让顾客幸福安心，这个企业自然就能成功。

孟子接着指出："有人于此，其待我以横逆，则君子必自反也。"（《孟子·离娄下》）如果有个人，他对我蛮横无礼，那君子必定反躬自问：我一定不仁，一定无礼吧，不然的话，他怎么会对我这样呢？如果反躬自问是仁的，是有礼的，而那人仍然蛮横无礼，君子必定再次反躬自问：我一定不忠吧？如果反躬自问是忠的，而那人仍然蛮横无礼，君子就会说：这人不过是个狂人罢了。这样的人和禽兽有什么区别呢？而对禽兽又有什么可责难的呢？所以君子有终身的忧虑，但没有一朝一夕的祸患。君子考虑的是如何提升自己从而成为像尧舜那样的圣贤，即使有一朝一夕的祸患来到，也不会感到忧患了。

孟子进一步指出："爱人不亲，反其仁；治人不治，反其智；礼人不答，反其敬——行有不得者皆反求诸己，其身正而天下归之。《诗》云：永言配命，自求多福。"（《孟子·离娄上》）大意是，你爱别人却得不到别人的亲近，那就应反问自己的仁爱是否还不够深厚；治理别人却不能够治理好，那就应反问自己的才智是否还不够充分；礼貌待人却得不到别人礼貌回应，那就应反问自己的礼貌是否还不够真诚——凡是行为得不到预期的效果，都应该反过来检查自己，自身行为端正了，天下的人自然就会归服。在这里，孟子引用《诗经》的语言，将反求诸己、自求多福，提升到与天命相配合的高度。

由此，当代新儒商高度重视"反求诸己"的价值。古语有言："人不为己，天诛地灭。"在当代新儒商看来，这里的"为"，应该读第二声（wéi），与"修为"的"为"（wéi），而不是"为了"的"为"（wèi）。孔子说："古之学者为己，今之学者为人。"（《论语·宪问》）当代新儒商对此的理解是：学习是为了治理自己，而不是为了治理别人。[1]因此，他们总是以身作则，带头学习，带头修身，从而引导企业员工向上向善、同心同德，提升企业的文化水准和治理水平。

三、利他共享

在儒家看来，无论是爱人还是爱己，利他还是利己，二者都是可以统一的。正如孔子所言的"己欲立而立人，己欲达而达人"（《论语·雍也》）；孟子所言的"爱人者，人恒爱之；敬人者，人恒敬之"（《孟子·离娄下》）。根据《荀子·子道》的记载，孔子把主张"知者使人知己，仁者使人爱己"的子路称为"士"；把主张"知者知人，仁者爱人"的子贡称为"士君子"；而把主张"知者自知，仁者自爱"的颜渊称为"明君子"。所谓"明君子"，就是集自爱与博爱、利他与利己于一身，穷则独善己身、达则兼善天下的，"明明德"的人格典范。那么，商界的"君子"，如何实现爱人与爱己、利他与利己的完美结合呢？当代新儒商采取了共生、共建、共赢、共享的"社会企业"模式。[2]

我们知道，现代市场经济理论的奠基者亚当·斯密，曾经揭示了一个人的利己之心与资本运作及其社会实际效果的关系，认为谋求自利的行为也可能促进公共福利的增长，私人资本的运作也可能促进社会利益的提升。而科学社会主义的奠基人卡尔·马克思，从一开始就不相信私人资本会自动具有促进社会公共利益的属性。那么，如何驯服"资本"这头怪兽，使之真正地造福于人类社会呢？在《资本论》第三卷中，马克思为"资本"同时也是为人类社会的福祉指出了发展的前景。马克思指出："那种本身建立在社会生产方式的基础上并以生产资料和劳动力的社会集中为前提的资本，在这里直接取得了社会资本（即那些直接联合起来的个人的资本）的形式，而与私人资本相对立，并且它的企业也表现为社会企

---

[1] 此说与传统主流解读不同。但元代陈天祥的《四书辨疑》恰恰支持此说，现录如下："盖为己，务欲治己也。为人，务欲治人也。"程树德撰，程俊英、蒋见元点校，《论语集释（下）》，中华书局2013年版，第1155页。

[2] 黎红雷，《社会企业：从马克思到孔夫子》，载黎红雷主编，《企业儒学·2018》，第213-222页。

业,而与私人企业相对立。"[1]在马克思看来,"资本"是人类社会的创造,本身建立在社会生产方式的基础上并以生产资料和劳动力的社会集中为前提,极大地解放了人类的生产力;"资本"既可以表现为"私人资本",也可以转化为"社会资本"即那些直接联合起来的个人的资本;在"社会资本"的基础上所形成的"社会企业",与"个人资本"所形成的"个人企业"相对立,即可以避免私人资本的弊病,超越私人企业的局限,实现社会利益的最大化。

从"私人资本"转化为"社会资本",从"私人企业"转化为"社会企业",这是马克思在《资本论》第三卷中提出的天才设想。但是,如何转化?马克思并没有深入探讨。而在中国特色社会主义的伟大实践中,当代新儒商却找到了这种转化的途径。

儒家经典《大学》指出:"是故君子先慎乎德。有德此有人,有人此有土,有土此有财,有财此有用。德者本也,财者末也。外本内末,争民施夺。是故财聚则民散,财散则民聚。"在儒家看来,财富取之于民就应该用之于民。财富聚集在当政者手里,民众就会离心离德、流散而去;财富疏散给广大民众,民众就会同心同德、聚在一起。从根本上说,有了民众才会有国土,有了国土才会有财富,有了财富就要与民众共享。受此影响,中国明清时期的山西商人(晋商)发明了著名的"身股制"。

当代新儒商立足儒家思想和儒商先贤的智慧,吸收古今中外人类文明的精华,创造性地推行"身股制",将"老板"与"员工"的利益捆绑在一起,将"所有者"与"治理者"的积极性融合在一起,将"贡献"与"分配"的质和量联结在一起,构建了共生、共建、共赢、共享的"社会企业"。这就为儒家"爱人利他"的博大情怀,以及马克思"社会资本"的天才设想,提供了可靠的实现途径,体现了"不忘本来、吸收外来、面向未来"的现实关怀,为世界新商业文明提供了中国的方案,必将造福于当代人类世界!

---

[1]马克思著,中共中央马克思恩格斯列宁斯大林著作编译局译,《资本论》第三卷,人民出版社2004年版,第494-495页。

主要参考资料

[1] 马克思. 资本论［M］. 2版. 中共中央马克思恩格斯列宁斯大林著作编译局, 译. 北京：人民出版社, 2004.

[2] 邓小平. 邓小平文选［M］. 北京：人民出版社, 2001.

[3] 中央党校采访实录编辑室. 习近平在福建［M］. 北京：中共中央党校出版社, 2021.

[4] 杨伯峻. 论语译注［M］. 2版. 北京：中华书局, 1980.

[5] 杨伯峻. 孟子译注［M］. 2版. 北京：中华书局, 2019.

[6] 楼宇烈. 荀子新注［M］. 2版. 北京：中华书局, 2018.

[7] 论语 孝经［M］. 陈晓芬, 胡平生, 译注. 北京：中华书局, 2018.

[8] 诗经［M］. 王秀梅, 译注. 北京：中华书局, 2018年.

[9] 尚书［M］. 王世舜, 王翠叶, 译注. 北京：中华书局, 2018.

[10] 礼记［M］. 胡平生, 张萌, 译注. 北京：中华书局, 2018.

[11] 周易［M］. 杨天才, 译注. 北京：中华书局, 2018.

[12] 左传［M］. 郭丹, 程小青, 李彬源, 译注. 北京：中华书局, 2018.

[13] 春秋公羊传［M］. 黄铭, 曾亦, 译注. 北京：中华书局, 2018.

[14] 春秋穀梁传［M］. 徐正英, 邹皓, 译注. 北京：中华书局, 2018.

[15] 道德经［M］. 张景, 张松辉, 译注. 北京：中华书局, 2021.

[16] 庄子［M］. 方勇, 译注. 北京：中华书局, 2015.

[17] 墨子［M］. 2版. 方勇, 译注. 北京：中华书局, 2015.

[18] 韩非子［M］. 2版. 高华平, 王齐洲, 张三夕, 译注. 北京：中华书局, 2015.

[19] 孙子兵法［M］. 2版. 陈曦, 译注. 北京：中华书局, 2022.

[20] 管子［M］. 李山, 轩新丽, 译注. 北京：中华书局, 2019.

[21] 战国策［M］. 缪文远, 缪伟, 罗永莲, 译注. 北京：中华书局, 2012.

[22] 国语［M］. 陈桐生, 译注. 北京：中华书局, 2013.

[23] 吕氏春秋［M］. 张双棣, 张万彬, 殷国光, 等译注. 北京：中华书局, 2022.

[24] 盐铁论［M］. 陈桐生, 译注. 北京：中华书局, 2015.

[25] 贾谊. 新书［M］. 方向东, 译注. 北京：中华书局, 2012.

[26] 司马迁.史记[M].2版.北京：中华书局，2009.

[27] 董仲舒.春秋繁露[M].张世亮，钟肇鹏，周桂钿，译注.北京：中华书局，2012.

[28] 戴德.大戴礼记[M].黄怀信，译注.上海：上海古籍出版社，2019.

[29] 袁康.越绝书[M].北京：国家图书馆出版社，2013.

[30] 王符.潜夫论[M].马世年，译注.北京：中华书局，2018.

[31] 班固.汉书[M].北京：中华书局，2007.

[32] 班固等.白虎通义[M].肖航，译注.北京：中华书局，2024.

[33] 刘劭.人物志[M].梁满仓，译注.北京：中华书局，2014.

[34] 杜预.春秋左氏经传集解[M].南京：凤凰出版社，2020.

[35] 僧肇，等.注维摩诘所说经[M].上海：上海古籍出版社，1990.

[36] 范晔.后汉书[M].北京：中华书局，2007.

[37] 司马光.资治通鉴[M].胡三省，音注.北京：国家图书馆出版社，2020.

[38] 苏洵.嘉祐集笺注[M].曾枣庄，金成礼，笺注.上海：上海古籍出版社，1993.

[39] 张载.张载集[M].章锡琛，点校.北京：中华书局，1978.

[40] 邵雍.邵雍集[M].郭彧，整理.北京：中华书局，2010.

[41] 朱熹.四书章句集注[M].北京：中华书局，1983.

[42] 黎靖德.朱子语类[M].王星贤，点校.北京：中华书局，2020.

[43] 罗大经.鹤林玉露[M].孙雪霄，校点.上海：上海古籍出版社，2012.

[44] 王守仁.王文成公全书[M].王晓昕，赵平略，校注.北京：中华书局，2015.

[45] 程春宇.士商类要[M].杨正泰，点校.南京：南京出版社，2019.

[46] 李晋德.商贾醒迷[M].杨正泰，校注.太原：山西人民出版社，1992.

[47] 顾炎武.日知录集释[M].黄汝成，集释.栾保群，吕宗力，校点.上海：上海古籍出版社，2006.

[48] 刘宝楠.论语正义[M].高流水，点校.北京：中华书局，1990.

[49] 吴伟业.吴梅村全集[M].上海：上海古籍出版社，1990.

[50] 黄宗羲.明儒学案[M].台北：中华书局，2016.

[51] 张履祥.杨园先生全集[M].陈祖武，点校.北京：中华书局，2022.

[52] 李燧，李宏龄.晋游日记 同舟忠告 山西票商成败记[M].黄鉴晖，校注.太原：山西人民出版社，1989.

[53] 王秉元.贸易须知[M].光绪五年刊本.

[54] 张正明.晋商与经营文化[M].上海：上海世界图书出版公司，1998.

[55] 张海鹏.明清徽商资料选编[M].合肥：黄山书社，1985.

［56］ 徐珂.清稗类钞［M］.北京：中华书局，2010.
［57］ 刘体智.异辞录［M］.北京：中华书局，1988.
［58］ 徐一士.一士类稿［M］.李吉奎，整理.北京：中华书局，2023.
［59］ 岳庆林.儒商孟氏"祥"字号［M］.北京：中国文史出版社，2012.
［60］ 张謇.张謇全集［M］.上海：上海辞书出版社，2012.
［61］ 张孝若.张謇传.［M］.长沙：岳麓书社，2021.
［62］ 刘厚生.张謇传记［M］.北京：龙门联合书局，1958.
［63］ 荣德生.荣德生文集［M］.上海：上海古籍出版社，2002.
［64］ 上海大学，江南大学《乐农史料》整理研究小组.荣德生与企业经营管理［M］.上海：上海古籍出版社，2004.
［65］ 凌耀伦，熊甫.卢作孚文集［M］.2版.北京：北京大学出版社，2012.
［66］ 张守广.卢作孚年谱［M］.南京：江苏古籍出版社，2002.
［67］ 中国人民政治协商会议全国委员会文史资料研究委员会.回忆陈嘉庚［M］.北京：文史资料出版社，1984.
［68］ 陈嘉庚.陈嘉庚言论集［M］.新加坡怡和轩俱乐部、陈嘉庚基金、中国厦门集美陈嘉庚研究会联合出版，2004.
［69］ 朱水涌.陈嘉庚传［M］.厦门：厦门大学出版社，2021.
［70］ 陈嘉庚.南侨回忆录［M］.上海：上海三联书店，2014.
［71］ 陈国庆.回忆我的父亲陈嘉庚［M］.北京：中央文献出版社，2001.
［72］ 王增炳，等.陈嘉庚教育文集［M］.福州：福建教育出版社，1989.
［73］ 林斯丰.陈嘉庚精神读本［M］.厦门：厦门大学出版社，2019.
［74］ 黄金陵，王建立.陈嘉庚精神文献选编［M］.福州：福建人民出版社，1996.
［75］ 陈碧笙，陈毅明.陈嘉庚年谱［M］.福州：福建人民出版社，1986.
［76］ 陈碧笙，杨国桢.陈嘉庚传［M］.福州：福建人民出版社，1983.
［77］ 王增炳，等.陈嘉庚兴学记［M］.福州：福建人民出版社，1981.
［78］ 程树德.论语集释［M］.程俊英，蒋见元，点校.北京：中华书局，2013.
［79］ 陈焕章.孔门理财学［M］.北京：商务印书馆，2015.
［80］ 冯友兰.中国哲学史［M］.上海：华东师范大学出版社，2011.
［81］ 方东美.方东美集［M］.北京：群言出版社，1993.
［82］ 余英时.中国近世宗教伦理与商人精神［M］.北京：九州出版社，2014.
［83］ 成中英.文化•伦理与管理［M］.贵阳：贵州人民出版社，1991.
［84］ 成中英.C理论：中国管理哲学［M］.上海：学林出版社，1999.

[85] 曾仕强.中国管理哲学[M].台北：台湾东大图书公司，1981.
[86] 曾仕强.中国式管理[M].北京：中国社会科学出版社，2006.
[87] 曾仕强.胡雪岩的启示[M].西安：陕西师范大学出版社，2008.
[88] 杜维明.现代精神与儒家传统[M].北京：生活·读书·新知三联书店，1997.
[89] 李泽厚.中国古代思想史论[M].北京：人民出版社，1985.
[90] 杨朝明，宋立林.孔子家语通解[M].济南：齐鲁书社，2013.
[91] 苏勇.改变世界：中国杰出企业家管理思想精粹[M].北京：企业管理出版社，2018.
[92] 苏勇.管理有道[M].北京：企业管理出版社，2019.
[93] 张国刚.资治通鉴与家国兴衰[M].北京：中华书局，2016.
[94] 李晓.货殖春秋：中国古代商业智慧[M].北京：华夏出版社，2019.
[95] 宫玉振.定力——变局时代管理的底层逻辑[M].北京：中信出版社，2023.
[96] 马涛.儒家传统与现代市场经济[M].北京：经济科学出版社，2021.
[97] 苗泽华.中华新儒商与传统伦理[M].北京：经济科学出版社，2018.
[98] 杨军.儒商之道[M].长春：长春出版社，2022.
[99] 明伦书院.守望——魏东林文存[M].长沙：岳麓书社，2016.
[100] 王建宝.儒家的财富观与儒商精神——以孟子为中心[M].北京：人民出版社，2024.
[101] 潘亚暾，汪义生.儒商学[M].广州：暨南大学出版社，1996.
[102] 宋长琨.儒商文化概论[M].北京：高等教育出版社，2010.
[103] 胡伟希，柴毅龙，陈盈盈，等.儒商读本·内圣卷[M].昆明：云南人民出版社，1999.
[104] 李瑞华，李辉耀.儒商读本·外王卷[M].昆明：云南人民出版社，1999.
[105] 单纯.儒商读本·人物卷[M].昆明：云南人民出版社，1999.
[106] 唐凯麟，罗能生.契合与升华——传统儒商精神和现代中国市场理性的建构[M].长沙：湖南人民出版社，1998.
[107] 戢斗勇.儒商精神[M].北京：经济日报出版社，2001.
[108] 戢斗勇.以义取利的生意经——儒商文化[M].济南：山东教育出版社，2011.
[109] 朱璐，张雄，徐德忠，等.当代中国企业家精神的儒商基因[M].上海：上海财经大学出版社，2025.
[110] 徐国利，刘旻娇.儒商优秀文化案例[M].上海：上海财经大学出版社，2023.
[111] 郭美华，吴晓番.儒商精神经典导读[M].上海：上海财经大学出版社，2023.

［112］程东升，刘丽丽 . 华为经营管理智慧［M］. 北京：当代中国出版社，2005.

［113］颜建军，胡泳 . 海尔中国造［M］. 海口：海南出版社、三环出版社，2001.

［114］胡国栋 . 海尔制［M］. 北京：北京联合出版公司，2021.

［115］曹仰峰 . 黑海战略：海尔如何构建平台生态系统［M］. 北京：中信出版社，2021.

［116］蒋云清 . 马云谈商录［M］. 北京：北京联合出版公司，2014.

［117］广通 . 联想名言录［M］. 北京：地震出版社，2005.

［118］张涛 . 柳问：柳传志的管理三要素［M］. 杭州：浙江人民出版社，2015.

［119］林军 . 柳传志管理日志［M］. 杭州：浙江大学出版社，2013.

［120］黄卫伟 . 以奋斗者为本——华为公司人力资源管理纲要［M］. 北京：中信出版集团，2014.

［121］黄卫伟 . 以客户为中心——华为公司业务管理纲要［M］. 北京：中信出版集团，2016.

［122］邓斌 . 华为管理之道［M］. 北京：人民邮电出版社，2019.

［123］冉涛 . 华为灰度管理法［M］. 北京：中信出版集团，2019.

［124］杨爱国 . 华为奋斗密码［M］. 北京：机械工业出版社，2019.

［125］余胜海 . 任正非讲给华为人的100个故事［M］. 武汉：华中科技大学出版社，2021.

［126］周永亮，孙虹钢，庞金玲 . 方太文化［M］. 北京：机械工业出版社，2021.

［127］周永亮，孙虹钢 . 方太儒道［M］. 北京：机械工业出版社，2018.

［128］李倩倩，陈扬，王淼，等 . 茅忠群儒学商道［M］. 北京：中国友谊出版公司，2018.

［129］王卜 . 大道与匠心［M］. 北京：中信出版社，2016.

［130］曹德旺 . 心若菩提［M］. 北京：人民出版社，2017.

［131］王健林 . 万达哲学［M］. 北京：中信出版社，2015.

［132］方秋潮 . 秋潮商理［M］. 南宁：广西人民出版社，2016.

［133］张秉柱，张秉庆，张秉华 . 守正出新：义顺百年家事［M］. 杨文君，整理 . 沈阳：万卷出版公司，2021.

［134］王德胜 . 心道［M］. 济南：山东大学出版社，2020.

［135］郑称德，钟海连 . 儒家思想能促进企业创新吗？——企业社会责任视角的中盐金坛案例研究［M］. 武汉：华中科技大学出版社，2020.

［136］陈阿兴，徐德云 . 中国商帮［M］. 上海：上海财经大学出版社，2015.

[137] 王钦若,等.册府元龟[M].周勋初,等校订.南京：凤凰出版社,2006.
[138] 脱脱,等.宋史[M].北京：国家图书馆出版社,2014.
[139] 李梦阳.空同集[M].上海：上海古籍出版社,1991.
[140] 松本一男.陶朱公商训[M].林庆旺,译.台北：台湾远流出版公司,1988.
[141] 涩泽荣一.论语与算盘[M].宋文,永庆,译.北京：九州出版社,1994.
[142] 稻盛和夫.稻盛和夫全集[M].曹岫云,译.北京：机械工业出版社,2018.
[143] 克雷纳.管理百年[M].邱琼,等译.海口：海南出版社,2003.
[144] 斯特林·西格雷夫.龙行天下：海外华人的巨大影响力[M].林文集,夏如,译.海口：海南出版社,1999.
[145] 尼古拉斯·伯格鲁恩,内森·加德尔斯.智慧治理——21世纪东西方之间的中庸之道[M].朱新伟,等译.上海：上海人民出版社,2013.
[146] 詹姆斯·卡斯.有限与无限的游戏[M].马小悟,余倩,译.北京：电子工业出版社,2019.
[147] 孔茨,韦里克.管理学[M].9版.郝国华,等译.北京：经济科学出版社,1993.
[148] 亚当·斯密.道德情操论[M].余涌,译.北京：中国社会科学出版社.2003.
[149] 亚当·斯密.国民财富的性质和原因的研究[M].郭大力,王亚南,译.商务印书馆,1972.
[150] 理查德·坎蒂隆.商业性质概论[M].余永定,徐寿冠,译.北京：商务印书馆,1986.
[151] 丹尼尔·雷恩.管理思想的演变[M].赵睿,译.北京：中国社会科学出版社,1986.
[152] F. W. 泰罗.科学管理原理[M].胡隆昶,洗子恩,曹丽顺,译.北京：中国社会科学出版社,1984.
[153] 亨利·法约尔.工业管理与一般管理[M].周安华,等译.北京：中国社会科学出版社,1982.
[154] 马克斯·韦伯.经济与社会[M].林荣远,译.北京：商务印书馆,1997.
[155] 马克斯·韦伯.新教伦理与资本主义精神[M].康乐,简惠美,译.桂林：广西师范大学出版社,2010.
[156] 马克斯·韦伯.中国的宗教：儒教与道教[M].康乐,简惠美,译.上海：上海三联书店,2020.
[157] 亚伯拉罕·马斯洛.动机与人格[M].许金声,等译.北京：华夏出版社,1987.

[158] 道格拉斯·麦格雷戈.企业的人性面［M］.韩卉,译.杭州:浙江人民出版社,2017.

[159] 彼得·德鲁克.管理——任务、责任、实践［M］.孙耀君,译.北京:中国社会科学出版社,1987.

[160] 彼得·德鲁克.创新与企业家精神［M］.蔡文燕,译.北京:机械工业出版社,2023.

[161] 约瑟夫·阿洛伊斯·熊彼特.经济发展理论［M］.叶华,译.北京:九州出版社,2007.

[162] 列文森.儒教中国及其现代命运［M］.郑大华,任菁,译.北京:中国社会科学出版社,2000.

[163] 特伦斯·迪尔,艾伦·肯尼迪.企业文化:企业生活中的礼仪与仪式［M］.李原,孙健敏,译.北京:中国人民大学出版社,2008.

[164] 乌麦尔·哈克.新商业文明:从利润到价值［M］.吕莉,译.北京:中国人民大学出版社,2016.

[165] 伯纳德·贾沃斯基,张曼姿.当德鲁克遇见孔夫子［M］.伽瑜,译.北京:东方出版中心,2022.

[166] Elton Mayol. The Human Problems of an Industrial Civilization［M］. New York: The Macmillan Co., 1933.

[167] Drucker P. F.. The Effective Executive［M］. New York: Haper & Row, 1985.

[168] Randall Collins. Interaction Ritual Chains［M］. Princeton: Princeton University Press, 2004.

[169] Bell D. A., Ham C. B. (eds.). Confucianism for the Modern World［M］. Cambridge: Cambridge University Press, 2003.

[170] 黎红雷.儒家管理哲学［M］.3版.广州:广东高等教育出版社,2010.

[171] 黎红雷.儒家商道智慧［M］.北京:人民出版社,2017.

[172] 黎红雷.人类管理之道［M］.北京:商务印书馆,2000.

[173] 黎红雷.中国管理智慧教程［M］.北京:人民出版社,2006.

[174] 黎红雷.走向管理的新大陆——企业文化概论［M］.广州:广东高等教育出版社,1989.

[175] 黎红雷,王正.美国企业文化［M］.广州:广东高等教育出版社,1989.

[176] 黎红雷.企业儒学·2017［C］.北京:人民出版社,2017.

[177] 黎红雷.企业儒学·2018［C］.北京:人民出版社,2019.

［178］黎红雷. 致敬儒商——博鳌儒商大典人物志［M］. 香港：中华书局，2019.
［179］黎红雷，晁罡，胡国栋. 企业儒学的开创与传承［C］. 广州：中山大学出版社，2022.
［180］黎红雷，乔迁. 新儒商家风［M］. 北京：团结出版社，2022.
［181］黎红雷，胡国栋，孙明高. 企业儒学年鉴2024［C］. 广州：中山大学出版社，2025.